高职高专经管类专业系列教材
GAOZHI GAOZHUAN JINGGUAN LEI ZHUANYE XILIE JIAOCAI

GUANLIXUE JICHU

管理学基础（第2版）

郎润华　曾庆双　唐　亮　编著

重庆大学出版社

内容提要

本书基于一般管理学的思维，立足于理解和运用，并对相关内容进行了项目化设计，主要介绍管理在每个环节的相关技术应用，并且有针对性地采用了一些与理论联系紧密的案例，帮助读者学习思考。

本书共15个项目：项目1、项目2主要介绍管理的基本理论和管理的前提；项目3、项目4主要介绍自我管理的基本理论和技术；项目5主要介绍家庭管理；项目6主要介绍组织管理的环境和条件；项目7主要介绍组织管理的基本原理、内容和方法；项目8至项目15主要介绍组织管理的职能。

本书可作为高职院校管理类专业和其他专业的教学用书，也可作为从事管理工作的社会各界人士的参考用书。

图书在版编目(CIP)数据

管理学基础／郎润华，曾庆双，唐亮编著. -- 2版
. -- 重庆：重庆大学出版社，2021.1
高职高专经管类专业系列教材
ISBN 978-7-5689-2129-9

Ⅰ. ①管… Ⅱ. ①郎… ②曾… ③唐… Ⅲ. ①管理学
—高等职业教育—教材 Ⅳ. ①C93

中国版本图书馆CIP数据核字(2020)第092097号

管理学基础
（第2版）
郎润华 曾庆双 唐 亮 编著
责任编辑：顾丽萍 版式设计：顾丽萍
责任校对：王 倩 责任印制：张 策
*
重庆大学出版社出版发行
出版人：饶帮华
社址：重庆市沙坪坝区大学城西路21号
邮编：401331
电话：(023)88617190 88617185(中小学)
传真：(023)88617186 88617166
网址：http://www.cqup.com.cn
邮箱：fxk@cqup.com.cn（营销中心）
全国新华书店经销
重庆华林天美印务有限公司印刷
*
开本：787mm×1092mm 1/16 印张：19.75 字数：471千
2014年9月第1版 2021年1月第2版 2021年1月第4次印刷
印数：5 401—8 400
ISBN 978-7-5689-2129-9 定价：49.00元

第 2 版前言

管理活动总是在一定背景中进行的，背景的变化必然会带来活动内容、活动重点以及活动组织形式的变化。因此，研究管理活动一般规律的管理理论必然随着时代背景的变化而发展。鉴于这种认识，我们进行了相应的修订，修订的具体思路如下：

1. 编写体例为项目任务式，并辅以知识拓展和课后练习。

2. 完善更新教材内容，融入课程思政，更新教学资源，丰富教学课件。

本书第 2 版由泸州职业技术学院郎润华牵头，负责修订方案的设计、修订大纲的拟订、修订任务分工、部分项目的修订以及审稿和定稿。泸州职业技术学院曾庆双、唐亮参与了主要的修订工作。本书在修订过程中参考和引用了许多国内外教材、研究成果与文献资料，在此对为本书编写提供参考资料的专家、学者深表谢意！

本书以中国传统管理思想“修身、齐家、治国、平天下”为主线，主要介绍了个人管理、家庭管理和企业管理最基础、最核心的内容，包括认识管理，知晓管理的前提，进行自我管理的顶层设计，开展自我常规管理，理解家庭管理，了解组织环境、组织信息与组织文化，掌握组织管理的基本原理、内容、方法与形式，认识组织宗旨与组织战略，认清组织结构与组织管理者的角色，认识组织制度，了解人才的选拔与使用管理，认识组织计划与组织目标，了解组织决策，掌握沟通与协调和认识激励与控制等 15 个项目。各项目按照职业教育的基本规律进行设计，学习目标明确、教学设计科学，从“案例导入”开始，以管理的基本知识为主线，中间穿插“小资料”“案例”“实训”等，最后是“课后练习”，有利于教学的循序渐进和师生互动，有利于按照行动导向的教学理念引导学生自主学习，能较好地实现“教、学、做”相融合。

由于编者学识水平和实践经验所限，书中难免有不妥之处，衷心希望本书的使用者和同行批评指正，以便后续修改完善。

编　者

2020 年 6 月

第1版前言

管理已经成为现代人类最基本的活动之一，管理无处不在。个人的一生、家庭的代际、各种组织的运行、整个社会的存续，所有这些都离不开管理活动。而个人的管理、家庭的管理、组织的管理相互依托、相互交织，同时又成为整个社会管理的对象。通观林林总总的管理活动，我们能够发现其中一些共同的东西，这就是一般管理学或者管理学基础要去归纳和说明的东西。管理的广泛存在说明了知晓和学会管理的重要性，管理学基础正是为人们提供开展管理活动的基本知识和方法。

管理的重要性毋庸置疑，但是，如何运用管理理论和方法去切实做好管理活动则更加重要，为了尽力帮助学习管理的人做到这一点，本书进行了以下尝试和努力：

一、理论联系实际。本书的作者具有在国有企业、民营企业、中学、高校长期工作的经验，长期面向企事业单位开展咨询、策划和培训活动，在编写本书的时候，着力分析组织管理中的实践经验和教训，书中许多观点都是作者从管理实践活动中分析和总结而来。此外，在本书的编写过程中，编者注重结合管理实际进行知识的提炼和整理，编写有针对性的案例，帮助读者更好地理解相关理论和方法。

二、注重创新，讲究中西结合。本书没有完全沿袭目前管理学书籍常见的架构，而是注重从管理实践中实事求是地归纳相关知识和理论，将中国的管理思想与西方管理理论框架结合起来，尝试建立符合目前中国管理文化和管理实际的管理学基础知识体系，以便更好地指导管理实践。

三、简明扼要，讲究实用。本书没有沿用一些空洞的、实践指导意义不大的理论，力求简明扼要，让读者看得明白，用得上。同时，本书的篇章结构设计为学习和开展管理活动的读者提供了比较系统的管理学知识和比较宽阔的思考空间。

本书自2011年编写讲义在学生中试用，经过三稿修改初步定型。泸州职业技术学院商学院马文波、唐亮参加了第一稿的撰写工作。唐亮参加了第二稿的主要修改工作。泸州职业技术学院商学院郎润华和唐亮参加了第三稿的主要修改定型工作。整个工作由曾庆双牵头，设计主要框架和创新著述部分内容。在此工作中，得到泸州职业技术学院丁瑞赞、牟红、李丽、林金柱的大力支持和协助。在编写过程中借鉴了诸多管理学教材、专著和网页文章的观点、思想，尤其是泸州职业技术学院院长贺元成教授对本书的编著提供了重要指导。值此书出版之际，一并表示感谢。

由于视角的差异和水平所限，书中难免有错漏之处，敬请各位同行和读者指出，以便再版时修订完善。

编　者

2014年6月于中国·泸州

目　录

项目1　认识管理

【知识目标】

了解管理思想和相关理论，掌握组织管理活动的概念和基本要素，认识管理学的学科体系。

【能力目标】

通过本项目的学习，了解管理的基本内容，形成对管理活动的基本认识，并能够结合生活思考管理问题。

【案例导入】

做好事还是做坏事？

研究表明，我国古代管理思想最早起源于先秦至汉代这一时期，并形成基本框架。据说春秋时，鲁国有个规定，凡是到其他国家去的人，看到有鲁国人在其他国家被卖为奴隶的，可以花钱把他赎出来，回到鲁国后到国库去报账。孔子有一个学生在其他国家看到有鲁国人被卖为奴隶，就把他赎出来。回国后，他没到国库去报账，别人都说这个人品格高尚。孔子知道后，大骂这个学生。别人不解：赎了人不去报账，这不是好事吗？品格高尚啊！孔子说：看问题不能这样看，这个人回来后没有去报账，其他人出国看见被卖为奴隶的鲁国人，本想赎他出来，但转念一想，赎了以后，如果去报账，别人就会说自己的品格不如他，这个人就可能不去赎人了。这就妨碍了更多的奴隶从外国被赎出来，是有害的。

小思考：从这个故事你能够看出鲁国是如何进行人口管理的吗？孔子的观点对你理解管理有什么启发？

任务1 了解中外管理思想与管理理论

1.1.1 中国古代的管理思想

中国古代管理思想的发展历史源远流长，内容丰富，涉及管理的书籍也卷帙浩繁。“半部论语治天下”，就是说《论语》是管理社会的好读本。《资治通鉴》《史记》等古籍都有不少涉及管理思想的阐述。尤其值得一提的是春秋战国时期，社会处于从奴隶社会到封建社会的过渡阶段，由利益单一格局走向利益多元化，社会变革剧烈。如何维护社会的有效管理，仁者见仁，智者见智，导致管理思想较为活跃，而且对以后影响深远。中国古代管理思想的内容很多，可从以下 4 个方面进行了解。

1)管理的前提和本质问题

中国古人强调以人为本、亲民、爱民。《尚书》说：“民为邦本，本固邦宁。”孟子把民看得比君还重要：“民为贵，社稷次之，君为轻。”对于人性这一管理的前提问题，不同的门派提出了不同的观点。儒家提出人性善的假设；法家与儒家相反，提出人性恶的假设；道家提出人性自然的假设。

2)领导方式问题

儒家学术讲仁政、德治、礼制，用礼制规范和道德感化的手段，实现治国的目的。法家提出“法制刑治”，力主推行法制，并以刑治为手段，通过严刑重罚推法、护法，实现治国的目的。道家推崇无为而治，认为“道法自然”“无为而万物化”，主张以弱小胜刚强，以反求正。韩非子强调管理者不能靠一人之智，事必躬亲，而要善于用人，通过他人实现管理目标。

3)人才的问题

中国古代长期的统治实践，形成了较为系统的识人、用人、制人的思想与谋略。中国古代强调人才的驾驭，称为统御。《武经七书》之一的《六韬》提出识人的“八征法”：“一曰问之以言，以观其辞；二曰穷之以辞，以观其变；三曰与之间谋，以观其诚；四曰明白显问，以观其德；五曰使之以财，以观其廉；六曰试之以色，以观其贞；七曰告之以难，以观其勇；八曰醉之以酒，以观其态。八征皆备，则贤不肖别矣。”墨子认为：“尚贤者，政之本也。”《吕氏春秋》提出：“得贤人，国无不安……失贤人，国无不危。”《管子》讲道：“君之所审者三：一曰德不当其位，二曰功不当其禄，三曰能不当其官。此三本者，治乱之原也。”孔子认为：“其身正，不令而行；其身不正，虽令不从。”

4)管理环境的预测、决策和策划等问题

中国古人的论著中，也涉及对管理环境的分析、运用、预测和决策问题。《论语》提出：“工欲善其事，必先利其器。”《吕氏春秋》指出：利用“利器”可达到“其用日半，其功可使倍”的效果。孙武的《孙子兵法》提出：“合于利而动，不合于利则止。”即一切都要根据后果是否对己方有利来进行决策。孙武重视敌我态势分析，提出“五事七计”。五事：道、天、地、将、法；七计：主孰有道、将孰有能、天地孰得、法令孰行、兵众孰强、士卒孰练、赏罚孰明。这就是从主客观环境，特别是在敌我实力对比上进行分析的思想。

1.1.2 近代西方管理理论和中国的管理思想

管理实践与人类的集体活动密不可分。在漫长的发展过程中，人类积累了大量的管理实践经验，形成了一些宝贵的管理思想，但在相当长的时间内未能形成系统的管理理论。直至19世纪末20世纪初，随着科技和生产力的飞速发展，出现了“科学管理”理论，标志着系统的管理理论诞生。在这之后，管理理论以极快的速度得到了发展。

1)近代西方管理理论

18世纪的工业革命使工厂成为工业生产的主要经营组织，推动了企业规模和劳动分工的发展。虽然在这一时期，经验管理仍然居于上风，缺乏管理规范和管理制度，但是，生产力发展水平和劳动方式的变化必然对管理提出新的要求。于是，在这一时期出现了一些现代管理理论的萌芽，主要集中在对劳动组织的研究上。

在管理理论创立与发展的早期，主要沿着两个方向发展：一是强调组织技术的作用，注重对组织加强科学管理与控制，形成了组织技术流派；二是强调人的作用，注重对人的行为与人群关系的研究，形成了人际关系流派。前者主要指古典管理理论及其发展，包括泰勒的科学管理理论、法约尔的一般管理理论、韦伯的行政组织理论；后者主要指梅奥的人际关系理论及其发展。

(1)古典管理理论

古典管理理论的产生与发展时期为19世纪末至20世纪40年代初。古典管理理论时期又被称为科学管理思想发展阶段，古典管理理论是对社会化大生产发展初期管理思想较为系统的总结，标志着管理科学的建立。

①泰勒的科学管理理论。泰勒(1856—1915年)，美国人。泰勒的主要思想包括管理的中心问题是提高劳动生产率；工时研究与劳动方法的标准化；科学挑选与培训工人；实行差别计件工资制；管理职能与作业职能分离；实行“例外原则”，主张高层管理者应把例行的一般日常事务授权给基层管理者去处理，高层管理者主要处理重要或例外事项，“例外管理”的原则至今仍是一项重要的管理原则。

②法约尔的一般管理理论。法约尔(1841—1925年)，法国人，长期在企业中担任总经理等高级管理职务。1916年，法约尔发表了《工业管理和一般管理》一文，提出了一般管理理论。企业组织结构的合理化问题是法约尔研究的中心问题。他最先提出了管理的职能、要素和原则。

③韦伯的行政组织理论。韦伯(1864—1920年)，德国著名社会学家。他在管理学上的主要贡献是提出了理想的行政组织体系模式。其管理思想主要体现在：权力与权威是一切社会组织形成的基础；理想行政组织模式所主张的是一种高度结构化的、正式的、非人格化的组织体系。

(2)人际关系理论

梅奥(1880—1949 年),美国哈佛大学心理学教授。梅奥的代表作为《工业文明的人类问题》。他总结了亲身参与并指导的霍桑试验及其他几个试验的成果,为提高生产效率开辟了新途径,从而创立了人际关系理论。梅奥的人际关系理论的主要观点是:企业中的人首先是“社会人”,即人是社会动物,而不是早期科学管理理论所描述的“经济人”;生产效率主要取决于职工的工作态度和人们的相互关系;重视“非正式组织”的存在和作用。

★小资料★

霍桑试验是心理学历史上最出名的事件之一,也是管理学历史上的著名事件。在一个具有较完善的娱乐设施、医疗制度和养老金制度、制造电话交换机的工厂,工人们愤愤不平,生产成绩很不理想。为找出原因,美国国家研究委员会组织研究小组开展实验研究。从 1924 年开始,美国西方电气公司在芝加哥附近的霍桑工厂进行了一系列试验。最初的目的是根据科学管理原理,探讨工作环境对劳动生产率的影响;后来梅奥参加了该项试验,研究心理和社会因素对工人劳动过程的影响。1933 年梅奥出版了《工业文明的人类问题》,提出著名的“人际关系学说”,开辟了行为科学研究的道路。

2)中国近代管理思想

中国近代管理思想主要是指 20 世纪初,中国民族企业继承和发扬我国传统管理精华,学习、引进西方先进的管理经验与思想,形成的管理理念和思想。其主要内容包括以下 3 个方面。

①借鉴科学管理。建立资本主义企业的管理机构与制度。股东大会为企业最高权力机关,执行机构为董事局,经理在董事局领导下具体管理企业。企业有固定营业时间,有上下班和休假制度;有管理制度、工资福利制度和财务制度。

②坚持以人为本的管理理念。以人为本是我国传统管理思想的精华,长期渗透于社会管理的各个领域。民族资本企业在管理中注重贯彻这一管理思想。荣氏集团在 1928 年就开办了职员养成所,通过半日在校上课、半日到场实习的方式培养纺织专业人才。东亚公司在公司的大墙上用大字写着:“己所不欲,勿施于人”“你愿人怎样待你,你就怎样待人”等东亚厂训。东亚公司还制定了员工的行为规范,汇编出版了《东亚精神》。

③形成了民族特色与市场竞争观念相结合的经营思想。一方面,这些企业继承并发扬了中国传统的、民族的经营思想,如“诚实守信,童叟无欺”“和为贵”“欲取之,先舍之”等思想;另一方面,接受西方资本主义市场竞争的思想,在相互竞争和与外国资本竞争的过程中积累了一些有价值的经营思想与经验,并将我国传统文化与现代竞争相融合。

1.1.3 现代西方管理理论

进入现代,生产力的迅速发展,导致了企业生产过程的自动化、连续化以及生产社会化程度的提高,企业规模急剧扩大。西方国家出现了一些大的跨国公司,市场竞争激烈,市场环境变化多端,管理日趋复杂,这些都对企业管理提出了更高的要求。科学技术的发展既对管理提出新的要求,又为管理提供全新的技术支持,科技成果被广泛用于管理之中。人在生产经营中的作用越来越重要,发挥人的积极性与创造性成为现代管理的核心问题。正是在这样的背景下,产生了各种全新的管理思想与理论,并得到迅速发展。

1)20 世纪 50 年代的现代管理理论

进入 20 世纪 50 年代以后,现代管理思想的发展异常活跃,建立了许多管理理论学派,形成了管理理论研究的分散化格局。美国管理学者孔茨和奥唐奈将这种现象称为“热带丛林”。这一时期主要包括以下学派。

(1)管理过程学派(或称管理程序学派)

在法约尔管理思想的基础上发展起来的管理过程学派的代表人物有美国的孔茨和奥唐奈,其代表作是他们两人合著的《管理学》。这一学派主要研究管理者的管理过程及其功能,并以管理职能作为其理论的概念结构。

(2)经验主义学派

经验主义学派的代表人物主要有:戴尔,他的代表作有《伟大的组织者》;德鲁克,他的代表作有《有效的管理者》。这一学派主要从管理者的实际管理经验方面来研究管理,认为组织管理者的成功经验是最值得借鉴的。

(3)行为科学学派

在早期人际关系论的基础上发展起来的行为科学学派,主要代表人物有美国的马斯洛、赫兹伯格、麦格雷戈等。行为科学同人际关系论一样,都注重人的因素,认为管理中最重要的因素是对人的管理;区别之处在于该学派从单纯强调感情的因素转向探索人类行为的规律,并注意群体关系的研究。

(4)社会系统学派

这一理论把组织看成一个社会系统,是一个人们之间存在相互关联的体系,这个体系受社会环境各个方面的制约,是更大的社会系统的一部分。其代表人物为美国著名管理学家巴纳德,他将社会学的概念引入管理,在组织的性质和理论研究方面做出了杰出贡献。

(5)决策理论学派

决策理论学派的代表人物是美国的卡内基—梅隆大学教授西蒙,其代表作为《管理决策新科学》。由于在决策理论方面的贡献,西蒙曾荣获 1978 年的诺贝尔经济学奖。该学派认为管理的关键在于决策,管理必须采用一套制定决策的科学方法及合理的决策程序。

(6)数理学派或管理科学学派

该学派强调以运筹学、系统工程、电子技术等科学技术手段解决管理问题,着重于定量研究,力图利用科学技术工具,为管理决策寻得一个有效的数量解。

2)20 世纪 60 年代的现代管理理论

进入 20 世纪 60 年代以后,管理理论的研究又出现一种集中化的趋势,学者们先提出系统管理理论,力求建立统一的管理理论;后来又提出更加灵活地适应环境变化的权变管理理论。

系统管理理论盛行于 20 世纪 60 年代,代表人物为美国管理学者卡斯特、罗森茨韦克和约翰逊。系统管理理论是运用一般系统论和控制论的理论和方法,考察组织结构和管理职能,以系统解决管理问题的理论体系。

权变理论在20世纪70年代开始形成、发展起来,其代表人物是美国管理学家卢桑斯以及英国学者伍德沃德等人。权变理论认为,不存在无条件适用于一切组织的最好的管理方法,强调在管理中要根据组织所处的内外环境的变化而随机应变,针对不同的具体条件,探索与采用不同的、最适宜的管理方案、模式和办法。

3)20世纪80年代的现代管理思想

进入20世纪80年代以后,随着社会的迅速发展,特别是信息技术的发展与知识经济的出现,世界形势发生了极为深刻的变化。面对信息化、全球化等新的形势,企业之间竞争加剧、联系增强,管理出现了深刻的变化与全新的格局,管理理论也有了新的发展。

(1)非理性主义倾向与企业文化

非理性主义倾向与重视企业文化的思潮向传统的管理理论提出挑战,否定纯理性管理模式,强调管理中的"软"因素,主张注重管理实务的研究和企业文化,倡导一种以人为核心、带有感情色彩、注重灵活创新的非理性的管理模式。

(2)战略管理思想

20世纪70年代前后,企业所处的技术、市场、社会、政治、经济环境都发生了天翻地覆的变化。如果只靠抓成本与质量,企业已不能避免经营失败的厄运。于是,管理学界开始重视充满危机和动荡的外部环境的变化,注重构建竞争优势,谋求企业的长期生存与发展,形成了较为系统的战略管理理论。

迈克尔·波特是美国哈佛大学商学院的教授,兼任许多大公司的咨询顾问。1980年,他的著作《竞争战略》把战略管理的理论推向了顶峰,该书是被美国《财富》杂志标列的全美500家最大企业的经理、咨询顾问及证券分析家们奉为必读的"圣经"。该书提出许多关于战略管理的重要理论、分析方法与决策技术,成为战略管理理论的经典之作之一。该书的重要贡献在于提出了分析技术的综合结构。

(3)企业再造理论

进入20世纪七八十年代,知识经济的到来与信息革命使企业原有组织模式受到巨大冲击。1993年,企业再造理论的创始人迈克尔·哈默博士与詹姆斯·钱皮合著了《企业再造——企业革命的宣言书》,正式提出了企业再造理论。迈克尔·哈默与詹姆斯·钱皮提出应在新的企业运行空间条件下,改造原来的工作流程,使企业更适应未来的生存发展空间。这一全新的思想震动了管理学界,企业再造的思潮迅速在美国兴起,并快速传到日本、欧洲乃至全世界。

4)20世纪90年代以后的管理思想

随着管理环境的变化及一系列新的管理理论的产生,在20世纪90年代以后管理思想呈现出新的发展趋势。总体趋势是管理理念更加人性化、管理形态呈知识化、管理组织虚拟化、组织结构扁平化、管理手段和设施网络化、管理文化全球化。并且在以下方面趋势更加明显:对企业的业务流程进行重新设计的企业再造趋势;使管理更加具有柔性化的文化管理趋势;体现知识经济的灵魂和企业进行知识管理的管理创新趋势;网络经济、全球经济一体化下的管理的国际化趋势。这些新的趋势在管理中将不断地变成现实,这也是21世纪对管理提出的挑战。

(1)彼得·圣吉的学习型组织理论

20世纪90年代以来,随着知识经济的到来,信息与知识成为重要的战略资源,相应地诞生了“学习型组织”理论。“学习型组织”理论是美国麻省理工学院教授彼得·圣吉在其著作《第五项修炼》中提出来的。

(2)熊彼特的创新理论

熊彼特认为,创新是生产手段的新组合,“生产意味着把我们所能支配的原材料和力量组合起来”。这种意义下的创新概念包括下列5种:采用新的产品;采用一种新的生产方法;开辟一个新市场;采用一种新的供给来源;实现任何一种工业的新组织。

(3)科斯的交易费用理论

科斯认为市场交易是有成本的,这一成本就是交易费用。企业的产生和存在是为了节约交易费用,即用费用较低的企业内交易替代费用较高的市场交易。企业规模大小则取决于企业内交易的边际费用的那一点上。科斯教授用“交易费用”的概念解释了企业作为市场机制的一种代替的必然。科斯教授的“交易费用”概念为我们提供了观察组织产生、发展及创新的新视角,而这恰恰是传统经济学与传统管理学所不具备的视野。

(4)威廉姆森的管理创新理论

在威廉姆森的理论里,组织创新可以节约交易费用,而组织创新的原动力又在于追求交易费用的节约。因此,他认为组织创新的方向和原则有三条。

第一,资产专用性原则。在组织构造中资产专用性越高,组织取代市场所节约的交易费用就越大。

第二,外部性内在化原则。所谓外部性即机会主义行为,也称“搭便车”。外部性越强,交易费用越高。

第三,等级分解原则。即在组织创新的过程中,组织结构及相应的决策权力和责任应进行分解,并落实到每个便于操作的组织的各个基层单位,从而有助于防范“道德风险”,进一步节约交易费用和组织运作成本。

1.1.4 中国当代管理思想

中国当代管理思想主要指新中国成立后到现在这一时期我国的管理思想。这一时期又划分为新中国成立到“文化大革命”、改革开放到20世纪90年代和21世纪初到现在三大阶段。

1)新中国成立后的初创与发展

新中国成立后的初创与发展阶段是指从1949年新中国成立到20世纪70年代中期“文化大革命”结束。这个时期是社会主义计划经济基础上的集权型、政治性管理思想,注重阶级斗争,一切管理都以实现政治目标为最高要求。在社会管理上,注重政治与思想工作和大搞“运动”的管理方式;在经济管理上,把计划作为最基本、最重要的管理形式与手段,并相应采取高度集权的管理方式。

2)改革开放后的探索与创新

改革开放后的探索与创新产生了社会主义市场经济基础上的集权与分权结合、经济与社会并重的管理思想。在企业管理上,在改革开放初期主要是对西方管理理论的大量引进,兼收并蓄;进入20世纪90年代,则结合我国国情,消化、吸收西方管理理论,从我国古代管理思想中汲取精华,大胆创新,探索建立既具有中国特色又与国际接轨的管理理论。但由于我国的管理基础落后,管理理论研究更是滞后,因此,还远没有形成系统的管理理论体系。1992年,国家制定国有企业转换经营机制条例,进一步落实企业的自主权,全面推进国有企业经营机制的转换与改革,使国有企业的改革进入一个新阶段。1994年,确立了国有企业改革的目标模式是建立现代企业制度。随着改革实践的深入,我国学术界正在探索并逐步建立具有中国特色的社会主义企业管理理论。

3)21世纪开始后的深化与融合

从21世纪初开始,随着中国加入WTO,改革开放步伐迅速加快,同时中国进行的经济体制改革持续深化,极大地促进了现代管理思想的发展,对外开放政策的实施,又为学习和借鉴国外的先进管理经验提供了机会。因此,中国现代管理思想发生了极为深刻的变化。

(1)由国内管理向国际化管理转变

长期以来,中国的宏观管理和微观管理常常限于本国或本地区的规范之内,往往只考虑本国市场、本企业、本组织内部如何进行管理的问题,但21世纪的管理环境已发生了根本性的变化,随着中国加入WTO,改革开放步伐迅速加快,经济全球化以不可阻挡之势席卷整个神州大地。

所谓在管理上与国际接轨,就是要加入遍及全球的世界级采购生产系统,打破地区和国界,尽可能多地获取差别利益。为此就必然要求消除管理上的阻隔,形成管理上的共同语言和方法,管理的国际化是经济全球化发展的必然趋势。

(2)科学管理向信息化管理转变

科学管理的任务在中国一些企业和组织中尚未完成,但信息化管理对许多企业来讲已迫在眉睫。这就是中国管理的特色,中国利用后发优势,在信息产业和产业信息化方面正在实现跳跃式发展。

信息化管理并不是简单地用计算机自动程序代替原有的手工程序,而是先对原有的工作流程进行分析、改造,重新组织、调整,使整个工作程序更加合理,在此基础上再实行信息化管理,这样才能取得良好的效果。实际上,中国正在把发达国家几十年来所做的事并在一起做,从而尽快地使各项管理工作迎头赶上国际先进水平。当然,管理信息化需要一个较长的过程,但这种趋势是确定无疑的。

(3)由封闭式实体管理向开放式虚拟管理转变

随着科学技术的进步,虚拟组织、虚拟公司越来越多。例如耐克公司只有强的研发设计中心和采购营销系统,从来就没有自己的生产车间和生产工厂,但全世界尤其是中国到处都有为其生产耐克鞋的基地,耐克鞋风靡全球,经久不衰。美国的汽车制造业也正在经历虚拟化的过程,其中福特公司走得更快更远。可以预言在未来的发展中,组织的虚拟化将是一种必然趋势,只是各个组织虚拟化的程度和管理方式会各不相同。如何管理好这种开放式的虚拟组织,将是21世纪摆在中国企业家面前的重大管理课题。

◎实训

1. 任意选择两个企业，通过实地考察、网络咨询调研，调查其管理所体现的管理思想，找出它们的不同，分析不同的原因是什么。

2. 小组讨论中西方管理思想的异同点。

◎案例

管理理论真能解决实际问题吗?

海伦、汉克、乔、萨利4个人都是美国西南金属制品公司的管理人员。海伦和乔负责产品销售，汉克和萨利负责生产。他们刚参加过在大学举办的为期两天的管理培训班学习。在培训班里他们学习了泰勒的科学管理理论、法约尔的管理职能及一般管理理论、韦伯的理想的行政组织理论、巴纳德的一般组织管理理论、梅奥的人际关系学说以及当代管理理论等内容。他们对所学的理论有不同的看法，展开了一场激烈的争论。

乔首先说："我认为韦伯的理想的行政组织理论对于我们这样的公司是很有用的，不建立严格的组织和权力分配，公司就会乱套。"

萨利插话说："你说的我不赞成。组织的建立和权力分配固然重要，但对我们公司而言，最重要的是进行人性化管理，以人为本，充分调动人的积极性，如果人没有积极性，组织建立得再好也没用。"

海伦对他们的讨论有不同的看法。她说："组织的建立、权力的分配和进行人性化管理我还没有很好地考虑。但是，我认为建立学习型组织对我们是很有用的。现在是知识爆炸的时代，不学习新知识、新理论我们会被淘汰。其他的对我们有什么帮助呢?"

汉克显得有些激动地插话说："我不懂这些被大肆宣传的理论是什么东西。教授们都把自己的理论吹得天花乱坠，他们的理论听起来很好，但他们的理论却无助于我们的管理实际。"

思考题:

1. 你怎样看待他们的争论?

2. 汉克认为学习管理理论是无用的，你如何看待这一问题?

3. 应该怎样学习管理理论?

任务 2　走近管理活动

1.2.1　管理的概念、要素和类型

1)管理和组织管理

(1)管理和组织管理的概念

在人类的活动中,无时不存在管理,无处不需要管理。“管理”一词,从字面上来解释,即管辖、治理的意思。大到国家,小到单位和个人的活动,都离不开管理。因此,从广义的角度看,管理可定义为:人类为了实现特定目标,完成特定任务而开展的各种活动。从狭义的角度看,管理是指组织管理,即组织在特定的环境条件下,以人为中心,对各种人类活动所拥有和需要的资源进行有效的计划、组织、协调,以实现特定目标的过程。

通过以上分析,可以进一步明确管理的相关观点:管理活动的存在是为了实现人类更好的发展,管理活动强调以人为中心,人是管理的主体,管理是为人服务的;组织管理由若干内容构成,如制定组织宗旨、使命和价值观,确定组织战略,制定组织制度和规章,搭建组织结构,配置人力资源,拟订工作计划,开展沟通与协调,进行激励与控制等职能;管理的基本要求是优化使用人力、物力和财力等资源,确保组织工作具有良好的效果、较高的效率和较大的效益;管理是在特定环境下开展工作的,有效的管理必须审时度势,充分考虑环境的特点。

◆课堂讨论◆

管理活动对企业的重要性主要体现在哪些方面?

(2)组织的概念和类型

要明白组织管理的含义,需要进一步了解什么是组织。组织是由个人或群体所组成的、有共同目标和一定边界的社会实体。例如行政机关、企业、学校、医院、部队等实体都是组织。目标是组织存在的前提,分工合作是组织运营并发挥效率的基本手段和前提,组织必须具有不同层次的权力和责任制度。

按照不同的标准,组织可以划分为不同的类型。

首先,可以将组织划分为正式组织与非正式组织。正式组织是指为了实现组织的目标而成立的功能结构,这种功能结构或部门是组织的组成部分并有明确的职能。正式组织的基本特征是设立的程序化、解散的程序化和运作的程序化。非正式组织是指由于地理位置关系、兴趣爱好关系、工作关系、亲朋好友关系等而自然形成的群体,这种群体不是经过程序成立的。例如,各种组织中的业余合唱团、同乡会、同学联谊会等都是非正式组织。非正式组织是现实中不可忽视的群体,可以为正式组织的目标实现发挥重要作用。但是,非正式组织的目标与组织的目标不一致或冲突时,又会成为组织目标实现的障碍,可能会出现集体抵制或抑制正式组织的政策或目标的情况。

其次,组织还可以划分为实体组织与虚拟组织。实体组织就是一般意义上的组织。虚拟组织是社会及组织发展到一定阶段出现的产物,它在计算机信息网络出现之前就已经产生了。信息网络的出现,使虚拟组织得到了全方位的发展并获得了广泛的认同。虚拟组织不同于实体组织,它主要表现在组织结构、构成人员、办公场所、核心能力等方面的虚拟性。

(3)东西方管理的差异

西方管理理论主要研究对组织的管理,以管理好组织为目的,进一步思考如何管理组织中的个体。而中国的管理思想注重从自我管理开始,走向组织管理和社会管理。"修身、齐家、治国、平天下",就是讲一个人要想管理天下大事,要从自我管理开始做起。今天,在大多数情况下,我们所说的管理是指组织管理,而不是个体的自我管理,但是自我管理是组织管理的起点和基础,只有具备了自我管理的能力,才能为家庭管理和组织管理奠定基础。因此,在引进西方的管理思想和理论时,要明辨中西方管理的差异,不应该照搬西方的管理理论而丢掉了中国的管理思想精髓。同样,在开展管理的时候,也要立足于从自己做起,使自己能够垂范于他人,这样才能管好家庭和组织。

2)管理的要素

管理要素包括管理者、管理对象(管理的相对方和被管理者)、管理环境、管理活动、管理内容、管理方法等。由于管理是一个涉及多种因素的活动,因此,管理要素的划分具有相对性,从不同角度思考会有不同的理解。

(1)管理者

管理活动是由管理者来完成的,管理活动内容丰富,既包括针对个人自身活动的管理,也包括针对群体活动的管理。个体活动中的管理者就是开展个体活动者本人,这种情况下开展的管理活动是自我管理。组织中的管理者是指在组织中从事管理工作的人员,即在组织中担负计划、组织、领导、协调和控制等工作,以期实现组织目标的人。所以,管理者包括个体活动管理者和组织活动管理者,个体活动的管理者是形形色色的个人自身,而组织活动的管理者也有很多分类。

①按管理层次对管理者进行分类。通常情况下,管理学书籍将管理者分为高层管理者、中层管理者和基层管理者,但是,除了以上3个层次的划分外,还有两个层次的管理者,即领导和管理员。管理者3层次的划分,首先是没有将领导纳入管理者的范畴,导致对管理者的划分结果与整个管理者队伍的总量之间存在逻辑的不周延。其次,将一般员工划分在被管理者范畴,作为被动接受管理的人,这种划分不符合管理活动的实际情况,因为一般员工也承担着管理任务。而且这种管理思想也导致了管理者和一般员工的对立,不利于调动一般员工的管理积极性。因此,我们认为应该将一般员工纳入管理者的范畴,其称谓为管理员。

②按管理的领域划分。对组织中的管理人员,也可以按照他们所从事不同专业领域的工作来进行分类。比如市场营销管理人员、财务管理人员、人力资源管理人员、生产与经营管理人员、行政管理人员、其他类型的管理人员等。

(2)管理对象

管理对象是指管理活动中,管理者的管理活动所指向的所有人物、事件和物件,管理对象包括管理的相对方和被管理者。

①管理相对方。管理相对方即管理活动所指向的人,包括管理者面对的上级、下级、同事等。管理相对方也是管理者,只不过是在某一个具体的管理过程中处于接受管理和执行工作安排的地位,所以,对管理相对方的界定具有条件性,当条件发生变化时,管理相对方也会发生变化。管理相对方在管理中的角色主要是通过高层副职、中层管理者以及基层管理者体现出来的。一般情况下,组织的最高领导不属于管理相对方,只有在某些特殊情况下,最高领导才成为管理相对方。将管理对象分为管理相对方和被管理者,这种划分法跟传统的管理学思想不一致,但是这种划分法充分考虑了所有人在管理活动中的主观能动性,避免将人与物资、信息、资金和环境等客观事物混为一谈,既反映了管理活动的客观现实,又有利于明确一般员工在管理活动中的地位和作用。

②被管理者。被管理者是指管理活动指向的事物、事件、物件,包括组织结构、管理制度、物资、组织信息、资金等。

a. 组织结构。组织结构是指组织成员为了完成工作任务、实现组织目标,在职责、职权等方面的分工协作体系。它由一定的部门、机构和人员组成,这些部门、机构和人员分别承担不同的职责。组织结构是由组织的目标和任务以及环境的情况所决定的。它对组织内部的正式指挥系统、沟通系统具有直接的决定作用,对组织中的人的行为等也有界定和规范作用。

b. 管理制度。管理制度是组织的各种规章制度。体现在国家管理的层面,就是国家的宪法、法律、法规、政策等;体现在企业层面,就是企业组织制度和企业管理制度的总称,包括公司章程、组织纪律、生产管理制度、供应管理制度、销售管理制度、财务管理制度、人事管理制度等。管理制度是组织开展管理活动的重要措施。组织在建立之前和建立之初,很重要的一条就是建章立制,构建管理制度,给常规的工作拟订规范和标准,以便员工明确自己的职责,明白自己该做什么不该做什么。

c. 物资。物资是物质资料的简称。广义的物资概念既包括可以直接满足人们需要的生活资料,又包括间接满足人们需要的生产资料。狭义的物资概念是指在企业生产中所消耗的物品和各种生产资料。

d. 组织信息。组织信息是指与组织管理活动相关的各种信息,这个内容将在以后的项目中做详细阐述。

e. 资金。资金有多重含义,有的时候泛指资本,指用于发展国民经济的物资或货币;有的时候指国家、公司、社团、商行等拥有的款项或收益;有的时候指经营工商业的本钱。随着网络经济的发展,资金又发展出一种新的形式,即虚拟资金。虚拟资金首先应当理解为当前网络及网络游戏盛行的条件下网络论坛及网络游戏等的注册用户凭以进行相关操作的前提条件。这些虚拟资金不是真正的资金,但是很可能要用真实的资金来购买,比如腾讯公司的Q币、网络游戏的游戏币等。其次,虚拟资金还表现为比特币,它是一种 P2P 形式的数字货币,是点对点传输、去中心化的支付系统。目前,各国对于如何使用这种货币还有很大分歧。

(3)管理环境

管理环境是指影响组织生存与发展的各种内、外因素的结合。这个问题将在以后的项目中详细阐述。

(4)管理活动

管理活动是指管理者为完成一定的目标和任务而开展的一系列活动,包括管理人的活动和管理事的活动。管理活动具体又可以分为预测、分析、计划、决策、组织、协调、沟通、激励、控制等方面的活动。

(5)管理内容

管理内容是基于一定的目标和任务,在一定环境中,针对特定的对象开展的管理活动的整合。管理内容构成了管理岗位或工作岗位的职责依据。这将在以后的项目中详细介绍。

(6)管理方法

管理方法是指开展管理活动所采用的方法。这将在以后的教学中详细介绍。

管理者、管理对象、管理环境、管理活动、管理内容、管理方法等构成了整个管理,分析管理往往围绕这些方面展开。

3)管理的类型

管理活动多种多样,根据不同的标准,可以对管理进行不同的划分。根据管理对象的特性,可以将管理划分为自我管理和组织(群体)管理;根据管理的内容,可以将管理划分为国家管理、城市管理、乡村管理等;根据管理行业的不同,可以将管理分为医院管理、行政部门管理、军队管理、企业管理等;根据管理内容的专业性,可以将管理分为财务管理、营销管理、生产管理、供应管理、物流管理等。

1.2.2 管理的二重性

管理的二重性是指管理的自然属性(共性)和社会属性(个性)。管理的共性是指管理是由人们的相互协作劳动、社会化活动而产生的,为了保证组织社会化活动持续、稳定地进行,需要合理地进行计划、组织、控制、领导和协调,以有效地利用有限的资源实现组织目标。因此,管理理论、技术和方法是人类长期实践的产物,可以在不同的社会制度、不同国家和不同组织中使用,这又称为管理的自然属性。管理的个性指管理是在一定的社会关系条件下进行的,必然会体现管理者的管理意志,在阶级社会,这种管理活动还带有阶级性。这在管理学中便形成了另一部分属于社会关系范畴的内容,如组织目标、组织文化、管理理念、领导作风、激励方式等。这些涉及对人的管理的内容,具有明显的意识形态色彩,在不同的社会制度、不同国家、不同的民族中具有较大的差异,这又叫管理的社会属性。

1.2.3 管理的作用

管理对人类社会的持续发展具有重要意义,主要体现在以下3个方面。

1)管理普遍存在并影响社会生活和个人生活

管理无处不在。只要有人类社会,就有管理。不管是管理自己,还是管理组织,都离不开管理。离开了自我管理,个人的生活和工作就会无序和混乱;离开了组织管理,组织就会混乱,无法实现组织目标。

2)管理是决定组织的实力和竞争力的重要因素之一

组织的实力和竞争力取决于许多因素,如拥有的资源数量、企业的信誉、开发新产品的能力、商品的品牌等。这些因素能否发挥较好的作用,都取决于组织的管理水平。组织能否适应不断变化的环境,能否生产出合乎市场需求的产品或者提供市场需要的服务,能否以较低的成本达成较高的产出,能否以有效的促销方式打开市场,能否建立起完善的售后服务体系等,都要依赖于科学的管理。

3)管理是促进精神文明建设,提高社会生活质量的重要手段

管理是以人为中心的,管理的关键是团队成员的精神状态。管理的根本方法是通过教育提高人的觉悟,激发人的工作积极性、创造性。因此,良好的管理将促进社会的精神文明建设,促进社会生活质量的提高。

◎实训

分组讨论管理各个要素之间的关系。

◎案例

请阅读下面的一段对话:

美国老板:完成这份报告要花费多少时间?

希腊员工:我不知道完成这份报告需要多少时间。

美国老板:你是最有资格提出时间期限的人。

希腊员工:30 天吧。

美国老板:你同意在 15 天内完成这份报告吗?

希腊员工:没有作声。(认为是命令。)

15 天过后。

美国老板:你的报告呢?

希腊员工:明天完成。(实际上需要 30 天才能完成。)

美国老板:你可是同意今天完成报告的。

第二天,希腊员工递交了辞职书。

思考题:

请分析美国老板和希腊员工的对话,说明希腊员工辞职的原因并提出建议。

任务 3　认识管理学

管理学是一门研究管理活动基本规律和方法的科学,主要探讨和研究管理的基本概念、原理、方法和程序。管理有许多专业的领域,如企业管理、行政管理、行业与部门管理、自我管理、家庭管理等,而管理学研究的主要是这些领域中管理活动的共性。

1.3.1 管理学的定义及研究对象

管理学是一门系统研究管理活动的基本规律和一般方法的科学。虽然各种组织的具体工作内容千差万别,但从管理者的管理工作来看则有一些共性的东西,即管理者为了实现本单位的既定目标,通过计划、决策、组织、领导、控制、创新等职能进行任务、资源、职责、权力和利益的分配,协调人们之间的相互关系。这些管理工作的共同点就是管理学的研究对象。概括地说,管理学的研究对象就是各种人群、组织、单位或项目的管理活动和管理过程。

1.3.2 管理学的特点

作为一门学科,管理学具有一些显著的特点,具体表现在以下4个方面。

1)综合性

管理活动是复杂性、多样性的,它涉及许多学科的知识。哲学、社会学、心理学、伦理学、政治学、经济学、历史学、法学、数学、统计学、运筹学、系统学、控制学、计算机科学、信息科学等都与管理学相关联。因此,管理学是一门交叉学科或边缘学科。

2)一般性

管理学主要研究管理活动中的共性,主要涉及基础理论,既然是一般原理,它就适用于一切组织、单位和个人。管理活动的个性中孕育着共性,因此,需要用管理中共同普遍的原理和方法去指导管理活动。

3)模糊性

数学、物理学等学科是精确的科学,根据规律和所给定的初始条件就可以得出问题的解。而管理工作涉及人的因素,既有可以精确度量的内容,也有可以量化但很难精确度量的内容,更存在许多不可量化的内容;管理中许多因素之间的关系,有的可以用函数关系表示,有的则无法用函数关系来表示,有的甚至是用演绎推理也无法表达清楚的关系。在很多情况下,只能借助于定性的方法来分析,因此,管理学是一门不精确的学科。

4)实践性和具体性

理论来源于实践,又对实践起着指导作用。任何一个组织都处在复杂的环境之中,组织中的成员又各具特色,而且环境因素和人的因素又在不断变化中,可以说没有完全一样的组织,也没有完全一样的组织环境。掌握管理的普遍原理和规律性的知识,并不等于具备解决复杂的实际问题的能力,这种能力必须要在运用管理学理论和知识的实践中获得和提高。因此,管理学具有很强的实践性和具体性。

1.3.3 管理学的学科体系

管理活动是普遍存在的,但不同组织的管理内容、管理方法不尽相同,从而形成各具特色、专业性的各种管理学科,其体系如表1.1所示。

表 1.1 管理学体系示意图

<table>
<tr><td rowspan="14">管理学</td><td colspan="2">个体管理</td><td>自我管理</td></tr>
<tr><td colspan="2">家庭管理</td><td></td></tr>
<tr><td colspan="2" rowspan="3">群体管理</td><td>同学会管理</td></tr>
<tr><td>冬泳队管理</td></tr>
<tr><td>……</td></tr>
<tr><td rowspan="9">组织管理</td><td rowspan="5">营利性组织管理</td><td>生产管理</td></tr>
<tr><td>经营管理</td></tr>
<tr><td>金融管理</td></tr>
<tr><td>旅游管理</td></tr>
<tr><td>……</td></tr>
<tr><td rowspan="4">非营利组织管理</td><td>政府管理</td></tr>
<tr><td>公立学校管理</td></tr>
<tr><td>社会团体管理</td></tr>
<tr><td>……</td></tr>
</table>

1.3.4 管理要素的逻辑框架比较

管理要素的逻辑框架比较如表 1.2 所示。

表 1.2 管理要素的逻辑框架比较

<table>
<tr><td rowspan="15">管理要素</td><td rowspan="7">管理者</td><td colspan="3">本教材的架构</td><td colspan="2">其他教材对应架构</td></tr>
<tr><td>最高领导</td><td></td><td>（也许形成了领导角色）</td><td colspan="2">管理者</td></tr>
<tr><td rowspan="5">管理对象</td><td rowspan="4">管理相对方</td><td>高层管理者（也许形成了领导角色）</td><td colspan="2" rowspan="5">被管理者</td></tr>
<tr><td>中层管理者（也许形成了领导角色）</td></tr>
<tr><td>基层管理者</td></tr>
<tr><td>管理员</td></tr>
<tr><td>被管理者</td><td>组织结构、管理制度、物资、信息、资金、环境等</td></tr>
<tr><td>管理环境</td><td colspan="3">职能</td><td colspan="2">管理环境</td></tr>
<tr><td rowspan="6">管理活动</td><td colspan="3">计划</td><td rowspan="3">界定不清晰</td><td rowspan="6">管理活动</td></tr>
<tr><td colspan="3">组织</td></tr>
<tr><td colspan="3">领导</td></tr>
<tr><td colspan="3">沟通</td><td rowspan="3">界定清晰</td></tr>
<tr><td colspan="3">激励</td></tr>
<tr><td colspan="3">控制</td></tr>
<tr><td>管理内容</td><td colspan="3">管理内容构成了管理岗位或工作岗位的职责依据</td><td colspan="2">管理内容</td></tr>
</table>

◎实训

小组讨论,列举你所知道的管理内容。

◎案例

提起苹果的成功,你可能会想到它引领潮流的产品外观、流畅的使用体验,以及开放的生态系统。

但是如果要探讨苹果的管理特征,你会想到什么——可能是乔布斯的强势专制。江湖上传说整个苹果高层只有一条标准:“乔布斯喜不喜欢。”苹果的管理似乎并不是它崛起的重要因素。

但是,曾与乔布斯密切合作过12年、前苹果公司创意总监肯·西格尔(Ken Segall)却不这么认为。在他看来,苹果最大的武器则是他们对“简洁”管理痴迷——“简洁”让苹果与戴尔、英特尔等巨无霸企业形成强烈反差,从而导致另辟蹊径的产品和层出不穷的创意方案。

“这不仅仅是产品设计思路或零售店的风格,它还扎根于公司的每一个环节,是苹果公司有别于其他科技公司的根本,是它得以发展的灵魂。”

你每年要参加多少次“人员过剩”的会议?你有没有想过,如果与会人数减半,有多少会议能避免偏离主题?西格尔曾与英特尔、戴尔和IBM合作,领导市场营销工作。他认为,这些企业中,在苹果开会最简单。

苹果公司的例会常常没有正式的议程,与会者更是寥寥无几——乔布斯、产品营销高级副总裁菲尔·席勒、负责设计的高级副总裁乔纳森·伊夫……共8人,有时会邀请与议题有关的特邀嘉宾。

西格尔回忆说,乔布斯通常会这样开场:“在会议开始之前,我先向大家介绍一些新消息。首先,我们来谈谈Mac(苹果笔记本电脑)……”有一天他忽然停下,指向坐在座位中一位女性问:“你是谁?”

这位高管介绍自己叫洛丽,之所以受邀参会,是因为她参与了此次要讨论的营销项目。乔布斯沉吟片刻后果断地说:“我们不需要你参加会议。”接着,他面对桌上他想见的8个人继续发言,洛丽只好收拾完东西,起身穿过长长的过道,离开了会议室。

让“洛丽”们继续坐在会议桌旁,本不是什么难事,但苹果公司希望开会或做报告的时候,屋里每个人都是至关重要的参与者,不欢迎任何观众,也不设置所谓的“面子邀请”,这样才能加速决策效率,并避免过多无关的人在开会上浪费时间和精力。

与此不同的是,戴尔曾为假期的产品营销方案在美国中西部做了几次焦点小组测试,再从全国各地召集32人召开简报会议。最终做出的决定不过是给旧广告加点假日元素然后重新播出。有的公司甚至内部流传着一本《企业管理指南》,其中列举了“会议开始时应该首先陈述会议议程”“鼓励与会者积极参与”和“就下一步工作达成一致后结束会议”等必须留意的事项。

许多管理者本能地认为，项目越重要，参与人数就越应该增加，因为“头脑越多，点子越多”——看似有效却正式的大规模“头脑风暴”随处可见。但乔布斯是这种“大公司思维”的坚决反对者——人数的增加，势必导致流程的复杂性，需要更多手把手的指导，并在审查和提出反馈上花费更多时间。

“如果你认为在一个项目上安排更多人手能提高效率，那就说明你从一开始就对团队成员缺乏信心。”他说，“我不明白为什么公司在规模壮大后就得做出改变。”他坚信“聪明人、小团队”。

为此，苹果公司制定了一个规则，规定 Mac 团队不得超过 100 人。如果要往里加人，就必须有人退出。乔布斯说：“我最多只能记住 100 个名字，并且我只希望跟我了解的人一起工作。要是团队超过 100 人，就会迫使我们改变组织架构。那样的话我将没法工作，我必须了解团队里发生的每件事。”

西格尔表示，多年以来，他领导的苹果市场营销团队经过不断调整，始终保持小规模，使有才华的人予以重任——这是驱使员工们疯狂工作、提出奇思妙想的动力。因为只要努力就能被赏识，他们渴望接手更多的任务，为每个项目贡献力量，于是在每个星期，甚至是每天都产出重要成果。

思考题：

通过阅读案例，请你说说苹果公司开展管理的观点。

课后练习

一、单选题

1. 在中国古代管理思想发展历史中，(　　)是管理思想最为活跃的时期。

A. 秦朝　　B. 汉朝　　C. 春秋战国　　D. 唐朝

2. 直至 19 世纪末 20 世纪初，随着科技和生产力的飞速发展，出现了(　　)，标志着系统的管理理论诞生。

A. 行为科学　　B. 科学管理　　C. 管理科学　　D. 过程管理

3. 18 世纪后期到 19 世纪末，即从资本主义工厂制出现起，到资本主义自由竞争阶段，管理者完全凭自己的经验进行管理，没有管理规范与系统制度，被称为(　　)。

A. 经验管理或传统管理　　B. 组织管理

C. 科学管理　　D. 技术管理

4. 某技术专家，原来从事专业工作，业务专精，绩效显著，近来被提拔到所在科室负责人的岗位。随着工作性质的转变，他今后应当注意把自己的工作重点调整到(　　)。

A. 放弃技术工作，全力以赴，抓好管理和领导工作

B. 重点仍然以技术工作为主，以自身为榜样带动下级

C. 以抓管理工作为主，同时参与部分技术工作，以增强与下级的沟通和理解

D. 在抓好技术工作的同时，做好管理工作

5. 管理的核心是(　　)。

A. 决策　　B. 领导　　C. 激励　　D. 处理好人际关系

6. 泰勒认为,科学管理理论研究的中心问题是(　　)。

A. 提高劳动生产率　　B. 提高劳动积极性　　C. 激励　　D. 协调

7. (　　)是我国传统管理思想的精华。

A. 科学管理　　B. 行政管理　　C. 以人为本　　D. 过程管理

8. 进入20世纪60年代后,管理理论的研究又出现一种(　　)的趋势。

A. 集中化　　B. 分散化　　C. 扩大化　　D. 发展性

9. 管理的本质(　　)。

A. 是一种手段　　B. 是一项职能　　C. 是活动或过程　　D. 是一种资源

10. 关于管理中的例外原则,以下哪种理解最为合适?(　　)

A. 上级将一般日常事务授权给下级去处理,自己只从事重大的、非程序化问题的决策

B. 上级只接受下级关于超出标准的例外情况的报告

C. 上级将一般的日常事务全权交由下级处理,自己只保留对例外事项的决定和监督权

D. 上级在授予下级日常事务处理权的同时,保留对其执行结果的监督权,并集中精力处理例外事件

11. 对人、财、物等各种资源进行计划、组织、领导、控制,以有效地实现组织目标的过程称为(　　)。

A. 管理　　B. 经营　　C. 组织　　D. 计划

12. 以下不属于管理职能的是(　　)。

A. 计划与决策　　B. 组织活动　　C. 控制活动　　D. 经营活动

13. 洞察事物,抽象形成概念的能力对下列哪类管理人员最为重要?(　　)

A. 高层管理人员　　B. 中层管理人员　　C. 基层管理人员　　D. A 和 B

14. 管理人员与一般工作人员的根本区别在于(　　)。

A. 需要与他人配合完成组织目标

B. 需要从事具体的文件签发审阅工作

C. 需要对自己的工作成果负责

D. 需要协调他人的努力以实现组织目标

15. 管理学是为管理者提供从事管理的有用的理论、(　　)和方法的实用性学科。

A. 总结　　B. 原则　　C. 选择　　D. 经验

16. 认为没有"放之四海而皆准"的普遍使用的"最好的"管理学派是(　　)。

A. 权变理论学派　　B. 社会合作学派

C. 管理科学学派　　D. 管理过程学派

17. 加工车间刚刚换了车床,新车床比原车床工作效率高20%,车间技术组提出:是否应该提高其工时定额?车工不同意,理由是:对新车床还不熟悉,很难达到额定效率。车间主任和副主任商量出以下4种解决方案,请你选择一项最合理的解决办法。(　　)

A. 由全体车工开会讨论,决定新车床的工作定额

B. 由车间主任决定，是否采取新定额，定额是多少

C. 由车间的职工代表开会讨论，决定新车床定额

D. 报工厂劳动科，由他们会同设备科，经过严格的测评来确定新车床的工作定额

18. 假设你召集下属开会，研究解决领导所布置的一项紧急任务，结果其中有位比较啰唆的人大讲特讲与主题无关的教条理论，耽误很多时间。你该如何应付这种情况为好？(　　)

A. 任其讲下去，让其他与会者群起而攻之

B. 不客气地打断其讲话，让别人发言

C. 有策略地打断其讲话，指出时间很宝贵

D. 允许其畅所欲言以表示广开言路

19. 如果一个领导者的技术技能、人际关系和概念技能的比例为 18∶35∶47，则根据卡茨的理论，他应为(　　)领导。

A. 低层　　B. 中层　　C. 高层　　D. 无法判断

20. 有人认为"一个繁忙的管理者往往不是一个好的管理者"，对于这种看法，你认为下面哪种观点正确？(　　)

A. 这种看法有一定的正确性，因此管理者的工作重点应是让下属的积极性得到发挥，而不是自己繁忙

B. 这种看法不对，管理者需要承担比下属更大的责任，当然应当繁忙

C. 这种看法不对，管理者除了管理下属以外，也要处理千头万绪的事务性工作，当然很繁忙

D. 这种看法正确，最高明的管理者就应该是"无为而治"的管理者

二、多选题

1. 儒家学术讲(　　)，用礼制规范和道德感化的手段，实现治国的目的。

A. 仁政　　B. 德治　　C. 礼制　　D. 刑治

2. 西方古典管理理论包括(　　)。

A. 科学管理理论　　B. 一般管理理论　　C. 行政组织理论　　D. 人际关系理论

3. 进入现代，生产力的迅速发展，人在生产经营中的作用越来越重要，发挥人的(　　)与(　　)成为现代管理的核心问题。

A. 能动性　　B. 积极性　　C. 趋利性　　D. 创造性

4. 权变管理理论的代表人物是(　　)。

A. 德鲁克　　B. 卢桑斯　　C. 伍德沃德　　D. 西蒙

5. 20 世纪 80 年代的主要现代管理思想包括(　　)。

A. 非理性主义倾向与企业文化　　B. 战略管理思想

C. 企业再造理论　　D. "学习型组织"理论

6. 管理的基本要求是优化使用(　　)等资源，确保组织工作具有良好的效果、较高的效率和较大的效益。

A. 人力　B. 物力　C. 财力　D. 知识

7. (　　)是组织存在的前提,(　　)是组织运营并发挥效率的基本手段和前提,组织必须具有不同层次的(　　)和(　　)。

A. 目标　B. 分工合作　C. 权力　D. 责任制度

8. 被管理者是指管理活动指向的(　　)。

A. 人物　B. 事物　C. 事件　D. 物件

9. 根据管理对象可以将管理分为(　　)。

A. 国家管理　B. 自我管理　C. 生产管理　D. 组织管理

10. 管理的二重性是指(　　)。

A. 管理的自然属性　B. 管理的社会属性　C. 管理的科学性　D. 管理的艺术性

三、填空题

1. 管理二重性是指________和________。

2. 管理的核心是__________。

3. 提出"管理就是决策"观点的是美国管理学者__________。

4. "科学管理"的中心问题是__________。

5. 法约尔认为管理活动包括计划、组织、________、________和控制。

6. 古典管理理论时期又被称为科学管理思想发展阶段,古典管理理论是对社会化大生产发展初期管理思想较为系统的总结,标志着________的建立。

7. 西蒙的决策理论中的决策标准是用________的准则代替________准则。

8. ________变量与________变量之间的函数关系就是权变关系。

9. 管理学的特点有________、________、________、________。

10. ________是组织管理的起点和基础。

四、简答题

1. 简述梅奥的"人际关系学说"的基本内容。

2. 简述管理的二重性。

3. 管理具有哪些基本特征?

五、案例分析题

"90后"任性CEO

余佳文,"90后",超级课程表创始人。

上大学期间,因为经常忘记在哪上课,他开发了一个名为超级课程表的应用。这个App可以对接高校的教务系统,学生只要输入学号和密码,就能将课表导入自己的手机。它同时还是一个匿名社交应用,大家可以通过它给周围的人传小纸条。作为公司创始人,余佳文身上有很多完全不同于"70后""80后"创业者的特质。面对媒体,他洒脱、直率,高中开始创业并赚到了上百万元,自认性格太直,但在采访结束的时候,他又会谦虚地称现场记者为前辈。面对员工,他有特立独行的一套标准,并不尊崇传统的管理方式。

2014 年 11 月 22 日，余佳文在中国首档青春分享节目《青年中国说》中分享自己的青春故事。他在节目中霸气放言："我的公司全是'90 后'，员工薪水自己开。明年我会拿出一个亿的利润分给员工！"面对社会上对"90 后"的各式标签，余佳文说："别拿'90 后'说事儿！'90 后'终将过去，年轻的思想才会一直流行！"一夜之间，网络上流出的余佳文的演讲阅读量近 10 万次，人气之高令人咋舌。余佳文让我们看到什么是"90 后"的主旋律，正能量、敢拼、敢闯，大不了从头再来。

思考题：

1. 传统的管理方式是什么？评价一下余佳文特立独行的管理方式。
2. 你认可余佳文的管理方式吗？为什么？

项目 2　知晓管理的前提

【知识目标】

了解中西方的人性观点，掌握人性的两种表现；了解管理对人性的约束与影响和心理活动对管理活动的影响，掌握人性与管理之间的关系。

【能力目标】

通过本项目的学习，了解中西方关于人性的不同观点，认知人性对管理是如何进行影响的，并且学会根据人性差异选择恰当的管理方式。

【案例导入】

让管理有人性

日本某公司有一名叫松下的工程师，工作近 12 年了，对他来说，公司就是他的家，因为连他美满的婚姻都是公司为他解决的。原来，该公司内设一个专门为职员架设的“鹊桥”，“鹊桥”总部设在公司大厦 8 楼，松下刚进公司，便在同事的鼓动下把学历、爱好、家庭背景、身高、体重等资料输入“鹊桥”电脑网络。在该公司，当某名员工递上求偶申请书后，他（她）便有权调阅电脑档案。申请者往往利用休息日坐在沙发上慢慢地、仔细地翻阅这些档案，直到找到满意的对象为止。一旦他（她）被选中，联系人会将挑选方的一切资料寄给被选方，被选方如果同意见面，公司就安排双方约会，约会后双方都必须向联系人报告对对方的看法。

终于有一天，同公司的接线员从电脑上走出来，走进了松下的生活。他俩的第一次约会，是在离办公室不远的一家餐厅里共进午餐，不到一年，他们便结婚了，婚礼是由公司“月下老”操办的，而来宾中 70% 都是他们的同事。

有了家庭的温暖，员工自然就能一心一意地扑在工作上。由于这个家是公司“玉成”的，员工对公司就不仅仅是感恩了。这样的管理成效是一般意义上的奖金、晋升所无法企及的。

小思考：从管理学的角度看，这家公司的管理给你什么启发？

任务1　认知中西方的人性观点和人性假设

2.1.1　中国古代的人性观点

中国和西方的学者都对人性开展过诸多的研究。中国古代贤哲对人性的思考非常宽泛,涉及政治、文化和管理等方面,西方主要是立足于管理思考人性的问题。

★小资料★

春秋时,齐桓公身边有易牙、竖刁、开方3个宠臣。易牙是当时最著名的烹饪大师,给齐桓公做了许多美味佳肴。一天,齐桓公对他说,寡人尝遍了山珍海味,但却没有尝过人肉的味道。易牙为了表示对齐桓公的忠诚,回家把自己的儿子杀死蒸了献给齐桓公。竖刁为了能时刻在齐桓公的左右,竟然把自己阉割了,做了宦官。开方本是卫国人,他为了显示自己的忠心,父亲死了也不回去奔丧。齐桓公认为这3个人爱他胜过爱自己的儿子,胜过爱自己的身体,胜过爱自己的父亲,因此格外宠信他们。管仲却对齐桓公说,人性当中莫过于宠爱自己的儿子,莫过于爱惜自己的身体,莫过于孝敬自己的父母,如果他们连自己的儿子都不爱了,连自己的身体都不爱了,连自己的父亲都不爱了,还能指望他们爱别人吗?齐桓公没有听取管仲的意见,依然信任他们三人。结果齐桓公死后,他们三人原形毕露,在朝堂兴风作浪,连齐桓公的后事都没有人去料理,使齐国陷入动乱之中。

1)人性本善论

战国时期儒家代表人物孟子是人性善思想的代表,性善论是孟子对人性的看法。《三字经》开篇即说:“人之初,性本善,性相近,习相远。”孟子的性本善思想影响深远。

孟子认为,从天性来说,人都可以变得善良,至于说有些人不善良,那不能归罪于天生的资质。同情心、羞耻心、恭敬心、是非心,人人都有。同情心属于仁,羞耻心属于义,恭敬心属于礼,是非心属于智。孟子还认为,如果不教育,人性就会发生变迁,由善转为恶。

2)人性本恶论

性恶论以儒家学派的荀子为代表,认为人之本性趋向恶,作恶比向善容易。荀子有“人之性恶,其善者伪也”的论断。

荀子认为人性本恶,因此主张礼法兼治、王霸并用,以克服人之恶性。且人有智,故人无群而不能生,无道德不能为群。因此要隆礼,以礼作为区别等级、划分名分和职分的标准,以法律、政令作为衡量曲直、判断是非的准绳。

3)人性无善无恶论

战国时期的思想家告子曾受教墨子之门,善口辩,讲仁义,后与孟子论人性问题。他认为人性无善无不善,“生之谓性”“食色,性也”。人性和水一样,“水无分于东西”,性也“无分于善不善”。

4）人性既善又恶

人性既善又恶观点的代表人物是西汉的扬雄，扬雄是蜀郡成都人。他在综合前代人性学说的基础上，提出性善恶混的观点。善恶混并非善恶不分，而是善恶混杂，即人性中既有善的因素，又有恶的因素，其发展有成为善人或成为恶人的两种可能性，如何发展则完全取决于后天之所“修”。

◆课堂讨论◆

请大家分别谈谈自己关于人性的观点。

2.1.2 西方管理思想史中的人性假设

人性假设是指管理者在管理过程中对人的本质属性的基本看法。随着管理实践的发展，人们对管理中人性的认识也不断深化，先后经历了工具人假设、经济人假设、社会人假设、全面发展人假设、自我实现人假设、复杂人假设、文化人假设和博弈人假设等阶段。

1）工具人假设

工具人这一假设是西方最早的人性假设理论，产生于古代中世纪奴隶社会的管理实践之中，盛行于资本主义社会初期。当时，生产力还不发达，资产阶级与无产阶级矛盾冲突尖锐。在工厂制度中，资本家将工人当作会说话的工具，主要采用强制手段，如皮鞭惩罚、饥饿惩罚来实施管理。工具人假设的理论与实践反映出在资本主义初期的管理仍带有封建生产关系的烙印。

2）经济人假设

经济人（实力人）假设认为，人是“有理性的、追求自身利益最大化的人”，在管理中强调用物质上和经济上的利益来刺激工人努力地工作。属于这一假设的代表人物主要有亚当·斯密、大卫·李嘉图、韦伯、麦格雷戈。

（1）亚当·斯密的经济人假设

这种假设将人的利己本性当作经济学研究的一般前提，将经济活动视为人类利己行为的客观表现，将人类经济社会的变迁发展看作人们逐利的结果。

（2）大卫·李嘉图的群氓假设

大卫·李嘉图认为，社会由一群一群的无组织的个人所组成。每一个人都是以计算利弊的方式为了个人的生存和利益而行动。为了达到这一目的，人们都尽可能地合乎逻辑地行动。

（3）韦伯的古典管理思想

以韦伯为代表的古典管理理论突出了管理中采用科学方法的重要性，指出坚持学习会不断地改善工作方法，强调了薪金作为激励因素的潜在重要性。

（4）麦格雷戈的X理论和Y理论

麦格雷戈归纳了基于对人性不同的看法的两种理论。X理论把人看作天性厌恶工作、逃避责任，为了提高劳动生产率，就必须采取强制、命令和惩罚的方法。Y理论的基本观点认为人不是被动的，只要具备一定的条件，人就会主动把工作干好。

3)社会人假设

社会人假设认为,组织中人与人之间的关系是决定员工工作努力程度的主要因素。因此,管理者应当建立和谐的人际关系来促进工作效率和效益的提高。

(1)梅奥的人际关系学说和社会人假设

梅奥认为,人们的行为并不单纯地出自追求金钱的动机,还有社会方面的、心理方面的需要,即追求人与人之间的友情、安全感、归属感和受人尊敬等,而后者更为重要。

(2)弗雷姆的期望理论

弗雷姆阐明了激励职工的方法。他认为,某一活动对于调动某一人的积极性、激发出人的内部潜力的强度,取决于达成目标后对于满足个人需要的价值的大小——效价,与他根据以往的经验进行判断而得出该结果的概率——期望值。

(3)赫茨伯格的双因素理论

美国心理学家、管理理论家赫茨伯格的双因素理论认为,引起人们工作动机的因素主要有两个:一是保健因素,包括公司政策和管理、技术监督、薪水、工作条件以及人际关系等;二是激励因素,包括工作本身、认可、成就和责任,这些因素涉及对工作的积极感情,又和工作本身的内容有关。只有激励因素才能够给人们带来满意感,而保健因素只能消除人们的不满,但不会带来满意感。

(4)麦克利兰的成就动机理论

美国哈佛大学教授麦克利兰通过对人的需求和动机进行研究,于20世纪50年代在一系列文章中提出成就动机理论。他把人的高层次需求归纳为对成就、权力和亲和的需求。他对这3种需求,特别是成就需求做了深入的研究。

4)全面发展人假设

卡尔·马克思从分析现实的人和现实的生产关系入手,指出了人的全面发展的条件、手段和途径。所谓人的全面发展,即指人的体力和智力的充分、自由、和谐的发展。马克思主义虽然承认人性的存在,但否认存在普遍抽象的人性。他认为,只有从人的社会性和阶级性出发,才能得出对人性的正确解释,并由此断言,在阶级社会中没有超阶级的人性。

5)自我实现人假设

自我实现人(自动人)假设认为,人的需要是多层次的,自我实现是工作的最大动力。管理人员的职能是做一个采访者,了解员工在工作过程中所遇到的困难和障碍。提倡采用满足人的自尊和自我实现需要的内在奖励(精神奖励)方式,推行以人为本的新型管理制度。

(1)马斯洛的需要层次理论

美国著名心理学家马斯洛的需要层次理论也称“基本需要层次理论”,该理论将需要分为5种,按层次逐级递升,分别为生理需要、安全需要、社交需要、尊重需要、自我实现需要。

(2)奥尔德弗提出的人本主义需要理论

美国耶鲁大学的奥尔德弗提出了一种新的人本主义需要理论。他认为,人们共存在3种核心的需要,即生存的需要、相互关系的需要和成长发展的需要。

6)复杂人假设

复杂人假设认为人的需要和潜在愿望是多种多样的,而且这些需要的模式随着年龄、在社会中所扮演的角色、所处的境遇和人际关系的变化而不断地发生着变化。因此,要因人而异、因事而异、因时而异地实行富有弹性的领导和管理。

7)文化人假设

文化人假设认为,文化性是人的根本属性。多样性、独特性与差异性构成了人的文化属性的基本特征。文化人假设认为,管理者要重视人的问题,对员工要信任、亲密。

8)博弈人假设

郭咸纲的多维博弈人性假设认为,人具有多维需求,会根据管理环境的实际情况来调整自己的行为,从而形成管理者与被管理者间的互动。换言之,管理行为人会根据环境的变化来选择取舍自己的各种需求,即与周围环境和其他管理行为人进行博弈以满足个人效用最大化。

◎实训

上网查找公司,通过公司的管理制度分析不同的管理者对员工的人性假设。

◎案例

某民营企业的老板通过学习有关激励理论,受到很大启发,并着手付诸实践。它赋予下属员工更多的工作和责任,并通过赞扬来激励下属员工,结果事与愿违,员工的积极性非但没有提高,反而对老板的做法强烈不满,认为他是在利用诡计剥削员工。

思考题:

请根据所学习的有关激励等理论,分析该老板做法失败的原因并提出建议。

任务2 了解人性的基本观点

2.2.1 人性的含义

人性问题,一直是一个有争论的话题,目前没有一个统一的结论。但是大部分人相信人性的存在,相信这是人类特有的标签。

1)人性的概念和特征

关于人性的诸多观点和解释,都有各自的道理。如果避开这个词的深层含义来思考问题,我们认为,人性就是人的本性的简称。所谓人的本性,就是人和其他动物、事物密切联系，高度相似，同时又区别于其他动物和事物所独有的特性。

一方面，人与其他动物存在异同点。既然是同类，就一定有相同的特性。这种相同的特性体现了“类”同。同时这一类共同的事物又有别于其他类的共同特性。比如人与动物一样具有吃、住、性的需求，这是人与动物的相同性，也是人性。另一方面，这些相同的需求，又会表现出不同的特点，比如对吃、穿、性的要求，人与其他动物是迥然不同的。此外，人类独有的道德、自律、组织纪律性等也会在人的思想行为上打下烙印，从而体现出人性不同于动物性的特征。至于人与其他事物之差异，就更加明显了。

在阶级社会，没有超阶级的人性，只有从人的社会性和阶级性出发，才能得出对人性的正确解释。人性具有阶段性和层次性的特征。所谓人性的阶段性，是指在不同的社会形态里，人性在总体上呈现出不同的特点。比如原始社会的人性与奴隶社会的人性，是有很大区别的。所谓人性的层次性，是指人性可以被分为两个层次：第一个层次是人类共同的、区别于其他动物和事物的特性；另一个层次是特殊的，即受特殊的社会因素影响而呈现出来的人与人之间的不同性，比如受阶级立场、社会角色等因素影响而产生的不同人群的特性。从政治的角度看，人性具有阶级性；从管理的角度和特定社会阶段范围内看，人性又具有普遍性。

2）人性的性质

人性是善还是恶？不同的人从不同的角度进行了思考和研究。所谓善恶，是基于一定的价值观、理念或者利害关系对事物做出的判断。站在不同的角度看，人性自然会呈现出不同的色彩。站在不同的历史阶段，人性自然会被判断出不同的结果。因此，我们认为，人性本身是无所谓善恶的。

虽然人性本身无所谓善恶，但是，在不同的历史阶段，人们会建立不同的人性标准，并且用这个标准去判断一个人的行为是否是善的，是否是符合人性的，这是因为人性具有自然属性和社会属性。人性的自然属性，是指人性中的自然成分，即与人的有机体相伴相生的成分。《孟子·告子上》说，“食色，性也”，就是指人性的自然属性。人性的社会属性，是指人性中具有人类根据社会规范确定的作为一定时代的人必须遵守的成分。人性的社会属性使人性被视为有善恶美丑区分的特性。

◆课堂讨论◆

人性的善或者恶，具体是由什么决定的？

2.2.2 人性的表现与发展变迁

人性是一个抽象的概念。抽象的人性概念，是通过具体的表象（语言、行为等）表现出来的。人们正是通过对这些表现进行分析判断，来确定一个人的行为是否符合人性。因此，我们可以列出一些人性的表现。

1）人性的表现

人性的表现多种多样，可以从不同的角度进行划分。人性具有自然属性和社会属性。因此，我们可以从自然性和社会性两个角度来罗列人性的表现。

(1)人性的自然性表现

确保人体生存发展所需要的呼吸、吃、穿、住、行、性、医疗、安全、舒适、稳定等，都是人性的自然表现。只要不伤害他人的利益，不违背社会伦理，每个个体以恰当的方式追求这些目标，都可以被视为符合人性的。相反，以伤害他人为条件去追求这些目标，或者没有特殊的原因，压制个体对这些目标的追求，就会被认为是不人性的。

(2)人性的社会性表现

开展社交活动，获得爱情、友情、关怀、爱护、理解、信任、尊重、权力，融入团队，追求自我实现等，都是人性的社会性表现。只要不伤害他人的利益，不违背社会伦理，每个个体对这些目标的合理追求，都可以被视为符合人性的。相反，如果压制他人对这些目标的追求，就会被认为是不人性的。

2)人性的发展与变迁

人性是发展和变迁的，这个问题目前的研究很少。古人已经思考过这些问题，宋代诗人欧阳修在《诲学说》中说："玉不琢，不成器；人不学，不知道……人之性，因物而迁，不学，则舍君子而为小人，可不念哉？"这说明古人已经意识到人性是变化的。

★小资料★

一座城市的郊区有一座水库，每年夏天都吸引许多游泳爱好者前去游泳。而水库是城市的饮用水源，为了保持水源的清洁卫生，水库管理人员在库区竖立了许多"禁止游泳"的牌子，但效果并不理想，人们照游不误。后来，管理人员将牌子上的文字换为："你家用的水来自这里，为了你和家人的健康，请保持清洁卫生。"结果，很少再有人来水库游泳了。

(1)人性发展的含义与原因

什么是人性的发展？人性的发展，是指随着时间的推移，个体的身体逐渐成熟、见识逐渐增长、认识水平逐渐提高，人性逐渐完善的过程。一方面，人性的发展是伴随个体成长(生理学意义和社会学意义上的成长)而逐渐展开的，人的生长和发展天然就有推动人性健全发展的动力。同时，人性的发展也离不开社会和环境的影响，良好的社会环境，有利于人性的健康发展。人性发展的研究促进人们更加注重个体的健康发展，防止个体在发展过程中出现人性的变迁。

(2)人性变迁的含义与原因

什么是人性的变迁？所谓人性的变迁，是指一个人的内心思想和言行脱离了人类共同的特征，与人性相冲突，为人所不接受。人性的变迁是一种根本的变化、违反人伦的变化，并非仅仅是人与人之间的不同和不理解。人性的变迁主要体现为两个方面：一个方面是人性的倒退，即人性出现与阶段性进步相反的倾向；另一个方面是人性变异，思想行为与人性相冲突。导致一个人人性的变迁原因是多种多样的。首先是思想的变化。一个人在生长过程中，如果思维出现迷茫和混乱，就有可能出现非人性化的想法和行为。其次是环境的变化。俗话说，饱暖思淫欲，饥寒起盗心。意思即是人们面临不同的环境，会产生不同的想法。最后，导致人性变化的原因，往往是环境变化和思想变化的综合影响。思想的变化不是孤立的，行为的产生也不是孤立的，往往都是思想与环境相互影响的产物。

(3)促进人性发展的措施

人性是可以变迁的,也是可以发展的,因此,防止个体出现人性变迁,促进个体人性的发展至关重要。

首先,要从大处着眼,小处着手。人性是人类的共同特性,人性通过多种多样的言行表现出来。人们言行的多样化并不能否定人性的一致性。但是,多样化的言行始终围绕着人性这个核心。如果多样化的言行背离了人性这个核心,量的积累达到一定程度,就会导致人性的根本性变化。因此,促进人性的发展,要从大处着眼、从小处着手,既要通过多样化的个体言行的总量分析,把握人类和个体人性发展的趋势,不要因为个别人个别言行的变化就惊慌失措,又要高度重视这些个体的、个别的变化状况。

其次,要创造有利的人性发展环境。人性的发展,受环境的影响很大。古人说:"是以与善人居,如入芝兰之室,久而自芳也;与恶人居,如入鲍鱼之肆,久而自臭也。"一方面,我们要创造有利的人性发展环境;另一方面,我们要选择良好的发展环境。

最后,要加强教育和学习。学习能够净化人的心灵,增强人性。古人说:"学者如禾如稻,不学者如蒿如草。"国外有谚语说,鸟美在羽毛,人美在学问。学习还要有所选择,才能使人性得到提升。

◎实训

小组讨论人性的发展主要是由什么导致的。

◎案例

某公司是一个现代石化企业,由于这种行业具有特殊性和危险性,公司从严管理。2016年7月,公司所属某厂一班组的员工提出"自我管理,让领导放心"的口号,并提出"免检"申请。公司抓住这一契机,在全公司推广创"免检"活动,并细化为一套可操作的行为准则,包括工作职责标准化、专业管理制度化、现场管理定量化、岗位培训星级化、工作安排定期化、工作过程程序化、经济责任和管理责任契约化、考核奖惩定量化、台账资料规格化、管理手段现代化等。公司开展的"信得过"活动,使企业的管理水平有了显著提高。

思考题:

从以上案例,分析这个公司以人为中心的管理依据是什么?你从中得到什么启示?

任务3　感知人性与管理的关系

2.3.1　人性水平会影响管理

管理是由人来开展和进行的，领导的人性不同，采用的管理思路和管理方法就不同；管理对象的人性不同，就要求采用不同的管理方式和方法。因此，管理活动从一产生开始，就带有人性，就受人性和人伦因素的影响。

1）人性确立了管理的性质、目标和追求

管理是人的活动，领导者和管理者的人性观念和行为，会影响其对管理目标的界定和追求，影响其对管理方式、方法的选择。因此，管理的性质、目标和追求都是带有人性的，受人性水平的影响和支配。

2）管理对象的人性会影响管理方式和方法

管理活动涉及管理方和管理相对方，不同的人，展现出不同的人性色彩和行为，处于人性发展的低阶段与处于人性发展的高阶段，管理相对方对管理的要求和期待也就不同，因此在管理活动中，要有针对性地选择适合的管理方式和方法。比如在奴隶社会，由于生产力低下和生产方式落后，不管是奴隶还是奴隶主，人性的发展处于较低阶段，人们的追求也低，因此采用的管理方式和方法都很初级。而在现代化大生产条件下，由于人性的发展处于较高阶段，人们的追求更高，对人性的要求也更高，这就要求管理方式和管理方法更加体现出科学性和艺术性。

◆课堂讨论◆

古时候，魏国与中山国交战，魏文侯任命乐羊攻打中山国，乐羊的儿子当时正在中山国，中山国便杀了乐羊的儿子，做成肉羹送给乐羊。乐羊为了显示自己对魏文侯的忠心，便毫不犹豫地把肉羹吃掉了。这件事情传到魏文侯那里，魏文侯非常吃惊，他认为，一个人连自己儿子的肉都可以吃掉，真是太残忍了。这种人怎么能够指望他去宽厚地对待别人呢？魏文侯从此不再重用乐羊。你怎么看待魏文侯的观点？

2.3.2　管理会约束人性和影响人性

管理对人性的约束和影响体现在两个方面：一方面，管理会约束人性的更高追求或为人性追求提供更好的前提条件；另一方面，管理对人性的发展会产生阻碍或者促进的作用。

1）管理约束人性或者提供人性的发展条件

人性的重要特征是非动物性，即人与动物有根本性的区别。这主要体现在人类有情感、理性、自控等高级的思维和活动。管理要求个体按照组织使命和目标的要求规范自己的思想和言行，这种规范和约束，既可以使一部分人的思想和言行更加具有人性，远离动物性，同时为一部分人追求人性的实现和发展提供有利的条件,也有可能使一部分人的思想和言行受到低层次的人性约束。因此,从高层面的管理思维看,制定什么样的管理政策和措施,以便保障管理促进人性发展,是开展管理必须要思考的重要问题。在管理活动中,压抑人性与使人变得更加有组织纪律性和适应能力往往是相辅相成的。如何在确保人性不受到压抑的同时提高员工的人性行为,值得深入研究。

2)管理对人性变迁和发展的影响

管理活动不仅规范和约束人性,也会对人性的变迁和发展产生影响。良好的管理有利于促进人性的发展,人们在科学合理的管理环境下工作,既会感到有适度的紧张感,又会感到有适度的兴奋感、荣誉感和成就感。在这种情况下,个体就会跟随管理的步伐不断提高人性的追求,产生自我约束,远离动物性。管理不善或者严苛的管理都会导致人性受到挫折、压抑,导致人性的变异甚至变迁。一般而言,管理不善,疏于管理,员工个体就会放纵自己的思想和言行,随波逐流,缺乏理性和自控性,导致其人性趋向于动物性。而管理严苛以致员工难以承受,又会导致员工情绪抵触、心理扭曲甚至人生观、价值观的反叛和人性的迁移。因此,管理活动一定要关注员工的接受程度、适应程度,关注管理思想和行为对员工身心健康的影响程度,关注管理活动是否导致员工人性的扭曲和变迁,关注管理活动是否有利于增强员工的相互情感和团结,促进健康向上的人性发展。

2.3.3 人性对管理的要求

人性对管理的要求就是管理要有人性。所谓管理要具有人性,是指管理要立足于人的发展,有利于人性的发展和追求,并采用符合人性的管理模式和措施进行管理。

1)管理要立足于人的发展

管理本身就是人类为了追求幸福和发展而产生的一种集体活动。管理从来不是一个人对多数人的事,而是团体活动。团体中的人都是管理者,团体的利益也是整个团队成员追求的共同利益。如果管理不是立足于人的发展,管理就将成为束缚人类的工具,或者成为少数人压榨多数人的机器。管理走向异端,就违背了管理产生的初衷,也违背了人性的要求。

2)管理要有利于人性的发展

在管理过程中,离不开人,也不离开对人的管理。尽管在现代社会,我们越来越多地采用高科技手段,利用人工智能开展工作,但是从根本上讲,这些手段都是服务于人的,都是人的管理。因此,管理活动要有利于人性的发展,不应该为了追求经济指标和利益而扼杀人性的发展。从长远看,违反人性的管理无法真正获得管理绩效,也无法获得良好的社会效益。

3)管理方式要具有人性、符合人伦

管理需要采用形形色色的管理方式,以便适应不同环境、不同对象,取得良好的效益和结果。这并不意味着可以采用非人性的方式和手段去追求管理目标的实现。管理方式要具有人性、符合人伦,是指管理方式要尽可能地在人性可接受的范畴内,不能采用违背生存发展需求、压制人们合理需求的手段去赢得效益。因为只有符合人性和人伦,才可能保全人性,激发团队成员的管理积极性和工作动力,提高管理效率和效益。

值得注意的是,管理的人性与人性化管理是两个不同的概念。有人提出人性化管理的概念,本意是好的,但是如何理解和实施值得商榷。首先,采用"人性化"这个词作为一种管理模式,本身有不严谨的地方。其次,人性是有阶段性、层次性和条件性的。如果一切都讲究人性,那就不再是管理了。比如人都有追求舒适的人性,但是如果在工作场所,一切都讲舒适,就无法正常地开展工作。所以,我们讲管理要人性与人性化管理不是同一个意思。

◎**实训**

上网查找在人性管理方面做得比较好的中国企业,然后分小组进行讲解分享。

◎**案例**

一日厂长

某企业实行独特的管理制度,让职工轮流当厂长管理厂务。一日厂长和真正的厂长一样,拥有处理公务的权力。当一日厂长对工人有批评意见时,要详细记录在工作日记上,并让各部门的员工收阅。各部门、各车间的主管,必须依据批评意见随时纠正自己的工作。实行"一日厂长制"后,大部分做过"厂长"的职工都很尽职,工厂的向心力增强,管理成效显著。

思考题:

1. 请通过这个案例,分析该企业的管理。
2. 该种管理方式最大的好处是什么?

任务4　感知人类心理与管理的关系

2.4.1　心理活动与管理活动有密切的关系

1)心理、心理现象与心理活动

心理是指生物对客观物质世界的主观反应,心理现象包括心理过程和人格。人的心理活动都有一个发生、发展、消失的过程。人们在活动的时候,通过各种感官认识外部世界事物,通过头脑的活动思考着事物的因果关系,并伴随着喜、怒、哀、乐等情感体验。这折射出一系列心理现象的整个过程就是心理过程。按其性质可分为3个方面,即认识过程、情感过程和意志过程,简称知、情、意。

心理现象是宇宙中最复杂的现象之一。心理是大脑对客观现实的主观反应,意识是心理发展的最高层次,只有人才有意识。心理活动是人们或动物(具有心理现象)在进行语言、行为、表情等活动时所进行的思维。人的心理活动有很多种，在不同的环境下每个人的心理活动也是不一样的。可以说心理活动是没有完全相同的。在人们意识之中的一切事物（包括现实与虚拟的）都会成为心理活动的内容。

2）心理活动对管理活动会产生复杂的影响

心理活动对管理活动的影响，可以从管理者和管理相对方两个角度进行思考。

首先，管理者是有心理活动的个体或者群体。从个体的角度看，管理者的决策和行为都受管理者的心理影响。比如管理者在情绪过激的状况下，往往会做出非理性的决策或者采取情绪化的行为。从管理群体的角度看，管理群体的心理状况也会影响管理决策和管理活动。

其次，管理相对方的行为也会受到自身心理活动的影响。当情绪不好的时候，或者在心理上不接受管理者的时候，管理相对方对管理者的信息刺激往往采取消极应对的态度或者强烈反抗的态度。

最后，管理者和管理相对方的心理互动也会影响双方在管理活动中的行动取向。一方的情绪化往往会导致另一方的情绪化，一方在管理活动中的敌视行为往往会导致另一方的强烈反弹，采取相应的应对活动。相反，一方对另一方的包容、理解和支持往往会导致另一方在管理活动中的积极配合和支持。

3）管理活动会导致人们的心理变化

管理活动是人类独有的高级活动之一，管理活动建立在人类的生理、心理基础之上，形成了系统的理论和逻辑，奠定了系统的组织管理机制，这是人类活动与其他动物活动的重大区别之一。同时，管理活动的形成，也从相反的方向影响人们的行为、心理和生理。从心理活动的角度讲，伴随着人类的文明发展和进步，人们越来越被纳入组织管理活动之中，人们的行为越来越具有组织性和规范性，相应的，人类的心理活动也越来越带有组织活动的印迹，越来越能够适应组织管理活动。

首先，个体的发展过程就是不断适应社会和组织的过程。个体从出生时只能顾及自己的生存，到少年时期的逐步自我管理，再到青年时期的自觉开展生活和工作管理活动，正是一步步地适应社会和组织需要的过程。随着个体年龄的增长，个体自然属性受到逐步的修正和约束，而个体的社会属性则逐渐增强。

其次，组织管理的深入和持久给人类打上了“管理的遗传基因”，加快了个体成长的速度。分析人类进化史应该可以明显地看到，不仅现代人类比古代人类更加容易接受社会化活动和管理，而且现代人类接纳和融入组织管理的过程所需要的时间远远短于古代人类。

最后，在组织中生存和发展的人类，其心理活动也将相应地发生变化。这是因为组织活动在时间性、标准性、规范性、集体性等方面都有强大的约束力。这就使人类的心理活动也必然因此而发生变化，对符合社会主流意识的管理活动产生积极的心理响应，对违背管理制度和准则的行为产生排斥和抵制。

◆课堂讨论◆

人性对管理的影响和心理对管理的影响之间的异同点是什么？

2.4.2 管理者要“识人心、懂人性”

管理活动与心理活动的密切联系,对管理者提出了掌握和运用心理学的要求。管理者要“识人心、懂人性”,是指管理者要懂点心理学,懂得员工需求、懂得社会需求。管理者要从事管理人的工作,就要知道人心。不管是个体管理还是组织管理,都要识人心、懂人性。

在个体管理中,要多了解他人,向他人学习。通过他人的行为举止了解他人的心理和人性反映,以此反推自己的心理和人性。这是因为我们要对自己做全面和客观的了解往往更加困难,而了解自己并对自己做出客观的判断往往是开展个体管理最重要的事情。因此,要多通过了解别人,对比自己,不断地提升自己对人性的了解,增强自己的人性评价能力,为自我管理打下基础。

在组织管理中,要将心比心、推己及人。古人说得好,己所不欲,勿施于人。就是讲,人类需求、爱憎总体都是相同的,如果自己不愿意接受的东西,就不要强加于人。这体现了通过将心比心了解他人人心和人性的观点。通过推己及人,就可以更加快捷、方便地了解人心的基本需求和人性的基本特点,从而做好组织管理工作。

2.4.3 管理活动要关注和培养健全的心理人格

管理活动会对人格产生影响,这种影响既可能是积极的,也可能是消极的,关键在于把握度。把握度的标准就是管理要关注和培养健全的人格,管理要宽严相济、张弛有度。

管理活动要关注和培养健全的人格,首先要求管理者要有宽广的胸怀,能够从长计议、从大局计议。在管理中要顾及组织的长期利益与短期利益,顾及组织利益和员工个体利益,不能偏废。然后,管理活动要关心员工、体贴员工。一方面,要立足长远发展去思考管理和约束员工,促进员工在人性发展上获得长远的进步,既为组织发展提供不竭的动力,也为员工发展提供坚实的基础。另一方面,又要把握好度,做好沟通协调工作,推进民主管理,确保员工既积极进取、努力工作,又身心健康、心情愉快。

组织关注和培养员工健全的人格,既是组织承担社会责任的表现,也是组织长远发展的要求。我们通常说“老板不一定是企业家,企业家一定是老板”,就是讲企业家一定是有社会责任感的,组织管理一定会关注国家、社会和个人利益。企业家追求做“百年老店”;而老板可能只关注盈利,有时会忽视社会利益与员工利益,虽然能够在一定条件下和一定时间内获取利润,但是难以获得公众的持续支持,也难以获得长远发展。

◎实训

讨论管理者的心理状态对职工工作的影响。

◎案例

新东方教育科技集团由1993年11月16日成立的北京新东方学校发展壮大而来。该集团以语言培训为核心，拥有短期培训系统、高等教育系统、基础教育系统、职业教育系统、教育研发系统、出国咨询系统、文化产业系统、科技产业系统等多个发展平台，是一家集教育培训、教育研发、图书杂志音像出版、出国留学服务、在线教育及软件教育研发等于一体的综合性教育科技集团。新东方教育科技集团已经在全国31个城市共设立了32所学校，115个学习中心，教师人数达4 000名，是目前中国最大的民营教育机构之一。

新东方制胜的法宝之一就是其拥有一支有着海纳百川、个性鲜明且高效运作的精英团队。成绩来自一个优秀的团队，正如那句“没有个人的成功，永远只有团队的成功”。1995年年底，新东方学生突破1.5万人次，为了进一步做强、做大新东方，俞敏洪自1995年到2000年陆续邀请了杜子华、徐小平、王强、包凡一、周成刚等一大批海内外精英人物一起组成新东方的核心团队，共同创业。这批从世界各地汇聚到新东方的个性桀骜不驯的人，把世界先进的理念、先进的文化、先进的教学方法带进新东方，积聚成新东方巨大的能量。除了核心团队，新东方的教师团队也不容小觑，绝大多数的教师为毕业于名校的高学历者，且由于高层领导不拘一格的选拔方式，可谓各具特色、各有所长。

发挥团队的力量还在于对其有效的管理和协调，新东方的明智之处就是能够充分协调和管理好个个身怀绝技的团队成员，并使其能够充分发挥其优势，从而能够“各显神通”。浓郁的人文、活跃的思维、闪耀的火花，自由开放、积极向上、活力无限的氛围，颠覆传统的管理风格，不拘一格的选拔模式，畅通无阻的沟通，充满挑战和机遇的梦想实践舞台，我们无法不惊叹俞敏洪的才智和精明。优秀的团队和卓越的组织文化互为表里，互相促进。优秀的团队需要卓越的文化加以凝聚，卓越的文化需要优秀的团队得以发扬。

新东方独特而具有神奇魅力的组织文化是在过去20多年创业过程中逐渐孕育而成的，并通过方方面面的雕琢，最终成为一种可以用文字表述、用制度体现、用教学成果来展示的文化和现象。它以俞敏洪的至真、至情、至善的人文主义情怀为源头，在团队海纳百川的气度和坚持不懈的践行中形成，并借助团队的力量得以传承并发扬光大，构成了一个完整而健康的生态链，进行着生生不息的有机循环。

思考题：

1. 根据案例和你平时所了解的知识，简述新东方获得成功的原因。
2. 新东方是怎样践行人本管理的？

课后练习

一、单选题

1. 梅奥通过霍桑试验得出，人是（　　）。

A. 经纪人　　B. 社会人　　C. 理性人　　D. 复杂人

2. 根据赫茨伯格的双因素理论，以下属于保健因素的是哪一个？（　　）

A. 工作挑战性　　B. 提升

C. 个人发展的可能性　　D. 工资

3. 管理者必须因地制宜地将管理知识与具体管理活动相结合，这里强调的是(　　)。

A. 管理的科学性　　B. 管理的艺术性

C. 管理学的历史性　　D. 管理学的实用性

4. 管理学是一门软科学，人们对"管理"一词本身也有不同的理解。这里有两种不甚规范但耐人寻味的解释：一种是"管理就是你不管，下属就不理你"；另一种解释是"管理就是先理(梳理)然后才能管"。对这两种解释，你的看法是：(　　)。

A. 前者代表了典型的集权倾向，后者反映出一种民主的气氛

B. 两种解释都片面地强调了管理工作中的控制职能，只是思考和表达角度不同而已

C. 后一种更科学，因为强调了"理"，但也有不妥，似乎"理"好了，就不需要管了

D. 前者可应用于基层管理，后者可应用于高层管理

5. 西方最早的人性假设理论是(　　)。

A. 工具人　　B. 经济人　　C. 社会人　　D. 自我实现人

6. (　　)强调在管理中用物质上和经济上的利益来刺激工人努力地工作。

A. 工具人假设　　B. 经济人假设　　C. 社会人假设　　D. 全面发展人假设

7. (　　)认为，社会由一群一群的无组织的个人所组成。每一个人都是以计算利弊的方式为了个人的生存和利益而行动。

A. 亚当·斯密的经济人假设　　B. 大卫·李嘉图的群氓假设

C. 韦伯的古典管理思想　　D. 麦格雷戈的X理论和Y理论

8. (　　)认为人天性厌恶工作、逃避责任，为了提高劳动生产率，就必须采取强制、命令和惩罚的方法。

A. X理论　　B. 经济人假设　　C. 群氓假设　　D. Y理论

9. 自动人假设认为，人的需要是多层次的，(　　)是工作的最大动力。

A. 利益　　B. 尊严　　C. 社会认同　　D. 自我实现

10. 在社会人假设中，(　　)认为人们的行为并不单纯地出自追求金钱的动机，还有社会方面的、心理方面的需要，即追求人与人之间的友情、安全感、归属感和受人尊敬等，而后者更为重要。

A. 梅奥的人际关系学说　　B. 弗雷姆的期望理论

C. 赫茨伯格的双因素理论　　D. 麦克利兰的成就动机理论

11. 自动人假设认为，人的需要是多层次的，(　　)是工作的最大动力。

A. 金钱　　B. 权利　　C. 尊严　　D. 自我实现

12. 马斯洛的需要层次理论中，(　　)是最基本的需要。

A. 生理上的需要　　B. 安全上的需要

C. 情感和归属的需要　　D. 尊重的需要

13. 以下(　　)认为人的需要和潜在愿望是多种多样的，而且这些需要的模式随着年龄、在社会中所扮演的角色、所处的境遇和人际关系的变化而不断地发生着变化。

A. 工具人假设　　B. 经济人假设　　C. 社会人假设　　D. 复杂人

14. "文化人"人性假设认为，(　　)是人的根本属性。

A. 社会性　　B. 个体性　　C. 利益性　　D. 文化性

15. 人性对管理的要求就是管理要有(　　)。

A. 制度　　B. 人性　　C. 方法　　D. 策略

16. 根据赫茨伯格的双因素理论,以下属于激励因素的有哪些?(　　)

A. 与同事的关系　　B. 提升　　C. 个人发展的可能性

D. 工资　　E. 受到重视

17. 根据麦格雷戈的理论,有的人需要更多的自治责任和发挥个人创造性的机会,这种人喜欢以(　　)为指导管理工作。

A. X 理论　　B. Y 理论　　C. 超 Y 理论　　D. Z 理论

18. 根据马斯洛的需要层次理论,下列哪一类人的主导需要可能是安全需要?(　　)

A. 总经理　　B. 失业人员

C. 刚刚参加工作的大学生　　D. 工厂的一线操作工人

19. 根据马斯洛的需要层次理论,下列哪项需要是按照从低到高的顺序排列的?(　　)

(1)就业保障　(2)上司对自己工作的赞扬　(3)工作的挑战性　(4)同乡联谊会

(5)满足标准热量摄入量的食品

A. (5)(1)(4)(2)(3)　　B. (5)(4)(1)(3)(2)

C. (5)(4)(1)(2)(3)　　D. (5)(1)(3)(4)(2)

20. 现有很多公司实行了弹性工作制,员工可以自行安排工作时间,甚至有的从事特殊工作的人可以利用公司提供的互联网等资源在家里办公。这样他们对工作和个人的家庭、社交生活也有了较大的自由度。当然也有一些人是必须每天去公司上班的。你认为该公司的管理者所持有的对人的认识主要是倾向于哪一种?(　　)

A. X 理论　　B. Y 理论　　C. Z 理论　　D. 社会人

二、多选题

1. 中国古代的人性观点包括(　　)。

A. 人性本善论　　B. 人性本恶论　　C. 人性无善无恶论　D. 人性既善又恶论

2. 梅奥人际关系学说的基本要点是(　　)。

A. 职工是社会人

B. 职工是经济人

C. 在正式组织中存在着"非正式组织"

D. 新型的管理者的管理能力在于提高职工的满意度

3. 在经济人假设中,麦格雷戈提出(　　)。

A. X 理论　　B. 古典管理理论　　C. 群氓假设　　D. Y 理论

4. 美国心理学家、管理理论家赫茨伯格提出了双因素理论,双因素是指(　　)。

A. 个人因素　　B. 社会因素　　C. 保健因素　　D. 激励因素

5. 美国哈佛大学教授戴维·麦克利兰提出了成就动机理论,他把人的高层次需求归纳为(　　)。

A. 金钱　B. 成就　C. 权利　D. 亲和

6. 马斯洛需要层次理论包括(　　)。

A. 生理需要　B. 安全需要　C. 情感和归属需要　D. 尊重需要

E. 自我实现需要

7. 人性具有(　　)和(　　)的特征。

A. 阶段性　B. 普遍性　C. 个体性　D. 层次性

8. 人性确立了管理的(　　)。

A. 性质　B. 目标　C. 追求　D. 定位

9. 人性对管理的要求包括(　　)。

A. 管理要立足于人的发展　B. 管理要有利于人性的发展

C. 管理要在制度下执行　D. 管理方式要具有人性、符合人伦

10. 人性具有(　　)属性和(　　)属性。

A. 自然　B. 人文　C. 社会　D. 原始

三、填空题

1. 荀子认为人性本恶,他主张________、________,以克服人之恶性。

2. ________是指管理者在管理过程中对人的本质属性的基本看法。

3. ________的经济人假设将人的利己本性当作经济学研究的一般前提,将经济活动视为人类利己行为的客观表现,将人类经济社会的变迁发展看作人们逐利的结果。

4. 麦格雷戈的________的基本观点认为人不是被动的,只要具备一定的条件,人就会主动把工作干好。

5. 美国心理学家、管理理论家赫茨伯格的双因素理论中,________才能够给人们带来满意感,而保健因素只能消除人们的不满,但不会带来满意感。

6. ________指人的体力和智力的充分、自由、和谐的发展。

7. 奥尔德弗的人本主义需要理论,认为人们共存在 3 种核心的需要,即________、________和________。

8. ________是指随着时间的推移,个体的身体逐渐成熟,见识逐渐增长,认识水平逐渐提高,人性逐渐完善的过程。

9. 管理要具有________,是指管理要立足于人的发展,有利于人性的发展和追求,并采用符合人性的管理模式和措施进行管理。

10. 需要层次理论是由________提出的。

四、简答题

1. 简述麦格雷戈的 X 理论和 Y 理论的内容。

2. 简述赫茨伯格的双因素理论的内容。

3. 简述马斯洛的需要层次理论的内容。

五、案例分析题

伦迪汽车分销公司是一家新成立的企业,下设若干销售门市部。

公司刚成立时，为具体体现民主管理，制定了若干的责任制度，运转尚属顺利。随着时间的推移，员工中相互推诿的事情时有发生，但在处理这种事情时，又说不清谁应承担责任，以致有的事情就不了了之。为了推进民主管理，公司力争让下属参与某些重要决策。他们引进了高级小组制度，从每一个销售门市部挑选 1 名非管理者，共挑出 5 人，公司主管人员每月与他们开一次会，讨论各种问题的解决方法和执行策略。尽管如此，人们的积极性并没有被充分地调动起来。

经过两年的经营，公司的营业收入有了一定的增长，但企业的税前利润增长不快，第二年比第一年只增长 1.8%。这给主管人员带来很大的苦恼。

思考题：

1. 公司制定了责任制度，却又出现责任不清，请分析原因。
2. 从人本管理分析，应该如何调动员工的积极性？
3. 请你为公司经济效益增长慢的原因做简要分析。

项目3　进行自我管理的顶层设计

【知识目标】

了解人生观、价值观的概念,掌握人生价值观的管理;了解道德观的概念,掌握道德观的管理;了解职业生涯中断和调整的概念,掌握职业生涯中断和调整的管理。

【能力目标】

通过本项目的学习,了解人生价值观对个人的影响,认知职业生涯中断和调整的概念及管理,学会运用正确的人生价值观及道德观对自身职业生涯进行指导。

【案例导入】

错识自己的雄鹰

一个人在高山之巅的鹰巢里抓到一只幼鹰,就把幼鹰带回家,养在鸡笼里。这只幼鹰和鸡一起啄食、嬉闹和休息,它以为自己是一只鸡。这只鹰渐渐长大,羽翼丰满了,主人想把它训练成猎鹰。可是由于终日和鸡混在一起,鹰已经变得和鸡完全一样,根本没有飞的愿望。主人试了各种办法,都毫无效果,最后把它带到山顶上,一把将它扔了出去。这只鹰像块石头似的,直掉下去,慌乱之中它拼命地扑打翅膀,就这样,它终于飞了起来。

小思考:以上故事给你什么启示?

任务1　明白人生价值观管理

3.1.1　人生观的概念和类型

自我管理,就是指个体对自己的目标、思想、心理和行为等进行的管理,是通过自己组织自己、自己约束自己、自己激励自己、自己管理自己的事务,最终实现人生的奋斗目标的一个过程。自我管理涉及人生的很多方面,必须由顶层设计为自我管理提供方向和指导。自我管理的顶层设计就是自我对人生观、价值观和道德观的理解和确认。确认不同的人生观、价值观和道德观,将会给个体处理自身发展和社会发展的关系带来不同影响,从根本上影响个体的自我管理。

1)人生观的概念

人生观是人们对人类生产、人生的目的、意义和个人立身处世行为的一种看法或见解。每个人所处的环境不同,得到的感受不同,对人生的见解亦各异。

人生观是由世界观决定的。其具体表现为幸福观、苦乐观、荣辱观、生死观、恋爱观等。人生观是一定社会或阶级的意识形态,是一定社会历史条件和社会关系的产物。人生观的形成是在人们实际生活过程中逐步产生和发展起来的,受世界观的制约。不同社会或阶级的人们有着不同的人生观。

2)人生观的类型

人生观问题是人生的根本问题。它不仅涉及如何认识和理解人生,而且关系到怎样对待和把握人生。在人类历史上曾出现过享乐型人生观、悲观厌世型人生观、禁欲型人生观、幸福型人生观、乐观型人生观和共产主义人生观等几种有代表性的人生观。

3.1.2　价值观的含义和内容

★小资料★

父子二人经过五星级饭店门口,看到一辆十分豪华的进口轿车。

儿子不屑地对他的父亲说:"坐这种车的人,肚子里一定没有学问!"

父亲则轻描淡写地回答:"说这种话的人,口袋里一定没有钱!"

1)价值观的含义

价值观是指一个人对周围的客观事物(包括人、事、物)的意义、重要性的总评价和总看法。对诸事物在心目中的主次、轻重的排列次序,就是价值观体系。价值观和价值观体系是决定人的行为的心理基础,是人们对社会存在的反映,也是社会成员用来评价行为、事物以及从各种可能的目标中选择自己合意目标的准则。价值观是驱使人们行为的内部动力。它支配和调节一切社会行为,涉及社会生活的各个领域。个人的价值观一旦确立,便具有相对稳定性,同时价值观又是不断变化着的。传统价值观会不断地受到新价值观的挑战。

2)价值观的内容

价值观的内容有两方面的表现:一方面表现为价值取向、价值追求,凝结为一定的价值目标;另一方面表现为价值尺度和准则,成为人们判断事物有无价值及价值大小,是光荣还是可耻的评价标准。

价值观具有3个特点,首先是稳定性和持久性,即在特定的时间、地点、条件下,人们的价值观总是相对稳定和持久的。人们对某种事物的好坏总有一个看法和评价,这种评价在条件不变的情况下基本不会改变。其次是历史性与选择性。在不同时代、不同社会生活环境中形成的价值观是不同的。一个人所处的社会生产方式和经济地位,对其价值观的形成有决定性的影响。社会舆论、父母、老师、朋友和公众名人的观点与行为,对一个人的价值观也有不可忽视的影响。最后,价值观具有主观性,其作为区分好与坏的标准,是根据个人内心的尺度进行衡量和评价的,没有绝对统一的数量标准。

3.1.3 人生价值观的概念、层次和评价标准

1)人生价值观的概念

人生价值观是因为人不同的世界观而产生的对人生不同的看法,是人们在认识、评价人生活动所具有的价值属性时持有的根本观点和看法,即人生价值何在,什么样的人生是有价值的。对这些问题的回答,就反映出一个人的人生价值观。

人生价值观与人生观是不同的两个概念。人生观是人们对人生的看法,而人生价值观是人们对人生价值的看法和评判标准。总体上讲,人生观包括人生价值观,人生价值观只是人生观的一个组成部分或者延续,是人生观的具体体现形式之一。

2)人生价值观的层次

按照人的自我发展历程、实现人生价值和精神自由的高低程度,可以把人生价值观分为4个层次,即欲求境界、求知境界、道德境界和审美境界。

(1)欲求境界

最低的境界,称为欲求境界。人在刚出生时,没有自我意识和自我观念,不能说出“我”字,也不能区分主与客,更不能区分我与他人、他物。人在这种境界中只知道满足个人生存所必需的最低欲望,所以称为欲求。据心理学家测定,人一般在两岁以前处于这种状态。当人有了自我意识以后,才开始进入更高级的境界。

(2)求知境界

第二种境界,称为求知境界(或求实境界)。处在幼儿阶段,自我与无生命的客体世界是不分的。在达到主客二分的阶段以后,自我作为主体,不再仅仅满足于最低生存的欲求,而有了认知客体世界基本规律的要求。此种要求是科学的求实精神的萌芽。有了知识,掌握了规律,人的精神自由程度、人生的意义和价值大大提升了一步。

(3)道德境界

个人的道德意识在上述个人成长的“遵奉阶段”就已出现。在这个阶段,个人的独立意

识已处于突破遵奉意识的过程之中，从而逐渐产生了区分“好人”与“坏人”的意识，以至达到对他人负有责任和义务的真正意义的道德意识。发展到这一水平的“自我”有了责任感和义务感，有了自我选择、自我决定的能力，把自己看作命运的主人，而不是听凭命运摆布的卒子。从实现人生意义的价值和实现精神自由的角度而言，道德境界高于求知境界。

(4)审美境界

人生的最高精神境界是审美境界。审美境界之所以最高，是因为审美意识完全超越了主客二分的思维方式，而进入了主客融为一体的领域。首先，审美意识把对象融入自我之中，从而达到一种情景交融的意境。其次，审美意识也超越了求知境界和道德境界中的实践关系。

◆课堂讨论◆

大学生的人生价值观应该处于哪个境界？

3)人生价值观的评价标准

我国社会正处于转型时期，人们的观念发生了巨大的变化。如何评价人生价值观？这就需要评价标准。

评价一种人生价值观是进步的还是落后的，根本标准在于它是否符合社会发展的要求。落后人生观的特点是个人主义，即一切从自我出发，一切以个人为中心，把剥削他人和追求最大限度的自我利益视为人生的根本目的。无产阶级是人类历史上最先进的生产力和生产关系的代表，它代表着广大民众的利益，担负着建设社会主义和共产主义的伟大历史使命。因此，无产阶级的人生价值观是革命的、科学的人生价值观，其特点是集体主义，即一切为了无产阶级和人民群众的集体利益，把大公无私、舍己为人、全心全意为人民服务视为人生的根本意义和价值，把实现社会主义和共产主义理想视为人生最高的目标。

从无产阶级人生价值观角度看，责任和贡献是评价人生价值的重要标准，衡量人生价值的主要标准是个人对社会的责任感和贡献而不是个体是否有权有势、舒服安逸。这是因为：首先，人们生存和发展所需要的物质和精神条件需要人们的创造性劳动。只有每个成员为社会提供财富，社会才能根据财富的总和，扣除社会总体发展所需要的部分，剩余部分用于满足每个人享受的需要。所以，贡献是享受的前提。其次，作为社会的成员，在个人和社会的关系上，必须承担一定的社会义务，如果一个人只向社会索取，却不尽义务、不负责任，那就毫无价值可言。因为这样的人生不能给社会带来任何益处，反而消耗他人提供的劳动成果。责任和贡献是评价人生价值标准的两个不可分割的部分，一定的责任要求做出一定的贡献，而一定的贡献又反映一定的责任，两者是相辅相成的。

4)人生价值观的管理

人生价值观的管理，是指个体要认真思考、正确定位自己的人生观念、价值观念和人生价值观念，使自己能够与社会融合、与他人和谐相处，从而促进社会的发展，最大限度地实现人生价值。

时下有些人不择手段地追求享乐，把评价人生价值的标准定位为人生的“含金量”大小，即看一个人是否能够挣大钱、发大财。在这种思想的侵蚀下，一些年轻人动辄讲“钱”，先收钱后做事；动辄与人攀比物质享受，追求“名牌人生”。这是违背社会发展趋势的。一个人如果能够为社会创造足够多的物质财富，他的人生当然是有价值的，这是个体奉献社会的一种形式，社会将予以积极的评价。一个人能够为社会创造足够多的精神财富，他的人生也是有价值的，同样应该得到社会的积极评价。努力创造更多的物质财富与贪财、贪权不是一回事。贪财、贪权是建立在盘剥他人劳动成果基础上的，这种思想和行为不能给社会带来任何帮助，最终也不能给自己带来长久的满足和幸福感。所以，个人的人生“含金量”多少不是评判一个人的人生价值高低的标准。

管理人生价值观，要处理好人生价值的个人定位和社会定位的关系。人生价值的个人定位与社会定位是辩证统一的关系。一方面，个人定位与社会定位有区别，不能等同，它们具有各自特殊的规定性。另一方面，个人定位与社会定位又相互依存、相互影响、相互制约，它们密不可分。个人定位也会给社会定位造成影响。在进行人生价值定位的时候，我们应该既考虑个人定位，又考虑社会定位，将两者结合起来，有利于在实现个人定位的同时，满足社会的需求，获得社会的认可和支持，同时也有利于社会的有序发展。

◎实训

通过所学知识，小组讨论如何树立正确的人生价值观。

◎案例

材料一：2009 年，“中国航天之父”钱学森先生溘然长逝，给人们留下无限追思。有报道称钱学森曾经提及自己最激动的 3 件事。他说：“第一件事是在 1955 年，我将一本自己刚出版的《工程控制论》交到老师冯·卡门手里。他感慨地说：‘你在学术上已经超过了我。’我为中国人争了气，我激动极了。第二件事是新中国成立 10 周年时，我被接纳为中国共产党党员，我激动得睡不好觉。第三件事是我读了王任重同志为《史来贺传》写的序。在这个序里，他说中央组织部决定雷锋、焦裕禄、王进喜、史来贺和钱学森这 5 位同志作为新中国成立 40 年来在群众中享有崇高威望的共产党员的优秀代表。我能跟他们并列，心情怎不激动？！”这 3 件事让钱学森激动，由此可以组合成钱学森的生命价值观：一是为事业；二是为党；三是为人民。

材料二：一个经济欠发达地区的市长，出生于普通工人家庭，下过乡，36 岁就当上一个县级市市长，39 岁晋升为市委组织部部长，48 岁任地级市市长，有 30 多年的党龄，也有过勤奋学习、努力工作、有所作为的昨天。然而，随着职务的升迁，他逐渐放松了对自己的要求和改造，放纵自己对权力和金钱的欲望，导致思想蜕变，人生观与价值观严重扭曲。6 年间，他涉嫌狂敛钱财约 3 200 万元。他在忏悔书中说：“我不是个庸官，却是一个贪官。”

思考题：

1. 钱学森的价值观对他的成就与我国航天和导弹事业起到了什么作用？

2. 比较钱学森和那位市长的不同价值观，说说其对人生道路选择的导向有何不同？

任务 2　学会道德观管理

3.2.1　道德与道德观

1）道德的概念

道，本义为道路，引申为规律和规则。德，本义为得，引申为品德，即得到正直的品德。道德是对人们的行为进行善恶评价的心理意识、原则规范、行为活动的总和，是一种特殊的社会意识形态。一般情况下，道德没有成文的条律来规范，而是通过社会舆论、传统习俗、内心信念（良心）等来维系。

道德作为一种特殊的社会意识形态，是社会经济关系的反映，归根到底是由经济基础决定的。社会经济关系的变化必然引起道德的变化，社会经济关系的性质决定着各种道德体系的性质，社会经济关系所表现出来的利益决定着各种道德的基本原则和主要规范。在阶级社会中，社会经济关系主要表现为阶级关系，带有阶级属性。

2）道德观的概念

不同的社会、不同的人们具有不同的道德观念。道德观就是人们对道德关系的整体认识和系统看法。道德观与人们的世界观、人生观紧密相连，密不可分。人类道德的发展是一个曲折上升的历史过程。道德发展的历史过程与社会生产方式的发展进程大体一致。

3）社会主义道德观

以不同的标准，可以对道德和道德观进行分类。按照道德和道德观的主体特性，可以将道德和道德观分为个人道德观和社会道德观；按照道德依托的社会性质，可以将道德和道德观分为原始社会的道德、奴隶社会的道德、封建社会的道德、资本主义社会的道德和社会主义社会的道德。

新中国成立以来，先后提出“五爱”公德、20 字公民道德基本规范和“社会主义荣辱观”等。1982 年通过的《中华人民共和国宪法》把五爱表述为：爱祖国、爱人民、爱劳动、爱科学、爱社会主义。2001 年中共中央印发的《公民道德建设实施纲要》提出“爱国守法、明礼诚信、团结友善、敬业奉献”的公民基本道德规范。2006 年 3 月 4 日，胡锦涛总书记在参加全国政协十届四次会议民盟、民进界委员联组讨论时提出社会主义荣辱观。社会主义荣辱观吸收了“五爱”和“公民基本道德规范”的主要内容，做出了以“八荣八耻”为主要内容的新阐述，体现了中国社会主义道德观的继承发展和与时俱进。

十八大报告明确指出，倡导富强、民主、文明、和谐，倡导自由、平等、公正、法治，倡导爱国、敬业、诚信、友善，积极培育和践行社会主义核心价值观。

3.2.2 道德观管理

道德是无形的，但是又拥有巨大的力量和无所不在的影响力，能够弥补法律和规范的不足，能够促进人们自我定位、自我约束。道德观的管理是人生管理的重要一环，道德观管理做得好的人，能够在社会交往中得到人们的尊重，从而与他人展开愉快的交往，更好地实现自己的人生目标。

1）树立正确的道德观理念

一些人认为道德是无用的东西，甚至有人反问“良心能卖钱吗”？这说明有些人不明白道德对实现人生目标和促进社会发展的重要意义。道德不是商品，不是用来交换的，但是道德是规范个人和社会行为的准则。如果一个人具有良好的道德操守，就会建立良好的人际环境，促进自我的发展。决定一个人的成败，除了机遇、能力等因素外，能够给人持续支持的就是道德形象。树立高尚的道德观是个体的灵魂和核心竞争力的观念，可以使我们重视自身修养，严于律己，不断完善自己，做到善始善终，稳定发展，从而促进人生价值的实现。

2）强化自我反省和改造

道德讲究省察克治，即个体应该随时检点自己的思想行为，达到知廉耻，改过失。自省是道德观管理的重要手段，具有这种道德能力的人，能够随时把握发展的方向，及时总结自我管理的得失，形成良好的“行为修正体系”，实现自我的稳定管理和持续管理。

3）慎独、慎众、慎言、慎行

道德观管理要做到慎独、慎众、慎言、慎行。慎独是指个人在独处的时候，也要有良好的道德信念和行为，不因为无人监督而放纵自己。慎众是指自己不要受不良环境的影响，即使其他人都在做错误的事，自己也要约束自己。做到“出淤泥而不染”。慎独、慎众、慎言、慎行能够使个体自我灵魂净化，确保自己的思想纯洁、言行符合社会规范。道德是规范人际行为和实践的指针，慎独、慎众、慎言、慎行是人们顺利开展道德观管理的保障。

4）重自律、轻他律，严以律己、宽以待人

道德重在自律，自律与他律是密不可分的两个方面。道德观管理要求重自律、轻他律，严以律己、宽以待人，是指个体要寻求自我管控，把重心放在自我约束和自我管理上，而不能完全依赖于别人来约束自己。做到了这点，个体就具有自我发展的主动性，就实现了自我超越。同时，道德观管理要求对自己严格，对他人宽容。重自律、轻他律，严以律己、宽以待人是道德观管理的基本要求。

◎实训

社会主义道德观的内容有哪些？它是如何指导我们大学生的？

◎案例

胶囊里的秘密

央视《每周质量报告》4月15日播出节目《胶囊里的秘密》，曝光河北、江西、浙江有一些不法厂商使用重金属铬超标的工业明胶冒充食用明胶来生产药用胶囊。这些胶囊流入了修正药业、通化金马等九大药企,其样品被检出铬含量严重超标,最高含量超标90余倍。国家食品药品监管局发出紧急通知,要求对媒体报道的13个铬超标产品暂停销售和使用。

青海明胶董事会秘书华彧民16日表示,市场上正规的明胶包括两种,一种是骨明胶,另一种是皮明胶。明胶用材存差别,骨明胶是用生骨加工,一般不存在铬超标;而皮明胶通常会选用灰皮来生产。这次出现铬超标,主要是因为那些生产厂家用的是皮鞋和皮包的边角料,而制革的时候有一道工序是鞣质,就是加进重金属铬,这样皮革就不容易变形,这种皮革俗称"蓝矾皮",制作成明胶之后,肯定会出现铬超标的情况。铬超标明胶原材料成本不到正规明胶的三分之一。

思考题:

通过阅读案例,对此你如何看待?

任务3　掌握人生目标管理

3.3.1　人生目标的含义、种类

1)人生目标的含义

人生目标,是指个人对人生所期望的成果。一个人的人生价值观决定了其人生目标。不同的人有不同的人生目标,有的人确定的人生目标是做一名有志之士,有的人确定的人生目标是做一名企业家,有的人确定的人生目标是享乐。人生价值观不同,人生目标各异。多数人在人生的早期总是会给自己确立比较远大和有责任感的目标,愿意以人生承担起对社会的责任,所谓"生当作人杰,死亦为鬼雄"。但是在复杂的社会环境中,有一些人因为迷失于现实的艰难和挫折而逐渐降低自己的目标,甚至走向当初确定的人生目标的反面。

2)人生目标的种类

人生丰富多彩,人生的目标也千姿百态。根据不同的标准,我们可以对人生目标进行不同的划分。

①根据人生目标的性质,可以将人生目标分为利他性目标和利己性目标。利他性目标是指一个人确定自己一生将为他人的生存发展和幸福做出积极的贡献,甚至以他人的幸福作为自己的努力目标,这包括为国家、为社会或者为家人积极努力,以此作为衡量自己人生价值大小的标准;利己性目标是指一个人确定自己一生将为自己的利益而努力,为此不惜损害他人的利益。

②根据人生目标的影响范围,可以将人生目标划分为远大目标、一般目标和短浅的目标。远大目标是指对人生有较高的期待,希望通过自己的人生努力,在很大范围内、很大程度上产生影响力,对国家、社会和他人产生影响;一般目标就是多数人通过一般努力都可以

实现的、与自身利益密切相关的人生目标；短浅的目标是指一个人紧紧围绕个人需求甚至是个人的最基本需求确定人生要达到的预期结果。

③根据人生目标的内容，可以将人生目标分为总体目标和阶段目标。总体目标是指对人生进行总体的规划以及通过规划和行动要达到的预期效果；阶段目标是指为了实现人生总体目标而确立的在人生各个阶段要追求和实现的目标。

★小资料★

两个园林工人吃饭时闲聊。甲说："整天挖坑种树的，让人烦透了！"乙说："你想着咱们是在建设一个美丽的新花园，这样心情就好多了！"多年后，甲依旧在花园里挖坑种树，而乙却成了设计师。

3.3.2　合理确定和实现人生目标

1）充分考虑影响人生目标制定的因素

虽然个体在人生目标的制定和实施中起着至关重要的作用，但是人生目标的制定往往受多种因素的影响。因此，理性分析影响人生目标制定的因素并正确地对待这些因素，有利于我们更好地制定并实现人生目标。

（1）出身背景

出身背景，是指一个人出身于什么家庭，这个家庭的政治地位和倾向、经济地位、社会关系、家庭关系、家庭人员构成、家庭成员的素质构成等因素。这些因素对一个人的人生目标制定和实施具有重要的影响。人生目标的确定与实现往往与出生背景具有直接的关系。

（2）时代背景

一个人所处的时代背景对一个人的人生观、世界观都会产生重大的影响，对一个人的人生目标和人生规划也会产生深刻的影响。时代背景是指一个社会总体所呈现出的发展阶段、发展状态等情况。时代背景会给生活在当时的人群打上深深的烙印，包括对他们的人生产生强烈的影响，因此，人生目标的确定要充分考虑时代的要求和影响。

（3）身体因素

身体因素也是影响个体人生规划的重要因素，简单地讲，一个人身体健康，就有更好的条件选择自己的人生目标。从更高层面上讲，一些有身体方面优势的人，可以从事一般人不能从事的职业。更重要的是，一个身体健康的人，才能够更好地开展社会活动或者投入更多的精力去实现自己的人生目标和理想。所以，强身健体以保持良好的身体状况，历来是有远大志向的人非常重视的。

（4）生活环境

一个人的生活环境对一个人的人生发展具有很大的影响。生活环境往往决定了一个人的眼界和思想，幸运的是，在信息化时代，这种差异正在逐渐缩小。但是一个人所处的环境对人生目标的设立和实现仍然具有重要的影响力。

2）永不放弃自我努力

自我努力，是指一个人不受自身条件的束缚，不受环境影响，不怨天尤人，尽其所能甚至激发潜能，超越自己，矢志不渝地追求自己的人生梦想。自我努力是影响人生目标和规划的最重要的因素。每一个人都不可能选择家庭，也不可能选择时代背景，甚至难以选择生活环境和身体素质。在这些因素面前，个体所能做的努力都十分有限，但是自我努力状况却是几乎完全可以由自己掌握的。所以，一个人一定要选好人生目标，做好人生规划，并持之以恒地不懈努力，最终实现自己的目标。而把希望全部寄托在别人身上，自己不努力的人，是不可能取得成功的。

3）把握制定和实现人生目标的基本原则

制定和实现人生目标，必须把握好一些基本的原则，包括：人生目标要能够融入社会，为社会所接受和支持，不要违反社会发展趋势；人生目标的制定和实施要符合人伦道德和社会准则；人生目标的制定要切实可行，目标是远大的，道路是曲折的，为了使人生的努力更加有效率，更能体现人生价值，可以根据具体情况适时调整阶段目标，甚至在大格局发生重大变化时，果断调整人生目标等。

◎实训

分组讨论利己主义和利他主义哪个更好。学生分别分享自己的人生目标。

◎案例

瘦子与胖子的比赛

有一位瘦子和一位胖子在废弃的铁轨上比赛走枕木，看谁能走得更远。瘦子想："我的耐力比胖子好得多，一定会赢。"瘦子走得很快，渐渐将胖子拉下了一大截。但走着走着，瘦子渐渐走不动了，眼睁睁地看着胖子稳健地向前，逐渐从后面追了上来并超过了他，瘦子想继续加力，但终因精疲力竭而跌倒了。

在好奇心的驱使下，瘦子想知道其中的秘诀。胖子说："你走枕木时只看着自己的脚，眼花缭乱，所以走不了多远就会跌倒。而我太胖了，以至于看不到自己的脚，只能选择铁轨上稍远处的一个目标，朝着目标走。当接近目标时，我又会选择另一个目标，然后就走向新目标。"胖子颇有哲学意味地说："如果你向下看自己的脚，你所能见到的只是铁锈和发出异味的植物而已，而且枕木会让你眼花缭乱，而当你看到铁轨上某一段距离的目标时，你就能在心中看到目标的完成，就会有更大的动力。"

思考题：

1. 胖子获胜的根本原因是什么？

2. 从这个故事中，你学到了什么？

任务4 尝试人生规划与职业生涯管理

做事需要规划,做人也需要规划。一个人如果没有人生规划,生活就会有很大的任意性,随波逐流,迷失方向。人生规划是站在生命历程的角度思考如何去安排个人一生的发展,而人生目标则是人生规划要实现的期望和结果。

3.4.1 人生规划管理

1)人生规划的概念

人生规划,是指一个人根据社会发展的需要和个人发展的志向,结合自己的特点,对自己的未来发展方向、目标、道路做出预先的策划和设计。人生规划涵盖了3大主题:生命、生活和生涯。

生命是人生规划首先要考虑的问题。如何看待生命、如何看待生命的意义和价值、树立怎样的人生观,这是确定人生规划首先要考虑的问题。确立了人生价值观这个核心问题,我们才能够明确人生的目标,实现人生目标的手段、措施和方式,形成人生规划。

人们对生命有了总体的认识和把握,就可以确定自己希望通过什么方式、什么步骤、什么手段去实现心目中的人生理想,实现人生理想的一系列活动构成了我们的日常生活。

人生从起点到终点的一系列活动就是生活,而这一过程的总体就是我们的生涯,我们如何对待我们的生活,为自己的一生描绘出什么样的色彩,关键看我们的人生态度。人生规划就是从生命、生活和生涯几个方面进行定位和设计。

2)人生规划的阶段

人生是漫长的,同时又是短暂的,必须对其进行合理的规划才能够更好地实现人生价值,总体上讲,可以根据人生发展的阶段进行人生规划管理。

(1)童年阶段

儿童的主要任务是健康成长,养成良好的生活习惯和学习习惯,尤其是,要逐渐适应社会化,建立良好的社会关系。在家要孝敬父母,理解家庭的困难,养成勤俭、节约的习惯,力所能及地做一些个人的事和家务。在社区要处理好邻里关系,对人友善。在学校要处理好与同学和老师的关系,形成开朗、善于沟通的习惯。和平年代,处于这个阶段的人,除了身体的成长之外,在校学习将占据大量的光阴。

(2)青少年阶段

青少年的主要任务是提高自己独立生活的能力,形成自己独立的见解,理性地思考问题,承担自己行为带来的后果。在这个阶段,要更多地承担起家庭建设和发展的任务。承担家庭的建设和发展任务,是每个人成长过程中的一个重要内容,一方面减轻家庭负担,为父母减负;另一方面通过自己的努力,养成主动观察、主动思考、主动解决问题的习惯,建立良好的协作能力，同时培养生存技能和管理技能，为自己走向社会进行能力储备。在这个阶段，知识的积累、社会交往和沟通能力的提高显得非常重要。知识的积累是走向社会的基础，社会交往能力和沟通能力是社会立足的重要方式。在这个阶段还要注重培养宽广的胸怀，养成利他的心态，使自己能够更好地融入社会。在这个阶段，个体的身体逐渐发育成熟，开始对异性产生特殊的感情，一些人开始进入恋爱阶段。

(3)成年阶段

成年人的主要任务是确定并展开自己的职业生涯，同时成家立业。这个阶段是人生的一个很重要的转折阶段，有一些人就因为不能顺利实现转折而生存困难，不能独立生活，需要靠父母和亲友扶持。这个阶段不仅要根据青年时代的积累去创造自己的一片天地，还要不断学习，增强自己的生存、发展能力。要学会在工作中学习、在生活中学习，形成良好的学习习惯。同时，这个阶段要学会承担为人父母的职责，学会处理家庭关系，学会养育子女。这个阶段的发展是建立在童年和青少年阶段的，如果在童年和青少年阶段有很好的发展基础，在这个阶段就能够比较顺利地进入，从而完成成年阶段的主要任务。

(4)中年阶段

中年阶段是人生最辉煌的阶段。在这个阶段，家庭已经建立，个体经过多年的发展，能够比较好地处理好家庭关系，承担起对家庭的职责。同时，职业生涯也步入发展的高峰期，工作经验比较丰富，在单位上一般都成为骨干或者管理者，受到社会的尊重。大多数人在这个阶段功成名就，能比较好地掌握自己的命运。但是也有少数人出于各种原因不能或者不愿意完成这个阶段的任务，比如孤身一人、家庭破裂、事业无着或者工作能力得不到单位的认可等。

(5)老年阶段

经过了中年阶段就进入老年阶段，从生命历程来讲，这个阶段是人生逐渐走向衰亡的阶段。如果一个人具有较好的身体素质和心态，加上比较好的生活条件，这个阶段可能会持续较长时间。总体上讲，这个阶段要调整心态，为晚年生活做好准备并安享晚年，同时力争完成人生该完成的事情。

◆课堂讨论◆

不同阶段，职业生涯规划对自身影响的因素有哪些？

3.4.2 职业生涯管理

1)职业生涯管理的概念

(1)职业生涯的含义

生涯是指人生经历、生活道路和其从事的职业、专业、事业。职业生涯是以心理开发、生理开发、智力开发、技能开发、伦理开发等人的潜能开发为基础，以工作内容的确定和变化，工作业绩的评价，工资待遇、职称、职务的变动为标准，以满足需求为目标的工作经历和内心体验的经历。

虽然每个人都会有自己的职业生涯，但是不同的人，职业生涯差别很大。有的人职业稳定，从开始到结尾都从事一个行业甚至一个岗位的工作，而有的人却会在很多个岗位上更替，在变动中完成自己的职业生涯。

(2)职业生涯管理的概念

职业生涯管理是指个体有意识地规划自己的职业和职业发展道路，展开职业发展和事业发展的过程。职业生涯管理包括职业生涯规划、职业生涯的维护管理、职业生涯中断管理和职业生涯调整管理等内容。

职业生涯管理是一个持续不断的过程，首先，人在进入工作之前，要进行入职规划，展开入职选择；其次，进入职业生涯阶段之后，要根据职业的需求和个体的发展不断完善自己，确保职业生涯得到顺利发展；最后，在职业生涯发展的过程中，总会遭遇各种各样的影响因素或者面临职业适应和选择的问题，这就要开展职业生涯中断和调整的管理。

(3)职业生涯管理的要求

职业生涯管理是根植于现实并富有设计前景的工作，既要立足社会需求的现实，又要有极高的追求。因此，职业生涯管理既不能仅仅把追求收入待遇作为唯一的目标，又不能好高骛远、脱离实际。

首先，职业生涯管理要注意物质追求和精神追求的统一。任何人都希望有一个舒适的生活，这是无可厚非的，但仅仅从个人需要出发，沉湎于物质生活享受而缺乏高尚的精神和道德情操，就必然缺乏健康的精神动力，导致自己的人生价值降低。

其次，职业生涯管理要兼顾个人、集体和社会的需求。在职业生涯中只顾个人利益的人，任何组织和个人都是不会欢迎的。无论是社会的进步还是个人的生存和发展，都要求个人对社会、对他人承担起自己的责任，这是职业生涯管理首先要考虑的前提条件。

最后，确立职业生涯应该着眼于长远，不能只顾眼前利益，如果对眼前利益趋之若骛，就会与未来的成功失之交臂。尤其是青年人，在走入职业生涯阶段的时候，不仅要考虑职业能够为自己提供足够的收益，还要考虑在这个行业、职业和组织中，自己有没有进一步完善和发展的空间，能不能促进个体更好地完善自己，干出一番对个人和社会有益的大事业。

2)职业生涯中断的管理

(1)职业生涯中断的概念

职业生涯中断的原因是多种多样的，为了与职业生涯调整相区别，我们把非员工自愿而出现的离职现象称为职业生涯中断。职业生涯中断的原因可能是宏观经济形势的变化导致产业的调整，或者是组织发展的需要，也可能是员工自身态度、能力不能满足企业的需求。

(2)职业生涯中断的管理

①政府在应对个体职业生涯中断中的管理职责。

社会大规模的职业生涯中断，首先应该承担责任的是政府。这既涉及公共管理的制度设计要有相关社会保障的安排，也涉及政府应该针对具体情况临时做出一些决策，增加员工重新上岗的概率，或者解决员工下岗后面临的生活困难，以协助降低员工职业生涯中断的痛苦，维护社会稳定。同时，政府相关部门应该深入了解下岗职工面临的问题，予以帮助乃至提供人性关怀，协助他们渡过难关。

②组织在应对员工职业生涯中断中的职责。

虽然组织辞退员工也往往是不得已而为之,企业可以按照法律的规定启动与员工解除协议的程序,但是在辞退员工之前,组织首先要考虑员工的安置问题。要与政府协商,寻找解决员工安置的办法,考虑有没有其他救济措施,能够重新安置员工或者给员工一个期限进行再就业的准备,把员工的阵痛降到最低。同时,组织要关心下岗员工,给予他们力所能及的帮助。充分考虑员工的再就业,这是组织承担社会责任的一个表现。

对于行业的特殊性导致的周期性解聘员工的职业生涯中断,由于针对这种情况劳资双方都有思想准备、心理准备和相应安排,在社会保障方面不存在问题,只要在应聘的时候双方协商好处理办法,就不会产生问题。

③个体在职业生涯中断中的应对措施。

职业生涯中断在有些情况下并非社会和组织的原因,而是个体自身的原因,比如工作态度不端正,或者在工作中缺乏组织纪律性,或者知识老化、能力不足等。针对这种情况,首先,个体应该改变自己,养成勤奋工作、积极进取的心态和习惯,努力提高自己的能力,使自己成为一个对社会有用的人。同时,个体要积极寻找新的上岗机会,以良好的心态自救。其次,个体在遭受辞退的时候,除了与组织协商能否得到再就业的相关支持外,还要注意按照劳动法的要求,维护自己的合法权利。当然,这并不是说凡是组织辞退员工,员工都可以通过打官司来赢得额外收益,而是说,即使自己不能胜任工作,在离职过程中,也要注意依法保护自己的合法权益。

3)职业生涯调整的管理

(1)职业生涯调整的含义

职业生涯调整,是出于员工自身的原因主动提出离职并寻求进入新的组织岗位的情况,比如由搬迁、移民、就医、生产或哺乳、自身不适应、学历提升、跳槽、自主创业等情况导致的离职。

◆课堂讨论◆

判断下列人员是属于职业生涯中断还是职业生涯调整?

1. 小张因为上班时经常迟到早退,并且业绩也差,被公司领导辞退。

2. 小王在A公司工作5年,工作努力,业绩突出,被猎头公司发现并推荐到某大公司去工作,小王为了更好的发展,决定辞去本公司的工作。

职业生涯的调整是员工职业生涯发展中的正常现象,由于是员工主动离职,一般员工都能够比较好地安排相应的事宜,因此在多数情况下,也没有职业适应困难或者下岗带来的阵痛问题。但是职业生涯调整对于员工而言,也是一个重大的抉择,不仅涉及目前的离职问题,还涉及以后的就业和持续发展问题,所以,需要有充分的考虑和准备。

(2)个体应对职业生涯调整的措施

个体进行职业生涯调整,往往是不得已的事情,在不得不调整的时候,一定要做好充分准备。

①要明确自己职业生涯调整的态度与认知。

第一,不能感情用事、草率行事。不能因为一点小事、一点小矛盾就将已经熟悉的工作轻易放弃。不要因为看到某一行业非常热门，就纷纷选择这种工作，随大流、凑热闹。

第二，不能贪图安逸、唯利是图。任何工作都有其有利的一面，也有其不利的一面。如果只看到现有工作的困难之处，一心想换份轻松的、待遇高的工作，那将永远不能如愿以偿。如果把追求高收入作为转换工作的唯一目标，忽视自身条件和进一步发展的需要，以牺牲自己的长远利益换取眼前暂时的利益，同样得不偿失，其结果往往是既丢了旧工作，又找不到新工作。

第三，不能好高骛远。换工作前先认真衡量一下自己的能力，看看是不是真的达到可以换一份更好的工作的水平。如果自己的能力达不到新工作所要求的水平，就不要轻易更换工作，否则即使得到了新的工作也不能保住。

②进行自我检查。

每一个想换工作的人，都不希望工作越换越不如意，但是人们往往很情绪化。一般人在工作不如意的时候，常常不追根究底，找出自己真正面临的问题或原因，而是期待环境或他人能为自己改变。当期待落空时，心中自然会产生失望与无助的心理，这就会影响一个人的心情，并打击继续工作的意愿，进而想到换工作。在转职前最好先做好自我检查的工作。如果造成离职的原因不是自己工作心态的问题，而是客观环境发生了变化，或者自己的能力出现了质的飞跃，并能够得到社会的认可，此时换工作才可能是恰当的选择。

③要理性分析自己的特点。

重新选择的职业或岗位是否与自身的特点吻合，直接关系到人生事业的成败。重新选择职业时一定要考虑3个匹配：性格与职业匹配、兴趣与职业匹配、特长与职业匹配。

④要做好离职和重新上岗的认真评估。

有些单位对员工离职有很苛刻的要求，如果涉及赔偿、退费等问题，要考虑法律规范，权衡离职的成本。在中国目前的状况下，职业的变迁成本往往是很高的。由于社会保障和人事制度还不是很适应市场化的需要，加上很多行业和岗位对员工缺乏全社会认可的能力评级标准，员工离开一个单位之后，一切将从头做起，以前所有的东西，往往都付诸东流。加上离开原单位之后，原有的资源就会丧失，在新的单位又会付出很长时间和很多精力重新积累资源，对这些都要做充分考虑。

此外，离职之前要做好法律咨询，保护自己的合法权益，同时，如果自己的工作涉及组织机密和同业竞争，要约束自己，不要因为即将离职或已离职就放松对自己的约束，给自己带来麻烦。

⑤要做好离职前的交接工作。

每个员工在一个单位经过一段时间的工作，都会拥有一定的资源、承担一定的职责。要考虑到自己的离职给组织带来的不利影响，因此，应提前将离职的愿望告诉组织，并且要给出一定的时间，使组织有时间进行人员安排和工作交接。在离职得到批准后，员工还要留下足够的时间主动将自己主管的工作和工作资源交付接替自己岗位的人，并知会相关业务伙伴，确保工作的顺利交接。此外，在离开旧单位、到达新单位工作期间和之后，要确保自己的言行不伤害原单位及其员工的利益和感情，保持良好的关系，为他人和自己留下宽阔的空间。

◎实训

请根据自身特点,制定自己的职业生涯规划。

◎案例

奥巴马通过自己的职业规划,一步步地当选美国总统,这对于那些处于寻找工作的人或者想要对个人做一个职业规划的人来说,应该有一定的借鉴意义。

设定一个目标,这个目标一定要适合你自己。在奥巴马的眼中,任何人都可以成长为美国总统,你可以做任何你想要做并喜欢的工作并为此设定目标。

通往成功的道路是漫长而艰难的。奥巴马并不是突然在某一天醒来后才决定去做美国总统的。首先他需要通过学校教育来提升自己的知识水平,毕业后投入社会工作,然后竞选参议员,参与民主党竞选总统的提名,最后成为总统。也许包括奥巴马本人也不能确切地知道并描绘出他通向总统的道路,但可以确信的是他通过每天努力地工作向目标渐渐靠拢。

建立有价值的人际网络。奥巴马并不是靠自己一个人的努力取胜的,在他的背后有着成千上万的人帮助他达到自己的目标。由此,想想你利用和发展好你的人际关系网络了吗?

利用互联网。奥巴马不但上网浏览基本的信息,他还广泛使用各种互联网工具,例如博客、视频、讨论组、电子商务和电子邮件。通过互联网,奥巴马用它来放大自己的信息,并广泛接触他的选民。

建立良好的个人形象。良好的个人形象往往会给人们一个信息:形象和行为的一致性。良好的形象不仅是外表,还包含内在气质和文化修养。而后者往往比前者更重要。例如找工作,首先展示的是外在形象,衣着整洁、端正大方,这样你受关注的机会就比别人多了;其次,在你的言谈举止中你将展示出你的内在气质和文化修养,如果你的内在形象优秀,就会增加你在别人心目中的分量,别人也会对你刮目相看,受到重用的机会就比别人多了。所以说一个人的形象是很重要的,当你内外兼修的时候,你会发现自己不知不觉已经高人一筹了。奥巴马就是这样的人。

重视每次展示的机会。对于重要的采访,每次奥巴马面对摄像头的时候,他都做好了充分的准备,并流利回答了每一个问题。大多数人都不喜欢被采访,假设奥巴马没有每天5~10次的被采访,他会做到如此之好吗? 这就是熟能生巧的道理吧。

赢得朋友和家人的支持。通常情况下,一个政治家的家庭往往被错误地看作仅仅是一个道具,在需要时才出现。其实在现实生活中,公众人物也需要拥有自己的私人空间、人际关系、个人责任、利益和要求。而他们的家庭往往就是这一私人生活需求的基石,并以此来支持他们在公众视线的成功。所以当我们努力工作,当我们取得成功的时候,请别忘记在背后默默支持我们的家人和朋友,因为这也是我们的责任。

懂得感谢。通常在生活中,说声谢谢是件很容易的事情,但有时我们往往太容易忘记做了。

适当地休息很重要。奥巴马在2008年11月4日当选美国总统，但实际上他要等到2009年1月才宣誓就职。毫无疑问，他将利用这段时间组建他的团队，他也可能需要几天的时间进行休息。因此，当你开始一项繁重的工作的时候，选择适时的休息将有助于你注入新的活力。

思考题：

通过阅读案例，你如何规划自己的职业生涯？

课后练习

一、单选题

1. 人生观是由(　　)决定的。

A. 价值观　　B. 历史观　　C. 世界观　　D. 是非观

2. (　　)是人生的根本问题。

A. 世界观　　B. 人生观　　C. 历史观　　D. 价值观

3. (　　)是驱使人们行为的内在动力。

A. 价值观　　B. 人生观　　C. 世界观　　D. 历史观

4. 价值观具有稳定性、持久性、历史性和(　　)等特点。

A. 间接性　　B. 渐变性　　C. 选择性　　D. 未来性

5. 人生价值观的最高境界是(　　)。

A. 欲求境界　　B. 求知境界　　C. 道德境界　　D. 审美境界

6. 按照道德和道德观的主体特性，可以将道德和道德观分为个人道德观和(　　)。

A. 社会道德观　　B. 封建道德观

C. 资本主义社会道德观　　D. 社会主义社会道德观

7. (　　)是指个人在独处的时候，也要有良好的道德信念和行为，不因为无人监督而放纵自己。

A. 自审　　B. 慎言　　C. 慎独　　D. 慎行

8. 在影响人生目标制定的因素中，(　　)不会制约。

A. 出身背景　　B. 生活环境　　C. 自我努力　　D. 身体因素

9. (　　)是人生规划首先要考虑的问题。

A. 生命　　B. 生活　　C. 生涯　　D. 事业

10. 社会大规模的职业生涯中断，首先应该承担责任的是(　　)。

A. 个人　　B. 政府　　C. 企业　　D. 家庭

二、多选题

1. 自我管理，就是指个体对自己的(　　)等进行的管理。

A. 目标　　B. 思想　　C. 心理　　D. 行为

2. 自我管理的顶层设计就是自我对(　　)、(　　)和(　　)的理解和确认。

A. 人生观　　B. 历史观　　C. 道德观　　D. 价值观

3. 人生价值观具有(　　)等4个层次。

A. 欲求境界　　B. 求知境界　　C. 道德境界　　D. 审美境界

4. 管理人生价值观,要处理好人生价值的(　　)和(　　)的关系。

A. 个人定位　　B. 历史定位　　C. 社会定位　　D. 家庭定位

5. 无产阶级的人生价值观是(　　)、(　　),其特点是(　　)。

A. 革命的　　B. 科学的　　C. 社会的　　D. 集体主义

6. 管理人生价值观,要处理好人生价值的(　　)的关系。

A. 家庭定位　　B. 个人定位　　C. 人生定位　　D. 社会定位

7. 按照道德和道德观的主体特性,可以将道德和道德观分为(　　)。

A. 个人道德　　B. 资本主义社会的道德

C. 社会主义社会的道德　　D. 社会道德

8. 根据人生目标的性质,可以将人生目标划分为(　　)。

A. 利他性目标　　B. 总体目标　　C. 利己性目标　　D. 长期目标

9. 人生规划涵盖的三大主题包括(　　)。

A. 生命　　B. 生活　　C. 生涯　　D. 事业

10. 职业生涯管理包括(　　)等内容。

A. 职业生涯规划　　B. 职业生涯的维护管理

C. 职业生涯中断管理　　D. 职业生涯调整管理

三、填空题

1. 确认不同的________、________和________,将会给个体处理自身发展和社会发展的关系带来不同影响,从根本上影响个体的自我管理。

2. ________是人们对人类生产、人生的目的、意义和个人立身处世行为的一种看法或见解。

3. ________是指一个人对周围的客观事物(包括人、事、物)的意义、重要性的总评价和总看法。

4. 价值观具有________,其作为区分好与坏的标准,是根据个人内心的尺度进行衡量和评价的,没有绝对统一的数量标准。

5. 人生观包括________,________只是人生观的一个组成部分或者延续,是人生观的具体体现形式之一。

6. 评价一种人生价值观是进步的还是落后的,根本标准在于________。

7. ________是人类历史上最先进的生产力和生产关系的代表,它代表着广大民众的利益,担负着建设社会主义和共产主义的伟大历史使命。

8. 人们生存和发展所需要的物质和精神条件需要人们的________。

9. ________是享受的前提。

10. 生涯是指人生经历、生活道路和其从事的________、________、________。

四、简答题

1. 简述人生价值观的评价标准。

2. 简述个体应对职业生涯调整的措施。

五、案例分析题

江金权，男，汉族，1963年出生于苏北山区狮子镇的一个贫困农民家庭。1983年，立志做一名人民教师的他，跨进了华中师范大学的校门。如今，57岁的他是湖北省苏春县第四中学教师。当时从华中师范大学毕业后，他放弃了在黄冈中学的工作机会，主动申请调到山区学校任教。他不断探索教书育人的新方式、新方法，引导学生高效学习，快乐学习，指导学生发表作品百余篇，他的课深受学生欢迎。并且他还先后从微薄的收入中拿出10多万元资助200多名贫困学生完成学业。他甘为人梯，乐于奉献，无私指导青年教师，曾获全国优秀教师、湖北省"五一劳动奖章"、湖北省道德模范、湖北省劳动模范等荣誉称号。

问题：根据此案例，分析人生价值观对一个人的重要性。

项目4 开展自我常规管理

【知识目标】

了解人生目标、职业生涯、自我常规管理的关系，了解自我常规管理的具体内容；掌握情商管理和人际关系管理的内容。

【能力目标】

通过本项目的学习，了解自我常规管理的一般内容，学会在日常生活中进行系统的情商管理和人际关系管理。

【案例导入】

谁更值得怜悯？

有位太太请了个油漆匠到家里粉刷墙壁。油漆匠一进门，看到她的丈夫双目失明，顿时流露出怜悯的眼光。可是男主人乐观开朗，油漆匠在那里工作了几天，彼此谈得很投机，油漆匠也从未提起男主人的缺憾。

工作完毕，油漆匠取出账单，那位太太发现比谈妥的价钱少了很多。她问油漆匠："怎么少算了这么多呢？"

油漆匠回答说："我跟你先生在一起觉得很快乐，他对人生的态度使我觉得自己的境况还不算最坏。他使我不会把工作看得太苦！减去的那一部分，是我对他表示的一点谢意。"

油漆匠对她丈夫的推崇，使她落泪，因为这位慷慨的油漆匠，自己只有一只手。

小思考：油漆匠为什么没有提及男主人的缺陷？这个故事让你感受到了什么？

任务1　学会健康管理

人生目标制定之后，要实现人生目标，必须展开自己的职业生涯。而职业生涯的展开，需要个体改善自己，在身体、心理、行为、人际适应能力等方面进行管理，创造有利条件，为实现人生目标而努力。

4.1.1　身体管理

毛泽东同志曾经说过，身体是革命的本钱。良好的身体素质，是实现人生目标的基本条件，如果身体虚弱，要实现人生目标，就会受到很多局限。因此，很多有远大理想的人，都很注重锻炼身体，尤其是在年轻的时候，锻炼身体并养成健身的良好习惯，对人一生的事业发展具有重要意义。

良好的身体素质依赖于运动，加强锻炼是形成良好身体素质的重要环节，运动有利于身体健康，也有利于增强身体的适应性。长期持续开展有氧运动，能够增强身体机能，形成健康体质。个体要根据年龄阶段的特点，选择适合的运动方式。尤其是一些集体运动项目，既有利于培养健康的体质，又有利于锻炼身体的协调性，增强团队合作性。一般而言，在青年时代和少年时代能够保持适度的运动和锻炼，对人生将会产生长期的影响。游泳、跑步是常见的锻炼方式，在现代社会，由于城市化速度的加快和城市的扩大以及社会治理对人的发展考虑不足，人们进行锻炼的条件越来越受到限制，很多城市里的人们只能在室内进行付费的锻炼，这其实是无奈之举。我们应该争取在自然条件下进行安全、卫生的锻炼，才有利于身体健康。

4.1.2　饮食管理

养成良好的饮食习惯也是确保身体素质良好的重要途径。饮食习惯不好，对身体会产生不利的影响。所谓良好的饮食习惯，包括很多方面的内容。从常规看，主要有以下几点需要注意。

首先，饮食要有规律，要尽量做到三餐定时定量，如果不能做到定时定量，也要考虑及时补充相应的能量，不能暴饮暴食。三餐的安排要做到“早饭宜好、午饭宜饱、晚饭宜少”。尤其是一定要养成吃早餐的习惯。要注意少吃零食，不要把零食当主食。有些人没有养成良好的饮食习惯，早上不吃早餐或者随便买点东西充饥，或者买大量零食吃，这对身体是很有害的。

其次，要讲究饮食卫生，不吃腐败变质和霉变的食品。少吃油炸食物，不要吃过烫的食物，不要长期吃冷饮或者冰凉的食品。要做到“三少一高”，即少油、少盐、少糖、高纤维。还要做到不偏食，不挑食，多吃五谷杂粮。

最后,要做到不酗酒、不抽烟。适度饮酒有利于身体健康,也是中国人人际交往必不可少的一个礼节,但是过量饮酒、频繁饮酒对身体是极其有害的。抽烟有百害而无一利,既伤害自己又伤害他人,是尤其要忌讳的习惯。

此外,要多喝水,保持每天饮用6~8杯水,尤其是每天早上起床之后,喝一杯温开水,有利于身体健康。

4.1.3 作息管理

列宁说过,不会休息的人,也不会工作。保持身体健康,在作息时间的安排上,要养成良好的习惯。要顺应自然的变化规律,早睡早起,避免长期熬夜或者晚睡早起,确保肌体有足够的休息和调整时间。研究发现,每天晚上九点至次日凌晨两点,是睡眠的最佳时间。遗憾的是,现代社会丰富的夜生活扰乱了人们在这一时段休息的习惯,这是需要特别注意的。

早睡早起不仅有利于身体健康,也有利于提高办事效率。古人说:"一年之计在于春,一日之计在于晨。"早起使我们对新的一天有更充分的准备,办事效率自然比较高。而有些人晚睡晚起,每天早上都是被迫起床,匆匆忙忙赶去上班,这种状况是不利于开展工作的。

良好的作息管理还要求不要在床上看书、看报、看电视、用电脑、用手机。好的睡眠要求睡得深沉、踏实,时间足够。在床上看书、看报、看电视,既不能高效地获取信息和知识,也影响了大脑的休息时间。至于在床上用电脑、用手机对身体更是有害的。一般情况下,如果非要在夜间开启手机,一定要把手机放置在距离头部远一点的地方,避免辐射影响。

4.1.4 心情管理

保持良好的心情也有利于身体健康。俗话说,"笑一笑,十年少"。因此,要学会让自己保持良好的心情。凡事要看得开,不要太计较。

保持良好的心情,首先,要学会自信。自信不仅仅是指对自己的能力要有信心,也包括对事件的发展不要悲观,要提得起、放得下。如果事情很糟糕,心情不好也无助于事情的解决;相反,如果心情好,有利于我们理性地解决棘手的问题。

其次,要学会宽容。培养自己宽广的胸怀,有利于我们保持良好的心情。一个人胸怀宽广时,就容易容纳别人、宽容别人,不与人计较,从而保持乐观的心情。如果遇事斤斤计较,就难得有好心情。

再次,要适当做一些自己喜欢的事情。在生活中,我们很多时候不得不做一些自己不喜欢却又必须做的事情,这些事情往往给我们带来焦虑和不安,因此,也要适当做一些自己喜欢的事情,比如散步、游戏、爬山、钓鱼等。只要把握好时间,不过度沉湎,是有利于放松压力的。

最后,要学会自我调节。苏轼说得好,"人有悲欢离合,月有阴晴圆缺,此事古难全"。生活中不顺心的事总是很多,但是我们要充满期待地去迎接新一天的阳光。因此,要学会顺其自然,接受客观现实,保持良好的心情。

★小资料★

一位老和尚,他身边有一帮虔诚的弟子。有一天,他嘱咐弟子每人去南山打一担柴回来。弟子们匆匆行至离山不远的河边,人人目瞪口呆。只见洪水从山上奔泻而下,无论如何也休想渡河打柴了。无功而返,弟子们都有些垂头丧气。唯独一个小和尚与师傅坦然相对。师傅问其故,小和尚从怀中掏出一个苹果,递给师傅说,过不了河,打不了柴,见河边有棵苹果树,我就顺手把树上唯一的一个苹果摘来了。后来,这位小和尚成了师傅的衣钵传人。

◎实训

请以小组为单位,制订一份通用的健康管理计划。

◎案例

一个老人在高速行驶的火车上不小心把刚买的新鞋掉了一只到窗外,周围的人倍感惋惜,不料老人立即把第二只鞋也从窗口扔了下去,这让周围的人大吃一惊。老人解释说:"这一只鞋无论多么昂贵,对我而言已经没有用了,如果有谁能捡到一双鞋子,说不定他还能穿呢!"

思考题:

如何让自己的心情始终保持愉快?这个故事给你什么启示?

任务2　养成行为习惯管理

自我常规管理中,培养良好的行为习惯是必须追求的重要目标。人性在不断发展和完善的过程中,需要不断地远离动物性,这个过程是困难的,但是再难的事情,只要形成行为习惯,做起来就不再困难。

4.2.1　培养负责任的习惯

负责任,简单地讲,是指个体对自己所说的话、所做的事,都敢于承担相应的影响和结果,尤其是对自己的言行给他人带来的不利影响,要敢于承担责任。我们的言行,总会给自己或者他人带来影响,这种影响可能是好的影响,也可能是不好的影响。如果是好的影响,我们不必津津乐道;如果是不好的影响,就要敢于承担并消除影响,甚至承担赔偿的责任。

负责任要求我们认真思考自己所说的每一句话、所做的每一件事,做到谨言慎行。具体到生活中，就是不要说不负责任的话，不要做做不到的承诺，不要说没有依据的话，不要道听途说；不要做自己无法掌控的事，不要做自己无法承担后果的事，不要做对他人产生不好影响的事。负责任还要求我们在做事的时候要认真负责，不能马虎大意或者敷衍了事，对于别人交办的事情，一旦应允，就要坚决做到。如果实在不能做到，也要及时给对方一个明确的交代。

负责任是社会交往的信誉基础。在负责任的社会，个体之间彼此具有信任感，能够放心地进行交往，不会在行事之前花费大量的时间和精力去核实对方的信誉。而在没有责任约束的社会，人与人之间的交往就会变得很困难。对于个人而言，负责任是一种美德。这种美德不仅可以给他人带去放心，还可以促进他人与自己融洽的交往和开展各种合作。所以，负责任不仅仅是利他的行为，也是自爱、自利的行为。

4.2.2 养成积极进取的习惯

所谓积极进取的习惯，是指个体通过长期的锻炼，保持一种始终积极向上、不断追求进步的状态。要形成积极进取的习惯，一方面要求个体不能眼光狭隘、自私自利。因为一个人一旦眼光狭隘、自私自利，就容易戴着有色眼镜看社会，产生消极的思想和消极的行为。另一方面，积极进取要求个体要对自己有较高的期许，不断给自己施加适度的压力，有了这种压力，才能够改变一般人常见的懈怠和懒惰习惯，促使自己付出更多努力去实现更高的目标。

积极进取的状态，展现出来的就是阳光、大气，不斤斤计较，不断付出和追求更大的成绩。一个积极进取的人，不会为小事而跟别人发生纠纷，也不会把自己的光阴耗费在无聊的口舌之争上，而是心中有主意，始终坚持做自己该做的事情，不计较一时一事的得失。

人生就是一个不断进取的过程，从孩提时代的牙牙学语到蹒跚学步，再到在校学习知识和文化，直到成年走入社会，成家立业；从只会接受他人的喂养，到学会自强自立，再到能够关心和帮助他人。每一个阶段都是在前一个阶段的基础上的进步，每一个阶段都是不断克服困难、积极进取的结果。如果一个人没有养成积极进取的行为习惯，就会得过且过、不思进取，难以获得持续的发展。之所以有的人庸庸碌碌、无所作为，有的人兢兢业业、硕果累累，差别就在于是否形成并保持了积极进取的行为习惯。

4.2.3 养成好学的习惯

好学是优秀的品质，也是人类独有的特性。学习这个词常常被人片面地理解为在学校读书或者看书学习。其实，学习是一个内涵十分丰富的概念，是通过接受教育或体验而获得知识、技术、态度或价值的过程，通过学习导致可量度的稳定的行为变化。学习的方式多种多样，并不限于课堂和书本。古人说，读万卷书，行万里路。可见古人已经看到在校读书或者看书学习仅仅是学习的一种方式而不是学习的全部。养成好学的习惯，要求不仅要习惯通过书本、课堂学习掌握新知和能力，还要养成在生活中学习、在工作中学习、向身边人学习，通过一切途径学习的习惯，即养成随时随地学习的习惯，从而更好地掌握新知、感悟世界。

养成好学的习惯,尤其值得一提的是在生活中学习。人生而好学,由于不断学习,人们才学会了生存和自立的本事。但是进入成年以后,人们往往就会形成一定的思维定式,在没有人指导的时候,就难以学得新知。因此,要保持学习的心态,不断从新的角度、新的层面去观察和分析问题。只有这样,才能提高自己的学习能力,使自己始终具备吸收新知识的能力,不断提高自己的生存发展能力。生活就是一本浩渺无边的大书,能干的人总是能够从生活中学到有用的知识。做家务、料理个人生活、务农、打工、社会实践等都是学习新知的机会。重要的是,我们要有随时学习、处处学习的意识,不能自以为是,浅尝辄止。

4.2.4 养成惜时的习惯

养成惜时的习惯,是指要养成爱惜时间的习惯。时光无情流逝,没有谁能够挡得住,但是如果我们抓住每一分每一秒认真做事,不断追求,不浪费时间,就可以获得更多的成就。惜时是中华民族的传统。《论语》说:"子在川上曰:'逝者如斯夫,不舍昼夜。'"这句话数千年来一直警示中华儿女珍惜时间,要以只争朝夕的精神面对每一天。

惜时首先要求把时间花在有意义的事情上。什么是有意义的事?不同的人对此有不同的理解,从总体上讲,凡是有利于个体身心健康和发展,又不伤害他人的事就是有意义的事;凡是出于对他人和社会予以帮助的心思而采取的积极行动就是有意义的事。从自我管理的角度来讲,凡是有利于推进自身确定的人生目标的事情,就是有意义的事。因此,个体要牢记自己的奋斗目标,尽可能地把有限的时间都用在做有意义的事情上。

惜时要求个体要养成守时的习惯,树立较强的时间意识。时间不仅对我们是宝贵的,对他人也是宝贵的。跟别人约定的聚会时间,确定的开会时间等,都要严格按照约定去做,如果出于客观原因不能按时到达,一定要提前告诉对方,以免对方等待。守时是良好的人际道德在时间管理上的体现,如果大家都很守时,人际交往就不会浪费时间,否则,不仅浪费时间,还会不能完成相关事务。在生活中,我们常常会遇到有的人不守时的情况,我们不能因为别人不守时就自己也不守时。为了避免因为别人不守时而浪费自己的时间,我们可以提前做一些准备,比如利用等待的时间看看书,清理一下手机短信,或者看看手机新闻等。

惜时还要求利用好时间做有意义的事情,包括利用闲暇时间(碎片时间)。浪费时间是最不划算的事情,古人讲,"一寸光阴一寸金,寸金难买寸光阴",体现了对时间价值的高度重视。因此,只要我们身体健康、头脑清醒,就要提醒自己,不要虚度光阴,要利用有生之年多掌握一些本领,为社会做出更大的贡献。

4.2.5 养成积极主动的习惯

良好的行为习惯,还包括主动做事、主动行动、主动发现问题和思考解决问题的习惯。人一生都在适应世界和改变环境,创造有利于自己生存和发展的条件。一个人,不管从自身利益出发还是从他人利益出发,都要能够主动做事、主动投入改善环境的力量,使环境更适合我们的生存和发展。在一个群体中,总是有些人能够主动站出来处理自己的事务或者承担一些公共事务,总是有一些人喜欢占便宜、偷奸耍滑。但是,多做事的人永远不会吃亏。

主动做事,一方面可以赢得别人的尊重,能够引领大家创造一番事业;另一方面,有利于锻炼和提高自己,增长本事。而遇事不主动的人,不仅不能赢得别人的尊重,也无法提高自己处理事务的能力,表面上占了便宜,实际上是亏在长远。

主动发现问题、主动思考解决问题,是指在生活中要积极思考,不考虑个人得失,为了创造良好的生活条件,为了做一番事业,从小事做起,主动去改善环境和生活。有些人在家庭中能够做到主动积极去发现问题和解决问题,可是在社会上就习惯站在后面,遇事就躲闪,担心自己的付出没有回报,这是不好的。如果大家都这样做,社会就不会有发展,最终每一个人都不会得到好处。只有每一个人都能把组织作为自己的家庭一样,尽心尽力地付出,才会取得共同发展。

◎实训

调查一下你身边有知识、习惯好的人,看看他们有哪些行为习惯与你不同。

◎案例

某人正在屋檐下躲雨,看见一个方丈正撑伞走过,便说:"大师,普度一下众生吧,带我一段如何?"方丈说:"我在雨里,你在檐下,檐下无雨,不需要我度。"这人立刻跳到雨中说:"现在我也在雨中了,该度我了吧?"方丈说:"你在雨中,我也在雨中,我不被淋,是因为有伞;你被雨淋,是因为无伞。不是我度自己,而是伞度我。你要想度,不必找我,请自找伞去!"说完便走了。第二天,这人去寺庙里拜观音。走进庙里,看见观音的像前有一个人正在跪拜,那个人长得和观音一模一样。这人问:"你是观音吗?"那人答道:"我正是观音。"这人又问:"那你为何还拜自己?"观音笑道:"我也遇到了难事,但我知道,求人不如求己。"

思考题:

1. 我们是不是最好做到万事不求人?我们是不是最好做到自立自强?万事不求人与自立自强是不是矛盾的?

2. 这个故事给你什么启发?

任务3　学会情商管理

个体发展需要良好的情商。所谓情商(Emotion Quotient,EQ)主要是指人在情绪、情感、意志、耐受挫折等方面的品质。总的来讲,人与人之间的情商并无明显的先天差别,更多与后天的培养息息相关。从个体管理的角度看,情商管理主要包括以下内容。

★小资料★

情商,由两位美国心理学家约翰·梅耶(新罕布什尔大学)和彼得·沙洛维(耶鲁大学)于1990年首先提出,但并没有引起全球范围内的关注。直至1995年,时任《纽约时报》的科学记者丹尼尔·戈尔曼出版了《情商:为什么情商比智商更重要》一书,才引起全球性的EQ研究与讨论。因此,丹尼尔·戈尔曼被誉为"情商之父"。

4.3.1 养成谦虚的品行

谦虚使人进步,骄傲使人落后。保持谦虚的品行,是指个体不自满,能够看到自己的短处和别人的长处,愿意接受批评,并能虚心向人请教,从他人那里学到长处。谦虚有利于自己发现别人的长处,正确对待他人和自己。对于谦虚的重要性,古人用虚怀若谷来形容,意思是要有像山谷一样宽广的胸怀才能具备谦虚的品行。

谦虚并不意味着虚伪,虚伪的意思是虚假、不真实、逃避客观事实。谦虚也可能会含有低估自己的能力、掩饰自己能力的成分,从这个角度看,有不真实的一面。但是谦虚的出发点是礼让和自我谨慎。而且人与人的比较只是相对的,任何人都有强于他人的一面,也有弱于他人的一面。生活中,我们常常会发现,有真才实学的人往往虚怀若谷、谦虚谨慎,而不学无术、一知半解的人,却常常骄傲自大、自以为是、好为人师。这是因为越是有实力的人,往往是见识很多的人,见识很多,自然就会知道天外有天、山外有山,所以不会贸然口出狂言,行事也会低调、隐忍,留有余地。谦虚既是尊重他人,也是为自己留有余地,发自内心的谦虚心态,有利于个体的不断发展。

4.3.2 增强抗挫折的能力

抗挫折能力是指一个人面对挫折和失败的时候,能够冷静地面对,理性地分析失败的原因和未来的前景,不因为挫折和失败而灰心丧气,相反,能够从挫折和失败中找到未来发展的道路,避免以后遭遇同样的挫折和失败。

挫折是成功的阶梯,古人说,失败是成功之母。挫折和失败一样,都是人类不断学习新知的过程。成功是快乐的,从成功中,我们也能够学到知识。但是挫折更加能够给我们强烈的刺激,通过挫折和失败学到的知识会使我们对知识和能力的掌握更加牢固。而且,如果能够正确面对挫折,那么挫折带给我们的将不仅仅是学得新知,还能形成顽强的意志和毅力。

人生是一个不断进取的过程,也是一个不断接受挫折和失败,同时又不断取得成功的过程。如果不能面对挫折,就谈不上实现人生目标的问题。因此,每一个人都要提高抗挫折的能力,确保以良好的心态面对不利的格局,心情愉快地战胜人生旅程上的一个个挑战和障碍。

要提高抗挫折能力,一方面,要目光远大,使自己不因为一点小小的失败就迷失方向;另一方面,要敢闯敢干,只有敢闯敢干,经常遭受挫折,才能提高自己的抗挫折能力,把自己封闭起来,胆小怕事,就无法培养自己的抗挫折能力。

4.3.3 形成自我激励的能力

自我激励能力是指个体具有不需要以外界奖励和惩罚作为激励手段,能为设定的目标自我努力工作的能力。每个人都需要激励,激励的价值体现在两个方面:一是在迷茫和困惑的时候,缺乏信心和勇气,在这个时候,别人的激励和自我激励都可以促使自己重塑信心和力量,从而振作起来重新启程;二是个人对未来的期许不高,他人的激励和自我激励可以使自己树立更高的理想和追求。现实生活中,很多人都比较依赖别人的激励,而一个有所作为的人,往往是能够自我激励的。

要做到自我激励,一方面,要树立宽广的胸怀,正如古代诗人范仲淹所言,“不以物喜,不以己悲”,只有这样才能够理性分析所处格局,做出正确的分析和判断,产生自我激励;另一方面,要经常有意识地提醒自己,保持上进的动力,克服消极的思想和懒惰的习惯。

★小资料★

有人用玻璃把一条蛇和一只青蛙在水池里隔开。开始时,蛇想吃青蛙,它一次次冲向青蛙,却一次次撞到了玻璃隔板上,吃不着。过了一会儿,蛇放弃了努力,不再朝青蛙冲去。当玻璃隔板被抽掉之后,蛇也不再尝试去吃青蛙了。

4.3.4 培养理性思维的能力

理性思维和感性思维是相对存在的两种不同的思维方式。理性思维有明确的思维方向,有充分的思维依据,将思考建立在对事物或问题进行观察、比较、分析、综合、抽象与概括的基础上,是一种建立在证据和逻辑推理基础上的思维方式。而感性思维主要是靠自己的经验和直觉去思考和判断。一般认为,理性思维是人类思维的高级形式,但是,实际情况是,每一个人的思维都同时包含感性思维与理性思维,我们只是通过分析一个人思维构成中感性思维和理性思维所占比重来判断一个人的思维是偏重理性思维还是偏重感性思维。当然,这并不意味着区分感性思维和理性思维不重要,由于感性思维缺乏充分的依据,因此,从感性思维出发往往容易出现偏差和不确定性。

理性思维要求我们在生活中,一定要更多地习惯采用理性思维的方式,防止由于感情和情绪的影响而产生错误的认识和理解,并进而采取错误的行动。尤其是在面临大是大非问题或者一些关键问题上,一定要采用理性思维进行判断和甄别,克服情绪化和感性化的思维习惯,只有这样才能确保我们做出的判断和决定不会出现大的偏差。

养成理性思维的习惯,要求我们平时遇到信息不全的时候,先不要急着下结论,不要急着表态,应该先冷静下来思考几分钟,全面地考虑相关因素,再做出结论,采取合理的行动。

4.3.5 锻炼情绪自控能力

情绪自控,是指一个人能够理性地思考问题,根据理性思考克服情绪对自己的影响,控制自己的言行和举止,以使行动符合自己追求的目标。

情绪自控的直接影响是自理能力。所谓自理能力,是指一个人根据自身长远发展目标的要求,控制自己的情绪,克服自己的随意性,理性地处理自己的生活和工作事务的能力。不同的人自理能力不同,有些人自理能力强,生活安排得井井有条,工作也有很高的效率和组织纪律性,别人安排他办事都很放心,不担心出问题。而有的人缺乏自理能力,在生活中表现为丢三落四、拖沓随意、缺乏时间观念、不严格信守承诺等,在工作中表现为没有组织纪律性、没有服从意识、缺乏自我约束、办事不讲究效率、工作不追求高质量、不承担责任等。要达到人生目标,实现人生价值,就要在青少年时代养成较好的自理能力。在生活中,把个人和家庭事务安排好;在工作中,不需要制度约束和领导监督,自觉地开展好工作。

◎**实训**

分组讨论情商是如何影响自己的言行的。举一个自己由于情绪失控而误事或由于理智而成事的例子。

◎**知识链接**

"软糖实验"

"软糖实验"的实验方法是将孩子们带到一间陈设简单的房间,告诉每个孩子:"你已经拥有这颗果汁软糖,但是如果你现在不拿它,等我外出办事回来,就可以得到两颗糖。"说罢便离去了,你回来后便兑现承诺。对这些孩子及父母的调查表明,那些在四岁时能坚持换得两颗软糖的孩子通常成为适应性、冒险精神较强,比较受人喜欢,自信、独立的少年;而那些在早年经不起软糖诱惑的孩子则更可能成为孤僻、易受挫、固执的少年,他们往往屈从于压力并逃避挑战。对这些孩子分两组进行学术能力倾向测试,结果表明,那些在软糖实验中坚持时间较长的孩子的平均得分高达210分。

思考题:

1. 软糖实验揭示了什么道理?
2. 情商是如何影响人们日常活动的?

任务4 熟悉人际关系管理

人际关系管理,就是管理自己与他人之间的关系,提高自己适应人际交往的能力。人际关系,是人与人之间的相互关系,这是一种人与人之间因交往而构成的相互依存和相互联系的社会关系,常指除亲属关系以外的人与人交往关系的总称。人际关系包括朋友关系、同学关系、师生关系、雇佣关系、战友关系、同事关系及领导与被领导关系等。人际关系对每个人的情绪、生活、工作有很大的影响，如果一个人不能与他人建立良好的人际关系，生存和发展就会很困难，也难以感受到生活的乐趣。

4.4.1 善于关心他人

善于关心他人，是指个体不仅仅能够考虑自身的需求，而且能够从他人的利益出发考虑他人的需求，并给予力所能及的帮助。每个人都需要得到他人的关心和帮助，因此每个人都要学会关心和帮助他人。

关心和帮助他人，不是图虚名、讨好人，而是做人应该具有的最基本的品德。因此，关心他人一定要实实在在，想人之所想，急人之所急。关心他人不仅是锦上添花，而是雪中送炭，不能口惠而实不至，也不能因为给予别人帮助就到处宣扬、夸夸其谈，更不能因为曾经给予别人帮助而寻求别人的报答。

关心和帮助他人，不仅会给别人带去支持和力量，也会给自己带来成就感。英国文学家狄更斯说，凡是能够给别人带去快乐的人，都不是庸庸碌碌之辈。一个人，只有学会通过关心和帮助他人找到快乐和成就感，才能够成为一个心智健全的人，才能建立良好的人际关系。

4.4.2 不要伤害他人

伤害他人？这句话听起来似乎不可思议。一般而言，我们谁都不会存心伤害他人。但是在现实生活中，彼此伤害的事例却不少见。或者出于嫉妒，或者出于报复，或者出于无暇顾及他人感受，我们都容易有意无意地伤害他人。

常见的伤害他人主要有语言伤害他人、行为伤害他人和忘乎所以的情绪对比伤害他人3种。语言伤害他人，包括说他人的坏话、贬低他人、污蔑他人，甚至辱骂他人，这是通过语言来对他人进行伤害的行为；行为伤害他人是指直接采取行动让对方感到羞辱或者感受皮肉之苦；忘乎所以的情绪对比伤害他人是指在别人痛苦的时候公开宣扬自己的快乐，让别人情感难以接受。3种伤害都会给别人带来不快，严重的甚至会承担法律责任，因此，我们在人际交往的过程中，一定要收敛自己的情绪和行为，不要因为我们的言行而给他人带去伤害。

伤害他人，既给他人带去不快，也给自己留下祸患。这种祸患包括自己忐忑不安的心理甚至终身的后悔和自责，也包括别人的打击报复。所以，面对人际矛盾和人际交往，我们要多沟通和交流，与别人建立友好的关系，避免彼此伤害。

4.4.3 学会欣赏他人

每个人都有自己的优点，也有缺点。但是心胸开阔的人，比较容易看到别人的优点，能够欣赏别人；而心胸狭隘的人，更容易看到自己的优点，更多地看到别人的缺点，甚至用自己的优点去比别人的缺点。人际关系就像照镜子，一个人以什么心态面对他人，就会看到别人以什么心态面对自己。这就是有的人没有朋友，有的人有很多朋友的一个原因。个体要实现人生目标，就要学会欣赏他人，发现他人的优点，才能不断地改进自己、提高自己，不能孤芳自赏，自以为是。

学会欣赏他人，既是一个学会客观认识社会的过程，也是一个不断学习的过程。能够看到别人的长处和短处，在人际交往中就可以做到取长补短，与更多的人打交道，同时，也能够防止别人的不良行为对自己造成伤害。能够看到别人的长处，就能够进行比较，进一步修正自己、完善自己。

4.4.4　学会包容他人

包容的心态，是指一个人能够容忍和宽容别人的缺点、过失和错误，理解别人并给予改正的机会。包容也是处理人际关系的重要准则。俗话说，人非圣贤，孰能无过。如果我们不能包容他人，这个世界就没有我们可以交往的对象。因此，包容他人非常重要。

每个人都会有犯错误的时候，只不过自己犯错误容易自我原谅，别人犯错误，则难以接受。这是因为自己知道自己的难处和犯错误的原因，而对别人犯错误的原因则缺乏了解。我们犯了错误，有歉意，也有改正的愿望，总是希望能够得到别人的谅解，自己才心安，同样的，别人犯错误也希望得到我们的谅解，这就需要我们具有包容的心态。

包容并不是对对方的恩赐，而是给予对方调整的空间，为以后的交往提供良好的氛围。如果我们对别人的过失耿耿于怀，就难以与其心情愉快地交往。所以，包容不仅对别人是有利的，对自己也是有利的。有了包容的心态，既能够为彼此的交往创造宽松的空间，也能够提升自己的德行。

◎实训

分组讨论处理好人际关系对自身的发展有哪些促进作用。互相指出对方的10个优点(不重复)。

◎案例

2004年2月23日，云南大学6幢317号宿舍发现4具男性尸体，死者是该校生化学院生物技术专业2000级的4名学生。该案件表现出凶手杀人手段极其残忍，4名学生都死于脑部遭受钝器击打。

据侦查，4人的同学马某是凶手，马某于1981年5月4日出生，平时爱踢足球和打篮球，生性比较粗暴。平时打球，只要有人踢不好或无意间踢到他身上，他便会动怒，有时甚至翻脸骂人。马某有几个老乡以前常来找他玩，后来渐渐远离他。还有同学回忆，马某以前经过其他寝室，只要听到里面的音乐声大一点就会破口大骂。有一次，同宿舍的一位同学动了马某的东西，马某发现后便一直记恨在心，从此不再理睬该同学。同学们都说他性格孤僻，不好相处。

思考题:

1. 该案件说明了什么?

2. 应该如何处理人际关系?

课后练习

一、单选题

1. 在自我常规管理中,培养良好的(　　)是必须追求的重要目标。

A. 行为习惯　B. 生活习惯　C. 作息习惯　D. 饮食习惯

2. (　　)要求我们认真思考自己所说的每一句话、所做的每一件事,做到谨言慎行。

A. 互相尊重　B. 互相往来　C. 负责任　D. 互相爱护

3. (　　)是优秀的品质,也是人类独有的特性。

A. 尊重　B. 积极进取　C. 负责任　D. 好学

4. 情商之父是指(　　)。

A. 泰罗　B. 丹尼尔·戈尔曼　C. 约翰·梅耶　D. 彼得·萨洛维

5. 每天饮用(　　)杯水,尤其是每天早上起床之后,喝一杯温开水,有利于身体健康。

A. 1 ~ 3　B. 3 ~ 6　C. 6 ~ 8　D. 8 ~ 10

6. (　　)是社会交往的信誉基础。

A. 负责任　B. 积极进取　C. 好学　D. 惜时

7. (　　)主要是指人在情绪、情感、意志、耐受挫折等方面的品质。

A. 智商　B. 财商　C. 情商　D. 逆商

8. (　　)是一种建立在证据和逻辑推理基础上的思维方式。

A. 理性思维　B. 感性思维　C. 人性思维　D. 利他思维

9. (　　)是指个体不仅仅能够考虑自身的需求,而且能够从他人的利益出发考虑他人的需求,并给予力所能及的帮助。

A. 善于关心他人　B. 不要伤害他人　C. 学会欣赏他人　D. 学会包容他人

10. (　　)是指个体具有不需要以外界奖励和惩罚作为激励手段,能为设定的目标自我努力工作的能力。

A. 情绪自控能力　B. 独立思维能力　C. 抗挫折能力　D. 自我激励能力

二、多选题

1. 自我健康管理包括(　　)。

A. 身体管理　B. 饮食管理　C. 作息管理　D. 心情管理

2. 思维方式包括(　　)。

A. 理性思维　B. 感性思维　C. 定量思维　D. 定性思维

3. 情商管理包括(　　)。

A. 谦虚的品行　B. 抗挫折能力　C. 自我激励能力　D. 理性思维能力

E. 情绪自控能力

4. 常见的伤害他人的方式有(　　)。

A. 语言伤害他人　　B. 行为伤害他人

C. 情绪对比伤害他人　　D. 污蔑伤害他人

5. 三餐的安排要做到(　　)。

A. 早饭宜饱　　B. 早饭宜好　　C. 午饭宜饱　　D. 晚饭宜少

6. 饮食要做到“三少一高”,即(　　)。

A. 少油　　B. 少盐　　C. 少糖　　D. 高纤维

7. 保持良好的心态主要要学会(　　)。

A. 自信　　B. 宽容

C. 做自己喜欢的事情　　D. 自我调节

8. 提高抗挫折能力的方法主要有(　　)。

A. 目光远大　　B. 敢闯敢干　　C. 墨守成规　　D. 稳扎稳打

9. 以下(　　)不是指一个人能够理性地思考问题,根据理性思考克服情绪对自己的影响,控制自己的言行和举止,以使行动符合自己追求的目标。

A. 谦虚的品行　　B. 抗挫折能力　　C. 自我激励能力　　D. 情绪自控能力

10. 人际关系管理包括(　　)。

A. 善于关心他人　　B. 不要伤害他人　　C. 学会欣赏他人　　D. 学会包容他人

三、填空题

1. 良好的身体素质依赖于________。

2. ________有利于身体健康,也是中国人人际交往必不可少的一个礼节。

3. 研究发现,每天晚上________至次日________,是睡眠的最佳时间。

4. 保持良好的心情,首先要学会________。

5. ________要求我们认真思考自己所说的每一句话、所做的每一件事,做到谨言慎行。

6. ________是优秀的品质,也是人类独有的特性。

7. 惜时要求个体要养成________的习惯,树立较强的时间意识。

8. 谦虚的出发点是________和________,防止自己的骄狂无知,不带有危害他人的出发点。

9. ________是指一个人面对挫折和失败的时候,能够冷静地面对,理性地分析失败的原因和未来的前景,不因为挫折和失败而灰心丧气。

10. ________的习惯,是指个体通过长期的锻炼,保持一种始终积极向上、不断追求进步的状态。

四、简答题

1. 形成积极进取的习惯的要求。

2. 人机关系管理的内容。

五、案例分析题

福特和里根的自我管理

福特非常了解自己,非常清楚自己的强项和弱项,而且由于他有着很清醒的意识,因此他很愿意请一些比自己更聪明的人担任内阁成员。因此,他虽然担任总统的时间不长,但他却成功地组建了美国现代史上最出色的内阁;虽然他先后经历了多次失败,但他能够从中总结经验教训,最终以自己的人格魅力给白宫带来了荣耀,并拯救了整个国家。

里根跟福特一样,也是一个非常了解自己的人,并且能够坦然接受自己的一切。他不仅在生活中有着明确的目标,在政治上也有着非常明确的信念,并且他还将自己那极富感染力的乐观精神传遍整个美国。不管他的政策是否得到认同,但他无疑是自富兰克林·罗斯福以来最优秀的美国总统。里根并没有自以为是,他非常清楚自己应该怎么做。让他走向成功的关键就是奥利弗·温德尔·霍姆斯曾经用来评价富兰克林·罗斯福的那句名言:“他只有一个二流的大脑,但有一种一流的性格。”

问题:请根据案例,总结里根和福特是如何进行自我管理的。

项目 5　理解家庭管理

【知识目标】

熟悉家庭管理的基本概念，明确家庭管理的各个组成部分，掌握家庭教育管理和家庭文化管理的内容。

【能力目标】

通过本项目的学习，了解管理学中的家庭管理的内容，并且能灵活运用所学知识进行自己家庭管理的实践运用。

【案例导入】

我是不是多余的？

张某生活在一个离异的家庭。在她还没有上学时，父母之间的感情就亮起红灯，家庭矛盾与日俱增。最终，父母因感情破裂而离婚。张某从小就在家庭矛盾和激烈争斗中成长。父母离异后，张某与父亲生活在一起，父亲后来再娶，后母对她不理不睬，甚至不要她待在自己的身边。父亲又忙于生计，缺乏对孩子的关爱与交流，使得张某在家庭中感到孤独无助。缺乏父母之爱，没有倾吐心声之处，使张某自卑、苦闷，上课老是心不在焉，一副无所谓的状态，学习成绩极差。

小思考：父母应该为家庭管理承担什么责任？一个人不能选择自己的家庭，如果是你，面对张某这种家庭环境，该怎么做？

家庭是在婚姻关系、血缘关系或收养关系基础上产生的亲属之间所构成的社会生活单位。从传统的家庭模式看,家庭主要分为核心家庭、主干家庭、扩展家庭三大类。由于社会经济和生产方式的变化,现代的家庭模式呈现出多种形态,产生了单亲家庭、重组家庭、丁克家庭、空巢家庭等。家庭是社会的重要细胞,所以,家庭的管理对家庭成员的发展和社会的稳定都具有重要的意义。

任务1　了解家庭教育管理

5.1.1　家庭教育的概念

教育是指增进人们的知识和技能,影响人们的思想品德的活动。很多人把教育看成一个封闭、单向传授的过程或者仅仅看作学校教育,这是狭隘的。

家庭教育简称家教,是指在家庭生活中,家庭成员之间相互的影响和教育,既包括家庭成员内部的相互影响和教育,也包括聘请专门从事家庭教育的教师对子女的教育。在家庭教育中,以父母为首的家长对子女实施的教育占据了大部分内容。

夫妻在开展家庭教育时,要秉承一定的人性原则和社会准则,确定其基本追求和思想,即构建家庭教育的核心理念。家庭教育的核心理念从顶层回答家庭为什么而教育、教育什么、如何教育等问题,其实质是从家庭角度回答家庭秉承什么样的世界观、价值观、家国观、荣辱观等问题。对这些问题的回答,影响着家庭教育的其他内容。家庭教育的核心理念受家庭中具有家庭管理支配地位的人物(多数情况下是父母和长辈)所具有的人生价值观及文化修养的直接影响。

家庭是人生发展需要的重要教育场所,家庭教育是人生教育的重要内容。父母应该高度重视家庭教育,对家庭教育进行合理的规划,促进家庭成员好学上进习惯的形成,从而提高家庭成员的素养。

5.1.2　家庭教育的类别及其内容

家庭教育是一个复杂的系统,包括家庭成员生活、生存、发展的各个方面。按照家庭教育的主体可以划分为夫妻间的教育、父母对子女的教育、兄弟姊妹之间的教育、聘请专门教师开展的教育、邻里之间的教育等类别。

1)夫妻之间的教育

夫妻之间的教育,是指夫妻之间在思想、知识、技能等方面的相互影响,其中尤以思想的影响最为重要。现代夫妻之间的关系,越来越多建立在情感相通、志趣相投的基础上,思想上的一致性应该占有重要地位。但是世界上没有想法绝对相同的两个人,所以夫妻之间在思想上相互影响、相互协调是一个长期的过程。在中国传统的夫妻关系中,丈夫往往居于支配地位，随着社会的发展和变迁，这种状况发生了很大变化，妻子在家庭教育中的作用明显增强，因此，夫妻之间的教育越来越具有协商性、沟通性的特点。

2）父母对子女的教育

父母对子女的教育是家庭教育的重要内容，家长要为子女的教育创造良好条件，营造良好的家庭环境。首先要加强对子女的思想品德和健康人格教育，同时，要保护子女的身心健康，增强他们的体质。其次，家长要根据子女的情况，制订教育的计划和措施，并将家庭教育与学校教育密切结合起来，使之相互促进。

父母对子女的教育，主要是针对子女成长的需要展开的。联合国教科文组织提出21世纪的青少年应该具备"四个学会"，即学会学习、学会生存、学会发展、学会与人相处。目前，我国比较流行的针对子女的教育是三道教育，即为生之道、为人之道、为学之道。为生之道以生命健康为核心，由生理卫生（身）、营养保健（康）、安全防护（安）、运动能力（体）4方面组成。为人之道以生命价值为核心，由人格人生（志）、心理卫生（心）、道德礼仪（灵）、人际交往（交）4方面组成。为学之道以生命智慧为核心，由学习策略（学）、思维能力（思）、科学素养（理）、人文修养（文）4方面组成。

★小资料★

在美国，有两个家族。一个家族的始祖是200年前康涅狄格州德高望重的著名哲学家嘉纳塞·爱德华。由于他重视子女的教育，并代代相传，在他的八代子孙中共出了1名副总统、1名外交官、13名大学院长、103名大学教授、60名医生、20多名议员。另一个家族的始祖是200年前纽约州的马克斯·莱克，他是个臭名昭著的赌棍加酒鬼，开设赌馆，对子女教育不闻不问。在他的八代子孙中有7名杀人犯、65名盗窃犯、324名乞丐，因狂饮夭亡或成残废者多达400多人。

这两个家族的八代家史告诉我们，家庭是子女的第一所"学校"，父母是孩子的第一个"老师"，潜移默化的家庭教育及影响，直接关系到子女的道德品质、法纪观念、人生观等的形成。

3）兄弟姊妹之间的教育

兄弟姊妹之间的教育是指家庭内部兄弟姊妹之间的相互影响。我国传统的家庭往往是多子家庭，子女之间由于年龄层次不同、接触面不同，彼此的知识、素养和能力也会有差异。这种差异为相互教育提供了可能。俗话说，长兄为父，其实就是讲兄弟姊妹之间，年长者应该承担起对其他同辈的教育管理职责。

4）聘请专门教师开展的教育

聘请专门教师开展的教育，是指由于家庭缺乏相关资源对家庭成员进行教育而引进外援支持家庭教育。聘请专门教师开展家庭教育，目前绝大多数家庭聘请教师开展家教，主要是针对子女进行知识和技能提升教育。从更宽泛的范围看，聘请专门教师开展家庭教育既可以是针对子女的，也可以是针对全体家庭成员的，这一趋势未来将越来越明显。聘请家庭教师对子女进行教育，要注意结合子女的实际情况和兴趣爱好，同时，要加强对教师职业能力和职业道德的了解。

5）邻里之间的教育

邻里是一个重要的交往圈子，也是一个重要的教育和文化圈子。邻里之间建立和谐、健康的交往关系，富有积极向上的精神，对家庭教育管理具有重要的作用。中国在快速工业化和发展的过程中，逐渐出现了邻里之间缺乏交往的情况，这不利于社会的发展。政府应该改善社区条件，为居民创造交往的平台和空间，促进邻里关系的发展，使邻居之间的交往对家庭教育产生积极的促进作用。

5.1.3 家庭教育管理

家庭教育管理是指以父母为核心的家庭管理人员对家庭教育的内容、要求和方式进行规划、安排和落实，以构建健康、和谐的家庭，促进家庭成员和家庭发展的过程。家庭是社会的缩影，家庭教育在中华文化中受到高度重视。《曾国藩家书》可以说是集家庭教育管理的大成，书中的文句涉及家庭教育管理的方方面面。家庭教育管理的内容包括家庭教育的核心理念、家庭教育规划、家庭教育的类别及其内容、家庭教育管理的模式、家庭教育管理的方式等。

1）进行家庭教育规划

家庭教育规划，是指在家庭中具有家庭管理支配地位的人物对家庭教育进行设计和安排的活动。家庭教育规划是对家庭教育进行整体设计的重要环节，在多数情况下，作为一家之主或者具有重要作用的家庭成员，都会通过多种形式对家庭教育进行设计和安排。只是受知识、素质和能力的影响，不同的家庭教育规划其系统性、全面性、合理性差异很大。

家庭教育规划，首先，要明确父母在家庭教育中的职责和义务。古人讲“养不教，父之过，教不严，师之惰”，反映了我国文化传统对长辈和教师在教育中的作用有明确的要求。而制定家庭教育规划，正是父母和长辈要承担的工作。其次，要明确家庭教育规划的内容。家庭教育规划包括夫妻的教育规划和子女的教育规划。接受教育是永无止境的，夫妻的教育规划是家庭教育规划的重要内容；夫妻要根据子女的情况，对其教育发展进行规划，并且在经费上为子女接受教育提供保障。开展家庭教育规划是夫妻共同的职责和义务。

2）父母率先垂范

家庭教育管理，很重要的一点是父母的示范作用。人生而好学，从出生开始，子女就受父母的影响，这种影响不仅仅体现在言传上，更体现在身教上。身教胜于言传，在绝大多数情况下，如果父母在家庭中有良好的行为模式和交流习惯，子女也会培养出那样的行为模式和交流习惯；相反，如果父母没有做好，要求子女做好是比较困难的。父母的率先垂范主要表现在两个方面：首先是父母要有良好的生活和学习习惯，这是让子女树立良好生活、学习习惯的基础；其次，父母之间、父母与其他人员之间的交流要有比较好的范式，这样才能培养出子女良好的性格和行为习惯。

3）开展家庭教育活动

家庭教育规划中确立的教育管理活动内容并不是全部由父母去完成的，很多内容是由学校、社会去承担的，但是家庭教育活动一般都是由父母负责组织的。开展家庭教育活动是夫妻分别或共同组织的家庭学习活动或者围绕知识传播开展的活动。夫妻要围绕家庭文化建设、子女成长需求开展家庭教育活动，家庭教育活动是确保家庭建立和谐氛围的重要途径。夫妻可以利用晚上、周末或者假期对学生开展教育活动。开展家庭教育活动既是家庭成员增长知识和能力的重要途径，也是构建家庭民主、和谐气氛的重要手段。

★小资料★

林则徐的父亲林宾日是位塾师，当时过着“半饥半寒，迁就度日”的生活，可是对贫穷的乡亲和邻里，却能“视人之急犹己家，虽至贫再三，尚疾病死葬，靡不竭力解推，忘乎其为屡空也”。少年时的林则徐就亲眼看见父亲把家里仅有的一点点米，全都送给了一贫如洗的三伯林天策，自己一家人只好忍饥挨饿。父亲还事先嘱咐他说：“伯父来，不得说我们没米吃了。”林宾日“不妄与一事，不妄取一钱”。有一次一个土豪想用金钱贿赂林宾日，为其保送文章，遭他拒绝。还有一次一个富户人家想重金聘林宾日去当家庭教师，林宾日一想到此人在乡里的劣迹，便一口回绝了。父亲的言行举止，给林则徐以深刻的影响。后来他在官场上注意了解民间疾苦，作风廉洁刚正，不与贪官污吏为伍，这当然不是偶然的。

4）培养子女的求知欲

开展家庭教育管理，最重要的是要培养子女的求知欲，养成求知欲，对于子女的终身学习意义重大。这要求父母要学一点心理学和教育学知识，了解开展子女教育的相关知识，同时，要重视子女的教育，付出足够的时间和耐心与子女共同学习。在开展家庭教育管理的时候，要根据子女的年龄和智力发展水平给予子女足够的学习自主权和选择权，不能强迫子女学习自己不喜欢的东西，不要让子女因家庭教育的失败而厌学。

◎实训

分组讨论家庭教育对自己的影响主要有哪些。

◎知识链接

中国传统家教的精华是注重教子做人，历代关于家教的家规、家训无一不把教子做人作为重点内容，历史上的严父慈母也无一不是在教子做人方面为世人称颂。

包拯特别重视后代的品德教育，他晚年请石匠将他立下的家训“后世子孙仕宦，有犯赃滥者，不得放归本家；亡殁之后，不得葬于大茔之中。不从吾志，非吾子孙”刻在碑上，将碑镶立于堂屋的东壁，令子孙时时观瞻，严格奉行。

唐太宗晚年预感余日无多，便认真总结历史上各朝特别是隋朝的统治经验，作《帝范》十二篇，传授给太子李治。他对李治说：“要建立一个国家，成功是很艰难的，破败却很容易；要保持一个稳固的帝位则更难，而要失去它却是很容易。你要千万爱惜，千万谨慎！”

古人不仅把立德作为家教的重点，而且要求子女有自立精神。北宋丞相王旦，平生不置田宅，说：“子孙当各念自立，何必田宅，徒使争财为不义尔！”清朝画家郑板桥52岁始得子，但他严格要求儿子，提出“第一要明理做个好人”。他临终时给儿子留下遗书：“淌自己的汗,吃自己的饭,自己事业自己干,靠天、靠地、靠祖宗,不算是好汉。”

古希腊著名的教育家、哲人柏拉图有句名言:“一个人从小所受的教育把他往哪里引导,能决定他后来往哪里走。”他主张通过故事、诗歌、戏剧、历史、演说、技艺、音乐来陶冶青少年,他认为故事与诗歌的内容应该能够培养青少年既温文又勇敢的美德。17 世纪英国思想家约翰·洛克主张对青少年进行“绅士教育”,他说:“我认为在一个绅士的各种品性之中,德行是第一位的,是最不可缺少的。”

由此可见,古今中外家教都把教子做人作为重点,这也是成功家教的一条最重要的经验。

思考题:

通过上面的几个故事,说说家庭教育的重要性主要体现在哪些方面?

任务 2　认识家庭关系管理

家庭关系是指基于婚姻、血缘或法律而形成的一定范围的亲属之间的权利和义务关系。家庭关系以主体为标准可以分为夫妻关系、亲子关系和其他家庭成员之间的关系。一个家庭最初是由男女婚姻关系而构建,后来才衍生出父母与子女、兄弟姐妹等其他家庭关系。邻里关系和社会人际交往方式是家庭关系的延伸和发展。

5.2.1　家庭关系的模式

家庭在中国社会中占有重要的地位,家庭中的人伦关系和权利义务关系受到普遍的重视。中国的家庭讲究“父慈子孝,兄友弟恭,夫义妇顺”等,每个人与不同的家人相处时,都应恰如其分地谨守一定的礼节。

家庭关系主要是界定家庭成员之间及家庭与社会的关系,在这些关系中,存在组织管理模式问题,即由谁主要负责家庭关系管理或支配家庭关系。家庭关系一般有以下几种模式:

1)父权家庭模式

父权家庭模式是历史上大多数家庭的模式,即家庭中最年长的男性拥有大部分权威,包括居住、资源使用、孩子婚姻的选择等。而女性则主要负责料理家务和照顾孩子。父权家庭模式的产生和存在,既与男性和女性的生理特征有关系,也与社会生产力发展水平、社会文化和观念有很大的关系。随着社会的不断发展,父权家庭模式也逐渐在发生变化,女性在家庭关系管理中的比重和权限都在发生变化。

2)母权家庭模式

母权家庭模式,即家庭中最年长的女性拥有大部分权威,这是在母系社会里独有的现象,没有确凿证据表明在父系社会里,妇女曾同样拥有过男人所具有的权威。但是,在父系社会里,个别家庭也可能由于没有最年长的男性而由女性领导的情况,从而形成母主家庭的模式,即一位妇女成为家庭的核心和最主要成员。这种情况常发生在男性由于战争、外出、离婚、非婚生育等不在家的时候。

3)平权家庭模式

现代社会出现了朝平权家庭发展的趋势,即丈夫和妻子在权利上逐渐向基本平等的方向发展。这跟社会生产力和观念的发展有很大的关系,现代城市规模的扩大也助长了这种情况。比如在大城市里常见的通勤家庭,即在不同城市里工作的夫妻,周末在其中一方的住处度过,这种情况也迫使传统的家庭模式发生改变。

5.2.2 家庭关系中的权利义务

如同社会和组织一样,家庭关系的存在和发展也必须立足于一定的秩序和规则,人类社会长期的发展,形成了家庭关系的各种规则和习惯,指导和约束人们的行为举止。

1)夫妻之间的权利义务关系

夫妻之间的权利义务关系是指一定社会的婚姻法律法规和道德规定的夫妻之间享有的权利和承担的义务。古代的夫妻关系立法采用夫妻一体主义,即男女结婚后,夫妻合为一体,夫妻的人格相互吸收,但实质上是采用夫权主义,妻子的活动由丈夫代表,妻子丧失民事法律行为能力、诉讼行为能力及管理、用益和处分自己财产的能力等。19世纪以后,西方各国的夫妻立法采取夫妻别体主义。即夫妻结婚以后男女平等,各自保有独立人格,夫妻平等享有民事法律行为能力,诉讼行为能力,对财产享有所有权的能力,对个人财产拥有管理、用益和处分的能力,以及参加社会活动的能力等。

根据中国传统文化,"有天地然后有万物,有万物然后有男女,有男女然后有夫妇,有夫妇然后有父子,有父子然后有君臣,有君臣然后有上下,有上下然后礼仪有所错"(《易经·序卦传》)。可见夫妇是人伦之始。

根据我国现行婚姻法的规定,夫妻之间的权利义务主要包括人身方面的权利义务和财产方面的权利义务。夫妻之间在人身方面的权利义务包括:夫妻双方都有使用各自姓名的权利;夫妻双方都有参加生产、工作、学习和社会活动的权利,一方不得对他方加以限制和干涉;夫妻双方都有实行计划生育的义务。夫妻之间在财产方面的权利义务包括:夫妻在婚姻关系存续期间所得的财产,归夫妻共同所有,但双方可以另外约定财产归一方所有,或按份共有。夫妻对共同所有的财产,有平等的处理权。夫妻有相互抚养的权利义务,一方不履行抚养义务,需要抚养的一方有要求对方给付抚养费的权利。夫妻有相互继承遗产的权利。

2)父母子女之间的权利义务关系

父母子女之间的权利义务关系,包括父母和子女的关系,也包括翁姑与儿媳的关系。此外,一般情况下,长一辈与幼一辈的关系,如伯叔和侄儿之间,阿姨、舅舅和外甥之间等,也都包含在内,有时还由父推至祖、由子推至孙。父母子女之间的关系还包括婚生关系、非婚生关系、养父母和养子女之间的关系、继父继母与继子女之间的关系等。

我国现行《中华人民共和国婚姻法》(以下简称《婚姻法》)规定,父母对子女有抚养教育的义务,子女对父母有赡养扶助的义务。禁止溺婴、弃婴和其他残害婴儿的行为。子女可以随父姓,也可以随母姓。父母有管教和保护未成年子女的权利和义务。在未成年子女对国家、集体或他人造成损害时,父母有承担民事责任的义务。父母和子女有相互继承遗产的权利。子女应当尊重父母的婚姻权利,不得干涉父母再婚以及婚后的生活;子女对父母的赡养义务,不因父母的婚姻关系变化而终止。

我国法律规定非婚生子女享有与婚生子女同等的权利,任何人不得加以危害和歧视。养子女和生父母间的权利和义务,因收养关系的成立而暂停,在收养关系解除后生父母与生子女之间的权利义务关系恢复。养父母子女之间的权利义务适用《婚姻法》对婚生父母子女关系的有关规定,但对养子女的姓氏,《中华人民共和国收养法》规定可以随养父或养母的姓,经过协商同意可以保留原姓。养子女和养父母的其他亲属之间的权利和义务适用《婚姻法》对子女和其他亲属之间权利义务的有关规定。

我国法律规定,继父母与继子女间,不得虐待或歧视。继父或继母和受其抚养教育的继子女间的权利和义务,适用《婚姻法》对婚生父母子女关系的有关规定。有扶养关系的继父母与继子女作为第一顺序继承人相互享有继承权。

祖孙之间的权利义务主要有:有负担能力的祖父母、外祖父母,对于父母已经死亡或父母无力抚养的未成年的孙子女、外孙子女,有抚养的义务;有负担能力的孙子女、外孙子女,对于子女已经死亡或子女无力赡养的祖父母、外祖父母,有赡养的义务。祖孙之间依据《中华人民共和国继承法》的规定作为第二顺序继承人相互享有继承权。

3)兄弟姐妹之间的权利义务

兄弟姐妹关系包括兄弟、姊妹、叔嫂、伯与弟媳、妯娌等的关系,除夫妻外,家中一切同辈人之间的关系都属于这个范畴。兄弟之间讲究兄友弟恭,长幼有序。做弟弟的要对哥哥恭敬有礼,做哥哥的要友爱弟弟,并为弟弟树立好榜样,教导弟弟。

我国现行法律规定,兄弟姐妹之间的权利义务主要有:有负担能力的兄、姐,对于父母已经死亡或父母无力抚养的未成年的弟、妹,有扶养的义务;由兄、姐抚养长大的有负担能力的弟、妹,对于缺乏劳动能力又缺乏生活来源的兄、姐,有扶养的义务。兄弟姐妹之间作为第二顺序继承人相互享有继承权。

◎实训

分组讨论如何正确处理家庭关系。

◎案例

2016年2月14日,警方在福州市晋安区桂山路172号的教职工宿舍5座102单元住处内发现了被杀人谢某的尸体。民警发现谢某的尸体被塑料薄膜大概裹了有一百多层,并且每层的缝隙都被放了活性炭吸附味道。犯罪嫌疑人将现场保护得非常好,房间内被封得密不透风。整栋宿舍楼的邻居都不会想到,自己与一具尸体在一栋楼里生活了6个月。

让人更为震惊的是,房间内还被装了远程监控摄像头。也就是说,犯罪嫌疑人可以在任何时候监控尸体的情况。而这个案件的唯一犯罪嫌疑人就是早已不知所踪的死者的亲生儿子——吴某。很多人都不愿意相信,品学兼优的吴某会是杀害自己母亲的凶手。

从吴某的各种亲朋好友乃至老师同学的反应来看,在他们心里吴某就是一个完美到没有破绽的天才。的确,纵观吴某的履历,确实是非常漂亮。从小就是班上学习成绩最好的孩子,从来不闯祸,比很多大人都自律。中考时还是本市的状元,高中就直接被某知名高校录取了。在高中,吴某被同学称为"宇神",就算在人才济济的高校,吴某也是"大神"似的存在。

吴某之所以从小就这么优秀,得益于他在教师家庭的氛围中长大。吴某的母亲谢某是当地一所高中的历史教师,是个极度追求完美的典型知识女性。自从2010年丈夫因癌症去世后,她便与儿子相依为命。谢某极为好强,也将所有的精力放在儿子身上。父亲去世后,吴某也开始有了变化。他变得越来越沉默寡言,一放学就回家写作业,俨然成了学习机器。

2015年7月,吴某通知了所有的亲朋好友自己即将去美国读书,母亲也将陪他去,两人会在7月底出发。而事实上,吴某在7月11日就将母亲杀害了。吴某还用母亲的名义向亲戚借了144万元,随后逃之夭夭。在这期间,大家都以为他们母子在美国生活,没有人觉得不对劲。直到次年2月5日,在吴某刻意的提示下警方才发现了尸体。

吴某到底是怀着什么样的心情杀死自己的母亲的?为什么要杀死母亲?有太多的谜题等着我们去探索了,大家也越发觉得吴某"深不可测"。我们平时也见过很多弑母案,他们当中都有一个共同点,就是"临时起意"。基本上都是家长责骂孩子,孩子越听越生气,最后一怒之下拿起身边的作案工具作案的。

思考题:

在上面的案例中,引起吴某弑母,最主要的原因是什么?

任务3　学会家庭健康管理

身心健康是家庭幸福的重要保障,也是家庭管理的重要内容。家庭健康管理包括身体健康管理和心理健康管理两大类,具体到细节可以分为饮食营养管理、生活起居管理、闲暇利用方式管理、日常疾病预防和管理、心理健康保健管理等方面。

5.3.1　饮食营养管理

1)增强饮食营养理念

父母要加强对子女进行膳食营养教育,增强其膳食营养的理念。据中国营养学会组织的全国营养调查,中国人维生素和矿物质摄入不足和不均衡的现象普遍存在,由营养过剩或不平衡所致的慢性疾病呈增多的趋势。我国人群最严重缺乏的营养素有维生素 A、维生素 B_2 和钙，普遍缺乏的有维生素 B_1、维生素 B_6 和维生素 C 等。此外，儿童缺锌、妇女缺铁、中老年人缺乏维生素 C 更为严重。我国 5 岁儿童体重不足检出率为 10% ~20%，生长迟缓检出率为 35%，铁、碘、维生素 AD 缺乏等造成的营养性疾病也较多。因此，加强饮食营养教育和管理，对家庭管理十分重要。营养是人体吸收、利用食物的过程，也是人类通过摄取食物以满足机体生理需要的生物学过程。机体为了维持生命和健康，保证生长发育、活动和生产劳动的需要，必须从食物中获取必需的营养物质。人体消化、吸收和利用的有机和无机物质包括蛋白质、脂肪、碳水化合物、矿物质、维生素、水和纤维素七大类。通过健康饮食，增强国民的身体素质，对国家、家庭和个人都具有重要意义。

2）为家庭成员提供足够的营养和合理的膳食结构

生命要正常活动，需要碳水化合物、脂肪和蛋白质提供能量，满足人体需要的三大营养素的合理分配百分比为：碳水化合物 55% ~65%，脂肪 20% ~25%，蛋白质 10% ~12%。一般情况下，健康成年人摄入的能量与所消耗的能量能够经常保持平衡。摄入能量过多或过少都会引起人的体重增加或减轻，从而不利于人体健康。此外，人体还需要矿物质和维生素等微量元素以及水、膳食纤维等膳食成分。

在家庭生活中，父母要注意关心家庭成员的身体状况，向他们提供足够和合理的营养。这就要求根据家庭成员的生理特点确定家庭食谱。同时，要留意家庭成员的身体变化情况，尤其是要留意孕妇、乳母、婴儿、幼儿、学龄前儿童、青少年和老年人的身体变化情况，及时满足他们的营养需求。

3）培养家庭成员的健康膳食行为和习惯

健康的膳食行为和习惯，是家庭成员身体健康的重要保障。健康的膳食行为和习惯包括饮食营养均衡、规律、清洁、卫生等方面。饮食营养的均衡，是指家庭成员要注意根据人体的要求和自身的特点，合理摄取自身所需要的营养，建立合理的饮食结构，满足自己对蛋白质、脂肪、碳水化合物、矿物质、维生素、水和纤维素的需求，达到均衡营养，防止偏食、挑食的行为，不吸烟，喝酒适度等，维持正常或满意的体重。培养饮食规律，是指定时定量饮食，间隔饮食的时间合理，防止无节制的饮食。定时定量饮食有利于增强胃功能的健康，有利于机体吸收足够的营养。暴饮暴食和无规律的饮食，则会给胃增加负担，不利于消化和吸收饮食中的营养。同时，饮食还要注意咸淡适宜、冷暖适宜，减少和杜绝吃零食的习惯。饮食的清洁，是指不要食用变质、污染和没有安全保障的食物。比如不饮生水、过时的茶水，不食用没有洗净的水果、蔬菜等。培养卫生的饮食习惯，是指饮食要注意预防传染，不与他人共用未消毒处理的茶杯、碗筷，不使用他人的牙刷、口盅、洗脸帕，不使用他人的贴身衣物等。

5.3.2 生活起居管理

生活起居管理，是指父母注意家庭成员的生活起居习惯，促进家庭成员有规律地生活。良好的生活起居习惯，包括定时作息、注重清洁卫生、注意用眼卫生和牙齿健康等。

古人说，一年之计在于春，一日之计在于晨，足够的睡眠和早睡早起可以提高工作效率和劳动效率，也有利于身体健康。一般要求成年人的睡眠时间为7～8小时，保持人体所需要的足够的睡眠。要注意遵循大自然的规律，早睡早起，没有特殊情况不熬夜、不睡懒觉。有些人因为忙于工作，常常工作到深夜，对于绝大多数人来讲，这是不适宜的，也是很不好的习惯，不仅不利于身体健康，也不利于开展工作。

家庭成员要注意清洁卫生。房间内要保持通风、干爽、清洁。要经常清扫，防止生活用品霉变或者滋生细菌。最好每过一段时间，就将房间内的家具调整一下方位和位置，有利于扫除平时扫帚抹布不能清除的卫生死角。衣着要求干净、整洁、适体。要定期和及时清洗衣物，尤其是内衣要注意勤换洗。定期洗浴和更换衣服，既可以保持清洁卫生和身体健康，又有利于保持良好的心情。

牙齿对人体摄入足够的营养非常重要，如果牙齿不好，不能正常地咀嚼，摄入食物就会受到影响，饮食营养也达不到身体的需求，因此，要注意牙齿健康。保持牙齿健康，首先要合理用牙，不要用牙齿去咀嚼过于坚硬的物品。有些人喜欢用牙齿代替开瓶器去开启啤酒瓶盖，或者用牙齿咬碎坚硬的核桃等，这些都是不好的习惯。合理用牙还要求不要饮食过热和过冷的食物，给牙齿施加难以承受的刺激。其次，合理用牙要求养成刷牙的习惯，每日三餐之后，都要及时刷牙，扫除口腔内的残渣。刷牙的时候要注意让牙刷上下移动，不要左右拉刷，避免伤害牙龈。

眼睛是心灵的窗户，也是人们获取外界信息的重要器官，视力不好或者失明将会给我们的生活带来很多不便。父母要注意促进家庭成员养成良好的用眼习惯。家庭成员在阅读的时候，眼睛与书本不要靠得太近，不要在床上看书，不要长期使用电脑和看电视，不要用手揉搓眼睛。要注意用眼卫生，养成良好的阅读习惯和用眼习惯，防止眼睛过度疲劳。

家庭生活起居的健康，还要求家庭成员坚持有规律的运动。父母要带领子女开展有氧运动，坚持晨跑。开展一些家庭体育活动，比如打乒乓球、羽毛球、篮球、做健身操、跳绳、跳高等。这些活动的开展，要注意把握好适宜的锻炼强度，不能超过家庭成员的身体负荷。

5.3.3 闲暇利用方式管理

家庭生活起居管理，还包括闲暇利用方式管理。所谓闲暇利用方式管理，是指家庭成员要健康、合理地利用闲暇时间，使闲暇时间既有利于家庭成员得到充分的休息，促进个体得到健康发展，又能够促进家庭和谐和社会和谐。闲暇时间的利用包括很多种方式，常见的有郊游、野炊、钓鱼、走亲访友、邻居联谊活动、家庭学习、家庭运动、游戏、开展家务劳动、逛街、采购家庭用品等。此外，随着生活水平的提高，人们对精神生活的追求也不断提高，家庭闲暇时间的利用，还可以开展一些公益活动、慈善活动等，既教育了子女后代和家庭成员，又可以为社会和谐尽力。

家庭闲暇时间的利用水平，反映了一个家庭的文化素养和水平。休息的方式是多种多样的，对工作中体力劳动强度大的家庭成员来讲，闲暇时间更希望待在家里好好休息，而对工作中体力劳动强度不大的家庭成员来讲，则更希望出去走走，增加对外界的了解和与外界的交流。不管采用什么方式休闲，闲暇时间的利用首先要注意健康、有文化。有些家庭成员有不良嗜好，闲暇下来就喜欢赌博、酗酒或者搬弄是非等，这都是不好的习惯。闲暇时间的利用,一定要注意有利于提高家庭成员的素养和生活水平,促进家庭和社会的和谐。

家庭闲暇时间管理,还要注意充分利用轻松愉快的氛围对家庭成员开展家庭教育。比如家庭成员之间开展一些轻松话题的探讨,共同做一些家务劳动,组织家庭成员做一些公益活动和慈善活动,或者去工厂、农村参观等,促进家庭成员养成健康的生活习惯,开展愉快的沟通和交流,学习新的知识,培养良好的社会责任感。

5.3.4 日常疾病预防和管理

家庭日常疾病预防和管理是确保家庭成员身体健康,提高家庭产出效益的重要手段。日常疾病预防和管理是指家庭成员要注意防止常见疾病,减少家庭成员的发病率,对发病的成员要及时进行治疗和护理等。家庭常见病包括内科、外科、妇科、儿科及老年人各科常见病。家庭常见病的预防一般分为三级。

一级预防。一级预防又叫原发预防、病因预防,是指家庭采取预防措施,控制和减少疾病的危险因素,以减少成员得病概率和发病率。在这一阶段,疾病并未发生,但某些危险因素已经存在,如肥胖、血胆固醇增高、病原体的感染以及有吸烟、酗酒等不良行为。这一阶段的预防措施主要是减少个体生病的机会或降低个体对致病因素的易感性,从而达到避免危险因素发生作用的目的。一级预防包括改善环境、促进健康和特殊保护 3 个方面。

二级预防。二级预防也称继发预防,是指对已患病的个体和群体采取预防措施(包括药物和非药物性措施),控制疾病,以防止病情加重或并发症的发生。二级预防强调通过“三早”预防(早期发现、早期诊断、早期治疗)来防止疾病临床前期或临床初期的变化,使疾病在早期就被发现和治疗,避免或减少并发症、后遗症和残疾的发生,所以二级预防又被称为三早预防。二级的预防要求对传染病加强管理,严格疫情报告,除及时发现传染病人外,还要密切注意病原携带者;对于慢性病,根本方法是做好宣传和提高医务人员的诊断、治疗水平,通过普查、筛选和定期健康检查以及群众的自我监护,尽早发现疾病初期病人,使之得到及时合理的治疗。

三级预防。三级预防又叫康复治疗,是指对现症患者的治疗和抢救,以防止并发症的发生和危及生命的严重后果,包括积极的康复医疗和防止复发。三级预防目的是防止因疾病而致残,恢复病人生活与劳动能力,达到病而不残、残而不废,促进康复。三级预防可分为限制残疾和促进康复两个阶段。限制残疾是借助适当的治疗以防止疾病不再继续恶化,提供良好的设备来限制残疾的升级和减少病人死亡,使暂时性残疾不形成永久性残疾,争取使残疾状态消失而恢复正常功能;而促进康复则是使遭受永久性残疾的病人,能恢复相对独立生活的能力,减少对他人的依赖,能扮演正常的社会角色。

在三级预防中,一级预防是所有疾病控制方法中最为经济有效的,家庭成员要关注一级预防,保护家庭成员的健康,减轻家庭负担。

5.3.5 心理健康保健管理

个体生活在社会关系和环境中,社会关系和环境对个体心理健康具有较大的影响。家庭作为社会关系和社会环境中与个体接触最早、最充分的部分,对个体的心理健康影响极大。家庭结构、家庭环境、家庭成员之间的相互作用,家长的教育观念、教育态度、教育方法,以及家长的人格特征等都可能影响个体心理的健康发展。家庭心理健康保健管理,要求父母和家庭成员注重营造良好的环境,对子女和家庭成员施加健康的影响,促进家庭成员形成健康的心理。目前,家庭正在经历剧烈变化,这些变化对家庭成员的心理会产生各种冲击和影响。主要表现在以下3个方面。

①家庭地理位置的变迁对家庭成员心理健康的影响。随着城市化进程的加快、社会流动性的加剧,父母因为工作的调动或者其他原因而搬家是常有的事情。伴随这样的迁移,产生了对社会适应技能的需要。经常迁移带来了诸多困难,如结交新朋友、适应新环境、增加新技能等,这些都将影响家庭成员的心理健康。

②家庭成员多少或家庭规模大小的变化也影响家庭成员的心理健康。目前,家庭变得越来越小,首先是核心家庭(包括父母及其子女)占据社会家庭的主体地位,其次是核心家庭也在缩小。这都导致家庭成员只能与父母保持有意义的家庭联系,对代际、辈分之间的关系缺乏理解。同时,年轻的家庭成员,尤其是儿童难以从年长的成员那里学会成人的社会行为、日常礼貌和角色。

③家庭的物质环境、心理环境也会给家庭成员带来心理的影响。一般来说,物质条件优越、社会地位更高的父母会鼓励儿童,并且花更多时间帮助儿童的学业活动;在气氛紧张、父母关系不和谐的家庭里,没有独立生活能力、完全依赖父母的儿童容易情绪紧张,紧张的家庭人际关系破坏了应有的温馨的家庭气氛,使孩子长期处于负面情绪中,又缺少温暖和关爱,容易使孩子形成孤僻、自私、玩世不恭等不良品质,对儿童的心理健康产生负面影响。父母的教养方式也会影响家庭成员的心理。目前,主要存在溺爱型、专制型、放任型和民主型4种家庭教养方式。民主型家庭是积极向上的,家长尊重孩子,与孩子能相互交流各自的看法,有利于儿童独立性、自信心与能动性的养成;家长的期望有强烈的暗示和感染作用,对年轻的家庭成员的心理影响也很大。但是期望是有一定限度的,如果家长盲目攀比,过分拔高对子女的期望,不但起不到积极促进作用,反而会使孩子屡遭挫折,丧失信心,形成消极心理。

家庭心理健康的管理,要求家庭具备最基本的功能,这些功能体现在以下5个方面。

①合作解决问题的能力。心理健康水平高的家庭能较准确地意识到问题的实质,全家一起讨论,设想各种解决问题的方案,在尝试解决的过程中调整努力的方向。心理健康水平低的家庭却缺乏共同解决问题和困难的能力。

②家庭沟通的能力。家庭要解决面临的问题,要求家庭成员之间建立良好的沟通关系。孩子能否和父母平等对话,孩子的想法是否得到尊重是非常关键的。如果家庭成员之间能清晰地表达自己的观点,切入话题有较好的技巧性,就能够促进儿童的人际沟通能力提高。父母不愿听取孩子发表意见,对孩子缺少了解,甚至不知道孩子的爱好和交友情况,父母也很少将自己的想法和感受告诉孩子,缺少交流,也缺乏沟通的技巧,就会妨碍儿童社交技能和社会经验的获得,导致较低的心理健康水平。

③合理的家庭角色分工。家庭分工,要能够保证家庭的基本物质生活,保证夫妻间和谐的精神生活,保证孩子健康自由的成长环境。如果父母工作均很忙或在外地工作,孩子没有

人管，或者由老人代管，孩子的心理就会出现问题。

④家庭情感关系融洽。家庭成员之间既要有亲密的情感关系，又要保持一定的距离，每个人必须有自己的活动空间，这样才有利于个性、兴趣、爱好的发展。在一些家庭里，孩子从来不参与家务劳动，对父母的工作和劳动也毫不关心，这不利于孩子的健康成长。

⑤适度的行为控制。家庭是一个群体，这个群体以血缘为纽带，将家庭成员连接起来。在这种血缘关系的基础上，为了确保家庭管理的顺利进行，还需要对家庭成员的行为进行一定程度的控制。这种控制必须宽严适度，才能确保其既有较好的控制效果，又能够满足家庭成员的个性需求，创造有利于家庭成员心理健康发展的环境和条件。

◎实训

分组讨论：家庭闲暇时间一般父母是怎么和你度过的；你是否在父母闲暇时主动跟他们待在一起；是否思考过能够为他们做点什么。

◎知识链接

记者在采访美国金融界一位非常出名的人士时问道："金融这个行业，压力这么大，为什么你能够轻松地面对，而没有感到很大的压力呢？"这位金融界人士说："我父亲是一个农场主，在他们那个年代都是看天吃饭，他经常给我们说，既然我不能改变上帝，那么我就只能改变我自己了。""还有，"这个金融界人士继续说道，"我父亲不管这年收成如何，有没有钱，都会带我们兄弟几个一起出去旅游，即使是徒步，我们都可以走上几天。就是因为这些事情，使我在面对压力的时候可以坦然应对。"

思考题：

1. 这位金融界人士的父亲主要在哪些方面影响了他？

2. 家庭健康管理主要从哪些方面具体实施？

任务4　了解家庭文化管理

文化是人类生存和发展衍生出来的成果，也是影响人类生存发展的重要因素。文化在人类社会以多种方式表现出来。家庭文化是家庭成员共同创造的物质文化与精神文化的总和，包括家庭成员的人生观念、价值观念、家庭成员的生活习惯等。家庭文化是一个家庭生生不息的源泉，直接或间接地影响着家庭的发展。良好的家庭文化对家庭的健康发展具有重要的作用；家庭文化的缺乏或者落后，导致家庭成员的发展缺乏文化环境支撑，同时也使家庭缺乏凝聚力或者丧失作为社会细胞应该具有的文明承载功能。

家庭文化管理是指家庭成员，尤其是父母要在家庭中承担引领作用，有意识地带领家庭成员开展家庭文化管理活动，包括制订家庭目标规划、明确家庭核心价值理念、传承家族传统、维护和发展家法家规等。

5.4.1 家庭的人生观和价值观管理

1）家国意识

我国文化传统中浸润着家国同构的特征，即家庭、家族与国家在组织结构方面具有共同性。家庭观念在中国传统文化中有着重要的地位，并且与国家观念紧密联系。古人"修身、齐家、治国、平天下"的理想，反映了家与国之间的同质联系。

在家庭管理中，要赋予人生观和价值观教育内容，最重要的就是家国意识。如何处理国家、家庭、个人之间的关系，这是家庭教育必然涉及的问题。中央办公厅印发的《关于培育和践行社会主义核心价值观的意见》将24字核心价值观分成3个层面：富强、民主、文明、和谐，是国家层面的价值目标；自由、平等、公正、法治，是社会层面的价值取向；爱国、敬业、诚信、友善，是公民个人层面的价值准则。原有意义上的家族式治理方式逐渐转化为现代社会的服务与管理，家的概念也演变为社会。现代价值观念更加强调社会层面的"自由、平等、公正、法治"，而从历史苦难中重新崛起的中华民族也更加期盼国家的"富强、民主、文明、和谐"。这是国家政治文明与民族发展愿景的综合体现。

2）家庭礼仪

家庭礼仪是中华文化的传统，也是中华家庭文化的重要组成部分，对于提高个人素质，塑造家庭文明，进行社会主义精神文明建设具有重要意义。

（1）尊老敬贤

几千年来，我国的人际、政治、伦理关系均以氏族、家庭的血缘关系为纽带，所以在家庭里面遵从祖上、在社会上尊敬长辈一直是最基本的要求。从君主、士族到整个官绅阶层，直到普通百姓都身体力行，形成了一套敬老的规矩和养老的礼制。任何社会都需要尊敬老人，不仅因为老人阅历深、见闻广、经验多、劳动时间长、对社会贡献大，也因为他们在体力和精神上较差，需要青年人的体贴、照顾和帮助。同样，历来有作为的君主，大多非常重视尊贤用贤，视之为国家安危的决定因素。平时不敬贤，到了紧急关头，贤才就不会为国分忧。今天我们提倡发扬"敬贤之礼"，就是要尊重知识，尊重人才。当今社会，种种竞争归根到底是人才的竞争。只有从思想观念到具体行动上尊重、爱护人才，使全社会形成尊重知识、尊重人才的良好环境，国家和社会的发展才有希望。

（2）仪尚适宜

中华民族素来注重通过适合的形式，表达人们内心丰富的情感。遇到重大节日和发生重要事件，多有约定俗成的仪矩。如丰收，要欢歌庆贺；遭到灾祸，要祈求神灵保佑。久而久之，我国就形成了许多节庆和礼仪形式，如春节、元宵、中秋、重阳等，几乎每个节日都有特定的礼俗。在古代，婚、丧、节庆等活动是作为社会生活中的大事来对待的，其礼仪规定得格外详尽而周密，从服饰穿戴、器皿使用到规格高低、程序和举止等，都有具体的规定。

今天，我们要保持和发扬中华民族优秀的礼仪文明，不仅要发扬注重礼仪的习惯，还要强调贵在适宜,仪式的举办在于得当,不能奢侈浪费,偏离礼规的要求。

(3)礼貌待人

礼貌是人类社会据以促进人际交往友好和谐的道德规范之一,是与他人和睦相处的桥梁。它标志着一个社会的文明程度,反映一个民族的精神面貌。中华民族历来重视遵循礼规,礼貌待人。主要有以下两点。

①与人为善。与人相处,为善当先。善是出自内心的诚意,诚于中而形于外,而不是巧言令色和徒具形式的繁文缛节。尊重他人,就要平等待人,不分贵贱等级,一视同仁。以财势取人,以利益交人,其实是小人所为。古人敬人的方法,强调尊重他人的意愿,体谅别人的需要和禁忌,不能强人所难。不苛求别人做不能做的事,不强求别人接受不喜欢的东西。在与人交往中,幽默与善意的玩笑往往给人带来轻松愉快,但绝不可戏弄取乐。

②礼尚往来。礼尚往来是礼貌待人的一条重要准则。就是说,接受别人的好意,必须报以同样的礼敬。这样,人际交往才能平等友好地在良性循环中持续下去。当然,往来之礼,也要适度。送礼的本意,在于表达敬意答谢之意,礼轻意重,送礼并非越多越好、越贵越好。

(4)容仪有整

一个人的仪表、仪态,是其修养、文明程度的表现。举止庄重,进退有礼,执事谨敬,文质彬彬,不仅能够保持个人的尊严,还有助于进德修业。古人对仪表主要有3个方面的要求。

①衣着容貌讲究衣冠正、纽扣结,穿着合体适身,不能袒胸露怀。如果一个人衣冠不整,鞋袜不正,会使人产生反感甚至恶心。同时,衣着打扮必须适合自己的职业、年龄、生理特征、相处的环境和交往对象的生活习俗,浓妆艳抹,矫揉造作,只会适得其反。

②行为举止要庄重。行为举止要求做到站要正,坐要稳,行动利索,侧身而睡。在公众场合举止不可轻浮,应该庄重、谨慎而又从容, 做到"非礼勿视,非礼勿听,非礼勿言,非礼勿动"。

③言语辞令首先要求诚恳,"言必信,行必果"。其次是慎言,说话要视具体情况,当说则说,当默则默。

5.4.2 家庭成员的文化生活习惯管理

1)共同的文化活动

家庭文化管理除了要建立共同的价值观和礼仪之外,还要通过一系列家庭活动贯彻落实相关的理念和礼仪。其中,开展共同的家庭文化活动,让家庭成员都参与家庭文化活动,是家庭文化管理的重要内容。家庭可以通过故事会、文艺表演、才艺展示等活动,增强家庭文化氛围,提高家庭成员的文化修养,促进家庭文化建设。

2)共同的娱乐活动

家庭文化管理还包括建立家庭共同的娱乐空间,开展共同的娱乐活动等。现代社会由于生活节奏快,子女都委托给父母或者学校管理,父母子女之间往往缺乏足够的交流和共同的娱乐,这对家庭子女的培养和家庭文化建设是非常不利的。在这种情况下,尤其要充分利用节假日和工余时间推动家庭共同的娱乐活动,增强家庭的凝聚力和成员之间的交流。

3)**共同的休闲活动**

家庭文化管理要推动家庭成员开展共同的休闲活动,休闲活动寓教于乐,增加家庭成员的感情,是家庭文化管理的重要手段。春游、散步、闲聊、共同观看电视节目等,都是家庭文化管理不可忽视的重要内容。通过这些共同的休闲活动,促进家庭成员的沟通,增强彼此的理解,可以很好地促进家庭成员的发展。

4)**家庭的共同治理**

家庭的共同治理,是指调动家庭成员的积极性,促进每个成员都从家庭发展的角度去思考问题,形成家庭团队的整体概念,从而为家庭管理各司其职、各尽其力。家庭的共同治理,关键是要让家庭成员能够共同分担家庭管理和发展的任务,这既可以培养家庭成员的能力,也可以增强成员之间的理解,更重要的是让子女能够知道齐家的难处,从而增强对父母的理解。

5.4.3　现代家庭文化管理的要点

传统的中国家庭非常重视家庭文化建设,很多家族都编写了族谱作为家族和家庭进行家庭管理的工具。随着社会的发展,家庭文化越来越具有开放性,家庭文化管理也越来越具有开放性。这一方面为家庭文化管理带来了新鲜的内容和方式,另一方面也使传统的家庭文化管理模式面临新的挑战。就目前的家庭发展现状看,家庭文化管理要注意以下3个方面的内容。

1)**高度重视家庭文化建设**

核心家庭越来越多,家庭基本上成为细胞家庭,加上现代生活节奏加快,多数家庭成员都要接受全日制的学校教育,学龄家庭成员课业负担重,很多家庭缺乏开展家庭文化建设的时间,也缺乏家庭文化建设的环境,导致家庭成为一个旅社和饭馆。家庭成员缺乏深入的交流和沟通,难以形成良好的家庭文化。因此,在现代社会,更要高度重视家庭文化建设。

2)**促进家庭亲情的形成**

亲情是家庭文化建设的重要成果,也是家庭文化管理的重要追求目标,同时也是家庭教育和发展的核心动力。目前,家庭文化建设存在很多问题,导致社会管理的混乱,其中,家庭亲情缺失是一个重要的原因,因此,家庭文化建设迫切需要推动家庭亲情的建设。一方面,家庭中承担主导作用的成员要主动承担起家庭文化建设的责任,建立家庭成员之间亲密、民主的关系,营造良好的家庭交流氛围;另一方面,要重构家庭伦理秩序,促进家庭文化建设的发展。

3)**街道和社区要成为促进家庭文化建设的助推器**

由于家庭成员的减少,家庭成员在一起交流的机会减少,给家庭文化建设带来了巨大的阻碍,因此,街道和社区要充分发挥区域管理的职能,搭建家庭交流和社区文化建设的平台,以此促进家庭文化建设,带动家庭文化建设的发展。

此外,相关的社会科学研究机构也要加强研究新形势下的家庭文化建设,重新审视传统的家庭文化管理与现代家庭文化建设之间的关系,对家庭文化建设的内容、方法、途径、环境等问题展开深入的研究。学校要开设家庭文化建设的课程和培训，协助社会成员增强家庭文化管理和建设的意识，了解和掌握相关知识，培养更多关注家庭文化建设、了解家庭文化建设的社会成员，促进家庭文化建设的繁荣和发展。

◎实训

分组讨论：在你了解的家庭中，哪些家庭具有较好的文化氛围；有文化氛围的家庭，主要体现在哪些方面。

◎案例

在一个法国家庭，一天，孩子放学后，在客厅里玩篮球，忽然，"咚"的一声，篮球打落了书架上一个花瓶，花瓶重重地摔到地板上，瓶口摔掉一大块。这不是摆饰品，而是祖上传下来的波旁王朝时期的古董。孩子慌忙把碎片用胶水粘起来，胆战心惊地放回原位。

当天晚上，母亲发现花瓶有些"变化"。吃晚餐时，她问孩子："是不是你打碎了花瓶？"

孩子灵机一动，说："一只野猫从窗外跳进来，怎么也赶不走，它在客厅里上蹿下跳，最后碰倒了架子上的花瓶。"母亲很清楚孩子在撒谎，因为每天上班前，她都会把窗户一扇扇关好，下班回来再打开。母亲不动声色地说："是我疏忽了，没有关好窗户。"

就寝前，孩子在床上发现了一张便条，母亲让他马上到书房去。

看到孩子忐忑不安地推门进来，母亲从抽屉里拿出一个盒子，把其中一块巧克力递给孩子："这块巧克力奖给你，因为你运用神奇的想象力，杜撰出一只会开窗户的猫，以后，你一定可以写出好看的侦探小说。"

接着，她又在孩子手里放了一块巧克力："这块巧克力奖给你。因为你有杰出的修复能力，虽然用的是胶水，但是，裂缝黏合得几乎完美无缺。不过，这是修复纸质物品的胶水，修复花瓶不仅需要黏结力更强的胶水，而且需要更高的专业技术。明天，我们把花瓶拿到艺术家那里，看看他们是怎样使一件艺术品完好如初的。"

母亲又拿起第三块巧克力，说："最后一块巧克力，代表我对你深深的歉意，作为母亲，我不应该把花瓶放在容易跌落的地方，尤其是家里有一个热衷体育的男孩子。希望你没有被砸到或者吓到。"

"妈妈，我……"

以后，孩子再也没有撒过一次谎，每当他想撒谎时，三块巧克力就会浮现在眼前。

思考题：

1. 母亲的处理，反映了家庭管理中的哪些内容？

2. 结合实际，讨论家庭管理对家庭成员的重要性。

任务5　认识家庭财政管理

家庭财政管理包括家庭收入和支出管理,是家庭幸福生活的重要保障之一。家庭财政管理不等同于家庭财务管理,家庭财务管理只涉及家庭收支计算的问题,而家庭财政管理则涉及更多的内容,包括家庭财经管理的基本原则和要求,家庭财经权利义务的分配,家庭收支的统筹、安排和计算以及如何提高家庭资金使用效率等问题。

5.5.1　家庭财政的决定权问题

1)基于夫妻财产制的家庭财政决定权

与家庭财政决定权紧密联系的是夫妻财产制,我国夫妻财产制是婚后所得共同制。夫妻在婚姻关系存续期间所得的工资、奖金,生产、经营的收益,知识产权的收益,因继承或赠与所得未确定只归一方的财产等都属于夫妻共同财产。夫妻对共同所有的财产,有平等的处理权。这就决定了夫妻在进行家庭财政管理时,需要共同商议,民主决策。因此,我国的家庭财政决定权从法理上属于共管权力。多数情况下,大笔的开销应由双方共同研究决定,小额的开销则由双方根据情况各自做主。

2)基于传统习俗的家庭财产决定权

中国传统的家庭文化讲究男主外、女主内,这是由于古代中国男女生产力差异和文化观念决定的。男主外、女主内的传统一直沿袭到今天,在家庭财政管理方面,仍然有很明显的痕迹,即男性在家庭财政收入和安排中占有更加重要的地位。虽然女性在家庭财政方面的决定权也在迅速增强,但还是有主次之分,即男性一方会在资金使用中占有主导地位。不过,值得明确的是,即使是以男性为主的家庭财产决定权,发展到当今社会,在绝大多数情况下,男性也并不是可以完全绝对决定家庭财产的。

3)基于实际财产实力的家庭财政决定权

在现代社会里,由于收入的增长、社会财富的增加,有不少人在结婚之前就拥有不少的财富。因此,在组建家庭的时候,有越来越多的人对婚前财产进行界定和划分。这不仅导致彼此对财产有了单独的控制权,而且夫妻双方之间婚前财产如果差别过大,也可能使婚后家庭财产决定权向财产多的一方倾斜,这就是基于实际财产实力的家庭财政决定权。这种家庭财政决定权的产生和存在,既是对法理上的家庭财产共管机制的挑战,也是对基于传统习俗的家庭财产决定权的挑战,同时,在多元化的社会里,这种家庭财产决定权又是对前两者的有益补充。

5.5.2　家庭收入来源管理

家庭财政管理首先涉及的是家庭财政管理的基本原则和要求,即确定家庭成员认可的获取资金用于家庭建设的基本准则和方向。这首先要回答的是家庭允许采用何种方式获取资金的问题。

1）家庭收入来源的合法性问题

家庭收入来源管理问题，是指夫妻之间和家庭成员之间，对家庭收入的来源要有明确的要求。俗话说，君子爱财，取之有道。一些家庭对资金来源缺乏明确的要求，导致家庭成员贪污腐化、采用不法手段获取钱财，最终家破人亡。家庭财政管理的基本原则最重要的是资金来源的合法、合情、合理，要在不违背国家法律、社会伦理道德的基础上，根据家庭具体情况确定家庭收入的基本准则，为家庭财政管理奠定共识。

2）家庭收入来源的合理性问题

除了合法性问题，家庭收入来源的合理性问题也是困扰很多家庭的问题。由于金钱在家庭生活中的地位非常重要，很多人都不得不花心思考虑收入来源问题。从理论上讲，社会人可以通过多种渠道获取收入来源，但是由于受传统文化、职业特征、生活观念等因素的影响，不同的人对收入来源的合理性有不同的认识。比如家庭成员利用工余时间打工挣钱在多数人看来是合理的，可是一旦落实到自己的家庭成员在工余时间打工挣钱，就可能导致家庭成员之间产生分歧。此外，是否可以利用与自己的职业有关的能力兼职挣钱，也是困扰很多人的问题。这些问题都会导致家庭财政管理的分歧，需要家庭成员统一认识，达成一致。

3）家庭收入来源的稳定性和收入高低问题

家庭收入来源稳定性问题，涉及家庭成员的职业选择问题。稳定性和高收入历来存在矛盾和冲突，稳定的工作往往收入不会很高，收入高的工作往往不稳定。家庭成员为了确保收入来源稳定，同时又要确保有足够的收入维持家庭开支和发展的需求，需要就职业选择和调整进行商议，协调一致。尤其是迫于增加收入的压力导致家庭成员分居异地，往往会给家庭生活稳定带来影响，这些都是家庭财政管理要考虑的问题。

5.5.3 家庭支出管理

收支是一对矛盾统一体，除了收入来源要有原则外，家庭的支出也要有原则。金钱是财富的代表和象征，如何支出钱财，体现了家庭成员的价值观和人生观，也确定了家庭生活方式。

1）家庭支出的方向问题

家庭开支涉及诸多方面，以什么方向为重点，反映了家庭成员对生活的态度。家庭开支首先要解决的是生存问题，其次是发展问题，再次是比较优越的生活条件问题。家庭成员，尤其是夫妻要对这 3 方面的开支统一思想，既要保证基本生存问题得到解决，又要着眼于长远考虑发展问题，尤其是在子女的教育发展问题上，父母要有充分的准备，确保子女和家庭的未来发展有保障，在此基础上，才谈得上保证有足够的资金建立和维持比较优越的生活条件。这 3 个方面是矛盾统一的。

2）家庭支出的度量问题

现实生活中，有些人注重享乐、挥霍无度，有些人财迷心窍、处处吝啬，都不是理财持家之道。家庭支出管理要注意量入为出，既要有一定的资金维持日常开销，又要有所积蓄，以备不时之需。中华民族是注重节俭、注重储蓄的民族，节俭是美德，现代社会很多人注重享乐，寅吃卯粮，喜欢透支未来，这并不是很好的习惯。一些家庭对财政支出没有统一的意见，导致家庭成员之间对钱财支出意见冲突、矛盾激化、婚姻破裂、家庭离散。因此，家庭成员要就家庭财政支出达成共识，使用好家庭收入，累积家庭财富，才能确保家庭的稳定和谐。

3）家庭支出的规划问题

家庭支出的规划问题也是家庭管理需要考虑的问题，在资金有结余的时候，就要考虑合理规划家庭财政支出问题。家庭财政支出规划的重点是理财问题，家庭理财是管理家庭的财富，进而提高财富运作效能的经济活动。理财也就是对资本金和负债资产的科学合理的运作。家庭管理包括的内容有职业计划、消费和储蓄计划、债务计划、保险计划、投资计划、退休计划、遗产计划、所得税计划、儿童财商培养等。

◎实训

结合自己家的具体情况，思考家庭财政管理应该注意哪些方面；如何利用家庭财政管理相关知识改善自己家庭的财务状况。

◎案例

赵伟是四川人，妻子小玲是山西人，两人工作时间不长，但收入也不算低。2017年，两人买了一套一室一厅的房子。新婚不久，小玲就怀孕了，夫妻俩和双方父母都很高兴。2018年年初，孩子出生了，起初赵伟的妈妈帮忙照应，然而不久，婆媳俩就因照顾孩子发生分歧，常有口角。婆婆不想带孩子了，小玲就把自己的父母从太原接来照顾孩子，5个人挤住在一室一厅里。婆婆呢，隔三岔五也总要过来看看孩子。

对于婆媳间的争吵，赵伟睁只眼闭只眼，家和万事兴嘛。然而，2019年春节期间，赵伟在家整理东西时，发现了小玲购买的一张意外险保单，受益人居然不是自己，也不是儿子，而是小玲的父母。赵伟很生气，问小玲怎么回事。小玲却理直气壮地说："我父母家庭条件不好，把我养大不容易，万一我出了事，这份保单可以让他们养老，也是我回报他们的养育之恩。你父母有钱，你和孩子有这个房子的产权，都没有后顾之忧。不让你知道，是省得你烦心。"一席话，说得赵伟哑口无言。

从此，小夫妻俩表面上和好如初，心中却有了隔阂。很快，赵伟的父母知道了这件事，想到自己一直在贴补儿子儿媳，儿媳想得最多的仍是她父母家，不由心里感到很失落。双方父母颇觉尴尬，3个家庭无法再在一起生活。爷爷奶奶依然会过来看孙子，但不再有经济上的贴补，也不再买这买那送来。

赵伟和小玲现在要应付5个人的开销，每月的钱明显少了。未来的经济压力还会很大，迫在眉睫的问题是房子不够住，至少应该换一套两室一厅的房子。可是，这个愿望看上去似乎遥不可及。

孩子的出生以及外公外婆的到来，使家庭生活费用猛增。赵伟初算了一下，在同等地段换一套两室一厅的房子，按目前的价格，还要追加100万元左右，而目前家庭每月的生活费用6 000元都打不住。

赵伟和小玲目前面对三代同堂的局面，该怎么办呢？看看小玲和双方父母，在保单事件后，每人似乎都有一肚子不满意，这日子怎么过呢？怎么才能积累置换两室一厅的钱？怎么才能减轻经济压力，在自己生活和养育孩子之余，再照顾好双方父母尤其是小玲父母的养老，并且，让自己父母不会感觉不舒服呢？

思考题：

1. 案例中，赵伟和小玲的问题出在什么地方？

2. 请你为案例中的主人公支招，如何解决住房问题？

课后练习

一、单选题

1.(　　)是人生发展需要的初期教育场所。

A. 学校　　B. 社会　　C. 家庭　　D. 公司

2. 夫妻之间的教育，是指夫妻之间在思想、知识、技能等方面的相互影响，其中尤以(　　)的影响最为重要。

A. 思想　　B. 知识　　C. 技能　　D. 学历

3. 家庭教育管理是指以(　　)为核心的家庭管理人员对家庭教育的内容、要求和方式进行规划、安排和落实，以构建健康、和谐的家庭，促进家庭成员和家庭发展的过程。

A. 子女　　B. 老人　　C. 邻里　　D. 父母

4. 在家庭管理中，要赋予人生观和价值观教育内容，最重要的就是(　　)。

A. 家庭礼仪　　B. 家国意识　　C. 家族意识　　D. 个人意识

5. 对孩子成长最重要的两个字是(　　)。

A. 竞争　　B. 创新　　C. 进取　　D. 乐观

6. 夫妻关系是两个平等的圆，同样的圆，有各自成长的空间，中间又有一点连接，这种模式属于(　　)。

A. 互相依赖型　　B. 共同成长型　　C. 一大一小型　　D. 各自为政型

7. 避免"事业成功，子女却不受教"更重要的是(　　)。

A. 夫妻的关系好　　B. 环境条件优越　　C. 教育条件优越　　D. 家庭条件好

8. 父母在教育子女初期最重要的责任就是(　　)。

A. 要帮助子女找到他的缺点而且帮助改正

B. 要帮助子女找到他的兴趣而且培养出来

C. 要帮助子女找到他的特长而且发挥出来

D. 要帮助子女找到他的出路而且马上教育

9. 夫妻两人黏得太近，一个走在哪里另一个就跟到哪里，这种夫妻关系的模式属于

(　　)。

A. 一大一小型　　B. 相互依赖型　　C. 共同成长型　　D. 各自为政型

10. 教育子女最好是(　　)。

A. 一开始就有方法　　B. 一开始就用对方法

C. 一开始就用方法　　D. 一开始就不用方法

二、多选题

1. 联合国教科文组织提出21世纪的青少年应该具备“四个学会”,即(　　)。

A. 学会学习　　B. 学会生存　　C. 学会发展　　D. 学会与人相处

2. 家庭教育管理的内容有(　　)。

A. 进行家庭教育规划　　B. 父母率先垂范

C. 开展家庭教育活动　　D. 培养子女的求知欲

3. 家庭关系的模式主要有(　　)。

A. 父权家庭模式　　B. 子女权家庭模式　　C. 母权家庭模式　　D. 平权家庭模式

4. 家庭关系中的权力义务,主要包括(　　)。

A. 爷孙之间　　B. 父母子女之间　　C. 兄弟姐妹之间　　D. 夫妻之间

5. 家庭的功能主要包括(　　)。

A. 合理解决问题的能力　　B. 家庭沟通的能力

C. 合理的家庭角色分工　　D. 家庭情感关系融洽

E. 适度的行为控制

6. 为人之道以生命价值为核心,由(　　)等方面组成。

A. 人格人生　　B. 心理卫生　　C. 道德礼仪　　D. 人际交往

7. 为学之道以生命智慧为核心,由(　　)等方面组成。

A. 学习策略　　B. 思维能力　　C. 科学素养　　D. 人文修养

三、填空题

1. 从传统的家庭模式看,家庭主要分为________、________、________三大类。

2. 家庭教育的核心理念从顶层回答家庭________、________、________等问题。

3. 夫妻之间的教育,是指夫妻之间在思想、知识、技能等方面的相互影响,其中尤以________的影响最为重要。

4. 父母对子女的教育首先要加强对子女的________和________教育。

5. 我国比较流行的针对子女的教育是三道教育,即为________、________、________。

6. 家庭教育管理是指以________为核心的家庭管理人员对家庭教育的内容、要求和方式进行规划、安排和落实,以构建健康、和谐的家庭,促进家庭成员和家庭发展的过程。

7. 开展家庭教育管理,最重要的是要培养子女的________。

8. 根据我国现行婚姻法的规定,夫妻之间的权利义务主要包括________的权利义务和________的权利义务。

9. ________的利用水平,反映了一个家庭的文化素养和水平。

10. ________又叫原发预防、病因预防，是指家庭采取预防措施，控制和减少疾病的危险因素，以减少成员得病概率和发病率。

四、简答题

1. 简述我国比较流行的针对子女的三道教育的主要内容。

2. 简述现代家庭文化管理的要点。

五、案例分析题

孟母三迁

孟母的祖辈以农耕为主，家境非常贫寒。孟子家住在一个村庄的边缘，附近是一片坟地。孟子出于好奇，小时候常去墓间玩耍，看见人家埋葬死人，他就和一些小朋友学着样子玩抬棺材、挖坑、哭嚎的游戏。孟母见此情景很担心，认为这个地方对孩子成长不利，就搬了家。

孟母搬到城里的一条街上，附近是集市和商店，商人云集，一天到晚吆喝声不断。孟子搬到那儿后，又和小朋友学起商人做买卖的游戏来。孟母感到这个地方对孩子的成长也不利，于是又搬家了。

孟母第三次住的地方是一所学校的旁边。到这里来的除一些学生，还有一些著名的学者。他们出出进进很有礼貌，早晚还会听到朗朗的读书声。孟母高兴地说："这个地方很好，有利于教育孩子。"孟家便定居在此。

孟子住在这里，常到学校旁看学生游戏，听老师上课和学生朗读，学习来往行人的礼貌动作，孟母看了十分高兴。直到他上学，孟母仍不放松对他的教育。后来，他终于成为儒学代表人物。

思考题：孟母三迁的故事能说明什么教育观点？

项目 6　了解组织环境、组织信息与组织文化

【知识目标】

了解组织环境的内涵、构成、特征与作用；了解组织信息的内涵、类型、特征与作用；掌握组织文化的基本概念、特征与表现形式，组织文化建设的内容，组织文化对组织行为的影响，组织文化的功能与作用。

【能力目标】

通过本项目的学习，了解组织环境和组织信息的一般知识，掌握组织文化的构成要素，学会分析组织环境、组织信息和组织文化。

【案例导入】

失败的博弈方法

田忌经常与齐国众公子赛马，设重金赌注。孙膑发现他们的马脚力都差不多，马分为上、中、下三等，于是对田忌说："您只管下大赌注，我能让您取胜。"比赛时，孙膑说："用您的下等马对付他们的上等马，拿您的上等马对付他们的中等马，拿您的中等马对付他们的下等马。"三场比赛，田忌一场败而两场胜，最终赢得比赛。

后来，孙膑和田忌围攻魏国都城时，魏军分为 3 个纵队，从左到右分为强、中、弱。田忌就想用赛马的计策了。孙膑却否定了，他说，打仗可不能满足于二胜一。孙膑把齐军也分为 3 队，用自己的弱队扰乱对方的强队，用中队牵制对方的中队，用自己的强队迅速消灭对方的弱队，然后合在一起，消灭了对方的强队和中队。

小思考：为什么很相似的两场竞争，孙膑采用了不同的计谋？这对我们开展组织管理有什么启示？

任务1　认识组织环境

任何组织都是在一定环境下产生、存在与发展的，组织与组织环境相互作用、相互影响，构成了整个社会机体。

6.1.1　组织环境的内涵

1）组织环境的概念

组织环境是指影响组织生存和发展的各种内、外因素的结合，可以分为外部环境和内部环境两大部分。外部环境是存在于组织之外，对组织产生影响的所有因素。内部环境主要是组织文化、组织内部经营条件、组织内部信息等，包括组织的共同价值观、行为规范、道德准则、组织架构、人员素质、资金实力、科研能力等内容。

2）组织环境的构成

（1）外部环境

外部环境是指存在于组织之外，对组织产生影响的所有因素，分为一般环境和任务环境。

①一般环境。

一般环境包括以下6个方面。

a.政治环境。政治环境包括一个国家的社会制度、执政党的性质、各级政府的法律法规和政策等。对政治环境的研究，可以使组织了解国家和政府支持什么，反对什么，鼓励什么，限制什么，从而使组织的管理活动符合国家利益，受到政府的支持和保护。

★小资料★

古巴睡衣风波

据新闻报道，由于美国对古巴的禁运政策，美国禁止公司与古巴进行贸易往来，在加拿大的美国公司也要执行此禁令。沃尔玛在加拿大销售古巴生产的睡衣，美国的沃尔玛公司总部高层意识到这个问题违反了国家的规定，便发出指令，要求撤下所有违法销售的睡衣。而加拿大则因美国法律对其公民的侵犯而恼怒，他们认为加拿大人有权做出选择，购买古巴生产的睡衣。这样，沃尔玛公司便成了加—美对外政策冲突的牺牲品。沃尔玛在加拿大的公司如果继续销售那些睡衣，则会因违反美国法律而被处以100万美元的罚款，且公司相关人员还可能会因此被判刑。但是，如果按其母公司的指示将加拿大商店中的睡衣撤回，按照加拿大法律，会被处以120万美元的罚款。

b.经济环境。经济环境包括影响组织活动的国家经济制度、经济政策、经济资源、经济规模、经济发展水平、市场状况、国民收入和消费水平等方面。经济环境可以划分为宏观经济环境和微观经济环境。

c. 基础设施。和地理位置相对的是基础设施，基础设施是人类活动的产物，基础设施状况直接关系到组织活动能否顺利开展，比如道路、码头、港口等。

d. 技术环境。技术环境是指组织所在地区的技术水平、技术政策和技术条件等因素。组织的发展依赖于一定的技术环境，尤其是在产业分工日益精细的情况下，技术环境的优劣对组织的生存和发展往往具有至关重要的作用。

e. 自然地理环境。自然地理环境包括自然资源、地理位置和气候条件 3 个方面。自然资源包括土地、森林、矿产、水力等。地理位置是影响组织活动的重要因素，气候条件是自然条件的重要因素，气候的差异也会影响到组织活动。

★小资料★

《晏子春秋·内篇杂下》："橘生淮南则为橘，生于淮北则为枳，叶徒相似，其实味不同。所以然者何？水土异也。"意思是淮南的橘树，移植到淮河以北就变为枳树。比喻同一物种因环境条件不同而发生变异。

f. 社会文化环境。社会文化环境包括一个国家和地区的民众文化传统、价值观念、风俗习惯、审美观、教育水平和宗教信仰等一系列心理因素和行为特征。文化环境的每一个方面都会潜在地影响组织活动，是组织运行的无形屏障。

②任务环境。

任务环境包括同行（或竞争者）、服务对象（或顾客）、合作伙伴（供应商、经销商、咨询机构和协作单位）3 个方面。

a. 同行（或竞争者）。同行是指经营业务或者管理活动性质相同、内容相同或者利害相关的组织。同行之间由于经营着同样的业务，开展同样的管理活动，因此具有一致性。对营利性组织而言，由于同行面临同样的客户，面对同样的市场，客户资源和市场资源具有有限性，因此同行往往是竞争者。

对于同行是竞争者的问题，一定要辩证地看待。一方面，竞争者是提供相似的产品或服务的组织，或者说争夺相同顾客的组织（包括替代品提供者）。组织的竞争对手包括现实的和潜在的，组织的竞争对手也是动态变化的。竞争对手是对组织具有威胁性的力量，双方形成高度的对立。技术难度、资金密度、规模经济、品牌忠诚等通常会形成竞争者难以逾越的进入门槛和壁垒。另一方面，即使对于营利性组织而言，竞争也是具有相对性的，竞争的重点是培养自己的核心竞争力，而不是打压对方，为自己的无能或不思进取赢得空间。竞争是不断地挑战自我、超越自我的过程，而不是通过挑战同行去取得竞争优势。这就需要组织苦练"内功"，树立良好的经营理念，推进科学管理，激发员工的主人翁精神和创造性，打造组织的核心竞争力。同时，要与同行为伍，以同行为师，向同行学习，取长补短，彼此促进，共同努力为顾客提供优质的服务，提高组织的生存发展能力。

b. 服务对象（或顾客）。服务对象是组织面对的人群或者顾客。对于行政机构而言，服务对象就是广大人民群众，或者称公众。公众满意度是判断政府机构服务质量的重要指标，也是判断一个政党或者政府执政合法性的重要指标之一，所以必须高度关注服务对象的需求。对于营利性组织而言，服务对象就是顾客或者消费者。顾客(用户)是组织管理工作中需要关注的头等问题，因为顾客对产品的总需求决定着行业的市场潜力，从而影响行业内所有企业的发展边界。此外，顾客的购买行为随着环境条件和心理因素的变化而变化，具有潜在的不确定性。组织需要不断研究和分析这种变化，不断研发适销对路与高质量的产品，才能不断增强自身的实力。

c. 合作伙伴(供应商、经销商、咨询机构和协作单位)。合作伙伴是为组织提供协助的其他组织。对于政府而言，合作伙伴主要是在各种利益集团或者机构中，能够为政党或者政府执政提供协助和支持的利益集团或者机构，包括科研咨询机构、民间智囊团等。对于营利性组织而言，合作伙伴一般包括供应商、分销商、咨询协作单位等。

(2)内部环境

内部环境是指组织内部的物质、精神环境的总和，包括组织资源、组织信息、组织文化等因素，是组织内部的共享价值体系。内部环境是组织内部与战略有重要关联的因素，是制定战略的出发点、依据和条件，是竞争取胜的根本。它包括物理环境、心理环境、文化环境等。

①物理环境。物理环境要素包括工作地点的空气、光线和照明、声音(噪声和杂音)、色彩等，它对员工的工作安全、工作心理和行为以及工作效率都有极大的影响。物理环境对组织的影响要求防止物理环境中的消极性和破坏性因素，创造一种适应员工生理和心理要求的工作环境，这是实施有序而高效管理的基本保证。

②心理环境。心理环境指的是组织内部的群体心理和个体心理。心理环境对组织管理有着直接的影响，制约着组织成员的士气和合作程度的高低，影响组织成员的积极性和创造性的发挥，进而决定组织管理的效率和管理目标的达成。心理环境包括组织内部成员的责任心、归属感、合作精神、奉献精神、人际关系等。

③文化环境。文化环境有两个层面的内容：一是组织的制度文化，包括组织的结构、规章制度、工艺操作规程和工作流程、考核奖励制度等；二是组织的精神文化，包括组织的价值观、组织信念、经营管理哲学等。良好的组织文化是组织生存发展的基础和动力。

3)组织环境的特征

组织环境是组织系统所处的环境，这种环境是与组织及组织活动相关的、在组织系统内外的一切物质和条件的统一体。组织环境是相对于组织和组织活动而言的，只有相对于组织和组织活动的物质和条件才具有意义。组织环境具有以下 4 个特征。

(1)组织关联性

组织关联性是指组织环境与组织的经营管理活动具有关联性。从空间分布看，组织与环境之间的距离有远有近，但是并非距离远的环境就与组织没有关联性或者关联性低，也并非距离近的环境就与组织有关联性或者有较强的关联性。因此，要研究环境是否与组织的经营管理活动有关联。

(2)客观性

组织环境的客观性是指组织环境是客观存在的，它们是组织赖以存在的物质条件，不以组织中人们的意志为转移。

(3)系统性

人们的管理活动是在整体的环境背景中进行的。组织环境的系统性就是指组织环境是由与组织相关的各种事物和条件相互有机联系所组成的整体,它也是一个系统。组成这个系统的各种要素相互关联,形成一定的结构,表现出整体性和系统性。

(4)动态性

组织环境的各种因素不断变化、不断地重新组合,不断形成新的组织环境,因此,组织环境处于经常的发展变化之中。组织系统既要从组织环境中输入物质、能量和信息,也要向组织环境输出各种产品和服务,这种输入和输出,必然要使组织环境发生变化,使得组织环境本身总是处于不断的运动和变化之中。因此,组织必须根据不断变化的环境及时修订自己的管理经营方案,以适应不断变化的环境,通过调整组织系统输入输出的结果,来促使组织环境更加有序地朝着有利于组织系统生存和发展的方向运动。

6.1.2 组织环境的功能与作用

1)组织环境的功能

组织环境具有独特的功能,体现在承载功能和吸收整合功能。即组织环境能够承载组织的产生、发展和消亡,同时,又整合组织各方面的能量和影响力,发展和延伸组织。从单个组织而言,组织环境是组织的依托。对整个环境而言,众多的组织构成了一个大的环境。组织环境与组织存在相互影响、相互作用、相互交换能量的关系。

2)组织环境的作用

环境是组织生存的土壤,它既为组织活动提供条件,也对组织的活动产生制约。组织中的不同部门或活动都必须与不同的环境相适应,组织应该调整战略以适应环境。

(1)外部环境对组织的作用

①外部环境是组织存在的前提。从组织的工作环境来看,没有消费需求及各种生产要素的市场供给,经营性组织就不可能生存。从一般环境的角度来看,组织与其具体工作环境关系的确立与运行,又是以一定物质生产关系为基础和核心,各方面社会关系有机结合、交互作用的结果。绝大多数组织都依赖周边的环境而存在,具体的要素环境直接地决定组织的生存与发展,而任何具体工作环境又总是一般社会外部环境的组成部分。

②外部环境制约组织发展。社会外部环境作为外在条件对组织的生存与发展产生限制与约束。比如在改革开放前,中国的企业主要面对国内的消费者进行生产,而且由于物资短缺,生产总是不愁销路的,因此企业只需要从事生产的管理人员。而在改革开放和加入WTO以后,企业即使是在国内生产和销售也直接面临国际企业的竞争,所以企业要积极拓展国际市场、了解国际市场的需求,于是需要组建营销机构,需要了解外贸相关法律和政策,需要增加了解国际法律规范的人员。

③外部环境对组织的影响作用。环境影响作用主要体现在外部环境的变化,往往会影响组织的变化。

(2)内部环境对组织的作用

组织的内部环境是内生于组织之中的,与组织有共生的关系,这种作用主要表现在以下

3 个方面。

①组织内部环境提供组织运行的基本条件。组织内部的物理环境、心理环境和文化环境,都是组织运行所必需的条件,各方面的条件基本具备之后,组织运行才有可能顺利展开。

②组织内部环境规范组织运行机制。组织内部环境包括组织的制度和规范,组织的意识、文化和制度连接成为一种组织生态,这个组织生态的形成,使组织运行有相应的灵魂、理念、意识和制度保障。这才使组织运行的程序和相互作用得以有条不紊地进行。

③组织内部环境填补组织运行和管理的不足。组织内部环境既包括刚性的制度约束,又包括柔性的文化和思维习惯。任何组织都不可能建立天衣无缝的管理制度,任何组织制度都无法对快速变化的环境做出瞬间的即时反应。组织文化和组织精神等内部环境的形成,可以促进员工自动自发地根据组织需求采取应对措施,弥补制度管理的缝隙。

◎**实训**

分组讨论组织内外部环境是如何影响组织的。

◎**案例**

1885 年 8 月 5 日,金·坎普·吉列出生在美国芝加哥一个小商人的家庭里。因为父亲做的是小生意,所以家境很不稳定,时好时坏。16 岁那年,金·坎普·吉列遇到了人生的第一个挫折,父亲的生意破产,家徒四壁,正在上学的金·坎普·吉列为了减轻家里的负担,被迫辍学。为了维持生计,他开始走向社会,对于一个没有学历、没有经验的人来说,最容易找到的工作就是推销员了,金·坎普·吉列走上了推销员之路,而且一干就是 24 年!有一次,金·坎普·吉列在外地推销产品,早晨在旅馆的客房里自己剃胡须。天气太热,他又急于出去找客户,勉勉强强地刮好胡须,下巴已变得血肉模糊,惨不忍睹。他恶狠狠地扔掉剃须刀,怨恨地说:“为什么就没有更方便、更锋利的剃须刀呢?难道男人活该要遭受这般没完没了的折磨吗?”金·坎普·吉列的这一番怨气,倒是提醒了自己:“我为什么不能开发自己想要的剃须刀呢?”

吉列公司成立于 1901 年美国的波士顿,自从“吉列之父”金·坎普·吉列创制了世界上第一把安全剃须刀开始,经过了几代人的不懈努力和创新,吉列公司不断给全世界带来多种革命性的产品,书写了男用剃须刀的历史。它是世界上刀片和剃须刀产品的最大生产商。

就在吉列公司刀片生意逐渐好转的时候,第一次世界大战爆发了,这次战争给吉列刀片带来了极大的好运。

战争开始时,美国采取了坐山观虎斗的中立政策,并同时与交战双方做生意。对外贸易的增长大大刺激了美国的国内生产,在这有利的形势下,吉列产品的原材料价格下降,而生产工艺进一步提高,从而在市场上更有竞争力。

1917 年 4 月,第一次世界大战已接近尾声,美国向德国宣战,并派兵进入欧洲战场。一次偶然的机会,金·坎普·吉列从报纸上刊登的新闻照片上看见大胡子士兵在前线的照片,他灵机一动,以成本价向军需品采购部门供应安全剃须刀,美其名曰“优待前方将士”,此举立即受到了生活艰苦的大兵们的欢迎。

于是,吉列的安全剃须刀堂而皇之地进入了每一个士兵的背包里。这项举措不仅大规模地增加了公司产品的销售量,更重要的是培育了固定和潜在的消费群体。这些士兵在部队里用惯了吉列的安全剃须刀后,一定也会把这种消费习惯带回家中,成为吉列公司长期和固定的顾客。他们还可能会影响周围的人,让使用安全剃须刀的人越来越多。

战争结束后,几十万名复员的盟国士兵带着老头牌刀架和刀片分散到世界各地,广为宣传,产生了强大的广告效果。1917年吉列保安剃须刀共销售了1.3亿支刀片,是吉列公司初创那一年(1903年)70支的近185万倍,市场占有率达80%,有44家海外分公司。吉列刀片名扬四海,金·坎普·吉列按照他的预期计划,建立了一个世界性的“剃刀王国”。

第二次世界大战时,虽然金·坎普·吉列去世,但吉列公司仍沿用老吉列在第一次世界大战时的做法,以“劳军”的名义,把数量巨大的保安剃须刀作为军用品供应美军,随美军走遍世界各地。由此,吉列公司获得了战后的巨大发展。

第一次世界大战和第二次世界大战期间,吉列公司抓住机会,并好好运用,给自己的品牌发展带来了无限的发展前景。

思考题:

吉列崛起的时候,外部环境对吉列的兴衰起到了什么作用?

任务2 认识组织信息

6.2.1 组织信息的概念和类型

1)组织信息的概念

组织信息是与组织的管理目的和经营管理活动有密切关系的信息,是指那些以文字、数据、图表、音像等形式描述的,能够反映组织各种业务活动在空间上的分布状况和时间上的变化程度,并能给组织的管理决策和管理目标的实现提供参考价值的数据、情报资料。

2)组织信息的类型

组织信息多种多样,为了有效地对组织信息加以分析和利用,需要按照一定标准对其进行分类。

①按组织信息的来源划分,可以分为内生信息和外生信息。内生信息是指组织内部所产生的信息,它反映组织内部所拥有的资源状况、资源的利用水平和能力情况等;外生信息来自组织外部,是对组织业务活动有影响的关于外部环境各因素的信息。

②按组织不同层次的要求划分,可以分为计划信息、控制信息和作业信息。计划信息是与决定该组织在一定时期内的目标、制定战略和政策、制定规划、合理分配资源有关的信息。

这类信息主要来自组织外部环境。控制信息主要是组织的中层管理部门为了实现组织的经营目标而对生产经营活动各环节进行监督、控制所需的信息。控制信息主要来自组织内部，要求比较详细具体。作业信息与组织的日常管理业务活动有关，大多是反映企业生产经营的日常业务活动的信息，用以保证基层管理部门切实地完成具体作业。基层主管人员是该类信息的主要使用者，对这类信息要求明确、具体、详细。

③按产生时间的不同划分，信息可以分为历史性信息、实时性信息和预测性信息。历史性信息，又称档案信息，是指在过去发生的但是仍具有利用价值的信息。这类信息一般已被使用过，但是管理人员从历史事件中可以找到借鉴或启发的价值，或者从历史信息中可以找到经济走势的规律，因而仍可能发挥作用。实时性信息，又称即时信息，是指反映组织当前活动情况及外部环境特征的信息。实时性信息的时效性很强，对于指导和控制组织正在进行的活动具有非常重要的作用。预测性信息是指在掌握和利用历史信息和实时信息的基础上，通过运用科学的预测方法或管理人员的经验判断，据此对组织未来进行预先描述所得到的信息。这类信息对于高层主管人员制定战略、尽早制定相应的准备措施、及时决策都有重要意义。

④按组织信息的稳定性划分，可以分为固定信息和流动信息。固定信息是指在一定时期内不会发生重大变化，不会发生质的变化，具有相对稳定性的信息，它可以供各项管理工作重复使用。流动信息又被称为作业统计信息，它是由组织的营运活动所产生的，反映生产经营活动实际进程和状况的信息，例如企业的库存量情况、产品的生产进度、企业的设备损耗情况等。流动信息不断变化，因而其时效性非常重要，一般只具有一次性使用的价值。

6.2.2 组织信息的特征

组织信息是与组织的经营管理活动密切关联，影响组织管理活动的重要信息。它具有一系列明显特征。

1）有效性与不完全性

信息对组织的管理目的和管理活动必须有效，无效的信息没有研究意义。有效性是信息的中心价值，如果信息在时间上不及时、数量上不足够、质量上不准确、内容上不适用的话，就会给组织管理带来阻碍。信息的不完全性是指客观事实的真实情况所形成的信息并不是根据组织需要而产生的，组织往往不可能在第一时间得到所需求的完整信息。因此，组织要根据自身的需求补充信息或者舍弃无用的信息。

2）共享性和等级性

组织信息的共享性主要表现在不同领域、不同层次、不同部门、不同单位往往都可共同使用某种信息资源。充分发挥信息的共同作用，以避免在信息的收集、加工、传输、储存等方面的重复劳动，从而降低组织管理和经营成本。组织要根据情况组建内部的信息共享网络，以促进组织提高运行效率，获取更大的收益。处在不同层级的管理者对同一事物所需要的信息不同，同一单位不同层次的管理者对信息的需要也存在明显差异。因此，需要将信息分级为战略级、战术级和作业级。战略级主要指高层管理者需要的关系到全局和长期利益的信息;战术级为部门负责人需要的关系到组织局部和中期利益的信息;作业级是关系到基层业务和管理工作的信息。

3)经济性

信息的经济性是指信息可以产生巨大的经济价值,也指信息的获取存在着投入产出的问题。因此,要利用信息提升组织的经济收益,就必须要投入资源去获取、处理信息。但是对信息的获取和利用也要重视费用效益的分析,争取花费尽可能少的成本而获取尽可能多、尽可能有价值的信息。

4)滞后性

信息的滞后性是指信息是由数据转换而来的,因此不可避免地要落后于数据,而且信息的使用价值必须经过转换才能得到,这种转换也必须从数据到信息到信息处理再到决策,最后取得效果,它们在时间关系上是有先后之别的。从前一个状态转换为后一个状态的时间间隔不会是零,同时,由于信息是有寿命的,许多信息的寿命衰老很快,因此要及时转换信息,才能够充分利用信息的价值。

6.2.3 组织信息的功能与作用

1)组织信息的功能

经过分析、处理和判断,组织信息可以成为组织有用的资源。组织信息对于组织的生存和发展具有搭建影响机制、显示运转效率、提供分析依据、整合组织资源等方面的功能。搭建影响机制是指组织信息通过在组织内外的流动,对组织的生存、运行和发展产生影响;显示运转效率是指组织信息通过流动表现出各种变化,显示组织管理各环节的运行状况;提供分析依据是指组织信息在流动中的变化,体现了组织各部门、各环节内部和相互之间的关系,这些关系通过信息显示出来,为组织管理提供了分析组织及其运行状况的指标和数据;整合组织资源是指组织信息在流动过程中,及时反映组织运行状况和效率,形成信息反馈,从而促进组织进行调整和控制,使组织资源得到整合。

2)组织信息的作用

有些单位不重视收集信息,有些单位对信息的收集比较完善,却没有充分利用其服务组织的经营管理活动,这是非常可惜的。信息对组织的经营管理具有多方面的作用。

(1)组织信息具有重要的心理作用

信息会对人们的心理和行为产生影响。在管理实践中,组织信息能够发挥重大的心理和行为引导作用。积极的信息能够鼓励人,促进人进步;消极的信息却打击人的信心,妨碍人的进步。组织要充分利用信息,甚至有意识地开发信息,恰当地向员工传播各类信息,搞好宣传工作,提高员工士气。

(2)组织信息是进行预测的基础

组织发展需要预测环境的变化和走向,预测是对未来的发展进行估计,是以掌握信息为基础的,拥有充分的信息资料是预测的基本前提。没有预见就没有科学的管理,可见,组织信息的预测作用对管理活动非常重要。

(3)组织信息的流动是进行管理控制的基本手段

组织管理活动贯穿着人流、物流和信息流,信息流伴随着人流、物流同时流动,并反作用于物流和人流,控制着其流动过程。管理者正是通过驾驭信息流来控制人流和物流,进而达到管理和控制生产经营活动过程的目的,以实现企业或组织的目标。组织管理者要充分利用信息流来开展经营管理活动,确保组织成员了解组织情况,实现组织沟通,保持组织各部门之间、员工之间、干群之间的协调一致。

◎实训

收集班级内外部信息,并对这些信息进行分析,思考其对班级管理有何作用。

◎案例

企业大了,运营环节自然不断增多,下放到各环节关键岗位上的资源支配权也不断地增加,虽然有大量的书面制度,但实际上还是要靠关键岗位上的人来把持和掌控,这就难以避免地会出现抛锚漏油。如何进行控制成为所有企业管理者面临的一道难题。联想正是通过信息系统,用透明流程重构了联想的控制力,使采购过程变得透明化,避免了既当裁判员又当运动员的情况。

在联想的流水线中,总经理和部门总经理的权利更多体现为监管范围的大小。简单说,总裁杨元庆有权监察从采购到销售整个流程中联想上上下下8 000人的行为——所有联想人在杨元庆那里都是这只透明鱼缸中的一条透明鱼;同理,所有采购人员在他的上级——供应经理那里都是透明鱼,除了“沐浴”在上级的目光中外,所有人的开支都要经得起财务监管备案的“阳光”。对于部门经理,上级可以对他进行360°考评,即部门经理周围所有的人都可以对他评头论足,唯独部门经理看不到。在这样的系统体制下,哪里不透明,就意味着哪里有问题,发现有不透明的鱼,就可以在第一时间把它捞出鱼缸。透明化大大简化了企业管理过程中的控制难度。

众所周知,以CPU(中央处理器)为代表的IT(互联网技术)业产品核心部件几乎一直保持着每半年推出换代产品的速度发展,因此IT产品的更新换代速度比常规行业要快得多。由此,联想把IT产品比作是刚刚采摘的“鲜果”,在生产运送到售卖的过程中,一不小心造成积压,就会烂在手里。

联想集团的信息化改造覆盖了企业的全部业务流程。联想通过梳理、重组业务流程,使业务信息准确、实时、集成化采集和记录,实现了业务过程的实时、全程监控。也就是说,在一个透明的数据平台上,联想可以看到每一颗“鲜果”的位置与状态,并加以合理控制。联想把平均交货时间从11天缩短到5.7天,应收账周转天数从28天降到14天,订单人均日处理量从13件增加到314件,订单周期由75小时缩减到58小时,结账天数由20天降到1天,加班人次从70人削减为7人,大大减少了“鲜果”烂在库里的可能性。与此同时,联想内部加深了对企业管理流程的认识,使所有参与者了解每个流程环节的目的和价值,逐步实现企业管理模式的转变。从历程上看,联想的成长与联想信息化改造工程是一个双螺旋结构,信息化促进了联想的成长,联想的成长反过来也促进了信息化改造的深入。

信息化是企业权利的重新分配。企业实施管理信息化必须是“一把手工程”。一把手在推动信息化过程中可以起到协调权限、消除对抗的作用。联想从1998年11月开始实施ERP项目,投入上千万元,该项目进行了4个月后却没有什么成效。在1999年4月18日联想的一次高层会议上,柳传志面对联想所有高层职员、各子公司的总经理发了火:“联想花几千万上ERP不是做表面文章,必须做好,做不成,会受很大影响,我会把李勤(当时联想集团常务副总裁)给杀掉。”李勤立刻站起来表态:“做不好,我下台,不过下台前我要先把杨元庆和郭为干掉。”柳传志下令:ERP做成了,项目组有奖;做不成,所有联想干部奖励都受影响,董事的年终奖扣罚20%。自此,联想的ERP项目进入了快速通道,2000年1月成功并行上线,2000年8月ERP完全投入正常使用,联想的信息化进程进入了新阶段。实际上,一把手并不需要真正亲自来解决信息化系统的技术问题,他在其中起到的作用是协调好各个层次权限的分配,并且消解信息化推进过程中企业内部必然产生的对抗情绪。

思考题:

1. 联想如何建设自己的企业信息化?
2. 企业信息化对企业最大的好处在哪里?

任务3 体会组织文化

6.3.1 组织文化的概念

1)组织文化的概念

文化是一个涵盖非常广泛的概念。从广义上讲,文化是人类在社会实践过程中创造的物质财富和精神财富的总和。从狭义上讲,文化是指人类的精神产品,包括一切社会意识形态。作为一种社会现象,文化的发展有历史继承性。作为一种意识形态,文化是一定社会政治和经济的反映,同时又对一定社会的政治和经济产生巨大的影响。组织文化是组织在长期的生存和发展中所形成的,为本组织所特有的,且为组织多数成员共同遵循的最高目标、价值标准、基本信念和行为规范等的总和及其在组织活动中的反映,体现了企业及其成员的价值准则、经营哲学、行为规范、共同信念和凝聚力。相对于国家文化、民族文化、社会文化而言,组织文化是一种微观文化。

2)组织文化的表现形式

一般情况下,组织文化通过5种形式表现出来。

(1)组织的物质文化

组织的物质文化,包括与组织的生产、营销、消费、服务活动相关联的物质设施体现出来的文化成分。这些物质载体包括组织的所有与生产经营和营销相关的建筑、设施及结构风格，装饰，组织的雕塑，各种原料、产品及存放器具，文化娱乐活动场地，办公用品，员工着装样式，组织营销相关物件，如产品包装、运输与消费相关的器具等。

(2)组织的精神文化

组织的精神文化，是指与组织生产、营销、消费、服务活动相关的精神文化成分。组织的精神文化包括组织哲学、经营理念和战略目标、企业管理制度、生产技术和工艺流程、相关的典故(故事)和传说、诗词歌赋等艺术形式、心理等。

(3)组织的人物文化

组织的人物文化，是指与组织的生产、营销、消费、服务活动相关的某些标杆性人物的思想观念、言行举止、物质和精神产品中体现出来的与组织相关的文化成分。

(4)组织的行为文化

组织的行为文化是指组织在生产、营销和消费活动中的相关活动、组织员工活动中包含的文化成分。包括组织行为、组织人才的培养和培训、组织员工行为举止规范、社会各界人士中与组织相关的行为与礼仪习惯等。

(5)组织的文化网络

组织的文化网络是指组织中非正式的沟通网络，它由一些不同的角色串联而成，包括组织中的“民间活动”、公益活动及相关群体活动等。

6.3.2 组织文化的层次与特征

1)组织文化的层次

组织文化包括精神层(深层)、制度层(里层)、物质层(表层) 3 个层次。在组织文化 3 个层次的内容中，精神文化是组织文化的灵魂，是从制度文化、物质文化中提炼出来的精华。制度文化是组织文化的保障，精神文化只有通过制度化，才能逐渐外延产生影响力，逐渐内化成为组织员工的行为准则。物质文化是精神文化和制度文化建设的物质基础和具体表现形式。

组织文化的 3 个层次跟组织识别系统(CIS)的 3 个层次是一一对应的，在内容上也是相互重叠和大体一致的。组织文化往往通过组织的识别系统体现出来，但是其又不完全等同于组织识别系统。组织识别系统包含以下 3 个层次。

①理念识别(MI)。它包括组织目标、组织哲学、经营宗旨、组织精神、组织道德等。

②行为识别(BI)。它对内有组织管理、人员培训、组织礼仪和风尚、工作环境与气氛等；对外有市场调查、产品推广、服务态度和技巧、公共关系活动等。

③视觉识别(VI)。它的基本部分包括组织名称标志、标准字、标准色、精神标语、手册等；它的应用部分涉及产品及其包装、招牌与旗帜、办公用品、衣着制服、建筑风格、纪念物、广告等。

2)组织文化的特征

(1)无形性

组织文化所包含的共同理想、价值观念和行为准则是作为一个群体心理定式及氛围存在于组织员工中。在组织文化的影响下,员工会自觉地按组织的共同价值观念及行为准则去从事工作、学习、生活。这种作用是潜移默化的,其影响力可以感受到,但是却难以度量和计算。组织文化虽然是无形的,但却是通过组织中有形的载体(如组织成员及其行为、产品、设施等)表现出来的。

(2)软约束性

组织文化不是靠规章制度之类的硬约束去管理员工,而主要是靠其核心价值观对员工的熏陶、感染和诱导,使员工自觉地按照组织的共同价值观念及行为准则去工作。员工的行为会因为符合组织文化所规定的行为准则受到群体的承认和赞扬,从而获得心理上的满足与平衡。反之,如果有员工的某种行为违背了组织文化的行为准则,就会受到群体意识的谴责和排斥,从而产生失落感、挫折感及内疚,甚至被群体边缘化。

(3)相对稳定性和连续性

组织文化是随着组织的诞生而产生的,具有一定的稳定性和连续性,能长期对组织员工的行为产生影响,不会因为日常的细小的经营环境的变化或个别管理人员及个别员工的去留而立刻发生重大变化。

(4)个性与共性的统一

组织文化是共性和个性的统一体。共性是指组织文化之间的共同性。一方面,组织都身处一定的国度和民族环境之中,其文化必然带有国家和民族的共性成分;另一方面,组织都有其必须遵守的共同的客观规律,如必须调动员工的积极性,争取顾客的信任等,因而组织文化有其共性的一面。组织文化的个性是指一个组织的文化与另外一个组织的文化有明显的区别。组织文化只有具有鲜明的个性,才有活力和生命力,才能充分发挥作用,使组织长盛不衰。

6.3.3 组织文化的功能与作用

1)组织文化的功能

组织文化有内在的整合功能和外在的适应功能两种主要功能。即组织通过构造组织识别体系与组织成员共同的行为准则,提高组织资源的利用和组织文化适应外界环境的功能。组织文化正是由于具有内在的整合与外在的适应两种功能,才既能把组织成员很好地维系在一起,又能有效地适应外部环境,从而保证组织不断变迁与创新,得到持续发展。

2)组织文化的作用

(1)组织文化具有导向作用

组织文化的导向作用是指其把组织及员工的价值取向及行为取向引导到组织所确定的目标上来,使之符合组织的目标。人们的思想、观念经常是制约生产力发展的突出因素。组织文化通过确立组织科学的经营之道,制定具有特色的经营战略,并把这些观念、目标、战略贯彻到员工的工作中去,使之形成组织共同的价值观、组织精神和行为方式。这种深深扎根于员工之中的组织精神和价值取向,能够从思想观念和心理上增强组织员工的共同理想和信念，并促使全体员工以自己的聪明才智实现组织的目标。

(2)组织文化具有规范作用

组织文化对人的规范作用是通过观念、心理和氛围等文化要素的作用，包括形成的组织共同价值观、信仰、道德、习俗、礼仪和规章制度等来实现的。组织文化告诉人们怎样做是对的，怎样做是错的，应该怎样做，不应该怎样做，使人们做出符合组织行为规范和制度的选择。

(3)组织文化具有凝聚作用

组织文化的凝聚力表现在3个方面。首先，组织文化是坚实的精神基础，不仅赋予员工共同的目标、志向、期望，使大家心往一处想，劲往一处使，而且通过组织价值观和组织精神的共识，相互理解、彼此合作，减少误解、冲突引起的离心力。其次，组织文化为有效地解决组织内部矛盾提供了正确的判断标准和行为准则。对于一个组织来说，矛盾和冲突是不可避免的，是自然和正常的，并且不一定都是有害的，关键是及时而正确地化解这些矛盾和冲突，使其向有利的方向转化。最后，组织文化能为员工提供多方面的心理满足。组织的凝聚力，归根结底是员工心理需要能否得到充分满足。

(4)组织文化具有激励作用

组织文化的核心是要创造出共同的价值观念来凝聚员工意志，创造一种人人受重视、受尊重的文化氛围。良好的文化氛围，往往能产生激励作用，使每个成员所做出的贡献都会及时得到其他员工及领导的赞赏和奖励，由此产生及时的激励。组织文化通过满足员工自我尊重、自我实现的需要来激励员工自觉地、积极地为组织目标而奋斗。

★小资料★

有一位表演大师上场前，他的弟子告诉他鞋带松了。大师点头致谢，蹲下来仔细系好。等到弟子转身后，又蹲下来将鞋带解松。

有个旁观者看到了这一切，不解地问："大师，您为什么又要将鞋带解松呢？"大师回答道："因为我饰演的是一位劳累的旅者，长途跋涉让他的鞋带松开，可以通过这个细节表现他的劳累憔悴。"

"那您为什么不直接告诉您的弟子呢？"

"他能细心地发现我的鞋带松了，并且热心地告诉我，我一定要保护他这种热情的积极性，及时地给他鼓励，至于为什么要将鞋带解开，将来会有更多的机会教他表演，可以下一次再说啊。"

(5)组织文化具有创新作用

创新已成为组织发展的灵魂、前进的动力、活力的源泉。创新是组织文化的精髓，组织文化是组织独特的传统、习惯和价值观的积淀，它与组织的内外部条件是密不可分的。组织的内外部条件在不断地变化，因此，组织文化也在不断地创新。而凝聚在组织文化中的核心价值观、组织使命和经营哲学，正是促进组织员工不断推进企业创新的重要源泉。

◎实训

小组讨论组织文化对培养团队荣誉感有哪些方面的影响。

◎案例

生生不息的华为文化

华为不仅在经济领域取得了巨大发展,而且形成了强有力的企业文化。华为人深知,文化资源生生不息,在企业物质资源十分有限的情况下,只有靠文化资源、靠精神和文化的力量,才能战胜困难,获得发展。

华为人认为,企业文化离不开民族文化与政治文化,中国的政治文化就是社会主义文化,华为把共产党的最低纲领分解为可操作的标准,来约束和发展企业中高层管理者,以中高层管理者的行为带动全体员工的进步。华为管理层在号召员工向雷锋、焦裕禄学习的同时,奉行绝不让"雷锋"吃亏的原则,坚持以物质文明巩固精神文明,以精神文明促进物质文明来形成千百个"雷锋"成长且源远流长的政策。

华为人坚持为祖国昌盛、为民族振兴、为家庭幸福而努力奋斗的双重利益驱动原则。这是因为,没有为国家的奉献精神,就会变成自私自利的小人。现代高科技的发展,决定了必须由具有集体主义精神、不自私的人结成一个团结的集体,才能推动企业的发展。同样,没有促成自己体面生活的物质欲望,没有以劳动来实现欲望的理想,就会因循守旧、故步自封,进而滋生懒惰。因此,华为提倡欲望驱动、正派手段,使群体形成蓬勃向上、励精图治的风尚。

团结协作、集体奋斗是华为企业文化之魂。成功是集体努力的结果,失败是集体的责任,不将成绩归于个人,也不把失败视为个人的责任,一切都由集体来共担,"官兵"一律同甘苦。除了工作上的差异外,华为高层领导不设专车,吃饭、看病一样排队,付同样的费用。在工作和生活中,上下平等,不平等的部分已通过工资形式体现了。华为无人享受特权,大家同甘共苦,人人平等,集体奋斗,任何个人的利益都必须服从集体的利益,将个人努力融入集体奋斗之中。自强不息,荣辱与共,胜则举杯同庆,败则拼死相救的团结协作精神,在华为得到了充分体现。

思考题:

1. 华为的企业文化包括哪些内容?
2. 华为的企业文化是如何影响企业的?

课后练习

一、单选题

1. 一般环境包括(　　)。

A. 供应商　　B. 替代品威胁　　C. 组织管理状况　　D. 政治环境

2. 环保意识的兴起，在管理上应视为哪一方面环境的改变？(　　)

A. 经济环境　　B. 政治环境　　C. 社会环境　　D. 文化环境

3. 一个国家的人口数量及其增长趋势、国民收入、国民生产总值及其变化情况，以及通过这些指标所反映的国民经济发展水平和发展速度，属于企业外部环境中的(　　)。

A. 政治环境　　B. 社会环境　　C. 经济环境　　D. 技术环境

4. 一个国家或地区的居民教育程度和文化水平、宗教信仰、风俗习惯、审美观念、价值观念，属于企业外部环境中的(　　)。

A. 政治环境　　B. 社会环境　　C. 技术环境　　D. 经济环境

5. 外部环境主要由一般环境与(　　)构成。

A. 宏观环境　　B. 任务环境　　C. 组织文化　　D. 组织结构

6. 社会环境包括(　　)。

A. 科技体制　　B. 人口结构　　C. 社会经济结构　　D. 生态环境

7. 外部一般环境对组织的影响是(　　)。

A. 短期的　　B. 直接的　　C. 间接的　　D. 有利的

8. (　　)是组织存在的前提。

A. 内部环境　　B. 外部环境　　C. 经济环境　　D. 社会环境

9. 按组织信息的来源划分，组织信息分为(　　)。

A. 控制信息　　B. 历史性信息　　C. 固定信息　　D. 内生信息

10. 在组织文化 3 个层次的内容中，(　　)是组织文化的灵魂。

A. 精神层　　B. 制度层　　C. 物质层　　D. 关系层

11. 关于组织文化，正确的说法是(　　)。

A. 变化较慢，一旦形成便日趋加强

B. 变化较快，随时补充新的内容

C. 变化较慢，但每年都会抛弃一些过时的内容

D. 变化较快，特别是企业管理人员变更时

12. 下列关于组织文化的说法中不正确的是(　　)。

A. 一般的文化都是在非自觉的状态下形成的，组织文化则可以是在组织努力的情况下形成的

B. 文化组织具有自我延续性，不会因为领导层的人事变更而立即消失

C. 仁者见仁，智者见智，组织文化应该使组织成员面对某些伦理问题时产生多角度的认识

D. 组织文化的内容和力量会对组织员工的行为产生影响

13. 塑造组织文化时，应该注意(　　)。

A. 主要考虑社会要求和行业特点，和本组织的具体情况无关

B. 组织领导者的模范行为在组织文化的塑造中起到号召和导向作用

C. 组织文化主要靠自律，所以不需要建立制度

D. 组织文化一旦形成，就无须改变

14. 组织文化(　　)。

A. 具有较强的创新性,打破传统观念和价值体系

B. 独立于环境,始终保持高雅性和纯洁性

C. 在内外条件发生变化时,淘汰旧文化,发展新文化

D. 以不变应万变,始终保持稳定性

15. 一家企业的组织精神是:团结、守纪、高效、创新,严格管理和团队协作是该厂两大特色。该厂规定,迟到一次罚款20元。一天,全市普降历史上少有的大雪,公交车像牛车一样爬行,结果当天全厂有85%的职工迟到。遇到这种情况,你认为下列4种方案中哪一种对企业最有利?(　　)

A. 一律扣罚20元,以维持厂纪的严肃性

B. 一律免罚20元,以体现工厂对职工的关心

C. 一律免罚20元,并宣布当天早下班2小时,以方便职工回家

D. 考虑情况特殊,每人少扣10元,即迟到者每人扣罚10元

16. 关于组织文化的特征,下列说法不正确的是(　　)。

A. 组织文化的中心是人本文化　　B. 组织文化的管理方式以柔性管理为主

C. 组织文化的核心是组织精神　　D. 组织文化的重要任务是增强群体凝聚力

17. 组织精神(　　)。

A. 一般在是组织的发展历程中自发形成的

B. 其表述必须详细具体,保证每个人都充分理解

C. 折射出一个组织的整体素质和精神风格

D. 是组织文化的核心

18. 文化的特性不包括(　　)。

A. 民族性　　B. 多样性　　C. 整体性　　D. 绝对性

19. 关于组织文化的功能,正确的是(　　)。

A. 组织文化具有某种程度的强制性和改造性

B. 组织文化对组织成员具有明文规定的具体硬性要求

C. 组织的领导层一旦变动,组织文化一般会受到很大影响,甚至立即消失

D. 组织文化无法从根本上改变组织成员旧有的价值观念

20. 组织文化的核心是(　　)。

A. 宗旨　　B. 组织价值观　　C. 领导力　　D. 人才

二、多选题

1. 组织环境的特征包括(　　)。

A. 关联性　　B. 客观性　　C. 系统性　　D. 动态性

2. 组织环境的功能主要有(　　)。

A. 盈利功能　　B. 规避风险功能　　C. 承载功能　　D. 吸收整合功能

3. 组织内部的(　　)是组织运行所必需的条件。

A. 经济环境　　B. 自然环境　　C. 物理环境　　D. 文化环境

4. 按组织不同层次的要求划分，组织信息分为(　　)。

A. 内生信息　　B. 计划信息　　C. 控制信息　　D. 作业信息

5. 组织信息的特征包括(　　)。

A. 经济性　　B. 滞后性　　C. 共享性　　D. 独享性

6. 组织文化(　　)。

A. 指控制组织内行为、工作态度、价值观以及关系设定的规范

B. 是组织成员的共同价值观体系　　C. 形成不受外部环境影响

D. 使组织独具特色　　E. 从最高管理层树立的典范发展而来

7. 组织文化形成的影响因素包括(　　)。

A. 最高管理层的行为方式和管理风格　　B. 工作群体的特征

C. 组织特征和管理过程　　D. 组织规模和业务范围

E. 管理者和基层主管的领导模式

8. 组织文化的功能包括(　　)。

A. 把组织整体及组织成员个人的价值及行为取向引导到组织目标上来

B. 使整个组织朝多元化的方向发展

C. 用无形的、思想上的约束形成一种软规范，制约员工的行为，弥补规章制度的不足

D. 形成凝聚员工的感情纽带和思想纽带

E. 组织创新并激励员工为实现自我价值和组织发展而不断进取

9. 下列关于组织文化陈述正确的是(　　)。

A. 组织文化理论使组织目标与个人目标矛盾、管理者与被管理者矛盾等管理难题获得解决

B. 组织文化是组织全体员工共同创造的群体意识

C. 组织文化强调以人为中心的管理方法

D. 组织文化具有巨大的辐射作用，社会文化是组织文化的一部分

E. 组织文化是组织在激烈的市场竞争中立于不败之地的重要保证

10. 组织文化的物质层包括(　　)。

A. 企业的名称　　B. 产品的外观及包装

C. 建筑风格　　D. 企业规章制度

E. 纪念物

三、填空题

1. ________是组织内部与战略有重要关联的因素，是制定战略的出发点、依据和条件，是竞争取胜的根本。

2. 良好的组织文化是组织生存和发展的________和________。

3. ________是组织存在的前提。

4. ________主要是组织的中层管理部门为了实现组织的经营目标而对生产经营活动各

环节进行监督、控制所需的信息。

5. ________是随着组织的诞生而产生的，具有一定的稳定性和连续性，能长期对组织员工的行为产生影响，不会因为日常的细小的经营环境的变化或个别管理人员及个别员工的去留而立刻发生重大变化。

6. 组织文化是________和________的统一体。

7. 组织文化为有效地解决组织内部矛盾提供了正确的________和________。

8. ________是组织文化的精髓，组织文化是组织独特的传统、习惯和价值观的积淀，它与组织的内外部条件是密不可分的。

9. 组织文化的表现形态有：________、________、________、________、________。

10. 选择正确的________是塑造组织文化的首要战略问题。

四、简答题

1. 组织文化包括哪些层次？各层次是如何体现的？

2. 组织环境与组织存在相互影响、相互作用、相互交换能力的关系，组织环境对组织的作用具体有哪些？

五、案例分析题

因为专注，所以信赖

2009年，中国通信服务股份有限公司(简称“中通服”)甘肃公司在执行中通服相关计划中，认真分析公司经营模式及其风险，确定了调整客户、收入结构，大力拓展集团外市场的发展思路，抓住甘肃移动面向社会公开招标建设、维护单位的契机，精心组织、立体沟通、推介优势、诚信参与，取得施工、设计、监理和维护等专业入围甘肃移动的服务合作的机会。历史原因，这是第一次合作，移动客户对甘肃公司的中立性心存疑虑。面对存在的合作信任危机，甘肃公司管理层提出，我们要用实际行动打消客户的顾虑，做一家客户信任的企业。公司开展服务年活动，从建立健全客户服务标准和服务质量达标体系抓起，落实动态分析通报等多种检查整改方式，用实际的建设服务质量和感知，不断改善客户认知，提高了客户的信任合作水平。经过实践总结，2018年1月，公司提出建设“员工热爱、客户信任、股东放心、社会尊重的好企业”的目标，并在全公司展开大讨论，经过思考、讨论和实践，使广大员工对与客户信任合作的意义以及事关企业生存发展的重要性达成了共识，即面对客户给我们提供的考察性合作机会和长远合作期望，要以诚信和中立的态度与客户建立公平信任的合作关系，不断提高专业服务技能，恪守职业操守，保证服务质量，以实际行动塑造“诚信、守约、专业、专注”的企业信誉和获得客户的信任。也正是这个共识的凝聚，使甘肃公司2018年移动客户收入比2009年增加了3倍多，收入占比提高15个百分点。

思考题：

1. 中通服企业文化中，信赖的本质是什么？

2. 结合案例，谈谈如何获取客户信赖以实现公司发展壮大。

项目7　掌握组织管理的基本原理、内容、方法与形式

【知识目标】

了解系统原理和效益原理在管理工作中的应用体现；掌握人本原理的特征以及在管理工作中的应用体现；了解组织管理的基本内容，掌握管理的基本方式。

【能力目标】

通过本项目的学习，学会运用不同原理去思考管理，掌握组织管理的基本方法，并学以致用。

【案例导入】

三鹿“毒”奶粉事件回顾

2008年6月，解放军第一医院收治了首例患“肾结石”病症的婴幼儿，据家长反映，孩子从出生起就一直食用河北石家庄三鹿集团所产的三鹿婴幼儿奶粉。甘肃省卫生厅接到医院婴儿泌尿结石病例报告后，随即展开了调查，并报告卫生部。短短两个多月，该医院收治的患婴人数迅速扩大到14名。事件影响不断扩大，三鹿集团的相关负责人均受到处罚。当时市值高达约149.07亿元的三鹿品牌资产在一夜之间化为泡影，后来被三元集团收购并宣告破产。整个三鹿事件的起因是该企业在乳制品的生产过程中添加了会引起婴幼儿发生结石危险的化工原料——三聚氰胺。

三鹿集团是有几十年历史的老厂，事件发生之前，在国产乳制品行业占有一席之地。该企业有着成熟的供货商、成熟的市场渠道以及生产机械。这么大型的老字号企业和几十年口碑的奶粉品牌怎么在几天之内说倒就倒？从百亿的资产沦落到最后的破产，听上去不免有些让人心酸。

小思考：三鹿集团失败的原因有哪些？

任务1　了解组织管理的基本原理

7.1.1　系统原理

1）系统的概念和特征

系统是世间万物构成的基本方式。系统是指由相互联系和相互作用的若干部分组成的，在一定的环境下具有特定功能的有机整体。系统无处不在，世间的一切事物都具有系统的属性。一切系统都具有下列特征。

（1）整体性

系统的整体性是指系统作为相互联系、相互作用的各要素和子系统构成的有机整体，在其存在方式、目标、功能等方面表现出来的整体统一性。

系统的整体性是系统最为鲜明、最为基本的特征之一，构成系统的各个要素一旦形成整体，就具有了独立要素所不具备的性质和功能，形成了新系统质的规定性，从而表现出整体的性质和功能。

（2）层次性

组成系统的各要素的种种差异包括结合方式上的差异，使系统组织在地位与作用、结构与功能上表现出等级秩序性，形成了具有质的差异的系统等级。构成系统多层次的子体系不但有相互有机联系的一面，也有各自的地位和作用。整体的统一，靠多层次子系统的分工和协作来实现；整体的效能，靠多层次子系统各自的作用及其综合来发挥；整体的优化，靠多层次子系统的最佳组合而达到。

（3）综合性

综合性是指任何系统都是由其内部诸要素按一定方式构成的综合体，系统产生和形成于综合，并由此而使自己具有整体性质和功能，世界上没有什么东西不是通过综合而得到的。任何复杂的系统都是由许多子系统和单元综合而成的，因此任何复杂的系统又都是可以分解的。看上去十分复杂的整体，如果将其分解到每个子系统和单元，就变得简单而清晰。

（4）环境适应性

任何系统都不可能是孤立存在的，它必然要与周围事物发生各种联系。这些事物就是系统的环境，环境是一个更高级的大系统。系统不是孤立存在的，它受到环境的影响，因此必须适应环境的要求。

2）系统原理在管理工作中的应用体现

按系统管理原理进行管理，要求管理者把管理对象当成一个组织系统来管理。管理者必须站在全局的高度上，对组织进行系统的分析和研究。每个管理工作者必须从思想上明确,自己负责控制的对象是一个整体的动态系统,而不是一个孤立分割的部分,因此应该从整体着眼看待部分,而且要使部分服从整体。同时还应当明确,不但自己管理的对象是一个整体系统,而且这个系统还是更大系统中的一个构成部分,因此还必须考虑更大的全局,摆好自己系统的位置,使之为更大系统的全局效益服务。管理者既要学会把许许多多普通的东西进行有效整合,综合成为新的构思、新的产品,创造出新的系统,又要善于把复杂的系统分解为最简单的单元去加以解决。

3)系统原理的应用应遵循的原则

(1)"整、分、合"原则

"整、分、合"原则可以概括为整体把握、科学分解、组织综合。所谓"整"是指管理工作的整体性和系统性,所谓"分"是指各要素的合理分工,所谓"合"是指各要素分工以后的协作与综合。也就是说,管理工作必须从全局出发,以整体的观念来把握系统,在此基础上对管理工作进行科学分解、合理分工。

(2)管理的相对封闭原则

系统是开放的,但管理活动必须形成相对的闭环回路,在管理活动的各组成部分、各环节都需要及时的信息反馈和控制过程,以使管理活动能够有序、稳定地进行,使各子系统、各要素相互制约、相互促进。通过管理的相对闭环回路,能够及时了解管理过程的动态,从而及时进行调整、改善、提高。

从总体结构上来看,管理是相对封闭的,而在管理过程中的每个环节,如执行过程中的每个环节、每个步骤也都应是相对封闭的,也都应有信息的不断反馈,这样,才能保证管理工作在各个阶段、各个环节上的有效、协调、稳定发展。

(3)管理的弹性原则

管理的弹性原则主要是基于管理系统的动态性和管理因素的复杂多变而提出的,是指管理活动要在对组织系统与外部环境深入研究和认识的基础上,结合组织内部结构功能的特点,对影响组织系统运行的各种因素进行科学的分析和预测,在掌握组织系统发展规律的前提下,对制定的决策目标、计划、战略都留有充分的余地,以增强管理系统的应变能力。简而言之,弹性即指管理在客观环境作用下达到管理目标的应变能力。

(4)管理的反馈原则

管理的反馈原则是指管理者在进行管理活动时,为了及时了解系统内部条件、外部环境的变化,准确掌握系统环境和系统状态的演化,随时随地把系统运行的信息进行反馈,发现问题及时修正,确保组织目标的实现。管理系统本身就是一个信息反馈控制系统,管理过程也可以说是一个信息反馈控制过程,由于管理系统的动态性,信息的反馈控制在实现组织系统目标中起重要作用。

管理的系统是一个动态的系统,管理的过程是一个动态的过程。因此,管理者对管理系统及其环境不能一成不变地看待,而是要时刻关注、及时把握它们的动态变化。在掌握管理系统及其环境动态变化的基础上,对管理行为进行适当的调整、改善,使管理行为能够适应管理系统及其环境的动态变化规律,并使双方保持动态变化的一致性。这就要求管理者必须用动态的眼光来看待管理,在思想上必须明确:首先,管理者所面对的管理对象是不断发展变化的,这种变化是由管理系统自身运动规律所决定的;其次,管理对象的运动变化是有规律可循的,管理者的任务就是要寻找这种运动变化规律,把握好管理在对象运动、变化的情况下,如何调节,以实现整体目标。

7.1.2 人本原理

1)人本原理的基本内涵

在现代经济活动中,组织间的差异关键在于人的差异,在于人的创造性、能动性。人是组织活动中最活跃、最具创造性的因素,所以,现代组织管理应以激发人的积极性、主动性、创造性、进取心与责任感为根本点和立足点。人本原理是指在管理活动中要以人为管理的核心和动力。天时、地利、人和是企业发展的三大因素,其中人和是决定性因素,有了人和才能更好地利用和整合其他因素,才能调动一切有利因素实现企业管理目标。人本原理简单地讲就是为了人、发展人。

(1)为了人

"为了人"是指管理以人为中心,为组织内部的人更好地生存而努力,同时还需考虑组织外部的人;否则,组织内部的人不可能更好地发展。组织"为了外部人"首先体现在企业要研究市场需求的特点及变化趋势,确定产品定位和目标客户群,敏锐把握消费者需求变化趋势,了解其潜在需求并提供需求满足。其次,企业要从用户的角度出发,努力降低生产成本,从而降低售价,使消费者潜在需求转化为现实需求,使用户需求得到满足。

★小资料★

在一场激烈的战斗中,上尉忽然发现一架敌机向阵地俯冲下来。照常理,发现敌机俯冲时要毫不犹豫地卧倒,可上尉并没有立刻卧倒,他发现离他四五米远处有一个小战士还站在那儿。他顾不上多想,一个鱼跃飞身将小战士紧紧地压在了身下。此时一声巨响,飞溅起来的泥土纷纷落在他们的身上。上尉拍拍身上的尘土,回头一看,顿时惊呆了:刚才自己所处的那个位置被炸成了一个大坑。

(2)发展人

管理者在管理过程中应引导和促进人性的发展,任何管理者在实施管理过程中都会自觉或不自觉地影响下属人性的发展。同时,管理者的行为本身又是管理者人性的反映,只有管理者加强人性修炼,达到一定的境界,才能影响和带动组织内员工人性也达到一定的境界。因此,管理者在实施每一项管理措施、制度、办法时,不但要注意经济效果,而且要考虑是否对员工的精神状态、人性起到促进作用。

2)人本原理在管理工作中的应用

人本原理认为,尊重员工个人价值,做好员工心理调适,是实现有效管理的途径。人本原理在管理学中的应用主要有以下4点。

(1)协调员工利益

在市场经济条件下,每个人都因利益而担任一定的角色,人与人之间发生的冲突往往都是利益冲突的表现,因此,解决冲突的原则是将冲突各方利益结合起来,进行协调,使人们看到利益是共存的客观事实,从而让每个人的利益服从于共同的利益,促进管理目的的实现。

(2)激励员工的行为

人们除了在社会经济活动中追求一定的物质利益外,还会追求一种精神上的荣誉感和归属感,当人们在组织生活中的行为被肯定时,工作积极性就会增加,工作效率便会提高;若被否定或批评,工作的过程便会停顿;若不予理睬,便会丧失工作的信心,半途而废。所以管理者应激励下属的行为,以提高组织目标实现的效率;通过激励的办法让下属回到正确的方法上来。通过激励而不是漠不关心的办法,让下属始终对自己的工作充满信心。

(3)适度控制

人本原理要求对员工适度控制。管理者对下属的控制过于严密,会让下属有无所适从的感觉,觉得自尊心和自信心受到伤害:疏于控制,放任自流,会使组织丧失实现目标的机会。要进行适度控制,要用制度来约束下属不符合组织目标的行为,对符合组织目标的行为要加以引导和鼓励。

(4)必要的培训

培训是改变员工的观念,增强员工技能的重要途径。对员工进行培训,一方面可以及时更新知识,提高技能水平,适应激烈的社会竞争;另一方面,培训可以使组织不断地焕发出生机,使组织中的人充满智慧和自信,才能更有效地实现组织目标。

3)人本原理的应用应遵循的原则

(1)管理的能级原则

人本原理要考虑人的特点和差异,遵循能级原则,即管理的组织结构与组织成员的能级结构必须相互适应和协调。管理中的"能级",是指组织成员在一定条件下,能对实现组织目标起作用的各种能力之和的差别。管理者根据这些差别设置不同的管理层次,确定不同的工作职责、标准和任务,设置不同的管理权力和报酬,使不同的人在不同的岗位上发挥与自己能力相称的作用。

(2)管理的动力原则

管理的动力原则是指管理者在从事管理活动时,在正确认识和掌握管理的动力源、运用有效的管理动力机制的前提下,使管理相对方的行为能聚集到达成组织整体目标的方向上,保证管理活动有序、高效、持续地进行,保证组织目标不断实现。

管理者要正确认识动力源,充分利用动力源,激发、引导被管理者指向组织目标的积极行为。管理动力的形式主要有物质动力和精神动力。物质需要是人最基本的需要,通过物质激励,人们可以产生积极的力量。管理者的任务是将人们物质利益追求的行为同实现组织整体目标的行为相一致,从而实现组织的整体目标。精神动力与物质动力相比,更加具有持久性,往往是巨大的、无止境的。它不仅能弥补物质动力之欠缺,而且本身就具有强大的能动作用,可以推动企业文化建设和企业整体目标的实现。

(3)管理的行为原则

管理的行为原则是指管理者在进行管理活动时,要对组织成员的行为进行全面的了解和科学的分析,采取符合人类行为特点和规律的管理活动和措施,以最大限度地调动组织成员实现管理目标的积极性,使其行为有助于实现组织的最佳目标。

7.1.3 效益原理

1)效益原理的内涵

效益原理是指组织管理者应以尽量少的生产成本和资源消耗,生产出尽可能多的符合社会需要的产品,提供更加充分和优质的服务。效益水平的高低直接影响着组织的生存和发展。效益包括经济效益和社会效益。

2)效益原理的特征

(1)经济效益

提高经济效益是经济组织的根本目标,是组织各方面工作的综合表现。考察组织的经济效益,首先要考虑产品的社会需求性,既要生产符合市场需要的产品和服务,又要降低生产成本,只有这样才能提高经济效益,促进组织各方面发展。

(2)社会效益

社会效益是指组织在取得自身经济利益的同时,要减少对社会资源的消耗和浪费,保护环境,促进社会可持续发展。组织社会效益的提高有利于提高对社会的亲和力,增加企业品牌的社会价值。

社会效益和经济效益之间既有联系,又有区别。它们的联系主要表现在:经济效益是社会效益的基础,而讲究社会效益又是促进经济效益提高的重要条件。它们的区别主要表现在:经济效益较社会效益直接明显,经济效益可以用经济指标来计算和考核,而社会效益则难以计量,必须借助于其他形式间接考核。

3)效益原理在管理工作中的运用

效益原理在管理工作中的应用要注意以下4点。

(1)战略的正确性

战略的正确性是带有全局性的问题,直接决定了组织未来的成败。管理是解决如何"正确地做事",而战略是告诉我们怎样"做正确的事"。如果战略出现错误,无论如何都不会取得较好的结果。

(2)局部效益与全局效益协调一致

全局效益是一个比局部效益更为重要的问题。如果全局效益很差,局部效益的提高就难以持久。当然,局部效益也是全局效益的基础,没有局部效益的提高,全局效益的提高也难以实现。局部效益与全局效益有时是统一的,有时又是矛盾的。当局部效益与全局效益发生冲突时,管理者必须把全局效益放在首位,做到局部服从整体。

(3)短期效益与长期效益的一致

组织要以科学的发展观和正确的绩效观来指导生产经营,如果只满足于眼前的经济效益水平,忽视影响企业发展的战略因素,如技术研发和人员培训等,就有被淘汰的危险。

(4)经济效益与社会效益并重

一个有远见和负责任的组织不能只仅仅追求经济效益,更应该把社会效益放在重要的位置,只有这样,才能提高社会知名度,获得消费者信任,促进企业持续、健康、稳定发展。

7.1.4 创新原理

1)创新原理的内涵和特点

创新是指组织根据内、外部环境发展的态势,在继承的前提下对过去的管理进行改革、改造和发展,使管理得以提高和完善的过程。创新原理在管理中的应用可以从两个方面加以理解:一是管理创新,包括管理思想、管理理念、管理制度、管理体系、管理组织结构、管理模式方法、管理人才的培养组织等方面及其组合的创新;二是创新管理,就是对各种创新活动的组织及创新过程的管理。

2)创新原理在管理工作中的运用

将创新原理顺利地运用于管理实践,需注意以下问题。

(1)组织必须建立创新管理体系

创新管理体系是组织建立创新的方法和目标,并实现其目标的一系列相互关联的目标手段体系,是对组织创新活动进行有效管理的根本保障。创新管理体系是从提出创新目标、设置组织结构、制定创新程序和方法,直到完成创新,是面向整个创新过程的管理体系。组织只有建立创新管理体系,才能使整个创新过程井然有序,才能适应内部条件和外部环境的变化,不断实现组织的创新。

(2)组织必须注意发挥领导者的作用

创新的整个过程,从寻找创新机会,产生创新观念,到创新的研究与开发,再到创新成果的实际应用,都离不开领导者的参与。领导者是组织的灵魂,也是组织创新管理的主体,只有领导者参与,才能调动各方面的积极因素,使创新整个过程顺利实现。

(3)培养创新的思想观念

是否具有创新的思想和观念是创新能否开展和顺利进行的主观条件。没有创新的思想观念,就没有创新的动力,也不可能捕捉创新机会,将创新活动引入到日常管理工作中去。

(4)注意培养有利于创新的资源

创新的资源主要包括创新所需要的人才、资金、技术、信息等,培育和高效地运用这些资源是管理创新的主要任务,也是创新得以成功的关键。

3)创新原理运用的原则

随着组织所面临的外部环境竞争越来越激烈,面临的创新压力也日趋增大。创新不可盲目而无效,应把握以下两点。

(1)时效性

创新需要具备一定的条件,而且必须是在适当的时机,才能达到预期效果。如果时机过早,则创新的条件还不完全具备;时机过晚,虽然条件已具备,但已过了创新的最佳时机,也不会达到预期效果。管理必须对创新的时效进行敏锐的判断,识别创新所处的时机,选准切入点,才能事半功倍,达到创新的目的。

(2)适用性

创新是为了组织的发展,而组织的发展必须在适合自身条件的前提下进行。因此,具有促进组织发展的适用性的创新对组织才有意义。组织所面对的经营环境、自身基础条件不同,导致创新的目的、方法等也应有所不同,只有根据组织实际情况做出的创新才是最佳选择。

◎**实训**

分组讨论在企业中该如何运用创新原理。

◎**案例**

1992 年美国《幸福》杂志 500 家最大工业企业排名中,美国惠普公司排名第四十二位,资产 137 亿美元,销售额 164.3 亿美元,利润 5.5 亿美元。惠普公司是世界最大的电子检测和测量仪器公司,微型计算机产量位居美国第二。

惠普公司取得的成功,在惠普公司自己的许多经理看来,靠的是它重视人的宗旨。惠普公司的这种重视人的宗旨不但源远流长,而且还不断地进行自我更新。

惠普公司信任人。惠普公司相信员工们都想有所创造,都是有事业心的人。这一点在该公司的一项政策里即“开放实验室备品库”表现得最为突出。实验室备品库是该公司存放电气和机械零件的地方。工程师们可以随意地取用实验室备品库里的物品,不但这样,公司还鼓励他们拿回自己家里去供个人使用。这样做是因为惠普公司有一种信念,即不管工程师们拿这些设备所做的事是不是跟他们手头从事的工作有关,反正他们无论是在工作岗位上,还是在自己的家里摆弄这些玩意,总是能学到一些有用的东西。曾经有一次,惠普公司的创始人休利特在周末到一家分厂去视察,他发现该分厂的实验室备品库门上了锁。他很生气,马上就跑到维修组去,拿来一柄螺栓切割剪,把备品库门上的锁一下子给剪断了,然后扔得远远的。在星期一早上,人们上班的时候,就看到门上有一张条子,上面写着:“请勿再锁此门。谢谢! 威廉。”惠普公司并不是像别的公司那样对这些设备器材严加控制,而是让它敞开大门,随你拿用,这充分表明公司对员工们的信任。

惠普公司还有其不同于欧美企业的雇佣政策,那就是员工一经聘任,绝不轻易辞退。那还是在第二次世界大战时,该公司有一次很可能要得到一项利润丰厚的军事订货合同。但是,要接受这项合同,需要新增加 12 名员工。休利特就问公司的人事处长:“这项合同完成以后,新雇的这些人能安排别的什么合适的工作吗?”该人事处长回答说:“已经没有什么可安排的合适工作了,只能辞退他们。”于是休利特就说:“那么咱们就不要这项订货合同了吧!”后来,考虑到新雇员工的利益,惠普公司最终没有签订这项赚钱的合同。

既然终身聘用,那么对被聘用者就必须严格审核,这是自然之事。惠普更是如此。惠普公司的员工多是工程技术人员,因而也是由工程技术人员来管理。公司的各级领导干部基本上是从内部员工中选拔录用,一般不外聘。从外部招的员工,多数是直接从应届优秀的毕业生中挑选。公司每年都要派出既是技术内行又具领导经验的干部到各名牌大学物色“尖子”毕业生,与他们面谈,了解其经历、能力、愿望、理想和要求。回到公司后再斟酌筛选,选中者还要由公司出资,再次请到公司里去面谈,然后再决定是否正式聘用,以此来保证被聘任者的质量。

惠普公司重视员工培训。该公司重视员工培训可谓是不惜成本。仅在1980年,公司内部就举办过学制、内容、形式不同的各种训练班1 700多个,其中4.7万多员工中有2.7万名参加了这类培训。训练班有长有短,有业余有脱产,有工程性的也有管理性的。受训对象从工人到总经理,各种人员都有。训练方式有讲课、讨论、电影、录像、计算机模拟、案例分析、技巧实习、自学考核,直至师徒传授。公司要求各级领导亲自为下级讲课。除本身训练计划外,工程师还被派送到有关大学进行带薪脱产进修,公司给其报销路费,还发给住宿津贴;公司还鼓励优秀的年轻人到邻近相关大学进行脱产选修有关课程,公司允许他们利用部分的工作时间,也给报销路费。

惠普公司重视员工福利。公司的福利除基本生活福利、医疗保险、残废保险、退休金、两天一次的免费午间茶点、生日送礼以及新员工搬迁补贴外,还有两项特殊福利:一是现金分红制度,即凡在公司任职达半年以上的员工,每年夏初及圣诞节,可得到一份额外的收入,1983年左右此金额约为年薪的8.35%;另一项特殊福利是股票购买制,即员工任职满10年后,公司还另赠10股。

惠普公司提倡员工创新。惠普公司相信人人都有要搞好自己本职工作的愿望,因而,该公司总是力图给广大员工创造一个任人发展创新的工作环境。惠普公司有一种关注创新的气氛,即每一个工程师都有放下手中设计项目做"候补队员"的时候。在惠普公司里,搞生产的可以停下手中的生产线,而让工程师们取走某些部件去进行创新测试。这在别的公司看来似乎是不可理解的,而在惠普公司,人们已非常习惯,认为这是一件很正常的事情。惠普公司没有人会去阻挡工程师搞创新。

惠普公司在管理上也考虑到员工的自主创新。惠普公司很少用"指令性管理法",而是多用"目标管理法"。实行目标管理法虽然在目标的确定上是由上下级共同讨论进行的,但下级在实现目标所采用的具体方法上有很大的灵活性。惠普公司以人为本的管理给人的感觉是:员工进了公司后,就像进了温暖的家。

思考题:

通过以上案例,思考如何借鉴惠普公司的人本管理经验。

任务2　掌握组织管理的基本内容

组织管理具有一系列基本内容,即组织管理要做些什么,这是所有组织(个体性组织或者人员极少的组织有些差别)首先要考虑的问题。组织管理是一个系统工程,包括从宗旨、理念到基本操作的一系列活动。

7.2.1　开展组织的顶层设计

组织管理首先要搞清楚组织要做什么，从最高层面上讲，即组织的策划者、发起者首先要考虑建立组织的宗旨是什么，实现什么使命，组织要秉承什么价值观，组织未来的发展战略是什么。只有明确了这些问题，组织管理的其他问题才有原则、有标准。很多组织在设立之初也许并没有这么完整的考虑，但是，随着组织的不断发展，组织的高层就会考虑这些问题，逐渐明晰这些问题，并使之成为员工和社会众所周知的组织规范。

7.2.2　制定组织目标和任务

在进行了组织的顶层设计之后，组织的高层管理者需要根据这些顶层设计的准则和组织的状况确立在相对短的时间内，组织要实现的目标和任务。与组织的理念、价值观、使命等规定相比较，组织目标和任务更加具体，更加具有可操作性，是指导组织员工开展具体工作的总体指针。组织目标和任务既可以体现为一个较短期的战略，也可以体现为年度的计划或者目标。在多数情况下，组织目标和任务都具有刚性的要求，必须组织实施。

7.2.3　设计组织结构

组织的目标和任务确立之后，就需要建立一定的组织结构，构建总体团队和部门团队，为完成相关目标和任务而开展相关工作。组织结构的设计可以根据组织战略和任务的综合情况、组织发展现状进行统筹考虑。其主要目的是确定组织管理的骨架，以便将组织任务分解到各个部门和环节，确保总体目标得到实现。

7.2.4　制定组织管理制度

组织管理制度既包括组织总体的管理制度，也包括具体的管理制度。组织总体的管理制度是根据组织的宗旨、理念、价值观和战略制定的涉及组织整体的管理规范，对整个组织具有约束力和规范性，也是指导制定具体管理制度的基本准则。总体管理制度包括组织的章程、运行机制以及各部门职责和权限的规定。具体管理制度一般是由组织的各个职能部门或者其他机构根据组织的总体制度，结合本部门和机构制定的具体管理制度。具体管理制度包括各部门的具体管理规定、员工的岗位职责、工作标准和工作流程等。

组织管理制度确定之后，与组织架构结合在一起，就构成了组织管理的基本框架，使管理工作有机构管、有人做，使整体任务和具体工作能够有机地结合在一起，为完成组织目标创造组织条件。

7.2.5　进行人力资源配置

组织架构和制度的确立，虽然为完成组织目标创造了组织条件，但是，缺乏相应的员工去落实这些具体的任务也是空谈。因此，组织人力资源管理部门要根据各部门职责和岗位职责对员工的需求，进行人力资源配置。这包括根据岗位职责需求确定所需人才的相关条件，如学历、职称、性别、能力、经历、专业、年龄等，据此面向社会或者组织内部招聘相关的人才，进行员工培训，配置到相关的岗位，推进和完成相关工作。

7.2.6　配置生产经营的相关资源

在部门、岗位、人员都确定之后，提供要开展的一系列活动，提供市场需要的产品或者服务，以满足顾客的需要，这就需要配置生产经营的相关资源。其中既包括生产和服务所需的资金、场地、机器设备、原材料、能源和其他生产辅助资源，也包括相关的技术、服务标准等。

◎**实训**

利用网络和图书馆查找资料，思考生产类、贸易类、科研类、服务类企业的管理内容主要有哪些。这几类企业的管理内容有什么区别？

◎**案例**

贾厂长该怎么办？

贾炳灿原是上海高压油泵厂厂长，被调到问题较多的液压件三厂当厂长。工业局对他迅速改变该厂的落后面貌寄予厚望。

贾厂长到任不久，就发现原有厂纪厂规中确有不少不尽合理之处，需要改革。但他觉得先要找到一个突破口，并能改得公平合理，令人信服。

他终于选中了一条。原来厂里规定，凡上班迟到者一律扣当月奖金 1 元。他觉得这规定貌似公平，其实不然。因为干部们发现自己可能来不及了，便先去局里或公司兜一圈再来厂，有借口免于受罚，工人则无借口可依。厂里 400 多人，近半数是女工，孩子妈妈，家务事多，早上还要送孩子上学或入园，有的甚至得抱孩子来厂入托。本厂未建家属宿舍，职工散住全市各地，远的途中要换乘一两趟车；还有人住在浦东，要摆渡上班。碰上塞车、停渡，尤其雨、雪、大雾，尽管提前很早出门，仍难免迟到。贾厂长认为应当从取消这条厂规下手改革。

有的干部提醒他，莫轻举妄动，此禁一开，纪律松弛，不可收拾；又说别的厂还设有考勤钟，迟到一次扣 10 元，而且是累进式罚款，第二次罚 20 元，第三次罚 30 元。扣 1 元算个啥？

贾厂长斟酌再三，觉得这条一定得改，因为 1 元钱虽少，但是工人觉得不公、不服，气不顺，影响到工作积极性。贾厂长于是在全厂职工会上正式宣布，工人迟到不再扣奖金，并说明了理由。这项政策引起了全厂轰动，职工们报以热烈的掌声。不过贾厂长又补充道："迟到不扣奖金，是出于常有客观原因。但早退则不可原谅，理应重罚。凡未到点而提前洗手、洗澡、吃饭者，要扣半年奖金。"这有时等于几个月的工资啊。贾厂长觉得这条补充规定跟前面取消原规定同样公平合理，但工人们却不以为然。

新厂规颁布不久，有几名女工提前 2～3 分钟去洗澡。人事科请示怎么办，贾厂长断然说道："照厂规扣她们半年奖金，这样才能令行禁止嘛。"于是处分的告示贴了出来。次日中午，贾厂长路过厂门，遇到受罚女工之一的小郭，问她道："罚了你，服气不？"小郭不理而疾走，贾厂长追上几步，又问。小郭扭头道："有什么服不服？还不是你厂长说了算！"她一边离去一边喃喃地说："你厂长大人可曾上女澡堂去看过那像啥样子？"当天下午趁澡堂还没开放，贾厂长跟总务科长老陈和工会主席老梁一块去看了一趟女澡堂。原来这澡堂低矮狭小，一共才设有12个淋浴喷头，其中还有3个不太好使。贾厂长想，全厂194名女工，分两班每班也有近百人。淋一次浴要排队多久？下了夜班洗完澡，到家该几点了？她们对早退受重罚不服，是有道理的。看来制定这条厂规时，对这些有关情况欠调查了解。下一步怎么办？处分布告已经公布了，难道又收回不成？厂长新到任订的厂规，马上又取消或更改，不就等于厂长公开认错，以后还有啥威信？私下悄悄撤销对她们的处分，以后这一条厂规就此不了了之，行不？

贾厂长皱起了眉头。

思考题：

1. 贾厂长是以一种什么样的人性观来对待员工的？

2. 如果你是贾厂长，你准备怎样对待员工？你想采用什么样的激励手段和管理方式？

任务3　了解组织管理的方法和形式

7.3.1　组织管理的基本方法

组织管理的基本方法是指提高管理功效和实现管理目标而采取的带有普遍性、属于核心层次的方法。它主要包括经济方法、行政方法、法律方法、教育方法等。

1）经济方法

（1）经济方法的概念

经济方法是根据客观规律，运用经济手段调节各方面经济利益关系，刺激组织或个体行为以提高经济效益和社会效益的管理方法。它主要包括以下手段。

①制定价格。它是社会经济管理的重要杠杆之一，价格的高低涨落，直接影响组织的生产和消费行为。因此，经济组织可以利用价格来调节生产与供求，进行收入的再分配，促进经济组织加强经济核算，从而提高管理水平。

②明确税收标准。税收是国家财政收入的重要来源，也是国家管理社会生活的重要手段。通过制定不同的税种和税率，来调节生产和流通，促进经济组织调整产品结构，降低税负水平，提高盈利水平。

③投放信贷。国家通过中央银行，利用信贷资金的投放、信贷利率的调整来对社会生产和流通产生制约作用，同时，经济组织也可以合理利用银行信贷，使其正常运行和快速发展。

④收取利息。国家通过商业银行吸纳资金并将其用于经济建设，利息的高低是国家经

济运行的晴雨表,它的升降关系到组织资金成本的高低,直接影响组织的利润水平。

⑤制定利润指标。经济组织运用利润这一经济杠杆来实施上级组织对下级组织的管理,通常可以把一定的经济责任、经济权限和利润指标紧密结合在一起来进行。若完不成任务,则要给予一定的处罚。利用利润指标,也可以将职工的经济利益同利润挂钩,促使经济组织的成员在关心个人利益的同时,更多地关心组织的经营及其成果。

⑥发放工资。这一经济手段直接涉及组织及其成员的物质利益,正确地运用,对于调动员工的经营积极性有着直接的促进作用。在运用这一手段调动员工积极性时,应当将员工工资与组织的效益挂钩,与员工个人的贡献挂钩。

⑦奖金与罚款。奖金是根据职工对组织所做贡献大小,用货币形式付给员工的奖赏;罚款则是对员工违反规章制度,给组织造成危害的行为所进行的经济惩罚。两者是相反的手段,其目的就是要通过奖罚分明、奖罚得当,以激励和调动职工的积极性。

(2)经济方法的特征

经济方法的特征主要有以下4个方面。

①利益性。运用经济方法进行管理,其核心是通过利益机制把经济责任和物质利益结合起来,引导和激励组织成员投入组织活动。

②关联性。各种经济手段之间的关系错综复杂,同时每一种经济手段的运用或者变更,都会引起社会经济活动和社会关系的连锁反应,甚至波及长远。

③间接性。各种经济方法都不是直接干预和控制人们的行为和活动,而是通过经济参数间接调控管理相对方的经济利益关系来引导人们的行为和活动遵循管理的目标和轨道。

④平等性。经济方法是以经济原则和具体的经济办法来实现管理目标的,它承认管理相对方在获取经济利益的权利上是平等的,经济手段对相同条件的管理相对方起着同样的作用。

(3)经济方法的管理运用

经济方法的应用从宏观层面上说,有利于国家对经济活动进行宏观调控,避免经济大起大落;从微观层面上说,有利于组织按客观经济规律办事,提高经济效益,有利于把管理相对方的物质利益与其劳动成果挂钩,树立其主人翁责任感,激发其工作积极性和创造性。但是,经济方法的运用不是单纯依靠经济手段来完成管理,需要同其他方法配合完成。而且有些经济方法适用于国家,有的经济方法适用于经济组织。因此,不同性质的组织要根据自己的情况确定采用不同的经济方法。

2)行政方法

(1)行政方法的概念

行政方法是指管理主体依靠行政组织的权威,运用命令、指示等强制性的手段对下属施加直接影响的管理方法。

(2)行政方法的特征

行政方法的特征主要有以下4个方面。

①权威性。它主要是依靠上级组织和领导人的权力与威信以及下级无条件服从上级的原则,直接影响下级的意志,左右下级的行动,使上下级之间在行动上保持一致性。因此,权

威性是使行政方法在管理活动中起作用的关键因素。

②强制性。行政方法依靠法定职权并通过命令、指示、规定等来进行管理,对下级具有程度不同的强制性。行政的强制形式是由一系列行政措施,如表扬、奖励、晋升、工作调动、批评、记过、降级、撤职及开除等处分作为保证来执行的。

③垂直性。行政方法是通过组织行政系统,按照自上而下的垂直指挥方式进行管理的,基本上是一种"条条"管理,下级只接受其主管上级的指挥,基本可不理会横向传来的指令。

④具体性。由于行政方法是针对具体事物和具体问题的管理方法,因而相对于其他方法来讲,它比较具体,不仅行政指令的内容和对象是具体的,而且在实施过程中的具体方法也因对象、目的和时间的变化而变化。故行政方法只对某一特定对象起作用。

(3)行政方法的管理运用

运用行政方法进行管理,能够迅速有效地贯彻上级的方针政策,通过各部门相互配合、相互支持,及时、灵活地处理特殊问题或紧迫问题。它同经济、法律等方法联动可提高整体管理功效,从而维护系统的稳定。但是,行政方法也有一定的弊端,它强调领导者权威,易于导致"人治"和官僚主义,容易滋生腐败,从而使组织的管理效率降低。因此,运用行政方法要扬长避短,发挥其积极作用,克服其消极作用,做到适时、适情、适度,需用时必用,不用时绝不乱用。

3)法律方法

(1)法律方法的概念

法律方法是指运用法律这种由国家机关制定或认可并由国家强制力保证实施的行为规范来进行管理的方法。法律方法的内容,不仅包括建立和健全各种法律、法规的立法工作,而且包括相应的司法工作和仲裁工作,还包括各种组织利用法律手段进行经营组织的活动。

(2)法律方法的特征

法律方法的特征主要表现在以下3个方面。

①强制性。法律代表统治阶级的意志,一经制定和颁布便具有普遍的约束力和权威性,要强制执行,每个企业和个人都必须毫无例外地遵守;否则,将受到法律的制裁。

②规范性。法律、法规和规章制度是规范企业及其成员的行为准则,应当由含义准确、只有唯一意义解释的条款构成。法律、法规、规章制度之间不应该相互冲突,规章制度不能违背法规,法规应服从法律,法律应服从宪法。

③稳定性。不管是法律、法规还是规章制度,其所规定的行为准则,都是经过反复实践而总结出来的,一经制定并颁布后,就具有一定的稳定性和连续性,绝不能因人、因事而随意修改。

(3)法律方法的管理运用

法律方法具有广泛的适用性,法律方法的运用,其实质是通过上层建筑对经济基础的反作用来影响和改变社会活动。它能够保证必要的管理秩序,调节管理要素之间的关系,将管理活动纳入规范化、制度化的轨道。它也有一定的局限性,法律方法不是万能的,其作用范围有限,大量法律范围之外的关系需要用其他方法来管理和调节。法律、法规和各项规章制度本身是一个需要不断完善的系统，有缺乏灵活性和弹性的弱点，难以及时、有效地解决因法律不完善带来的问题或因环境变化出现的新问题和特殊问题。

4）教育方法

（1）教育方法的概念

教育方法是在对管理相对方的思想和行为了解和分析的基础上进行启发觉悟、说服教育，让其明白道理，提高认识，调动工作热情，自觉地按管理者的愿望和要求行动起来的一种主要是解决思想认识问题的管理方法。

（2）教育方法的特征

①启发性。这种方法主要通过宣传、引导、启发等方式来促进人们在思想认识上趋同、一致，引导生成、出现管理者所期盼的行为。其效果不是靠权力强制、物质刺激取得的。

②长期性。多数思想认识问题不是一朝一夕就能解决的，思想观念的解决需要长期和渐进的过程，教育方法的长期性既表现在教育工作的长期性上，也表现在教育效果的长期性上。

③灵活性。教育方法形式多样，可不拘一格，打破常规，因己、因人、因事、因地灵活运用。无论是形式的选择，还是目的的达成，都要求做到教育内容与教育形式的完美结合。

（3）教育方法的管理运用

运用教育方法进行管理应遵循以下原则。

①民主的原则。解决思想认识问题要本着尊重人、理解人、关心人的精神，从团结的愿望出发，采用平等的态度，开诚布公、推心置腹、摆事实、讲道理，而不要以势压人，不要板起面孔训人。

②表扬与批评相结合的原则。表扬与批评是教育的手段。表扬是正激励的方法，批评是负激励的方法。表扬与批评都要公道、准确，才能服人、服众。表扬与奖励应多于批评与惩罚，表扬的场合宜大，批评的场合宜小。

③提高思想认识与解决实际问题相结合的原则。思想问题的产生往往与员工的工作、生活等具体问题相联系。实际问题得不到解决，思想教育工作就容易成为无的放矢的空洞说教。因此，在教育工作中要把教育工作的“魂”附在实际工作的“体”上，要注意发现职工思想问题产生的原因并尽可能帮助解决。

④身教与言教相结合的原则。我国自古就有“言传不如身教”的说法，“桃李不言，下自成蹊”的引喻讲的也是这个道理。

⑤晓之以理与动之以情相结合的原则。以理服人，就是用事实中所蕴含的真理性认识说服人。它不是出现了思想上的问题，就搬出文件或规定来吓唬人，也不是单纯用大道理直接解决问题。以情动人，是以深厚的情谊感动人，让管理相对方体验到管理者是真心实意地在帮助、培养、教育自己，而不是为了“整治人”，也不是故意跟自己“找别扭”“过不去”。

4 种管理方法使用的差异如表 7.1 所示。

表7.1 4种管理方法使用的差异

基本方法	具体手段	适用主体	适用性质	适用形式
经济方法	价格	国家	公共管理	针对垄断企业或者事关国计民生的产品或服务
		营利组织	企业管理	国家放开价格的产品和服务
	税收	国家	公共管理	针对所有营利性组织和公民
	信贷	国家	公共管理	国家通过中央银行,利用信贷资金的投放、信贷利率的调整对社会生产和流通起制约作用
		营利组织	企业管理	企业可以合理利用银行信贷,使其正常运行和快速发展
	利息	国家	公共管理	国家通过商业银行对存款、贷款收取利息来集中资金进行经济建设,它的升降关系到企业资金成本的高低,直接影响企业利润水平
	利润	营利组织	企业管理	经济组织运用这一经济杠杆来实施上级组织对下级组织的管理,通常可以把一定的经济责任、经济权限和利润指标紧密结合在一起来进行。组织成员在关心个人利益的同时,更多地关心组织的经营及其成果
	工资	所有组织	组织管理	这一经济手段直接涉及组织及其成员的物质利益,在运用这一手段时,应当将员工工资与企业的经济效益和员工个人的贡献挂钩
	奖金与罚款	所有组织	组织管理	经济组织通过奖罚分明、奖罚得当,激励和调动职工的积极性
行政方法	表扬、奖励、晋升、工作调动、批评、记过、降级、撤职、开除	所有组织	组织管理	执行主体的性质决定了手段的性质。如果是政府机构进行的处理,属于行政管理范畴;如果是非政府机构进行的处理,虽然也被称为行政处理,但是是企业管理性质的
法律方法	法律、法规、规章制度	国家机关	公共管理	具有强制性,企业可以在不违背国家法律、法规和规章制度的前提下制定企业的规章制度,在企业内部有效,不具有公共管理性质
教育方法	电视、报纸、杂志、展板宣传,面对面的说服	所有组织	组织管理	在对管理相对方的思想和行为了解和分析的基础上进行启发觉悟、说服教育,让其明白道理,提高认识,调动工作热情,自觉地按管理者的愿望和要求行动起来

7.3.2 组织管理的具体形式

组织管理的具体形式,即组织管理者采用什么方式去落实组织管理的相关规定,完成相关任务，是管理者根据组织目标、计划和任务的要求，动员、安排、布置下属开展相应的行动，完成组织目标和任务的过程。组织管理的具体形式包括以下5个方面。

1）颁布工作命令或任务通知

组织管理的形式多种多样，对于一些可以通过发文达到目的的管理活动，组织、部门或者管理者可以通过颁布一定的工作命令（安排）或者下发任务通知单安排下属机构或者个人开展相关的工作。

对于一些很正式的工作，管理者需要通过颁发文件的方式或者书面方式下达工作或者任务安排。而对于一些简单的工作或者临时性的工作，则可以采用书面通知甚至口头通知进行工作的安排。但是，不管采用什么形式进行工作安排，都需要以严肃的态度、使用规范的工作语言，避免管理相对方对工作理解出现任意性，影响任务的执行。

2）召集会议、安排工作

组织在运行中，需要定期进行工作的安排和布置，这就需要组织一些会议来完成。对于一些重点工作，也需要专门召集会议进行工作安排和布置，甚至对于特别的工作安排，还会对会议的环境、场景、硬件设施、出席人员、会议程序做出严格的要求，以体现组织对工作的重视，从而引起员工的高度关注，认真贯彻落实相关规定和要求。

会议安排包括召集动员会、工作安排会、工作协调会、经验交流会、培训会、工作汇报会、总结表彰会等。组织应该根据工作的需要确定是否召集会议，从提高效率的角度讲，原则上可开可不开的会议不开，一定要开的会议则要做好周密的准备，不然将影响会议效果，不仅达不到开会的效果，而且还会影响会议的严肃性。

3）现场检查和巡视

为了确保工作的落实和工作质量得到保证，管理者不仅要安排工作，还要深入一线检查或者巡视工作。深入一线检查，既可以预先通知相关部门和下属（明察），也可以不预先通知（暗访），至于采用何种方式，要根据检查工作的具体情况确定。现场检查和巡视可以得到更多直接的、感性的和真实的信息，这是确保组织工作落到实处的方式之一。

4）开展思想沟通、听取汇报

在组织管理活动中，管理者还要通过与员工进行思想沟通，了解员工的情况和任务完成情况，激励员工进一步做好工作。也可以采用开会听取汇报或者查看汇报材料的方式听取汇报。通过沟通和听取汇报，发现问题，推进工作。

不管是否通过开会的方式与员工进行思想沟通和听取汇报，管理者都应该预先做好充分的准备，避免在面对管理相对方的时候天南海北、跑题跑调，那样将不仅不能很好地与员工沟通，反而会损害管理者和组织的形象，在管理者和管理相对方之间制造沟通障碍。此外，在开展沟通和听取汇报的过程中，管理者不要说不负责任的话或者没有依据的话，要尽可能充分听取和了解管理相对方提供的信息和想法，以便为解决问题创造有利的条件。

5）组织总结和评比

组织总结和评比是管理活动的具体形式之一，也是激励员工的重要手段。每个单位的工作都因为年度、季度或者月度呈现一定的周期性。在一个周期结束的时候，单位通过总结工作,可以发现问题,更好地推进工作;同时通过评比,激发员工在下一个周期更好地开展工作。

◎实训

分组讨论不同的组织管理方式所起的作用有什么不同。

◎案例

吴小松最近被任命为海兴中学校长。尽管才35岁,但吴小松从教已有12年,取得过许多教学成果,他组织学生参加每年市中学生数学竞赛总能拿到几个好名次。他工作努力,同事们都称其为“拼命三郎”。两年前上级部门还特地送他去国外进修。吴小松上任之后不久提出他的发展思路。

1. 海兴中学在未来的若干年中要发展成为全市最好的重点中学,最终争取成为全国一流的重点中学。

2. 要培养优秀的高中毕业生,要有一流的教学设施。

3. 要有一流的师资,要引进特级教师、优秀的高级教师,要吸引博士、硕士来任教。

4. 要出一流的教学成果,不断地改革课程体系,改进教学方法,设立第二课堂。

5. 提高教师待遇,增强凝聚力。

吴小松的发展规划,使全体教师员工很激动。尽管学校原来的基础不错,但近年来也时不时地发生教师流失、升学率下降、学生家长不满增加的情况。据内部消息,市重点中学的位置可能不保,市里开始采用重点中学每年一评制,激励学校相互竞争。新校长提出这一宏伟目标确实道出了全体教职工的心声。

转眼一年已经过去了。一年来,吴小松为推进学校发展,茶不思饭不想,全身心扑在工作上,人瘦了不少,但学校的面貌变化不大。昨天,副校长王兴贵向他提交了调离报告,使吴小松颇为震惊和气愤,心想这不是存心拆他的台嘛,现在学校创一流正进入关键时刻。于是吴小松决定与王副校长好好谈一谈。

“老王,是不是我的工作方法有问题,哪里得罪了你或哪里有所失误,所以你想离开海兴?如果是这样我向你道歉!”

“没有,没有,吴校长,是我自己要走,新单位也是一所中学,我并不离开教育战线,不是为了待遇与工资。”王副校长急忙辩解道。

“那么为什么呢?海兴创一流正需要你这样熟悉教学管理的老校长。”吴小松不解地说。

“吴校长,说实话,你提出学校创一流的想法我一直很佩服,也真想跟你一起大干一场。”王副校长喝了一口茶水,继续说,“可是一年来,我发现我已无用武之地了,我自己感觉虽年纪比你大近15岁,但仍不属于不能接受新观念的人。”

吴小松觉得不可理解,王副校长所负责的教学、后勤方面正是创一流非常重要的领域,怎么说无用武之地呢?王校长看了吴小松一眼,继续说:“我所说的无用武之地,是因为教学、后勤等工作实际上都是吴校长你亲自做,我可有可无。”“是吗?我可没有任何排挤你的意思。我是着急,看着教学上不去、学校硬件设施上不去、创收上不去心里急啊。”吴小松感到很委屈,自己为学校努力,却有不少人不理解,创一流真难啊。

王副校长最终还是走了。

思考题:

1. 吴校长所提出的发展思路是否是海兴中学的组织目标?
2. 王副校长要离开海兴的原因是什么?说明了什么?
3. 吴校长的管理方式有什么不对吗?

课后练习

一、单选题

1. 系统的(　　)是系统最为鲜明、最为基本的特征之一。

A. 层次性　B. 综合性　C. 环境适应性　D. 整体性

2. 管理的(　　)主要是基于管理系统的动态性和管理因素的复杂多变而提出的。

A.“整、分、合”原则　B. 相对封闭原则　C. 弹性原则　D. 反馈原则

3. (　　)是组织活动中最活跃、最具创造性的因素。

A. 资本　B. 技术　C. 人　D. 资源

4. 人本原理要求对员工(　　)。

A. 适度控制　B. 严格控制　C. 放任自流　D. 自我控制

5. 精神动力与物质动力相比,更加具有(　　)。

A. 短期性　B. 持久性　C. 阶段性　D. 层次性

6. (　　)指管理在客观环境作用下达到管理目标的应变能力。

A. 相对封闭原则　B. 弹性原则　C. 反馈原则　D.“整、分、合”原则

7. (　　)是指组织管理者应以尽量少的生产成本和资源消耗,生产出尽可能多的符合社会需要的产品,提供更加充分和优质的服务。

A. 动力原则　B. 效益原则　C. 经济原则　D. 激励原则

8. 组织管理的基本内容中,最基础的是(　　)。

A. 开展组织的顶层设计　B. 制定组织目标和任务

C. 设计组织结构　D. 制定组织管理制度

9. (　　)是指管理的组织结构与组织成员的能级结构必须相互适应和协调。

A. 能级原则　B. 动力原则　C. 行为原则　D. 效用原则

10. (　　)是指组织在取得自身经济利益的同时,要减少对社会资源的消耗和浪费,保护环境,促进社会可持续发展。

A. 经济效益　B. 社会效益　C. 环保效益　D. 自身效益

二、多选题

1. 系统的特征包括(　　)。

A. 整体性　B. 层次性　C. 综合性　D. 环境适应性

2. 在现代经济活动中,组织间的差异关键在于人的差异,在于人的(　　)。

A. 主观性　B. 功利性　C. 创造性　D. 能动性

3. 人本原理在管理工作中的主要应用包括(　　)。

A. 协调员工利益　B. 激励员工的行为　C. 严格控制　D. 必要的培训

4. 管理者要正确认识动力源,充分利用动力源,(　　)被管理者指向组织目标的积极行为。

A. 激发　B. 刺激　C. 促进　D. 引导

5. 人本原理的应用应遵循的原则包括(　　)。

A. 激励原则　B. 能级原则　C. 动力原则　D. 行为原则

6. 效益原则的特征有(　　)。

A. 经济效益　B. 社会效益　C. 激励效益　D. 人文效益

7. 创新原理运用的原则包括(　　)。

A. 时效性　B. 长期性　C. 适用性　D. 规范性

8. 组织管理的主要方法包括(　　)。

A. 经济方法　B. 行政方法　C. 法律方法　D. 教育方法

9. 行政方法的特征有(　　)。

A. 权威性　B. 利益性　C. 规范性　D. 强制性

10. 教育方法的特征有(　　)。

A. 稳定性　B. 启发性　C. 长期性　D. 灵活性

三、填空题

1. ________是世间万物构成的基本方式。

2. 系统原理的应用应遵循的原则中的“整、分、合”原则可以概括为________、________、________。

3. ________指管理在客观环境作用下达到管理目标的应变能力。

4. 管理的________是指管理者在进行管理活动时,为了及时了解系统内部条件、外部环境的变化,准确掌握系统环境和系统状态的演化进行反馈,发现问题及时修正,确保组织目标的实现。

5. 管理的系统是一个________的系统,管理的过程是一个动态的过程。

6. 人本原理是指在管理活动中要________的核心和动力。

7. ________认为,尊重员工个人价值,做好员工心理调适,是实现有效管理的途径。

8. ________是改变员工的观念,增强员工技能的重要途径。

9. 管理动力的形式主要有________和________。

10. 提高________是经济组织的根本目标,是组织各方面工作的综合表现。

四、简答题

1. 简述系统原理的应用应遵循的原则。

2. 阐述人本原理在管理学中的应用。

3. 简述组织管理的基本内容。

五、案例分析题

鼎立建筑公司

鼎立建筑公司原本是一家小企业，仅有10多名员工，主要承揽一些小型建筑项目和室内装修工程。创业之初，大家齐心协力，干劲十足，经过多年的艰苦创业和努力经营，目前已经发展成为员工过百的中型建筑公司，有了比较稳定的顾客，生存已不存在问题，公司走上了比较稳定的发展道路。但仍有许多问题让公司胡经理感到头疼。

创业初期，人手少，胡经理和员工不分彼此，大家也没有分工，一个人顶几个人用，拉项目，与工程队谈判，监督工程进展，谁在谁干，大家不分昼夜，不计较报酬，有什么事情饭桌上就可以讨论解决。胡经理为人随和，十分关心和体贴员工。由于公司具有很大的自由度，大家工作热情高涨，公司因此得到快速发展。然而，随着公司业务的发展，特别是经营规模不断扩大之后，胡经理在管理工作中不时感觉不如以前得心应手了。首先，让胡经理感到头痛的是那几位与自己一起创业的"元老"，他们自恃劳苦功高，对后来加入公司的员工，不管其在公司职位高低，一律不看在眼里。这些"元老"们工作散漫，不听从主管人员的安排。这种散漫的作风很快在公司内部蔓延开来，对新进员工产生了不良的示范作用。鼎立建筑公司再也看不到创业初期的那种工作激情了。其次，胡经理感觉到公司内部的沟通经常不顺畅，大家谁也不愿意承担责任，一遇到事情就来向他汇报，但也仅仅是遇事汇报，很少有解决问题的建议，结果导致许多环节只要胡经理不亲自去推动，似乎就要"停摆"。另外，胡经理还感到，公司内部质量意识开始淡化，对工程项目的管理大不如从前，客户的抱怨也正逐渐增多。上述感觉令胡经理焦急万分，他认识到必须进行管理整顿。但如何整顿呢？胡经理想抓纪律，想把"元老"们请出公司，想改变公司激励系统。

他想到了许多，觉得有许多事情要做，但一时又不知道从何处入手，因为胡经理本人和其他"元老"们一样，自公司创建以来一直一门心思地埋头苦干，并没有太多地去琢磨如何让别人更好地做事，加上他自己也没有系统地学习管理知识，实际管理经验也欠丰富。出于无奈，他请来了管理顾问，并坦诚地向顾问说明了自己遇到的难题。顾问在做了多方面的调研之后，首先与胡经理一道分析了公司这些年取得成功和现在遇到困难的原因。

归纳起来，促使鼎立建筑公司取得成功的因素主要有：

①人数少，组织结构简单，行政效率高；

②公司经营管理工作富有弹性，能适应市场的快速变化；

③胡经理熟悉每个员工的特点，容易做到知人善任，人尽其才；

④胡经理对公司的经营活动能够及时了解，并快速做出决策。

对于鼎立建筑公司目前出现问题的原因，管理顾问归纳为：

①公司规模扩大，但管理工作没有及时地跟进；

②胡经理需要处理的事务增多,对“元老”们疏于管理;

③公司的开销增大,资源运用效率下降。

思考题:

对管理顾问的以上分析和判断,胡经理表示赞同,并急不可耐地询问解决问题的“药方”。请你代替这位管理顾问向胡经理提出具体可行的改进建议。

项目 8　认识组织宗旨与组织战略

【知识目标】

了解组织宗旨的概念、内容、原则与作用；了解组织使命和组织价值观的概念、判断标准；掌握组织计划的概念、内容与特征，组织战略的概念、特性，组织目标的概念、分类与作用。

【能力目标】

通过本项目的学习，了解企业宗旨对企业整体管理的重要性，认知组织战略的内容及意义，并且学会分析不同企业的宗旨对企业所起的不同作用。

【案例导入】

千差万别的企业宗旨

不同的企业都有一些不同的规范企业的顶层思想或者总的原则、理念。下面是一些企业提出的理念。

1. 万向集团：多听则明、多看则清、多思则真、多干则成。但更主要的一条，要使事业成功，一定要有牺牲精神。

2. 北京阳光科技实业公司：老子、庄子处事有 4 个基本原则："守柔，处下，抛后，不争。"我们也有四原则，即见人低一等，有利让一分，遇难帮一把，谋事商一筹。

3. 广东华凌集团：世界上没有永恒的加冕，只有永远的拼搏。

4. 安徽古井集团：学会了画句号，你离成功就不远了。

5. 海尔集团：老子的"天下万物生于有，有生于无"是说有形的东西受无形的东西支配，在企业里这个无形的东西就是企业文化，一个企业能不能发展取决于有无自己的文化。

6. 联想公司：把员工的个人追求融入企业的长远发展。

小思考：这些企业提出的理念、宗旨体现了其什么思想和意图？

任务1 了解组织宗旨

8.1.1 组织宗旨的概念

组织宗旨属于组织顶层设计的范畴，是高于其他规范的企业核心元素。它界定一个组织希望在社会中扮演的角色，它决定着组织的目标及战略规划的制定，处于组织的最高核心。

组织宗旨是指组织管理者确定的组织经营或管理的总目标、总方向、总特征和总的指导思想，它反映了组织管理者为组织将要经营的业务规定的价值观、信念和指导原则，描述组织力图为自己树立的形象，揭示该组织与同行其他组织在目标上的差异，界定组织的主要产品或服务范围，以及组织试图满足顾客的基本需求等。

一般地讲，历史悠久、规模较大的企业，都会规定自己宗旨性的东西。组织的宗旨由不同的内容组成，一般用一句话或者一段话来描述。由于不同的组织具有不同的资源和禀赋，有不同的历史和价值观，因此，不同的组织对组织宗旨的描述往往有不同的格式，并没有一个固定的格式。

8.1.2 组织宗旨的内容

有的组织直接提出组织的宗旨，有的组织并不直接宣示自己的宗旨是什么，而是提出组织的愿景、组织使命、经营哲学等方面的内容，这些都属于组织宗旨的内容。

1）组织愿景

愿景是用文字描绘的组织未来图景，它说明组织要成为什么，是组织对其前景所进行的广泛的、综合的和前瞻性的设想，是组织为自己制定的长期为之奋斗的目标。组织愿景使人们产生对未来的向往，自觉凝聚在这个理想之下，集中力量和智慧共同奋斗。愿景只描述对未来的展望，而不叙说实现这些展望的具体途径和方法，它一般包括10～30年可见的目标，以及对这个目标实现时情景的生动描述。

愿景并不一定能全部实现，只要有50%～70%的实现可能性就可以了。愿景的主要功能是凝聚组织成员，设立愿景的关键是要能使大家认可，激励人们前进。

★小资料★

联想电脑公司愿景——未来的联想应该是高科技的联想、服务的联想、国际化的联想。

迪士尼公司愿景——成为全球的超级娱乐公司。

万科愿景——成为中国房地产行业领跑者。

2)组织使命

组织使命旨在阐述组织长期和未来所要从事的经营业务范围,是组织存在的目的和理由。它包括以下3个方面的内容。

(1)顾客的需求

组织要满足的顾客需求是什么,这是首先要考虑的问题,仅仅知道组织向顾客所提供的产品和服务是远远不够的。顾客需要的不是产品和服务本身,而是产品或服务提供的功能,这种功能能够满足他们的某种需求。没有需求就没有组织业务。

(2)顾客

组织要满足的对象是谁,组织定位的顾客群是什么,这是组织使命要阐述的第二个问题。顾客群代表了一个需要提供的市场,即组织打算在哪些地理区域内展开竞争以及组织追逐的购买者类型。

(3)技术和活动

第三个方面是组织在满足目标市场时所采用的技术和开展的活动。这个内容是要说明组织是如何满足顾客需求的,以及组织所覆盖的活动是价值链的哪些部分。

3)经营哲学

经营哲学是一个组织为其经营活动方式所确定的价值观、信念和行为准则,是对组织文化的高度概括。经营哲学主要通过以下两个方面表现出来。

(1)组织提倡的共同价值观

一个组织如果有共同的价值观,就可以很好地凝聚组织成员的力量去实现组织的目标。如果没有共同的价值观,组织成员在工作中就会出现严重的分歧,难以协调彼此的立场。所以共同的价值观对于组织的生存和发展非常重要。当然,共同的价值观不是仅仅靠人才选拔就可以建立的,还需要组织的长期培育。

(2)组织对利益相关者的态度

组织应该有效地反映组织内外的利益群体和个人的合理要求。组织一般要在组织的宗旨中明确地阐述自己对这些利益相关群体及其提出的要求所持的态度,即组织在承担遵守法律规定、社会基本的伦理秩序和创造利润的基本责任外,还愿意承担多少社会责任。

8.1.3 制定组织宗旨的原则

制定组织宗旨,要遵循以下3个原则。

1)目标全面性原则

组织宗旨必须涵盖组织全面的目标,包括有形目标和无形目标、短期目标和长期目标、容易量化的目标和难于量化的目标。特别要注意的是,组织的目标不仅应包括经济增长率和利润率等财务目标,还应该包括技术进步的速度和为顾客服务的质量等无形的目标。如果组织仅仅将目标局限于经济效益和利润等目标,组织的管理者就会忽视技术进步、为顾客服务等无形的目标,导致组织发展的不可持续性。

2)手段合理性原则

组织要达到自己的目标,还要规范达到目标的手段。规定管理者和员工如何分享权力,做出决策,如何同当地社区打交道等。如果对目标做了清晰的陈述和监督,而对经营的原则或手段却没有规定,管理者就可能会采用不合法或者不合理的手段来达到目标。这样的做法带来的危害在短期内可能被隐蔽起来,但最终将对组织的利益产生巨大的损害。对达成目标的手段进行规范和界定,就是要防止管理者为了实现组织目标而不择手段。

3)关系和谐性原则

组织的经营管理活动同组织内外的人群都有利害关系。组织内部利益群体包括组织的股东、董事会、管理人员和员工;组织的外部利益群体包括组织的顾客、供应商、销售商、竞争者、政府和一般公众等。这些利益群体都希望组织能够按照他们满意的方式进行生产经营活动。例如,职工要求在经济收入、社会地位和心理状态上得到满足;股东要求从他们的投资中得到满意的回报;顾客要求购买到物美价廉、符合他们利益的商品;供应者希望组织能够长期使用他们的产品或服务;竞争者要求公平竞争;政府机构要求组织遵纪守法;社区公众则希望由于组织在当地的存在,使他们的生活水平能够有所提高等。组织宗旨应该描绘出组织同这些群体的关系。

8.1.4 组织宗旨的作用

明确组织宗旨是十分重要的,没有宗旨,要制定清晰的目标和战略是不可能的。一个组织的宗旨不仅要在组织创业之初就要加以明确,而且要在组织遇到困难时和组织持续繁荣昌盛时经常加以确认,以便组织能够保持明确的目标和方向,保持旺盛的生命活力。虽然并不是所有的组织都有文字描述的宗旨,或公开发表自己的宗旨陈述,但是越来越多的组织将组织的宗旨陈述看成是组织战略的一个重要组成部分。组织宗旨陈述的重要性可以概括为以下3个方面。

1)确保组织内部对组织的目的和主要行动达成共识

组织宗旨中关于组织存在的根本目的的陈述,为全体员工树立了一个共同为之奋斗的价值标准。组织的价值标准是组织以及全体员工选择自身行为的总规范和总指导。个人的行为和目标、部门的行为和目标乃至整个组织的行为和目标是否符合组织发展的方向,其最终的价值标准就是组织的价值标准。同时,以组织存在的根本目的所表达的组织价值标准还起着激励员工的作用。

2)为确定组织战略目标、制定政策、有效利用资源提供方向性指导

组织宗旨中关于组织经营范围或经营领域的陈述及组织发展方向的陈述,为组织选择实现目标的手段即战略方案提供了依据。也就是说,组织宗旨为组织确定战略目标,为实现战略目标应进行哪些经营活动(生产哪些产品,进入哪些市场)和以什么方式(制定什么政策,如何配置资源)进行这些活动指明了方向、提供了依据。

3)有利于树立区别于其他组织的形象

组织宗旨中关于组织经营思想的行为准则的陈述,有利于为组织树立一个特别的、个性的、不同于其他竞争对手的组织形象。因为它反映了组织处理自身和社会关系的准则和态度,反映了组织处理与各种相关利害团体和个人关系的基本规则。良好的社会形象是组织宝贵的无形财产。

◎实训

以小组为单位，在网络上查询一些企业，查看其介绍，为其拟订一个简明扼要的企业宗旨。

◎案例

松下的企业使命是“实业人的使命”，即“我们的努力正是为了提高全人类的生活水准，为社会全体的繁荣做最大贡献”。这也被称为“自来水哲学”——消除世界贫困，使人类走向繁荣和富裕。

正是有了这样的使命，松下企业通过工业流水线的生产手段，把只能供少数人享受的奢侈品变成普通大众都能享受的普及品，由此奠定了松下经营的基本方针：质量必须优先，价格必须低廉，服务必须周到。正是这种经营方针使松下得到顾客的信赖，逐步走上壮大之路。松下在产品开发上以模仿为主，走短平快路线。一旦发现某个有前景的新产品，松下就拿过来，做出比别人甚至比原发明者质量更高、价格更低的“新产品”。“模仿中的创新”使松下取得了经营上的成功，但是，在真正的原创上就略逊一筹。然而，自来水哲学中蕴含的服务思想、顾客至上观念、推动社会走向繁荣和富裕的愿望并不过时。自来水哲学的深层价值在于把企业使命最终定位于社会责任上。

很多人以为企业的目的就是赚钱，就是利润最大化。对此，松下幸之助有他独特的见解。他认为，企业存在的目的绝不仅仅是赚钱，企业的真正使命在于促进社会繁荣。赚钱是为企业履行社会责任创造条件，一个不能为社会繁荣做出贡献的企业，哪怕赚钱再多，也背离了正道。松下幸之助宣称：“担负起贡献社会的责任是经营企业的第一要件。”“合理利润的获得，不仅是商人经营的目的，也是社会繁荣的基石。”在市场经济条件下，企业作为独立自主的经济实体和利益主体，有自己的正当权益和利益追求，但企业又是离不开社会的。一个公正、法制和稳定的社会是企业生存和发展的必要条件，社会为企业提供生存空间，反过来，企业必须满足社会的需求，为社会提供自己的服务。这一关系决定着企业的性质。因此，企业的使命就是要最大限度地提高人的生活质量和水平，克服贫困，贡献于社会的繁荣进步。如果脱离了社会责任感，利益驱动就会产生向下的动力，把企业拉入灾难的深渊。

思考题：

1. 松下的企业宗旨是什么？

2. 松下的企业宗旨是否违背了企业的赢利目标？

任务2 认识组织使命与组织价值观

8.2.1 组织使命

1)组织使命的概念

组织使命是指组织在社会中所处的地位、所起的作用、所承担的义务以及所扮演的角色。组织使命是一种广泛的意向,体现了组织的根本目的,它既反映外界对组织的要求,又体现着组织的创办者或高层领导人的追求和抱负。

2)组织使命的确定

组织使命的确定主要涉及组织业务活动范围问题,即确认向社会提供何种产品或服务,承担何种任务,秉承什么原则等。

3)组织使命对组织管理的意义

①组织使命是用以指导组织制定战略规划、目标、行动计划并组织实施的根本规定性。如果组织没有确定组织使命,就难以在制定组织战略和目标的时候保持一致性。

②组织使命的存在,可以保证组织内部成员对组织的主要活动取得认识上的一致,形成共同语言以至共同的价值观,便于协同行动,尤其是在一些组织没有做出明确规定的问题上,大家可以参照组织使命取得共识。

③组织使命指出了组织该做什么,不该做什么,这就为组织在经营管理活动中进行资源的取得、调配、使用(投入)以及业绩的取得(产出)提供了总的依据及衡量标准。

④组织鲜明地提出自己的使命,有利于让社会各界了解组织的本质,便于吸引志同道合的人才。

★小资料★

联想电脑公司使命——为客户利益而努力创新。

迪士尼公司使命——使人们过得快活。

万科(宗旨)使命——建筑无限生活。

8.2.2 组织价值观

1)组织价值观的概念

组织价值观是组织决策者对组织生存发展价值追求的观点,是组织决策者对组织性质、目标、经营方式的取向和做出的选择。组织价值观是员工所接受的共同观念,也是组织员工共同持有的、支撑员工精神的主要价值观。组织价值观是组织长期活动积淀的产物,是艰苦努力的结果，是把所有员工联系在一起的纽带，是组织生存发展的内在动力，是组织行为规范制度的基础。

★小资料★

惠普的企业宗旨和公司价值观

在20世纪90年代以前，惠普的企业宗旨是设计、制造、销售和支持高精密电子产品系统，以收集、计算、分析资料、提供信息、帮助决策、提高个人和企业的效能。90年代以后，第二任总裁提出以上企业宗旨在电子时代还可以，但在信息时代需要加以修改。为此，惠普花费了400万美元求助咨询公司，设计了现今的企业宗旨：创造信息产品，以便加速人类知识的进步，并且从本质上改变个人和组织的效能。公司把它作为自己发展的"引擎"。

回顾惠普的历史，1939年，美国斯坦福大学的比尔·惠利特和戴夫·帕卡德决定开创事业。惠普公司初期生产的产品是价格低、性能好的声波振荡器。到1942年，员工仅有60人，1960年销售额突破6 000万美元，到1997年销售额高达428亿美元，利润达31亿美元，在《财富》500强中排名第47位。企业由最初生产声波振荡器的小公司发展到以生产电脑、打印机为主，包括电脑设备、电子仪器等各种产品的跨国公司。

公司创立伊始，创立者们就明确其经营宗旨：瞄准技术与工程技术市场，生产出高品质的创新性电子仪器。在这一经营宗旨上，惠利特与帕卡德建立起了共同的价值观和经营理念，这一价值观与经营理念同时体现在他们聘用与选拔公司的人才中，换言之，他们是按这一价值观标准来聘用和选拔公司人才的。他们向公司员工大力灌输企业宗旨和企业理念，使之成为惠普公司的核心价值观。惠普公司的价值观：企业发展资金以自筹为主，提倡改革与创新，强调集体协作精神。在这一核心价值观基础上，公司逐渐形成了具有自己鲜明特色的企业文化。

"惠普模式"在实际工作中提倡自我管理、自我控制与成果管理，提倡温和变革，不轻易解雇员工，也不盲目扩张规模，坚持宽松的、自由的办公环境，努力培育公开、透明、民主的工作作风。惠普的企业文化及其在此基础上所采用的经营方式极大地刺激了公司的发展，有力地促进了公司经营业绩的增长。公司在20世纪50—60年代纯收入就增加了107倍，仅从1957—1967年公司股票市场价格就增加了5.6倍，投资回报率高达15%。进入20世纪90年代，惠普公司重点发展计算机，它已成为全球最大的电脑打印机制造商。

随着公司规模的不断扩大，公司的企业文化培育出更为丰富的文化内涵。同时，随着社会经济的进步、市场环境的变化，惠普公司也在不断变革着自身的文化体系，1990年以来，企业新一代决策者们保留了原有文化体系那些被认为是惠普企业灵魂的核心价值观，并根据经济发展现状，废止了一些不合时宜的东西，加入新的内涵。约翰·科特认为："改革后形成的新型企业文化，其主流的确是对市场经营的新环境的合理反馈。这种与新的市场环境的适应性显然是一种充分合理的适应性。因此，它也是一种比原有企业文化更高、更好地适应市场经营环境的企业文化。"

在这种“更高更好”的企业文化推动下，惠普在20世纪90年代又得到了空前发展。1992年销售收入达16亿美元，1993年达20亿美元，1994年达到25亿美元，1995年以后，销售收入增长进一步加快，年销售收入从31亿美元增加到1997年的428亿美元。惠普的发展说明了企业文化的强大推动力。公司提倡人人尊重与人人平等，注重业绩的肯定，对员工表示出信任和依赖，倡导顾客至上的经营观，向顾客提供优质且技术含量高的产品，有效解决顾客的实际困难，极力为公司股东服务。这些准则和价值观为企业的发展奠定了坚实的基础。

一些内外部条件相近的组织，在组织的发展战略上采取了完全不同的战略，表现出明显不一致的特征，造成他们战略差异的因素很多，其中价值观的差异是不能忽视的重要因素。

2）组织价值观是判断组织活动和员工活动是非的标准

企业必须遵循产业社会的一般道德准则，并且有效地处理与人类社会以及个人价值准则之间的一系列重要关系，尊重相关者地位或满足相关者利益，以此来约束与激励全体员工的决策和行为。价值观作用的最集中体现便是当企业或者个人在企业运营过程中面临矛盾、处于两难选择时，这样做可以，那样做也可以，但必须有个决定，支持这个决定的便是价值观。

组织价值观也是组织的领导者与员工判断是非的标准，一经建立，并成为全体员工的共识，就会成为长期遵奉的信念，对组织具有持久的精神支撑力。当个体的价值观与组织价值观一致时，员工就会把为组织工作看作自己的理想追求。有了共同的价值观，组织在发展过程中遇到坎坷的时候，就具有了克服各种困难的强大精神支柱。许多著名的企业家都认为，一个组织的长久生存，最重要的条件不是组织的资本或管理技能，而是正确的组织价值观，组织的命运最终由组织的价值观决定。因此，价值观不仅应该存在于高级管理者的心目中，而且应该存在于所有员工的心目中，成为一种实实在在的标准，成为组织的文化内核和精神动力。

3）组织价值观对组织管理的意义

①组织价值观对管理的作用首先体现为人心的凝聚作用。组织价值观是一种以组织为主体的价值取向，它是由组织内部的绝大多数人共同认可的价值观念。具体来说，组织价值观是组织在追求经营成功的过程中所推崇和信奉的基本行为准则。这种共同认可的东西，可以引导企业内部的所有成员达成共识，凝聚大家的共同意志，增强管理的向心力，激励员工释放潜能。组织的活力是组织合力作用的结果，组织合力越强，所引发的活力越强。

②组织可以通过领导人的言传身教来推动价值观的影响力。员工对组织价值观的认可，需要组织的灌输与宣传，经过不断的潜移默化进行影响。在这个过程中，需要组织领导人的倡导与宣传。

③组织可以通过塑造组织精神来推进价值观管理。成功的组织都拥有自己的组织精神，组织精神包括了一个组织所应有的组织传统、时代意识、基本信念、价值观、理念。塑造组织的精神，可以增强员工对价值观的确认，自觉按照组织价值观开展经营管理活动。

④组织可以通过健全配套机制贯彻落实组织价值观。组织可以根据组织价值观健全配

套机制，确保组织价值观渗透到组织日常经营管理过程的每一环节中，从而提高组织价值观影响组织经营管理的效率。此外，要实现有效的价值观管理，组织还可以依据核心价值建立组织和个人的关键行为准则，培养组织文化的行为养成。同时，构建组织文化的关键驱动要素，依据要素制定组织文化管理标准和操作指标，实施组织及各个部门的对标管理，提升组织文化管理能力。

⑤组织价值观的落实还可以通过实施组织文化审计，总结组织文化建设，贯彻组织价值观的经验与成果，发掘组织文化管理的问题和不足，促进组织文化管理的自我提升。

★小资料★

联想公司价值观——成就客户、创业创新、精准求实、诚信正直。

迪士尼公司价值观——极为注重一致性和细节刻画；通过创造性、梦幻和大胆的想象不断取得进步；严格控制、努力保持迪士尼“魔力”的形象。

万科价值观——创造健康丰盛的人生。

◎实训

学生自由组队，设想成立一个企业（农业生产型企业、工业生产型企业、物流企业、商贸企业、餐饮服务企业等），由召集者担任公司高层领导，然后每个队员立足于自己承担的职位角度，就公司宗旨的设立提出自己的意见。最终大家确定一个公司宗旨，并说明理由。

◎案例

IBM：电脑帝国的企业文化

IBM（国际商用机器公司）是有明确原则和坚定信念的公司。这些原则和信念似乎很简单、很平常，但正是这些简单、平常的原则和信念构成 IBM 特有的企业文化。

老托马斯·沃森在 1914 年创办 IBM 公司时设立过“行为准则”。他把这些价值观标准写出来，作为公司的基石，任何为他工作的人，都明白公司要求的是什么。老沃森所规定的“行为准则”，由总裁至收发室，没有一个人不知晓，老沃森的信条在其儿子时代发扬光大，这些准则包括：

1. 必须尊重个人。
2. 必须尽可能给予顾客最好的服务。
3. 必须追求优异的工作表现。

这些准则一直牢记在公司每位员工的心中，任何一个行动及政策都直接受这 3 条准则的影响，“沃森哲学”对公司的成功所贡献的力量，比技术革新、市场销售技巧或庞大财力所贡献的力量更大。IBM 对公司的“规章”“原则”或“哲学”并无专利权。“原则”可能很快地变成了空洞的口号，正像肌肉若无正规的运动将会萎缩一样。在企业运营中，任何处于主管职位的人必须彻底明白“公司原则”。他们必须向下属说明，而且要一再重复，使员工知道，强调“原则”是多么重要。IBM公司在会议中、内部刊物中、备忘录中、集会中所规定的事项，或在私人谈话中都可以发现“公司哲学”贯彻在其中。如果IBM公司的主管人员不能在其言行中身体力行，这一堆信念就成了空口说白话。主管人员需要勤于力行，才能有所成效。全体员工都知道，不仅是公司的成功，即使是个人的成功，也一样都是取决于对沃森原则的遵循。

思考题：

IBM公司的企业宗旨是什么？它是从哪些方面去界定公司的宗旨和价值观的？

任务3 认识组织战略

8.3.1 组织战略及其类型

1)组织战略的概念

组织战略是指组织对有关全局性、长远性、纲领性目标的谋划和决策。即组织为适应未来环境的变化，对生产经营和持续稳定发展中的全局性、长远性、纲领性目标的谋划和决策。

组织战略是表明组织如何达到目标，完成使命的整体谋划，是提出详细行动计划的起点，但它又凌驾于任何特定计划的各种细节之上。战略反映了管理者对行动、环境和业绩之间关键联系的理解，用以确保已确定的使命、愿景、价值观的实现。

2)组织战略的类型

(1)发展型战略

发展型战略是一种使企业在现有的战略基础水平上向更高一级的目标发展的战略。由于战略定位不同，发展型战略有多种可供选择的增长方案，企业可以根据实际情况进行选择。

(2)稳定型战略

稳定型战略是指限于经营环境和内部条件，将企业在战略期所期望达到的经营绩效基本保持在战略起点的范围和水平上的战略。选择这一战略的企业对其过去的经营绩效和方法比较满意，所以会继续为顾客提供基本相同的产品和服务。这是一种风险相对较低的战略。

(3)紧缩型战略

紧缩型战略是指企业从目前的战略经营领域和基础水平收缩和撤退，且偏离战略起点较大的一种经营战略。与发展型战略和稳定型战略相比，紧缩型战略是一种消极的发展战略，一般是短期性的过渡战略。

除以上组织战略外，还包括复合型战略、联盟战略、成本领先战略、差异化战略、集中化战略等。

3）制定组织战略的意义

由于组织战略涉及组织长远发展和全面发展的各个方面，是引领组织发展的长远规划，因此，制定组织战略对组织的生存和发展具有重要意义。

（1）为组织的发展指明方向

组织和员工面对复杂的环境挑战和各种各样的琐事，很容易纠缠在具体事务中，被局部的事务所迷惑。组织战略的制定，指出了组织未来发展的方向和基本要求，避免组织和员工失去对前途的期望，失去对发展的信心。

（2）提高组织的预见性、主动性，克服组织的短期行为

组织的发展是一个持续的过程，通过制定组织发展战略，可以为组织勾勒发展的总体方向和框架，提高组织和员工的预见性、主动性，在组织战略的指导下，组织和员工在具体工作中有总体蓝图的规范和约束，可以克服短期行为，确保短期目标与长期目标相一致。

（3）组织发展战略是组织经营管理成败的关键

组织战略的制定，为组织和员工发展指明了方向，树立了目标，明确了发展的思路，制定了发展的原则，使组织各部门和员工能够围绕组织发展的总体要求进行努力，帮助克服组织各部门各自为政的格局，促进组织经营管理目标顺利实现。

8.3.2 组织战略的制定

1）组织战略制定的概念

组织战略的制定，是指组织为适应未来环境的变化，对生产经营和持续稳定发展中的全局性、长远性、纲领性目标的谋划和决策，并制定相关战略文件的过程。它包括战略的制定和文案的形成两个部分。

2）组织战略制定的原则

组织战略的制定是一项严肃而慎重的工作，组织必须调动全体管理者的智慧和力量，甚至引入咨询决策机构协助，认真开展战略制定工作。组织战略的制定要遵循一定的原则。

（1）注重未来的原则

组织战略是面向未来制定的目标和计划体系，其基本的要求就是既立足现在，又要展望未来，而且重点是对未来进行规划，因此，组织战略要确保近期目标服从长远目标、局部目标服从大局目标，以未来目标的实现作为着眼点。

（2）注重市场和环境的原则

注重市场的原则，是指组织要根据市场和环境的状况来确定组织战略，不管是战略的构思、环境的分析，还是战略目标的确定，战略阶段的谋划，都要充分考虑市场和环境的特点，不能闭门造车、脱离实际制定组织战略。

（3）积极进取的原则

积极进取的原则，是指组织战略要体现积极进取的精神，以积极的态度、进攻的态势去面对市场环境给组织带来的各种挑战，而不能不思进取、因循守旧，消极应对市场变化。

(4)注重创新的原则

注重创新的原则,是指组织战略的制定要有新视野、新思维、新方法、新举措,不能用老皇历去应对新变化。面对未来的发展,要积极以创新的思维和手段去设计发展道路,促进组织发展呈现出生机和活力。

(5)注重实用的原则

注重实用的原则,是指组织战略不能脱离组织的实际,好高骛远,也不能脱离环境的客观现实,做白日梦,而要既有现实支撑,又有前景预测,以目标带行动,以宏观带微观,促进当下的工作。

3)组织战略制定的过程

组织战略的制定和组织战略的草拟都是一个充满逻辑推理的过程,环环相扣,确保战略制定符合客观实际,具有现实性。制定组织战略包括以下过程。

(1)评估组织现状

评估组织现状是组织客观地认识自己、分析自己的过程,通过评估,明确组织的起点状况和能力状况,从而为确定未来的发展目标寻找到立足点和依据。评估组织现状,包括评估组织的当前业绩、经营管理能力以及内部资源状况等内容。

(2)分析外部环境

分析外部环境,是明确组织发展的外部资源状况和竞争状况,为确定组织发展战略寻找环境依托和可能的机遇。

(3)进行 SWOT 分析

SWOT 分析,是对组织未来发展的优势、劣势、机会和威胁等情况进行综合分析,从而得出制定组织战略的平台性、基础性结论。

(4)制定组织战略的基本要素和具体方案

在进行了综合分析之后,组织要确立发展的基本要素,并据此提出不同的战略方案,一般情况下,供选择的战略方案包括上、中、下 3 类。

(5)评估并选择最佳方案

在制定出战略方案之后,组织再次根据组织的资源状况对各种战略方案进行评估,考虑其可操作性、可实现性,确定最优方案作为组织战略方案。

(6)执行和评估方案

组织战略制定之后,组织会根据战略推进和落实方案,并在一定的阶段评估战略实施情况,从而对战略的继续推进进行调整。

8.3.3 组织战略的调整

1)根据适应循环原则进行组织战略的调整

组织战略的重要特性之一便是它的适应性,强调企业组织能够运用自己已经占有的资源和可能占有的资源去适应组织外部环境和内在条件的变化。这种适应是一种极为复杂的动态调整过程,它要求企业一方面要加强内部管理,另一方面要不断推出能够适应变化的、有效的组织结构。因此,适应性不是简单的线性运动,而是一个循环上升的过程,即适应循环，它明确指出组织结构如何适应企业战略。

2）组织战略调整的前期准备工作

为使组织战略调整工作能有效开展，需要做好以下 4 个方面的准备工作。

（1）确保战略实施的关键活动

组织应该从错综复杂的活动中，如制度建设、人员培训、市场开发等方面，去寻找对战略实施起重要作用的活动。

（2）把战略推行活动划分为若干单元

将组织的整体战略区划为若干战略实施活动单元，实际上就组成了组织结构调整的基本框架，这样在客观上保证了组织战略被放到组织的首要地位。

（3）明确战略实施活动单元的责权利

组织战略管理者应该全面衡量集权与分权的利弊，从而做出适当的选择，给每个战略实施单元授予适度的决策权力，并责成其制定符合组织战略的单元战略并负责贯彻实施。

（4）协调各战略实施活动单元的战略关系

协调各战略实施活动单元的战略关系包括：①通过整个组织权力等级层次的方式来实现目的；②在实施组织整体战略的过程中，吸收各战略活动单元共同参加，让其在实施过程中相互了解、相互沟通，从而充分发挥协调各方的作用。

3）组织战略调整的内容

组织战略调整的内容包括以下 3 个方面。

①正确分析目前组织的优势和劣势，设计开发出能够适应战略需求的组织结构模式。

②通过组织内部管理层次的划分，相应的责、权、利匹配和适当的管理方法与手段，建立起确保战略实现的能力。

③为组织结构中的关键战略岗位选择合适的人才，保证战略的有力推行。

在组织调整战略的过程中，必然会对组织结构进行选择。组织应该综合考虑各种组织结构的特点，而不应该局限于某一基本的组织形式。组织结构作为实施组织战略的手段，其本身无所谓好坏，关键在于其如何适应战略。因此，组织应当从实际出发，对自身的组织结构进行有效的调整，让其既能够满足战略要求又非常简单可行，不可盲目追求结构的膨胀和形式上的完美。

◎实训

小组讨论组织在不同时期适宜采用的组织战略类型。

◎案例

索尼：为何你的品牌套路开始失效

没有一家公司可以不通过持续的奋斗，就能够永远生存下去。这一原则同样适用于索尼，现在看来，想仅仅依靠一块光鲜亮丽的品牌维持自己的生意是不现实的，也是不可能的，搞不好亮丽的品牌也会失去光泽。

索尼这个最有战略号召力的公司在众多的领域开始遭遇失败。在等离子彩电市场，先锋、日立的技术已经逐渐超越了索尼，先锋和索尼在日本国内的销售比达到了4：1。在液晶彩电领域，韩国三星已经在索尼的传统领地北美地区将索尼封住，索尼节节败退。在手机领域，诺基亚、摩托罗拉共同把持了市场；三星一直占据中国的高端市场，挤进了全球手机五强之列；而索尼的手机则处于萎靡窒息状态。在中国，三星手机和液晶显示器等电子类产品的市场占有率逐年攀升，索尼爱立信手机一直在亏损。

索尼一直被理论界认为是独特的战略赢得了独特的胜利，尤其是在日本的公司大多匍匐在效率面的竞争而不能突围的时候，索尼的经验更加难能可贵。它的胜利在于它有独特的战略：针对不同顾客生产不同的电子产品，然后高价销售，并用独特的方法进行市场营销，强调产品技术的原创性。

战略竞争的本质是以区别于竞争对手的方法展开商业竞争活动。对经营活动进行取舍可以使公司能够在它选定的位置上取得独特的成本与顾客价值。战略从来都不是静态的，因为市场是变化的。公司必须进行持续的、新的定位，以保持自己永久的战略差异性，这才是企业获得胜利的根本。

索尼的战略已经遇到了挑战，它的战略已经开始模糊，这是因为在很多领域内它与其他很多公司已经没有什么两样，并且有很多公司已经超过索尼。索尼是重新进行战略定位的时候了。任何的修修补补都没有用。因为从现在看，索尼实际上在众多对手的围攻下掉进了效率面竞争的陷阱，在这样的环境中索尼是没有任何优势的，因为它的成本是最大障碍。

索尼的战略优势的衰退给信息时代的全球竞争提供了5点启示。

第一，市场已经转变为“不间歇的市场”。市场创新主体增多，具有技术优势的企业都不可能垄断技术，消费者接受新产品的速度加快。这个新的市场是一个速度的市场，也是一个创新的市场，这样的市场不可能给一个企业更多的时间让你一劳永逸。

第二，永远的有活力的新产品。企业的成功首先是产品的成功，企业的失败也往往源于产品的失败，索尼衰落的实质是其产品竞争力的衰落。优秀的品牌保证不了没有竞争力的产品的胜利，有竞争力的产品却能保证品牌的长盛不衰。一个企业要长盛不衰必须保证自己的产品永远有竞争力，永远不要期待自己的著名品牌会保佑自己的产品，品牌对产品的信用担保期限是零秒。

第三，永远的低成本。设定好的战略，找到差异化的市场空间，并不意味着就找到了高成本的理由。即使你有独特的东西，品牌的溢价幅度正在变小，即使你独特，更独特与成本更低的产品已经在一边等着你了。新的市场要求更大的创新与更低的成本，即使是研发的成本难以缩减。

第四，最快的速度。只有创新和低成本是不够的，必须具有超前的速度。速度已经成为像技术、成本等物质要素一样或者说是更为重要的要素。在这样的时代，产品、成本有竞争力，但没有速度，所有的活动都是白搭。优秀的企业不是在市场上与竞争对手搞肉搏战，而是在你还没有反应的时候，我已经行动，在你行动的时候我已经收获了，速度保证了自己永远不跟竞争对手待在一起。

第五，品牌营销是持续的沟通交流，而不是想起来就有，忘记了就没有的散打战役。品牌的优势永远只在当下，现在有优势并不等于今后就有优势。

思考题：

1. 索尼品牌采用的独特战略是什么？

2. 从此案例可以看出，索尼应采取的具体措施是什么？

3. 索尼公司摆脱目前困境的重点在哪些方面？

课后练习

一、单选题

1.（　　）是一个组织为其经营活动方式所确定的价值观、信念和行为准则，是对组织文化的高度概括。

A. 组织愿景　　B. 组织使命　　C. 经营内容　　D. 经营哲学

2.（　　）是一种广泛的意向，体现了组织的根本目的，它既反映外界对组织的要求，又体现着组织的创办者或高层领导人的追求和抱负。

A. 组织愿景　　B. 组织使命　　C. 经营内容　　D. 经营哲学

3.（　　）是判断组织活动和员工活动是非的标准。

A. 组织使命　　B. 经营哲学　　C. 组织文化　　D. 组织价值观

4.（　　）是提出详细行动计划的起点，但它又凌驾于任何特定计划的各种细节之上。

A. 组织战略　　B. 组织愿景　　C. 组织使命　　D. 组织文化

5.（　　）是一种消极的发展战略，一般是短期性的过渡战略。

A. 发展性战略　　B. 差异型战略　　C. 稳定型战略　　D. 紧缩型战略

6. 企业增加新的，但与原有业务相关的产品与服务，这一战略是（　　）。

A. 混合多元化　　B. 横向多元化　　C. 同心多元化　　D. 纵向多元化

7. 在“天、地、彼、此”中，“地”是指（　　）。

A. 企业竞争所处的行业环境　　B. 企业竞争对手

C. 企业自身条件　　D. 外部一般环境

8. 下列（　　）属于加强型战略。

A. 产品开发　　B. 成本领先　　C. 战略联盟　　D. 差异战略

9. 某品牌电视因在电视机上加装“VCD”播放器而大受欢迎，这属于（　　）。

A. 差异化策略　　B. 无差异化策略　　C. 集中策略　　D. 成本领先策略

10 下列不属于基本战略的是（　　）。

A. 成本领先　　B. 多元化　　C. 差异化　　D. 特色优势

11. Vision 和 Mission 在战略管理中分别指的是下列哪种意思？（　　）

A. 规划和任务　　B. 远景和使命　　C. 愿景和使命　　D. 前景和使命

12. 企业战略最根本的特征是（　　）。

A. 纲领性 B. 风险性 C. 全局性 D. 挑战性

13. 在特定的产品与市场领域中,企业与竞争对手相比所具有的优势的特征和条件是(　　)。

A. 竞争战略 B. 竞争优势 C. 核心能力 D. 无形资源

14. 企业的成长战略包括,一体化战略,以及(　　)战略。

A. 差异化 B. 多样化 C. 集中一点 D. 水平化

15. 目标的多样性对我们的启示包括(　　)。

A. 一个管理人员的目标不是越多越好,也不是越少越好,而是有一个最佳的数量

B. 任何组织想要有效地实现其目标,组织内的管理人员所追求的目标数必须适当

C. 当所追求的目标较多时,应对各个目标的相对重要性进行排序,从而分清目标的主次,给主要目标以更多的关注

D. 以上都是

16. (　　)是指企业准备在战略规划期使企业的资源分配和经营状况基本保持在目前状态和水平上的战略。

A. 增长型战略 B. 稳定型战略 C. 波特竞争战略 D. 混合型战略

17. 对于大多数企业来说,(　　)战略也许是最有效的战略。

A. 稳定型战略 B. 增长型战略 C. 紧缩型战略 D. 混合型战略

18. (　　)的目的是帮助企业选择适当的战略。

A. 战略分析 B. 战略控制 C. 战略实施 D. 战略规划

19. 战略管理的第一阶段是(　　)。

A. 组织外部环境分析 B. 确定组织的使命和目标

C. SWOT 分析和战略形成 D. 战略控制

20. (　　)是企业最高管理层指导和控制企业的一切行为的最高行动纲领。

A. 公司层战略 B. 业务层战略 C. 职能战略 D. 人力资源战略

二、多选题

1. 组织宗旨的内容包括(　　)。

A. 经营内容 B. 组织愿景 C. 组织使命 D. 经营哲学

2. 组织宗旨的原则包括(　　)。

A. 目标全面性原则 B. 制度有效性原则 C. 手段合理性原则 D. 关系和谐性原则

3. 组织价值观对组织管理的意义主要有(　　)。

A. 人心的凝聚作用

B. 组织可以通过领导人的言传身教来推动价值观的影响力

C. 组织可以通过塑造组织精神来推进价值观管理

D. 组织可以通过健全配套机制贯彻落实组织价值观

4. 组织战略的类型包括(　　)。

A. 差异型战略 B. 扩展型战略 C. 发展型战略 D. 紧缩型战略

5. 制定组织战略的原则主要有(　　)。

A. 注重未来的原则　　　　B. 注重市场和环境的原则
C. 积极进取的原则　　　　D. 注重创新的原则
E. 注重实用的原则

三、填空题

1. ________属于组织顶层设计的范畴，是高于其他规范的企业核心元素。

2. 组织使命包括________、________和________3 个内容。

3. ________是组织长期活动积淀的产物，是艰苦努力的结果，是把所有员工联系在一起的纽带，是组织生存发展的内在动力，是组织行为规范制度的基础。

4. 组织战略是指组织对有关________、________、________目标的谋划和决策。

5. 评估组织现状，包括评估组织的________、________以及________等内容。

6. SWOT 分析，是对组织未来发展的________、________、________和________等情况进行综合分析，从而提出制定战略的平台性、基础性结论。

7. 加强型战略包括________、________和________。

8. 战略性计划的首要内容是________和________。

9. 愿景和使命陈述包括________和________。

10. ________是企业存在的理由和目标。

四、简答题

1. 简述组织战略的类型。

2. 简述组织战略制定的过程。

五、案例分析题

战略观——汇聚力量，实现突破

情境一：举公司之力，实现移动业务新突破

长期以来，广东南方设计院的移动设计项目主要从事低端业务。为扭转这一局面，2018 年，公司以广东移动推行“一体化”设计为契机，举全公司之力发起了“移动一体化”设计任务攻坚战，集中优势人力、物力，深入开展了一次市场拓展、技术攻坚、服务创优的劳动竞赛活动，借势推动公司专业技术升级和业务结构转型及培育高端核心人才等。在广大员工的共同努力下，这次攻坚战不但实现了预期目标，还在广东移动 2018 年季度考核中总体表现排名靠前。

这次业务“攻坚战”的主要成果有：一是市场拓展成效显著；二是技术规范基本形成；三是专业技术得到提升；四是业务结构得到改善；五是涌现了一批先进集体和个人。

情境二：以战略创新推动企业发展

2008 年年底，广东南方通信建设有限公司（简称“南建”）在面对通信施工业务利润递减、行业竞争加剧的市场形势下，率先启动了《2016—2018 年三年业务发展规划》，明晰了南建公司总体发展定位、业务发展模式、业务战略实施等战略目标。围绕三年业务发展规划，南建公司先后进行了组织结构优化调整、财务集中、管理体系优化、项目经理负责制以及项目管理体系建设等创新、变革工作，推动企业快速发展。

南建公司通过一系列的创新与变革，优化了业务运作模式、资源调配模式、组织管控模式、人力资源结构、业务运作流程等，练好企业内功，提升企业的核心竞争力，改善项目管控模式，逐步实现项目精细化管理。顺应通信运营商的变革，探索不同的业务管理模式，以适应不同的需求，逐步实现聚焦客户服务，从而提升公司服务客户的能力，为公司的发展与壮大开创了新局面，为保持公司可持续发展奠定了坚实的基础。

思考题：

1. 该案例体现了什么战略观？
2. 通过该案例，战略创新是如何推动企业发展的？

项目 9　认清组织结构与组织管理者的角色

【知识目标】

了解组织结构的概念,掌握常见的组织结构形式,了解管理者分类及其特点,掌握管理相对方的角色行为。

【能力目标】

通过本项目的学习,了解组织结构和组织管理者角色的相关知识,认知管理者在组织结构中的重要性,并且学会从组织结构的角度去思考组织中的角色行为。

【案例导入】

一个人去买鹦鹉,看到一只鹦鹉前标着:此鹦鹉会两门语言,售价两百元。

另一只鹦鹉前则标着:此鹦鹉会四门语言,售价四百元。

该买哪只呢? 两只都毛色光鲜,非常灵活可爱。这人转啊转,拿不定主意,突然发现一只老掉了牙的鹦鹉,毛色暗淡散乱,标价八百元。

这人赶紧将老板叫来:这只鹦鹉是不是会说八门语言?

店主说:不。

这人奇怪了:那为什么又老又丑,又没有能力,会值这个价呢?

店主回答:因为另外两只鹦鹉叫这只鹦鹉老板。

小思考:这则故事告诉我们管理者最重要的能力是什么?

任务1 了解组织结构及其权力运行规则

9.1.1 组织结构设计的目的及其变革

1)组织结构的含义

组织结构是指组织为了完成工作任务、实现组织目标,在职责、职权等方面的分工、协作体系,这个体系确定了组织管理者的职权内容和范围及其相互关系。组织结构是由组织的目标和任务以及环境的情况决定的。

组织采用不同的组织结构,会得到完全不同的组织效果。合理的组织结构能够做到机构精简、高效,既发挥个人的积极性和创造性,又能保持高度的和谐与统一。不合理的组织结构就有可能导致相互扯皮,权责分离。组织结构的设计对实现组织目标是十分重要的。

2)组织结构设计的程序

一个组织的结构设置,是根据这个组织的目标,对组织的人力、物力和财力等各种管理要素进行合理配置。加强组织协调,提高组织效率,实现组织目标,是组织设计的基本目的。

组织结构设计程序,首先要根据组织目标进行任务划分、归类,为每一类任务确定关键管理岗位,然后选择合适的组织结构形态,建立不同层次的部门,最后确定管理跨度、规定岗位权责。

9.1.2 常见的组织结构形式及其内部权力运行规则

1)直线制组织结构及其权力运行规则

直线制组织结构是指在一个组织中,从最高层领导到基层一线人员,通过一条纵向的直线指挥链连接,上下级之间的关系是命令与服从的直线关系,组织内部不设参谋部门。其组织结构形式如图9.1所示。

直线制结构的重大决策都集中于高层管理人员,统一指挥、集中管理。横向之间难以协调关系,大家都服从自己的上级,最终服从最高决策者。

2)职能制组织结构及其权力运行规则

组织的职能制结构是在各级指挥人员或行政领导人员之下,按专业分工设置相应的职能机构,这些职能机构受上一级直线指挥人员的领导,并在各自的业务范围内有权向下级直线指挥人员下达命令。这种结构形式如图9.2所示。

职能制组织结构的下一级指挥人员或行政领导人员,除了要服从上级直线指挥人员的指挥外,还要服从上级职能机构的指挥。但是这种多头管理,容易导致各级行政领导人员和职能部门科室的责任权限划分不明。

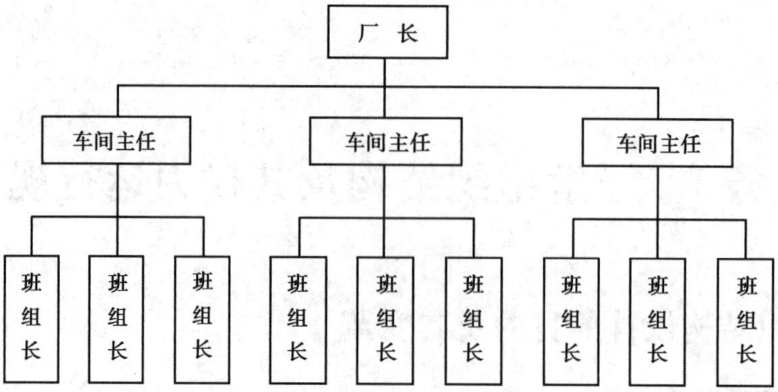

图 9.1　直线制组织结构示意图

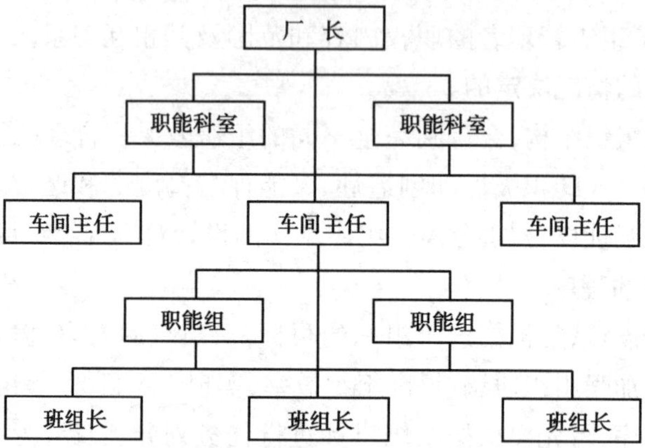

图 9.2　职能制组织结构示意图

3）直线职能制组织结构及其权力运行规则

直线职能制组织结构是一种综合了直线制和职能制两种类型的组织特点而设计的组织结构形式。其组织结构形式如图 9.3 所示。

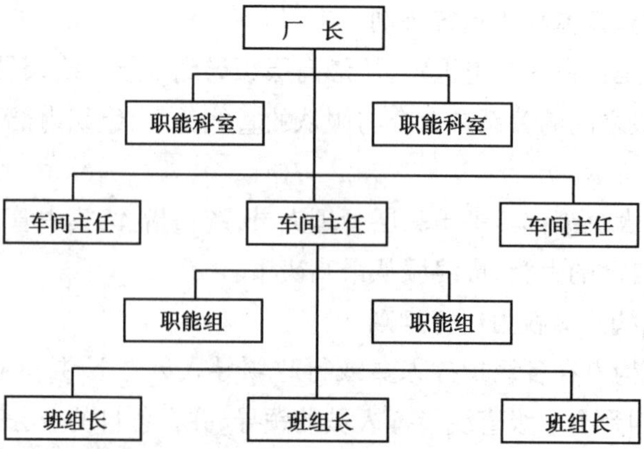

图 9.3　直线职能制组织结构示意图

直线职能制在各级指挥人员或行政领导人之下，按专业分工设置相应的职能机构，这些职能机构是行政领导的业务助手和参谋，无权直接向下级部门下达命令，而只能进行业务指导，职能部门拟订的计划、方案以及有关指令，统一由直线指挥人员或行政领导下达，下一级指挥人员或行政领导人，只接受上级直线指挥人员的命令。这种结构中，权力集中于最高管理层，下级缺乏自主权。

4）事业部制组织结构及其权力运行规则

事业部制组织结构是在总公司或者集团领导下设立多个事业部，各事业部有各自独立的产品和市场，实行独立核算。其组织结构形式如图9.4所示。

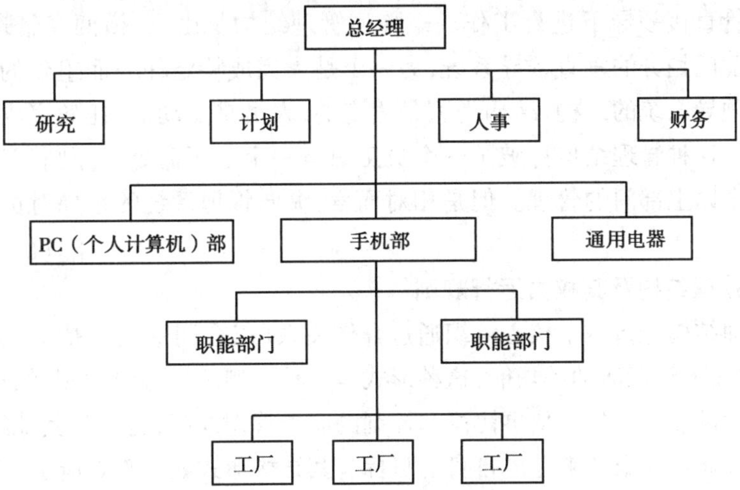

图9.4 事业部制组织结构示意图

事业部制组织结构最突出的特点是“集中决策，分散经营”，即在集权领导下，实行分权管理。在事业部制组织结构中，总部对组织总体战略做出决策，决定资源在各事业部的分配方案；各事业部在经营管理上拥有自主性和独立性，拥有完整的发展战略及运营决策自主权，每个事业部相当于一个完整的公司，事业部内部采取直线职能制结构形式。

9.1.3 与组织结构相似和相关的几种管理结构形式

在管理中，因为特殊的管理需求，组织需要采取类似于组织结构的管理结构形式去推进管理。这些管理结构与组织结构相似，而且与一个组织的现有组织结构紧密联系，但是从严格的意义上讲，并不是标准的组织结构。因为其上下级之间的关系只是暂时的，并且依赖于原有组织结构的权力体系，缺乏独立性和完整性。

1）矩阵型管理结构及其权力运行规则

由于某些工作难以落实到现有的组织架构中去，必须整合各个部门的力量来完成，这就需要设立专门的工作小组，吸纳具有不同背景、不同技能、不同知识、分别选自不同部门的人员进入小组去完成。这就构成了矩阵型管理结构，矩阵型管理结构非常适用于横向协作和攻关项目，特别适用于开发与实验项目为主的组织，例如科学研究，尤其是应用型研究单位，其管理结构表现形式如图9.5所示。

县 府	部门1	部门2	…	部门 n	乡镇1	乡镇2	…	乡镇 n
A 维稳项目组								
B 食品安全专项整治项目组								
C 园区建设项目组								

图 9.5 矩阵型管理结构示意图

在矩阵型管理结构中，一个组织可以设立多个项目组，每一个项目组有项目负责人，在组织的最高主管直接领导下进行工作。矩阵型管理结构是由纵、横两套管理系统组成的。一个是按职能部门划分的垂直领导系统，另一个是为完成特定任务而组建的跨职能部门项目划分的横向领导系统的结构，结构类型是固定的，人员是变动的，任务完成后跨职能部门项目组就解散。这种管理结构打破了一个员工只有一个上司命令的原则，一个员工同时接受两个甚至两个以上部门的管理。但是相对而言，纵向管理系统的领导对员工的管理权限更大。

2）网络型管理结构及其权力运行规则

网络型管理结构是指一个核心组织通过合作关系（以合同形式），依靠其他组织执行制造、营销或其他业务经营活动等功能，这种形式是一种小型的核心组织，其结构极其扁平，没有制造、配销等直线结构，只有从事协调和控制的职能管理部门，通过与其他组织签订合同，从外部买入各种业务和服务来完成自身的目标。其结构形式如图 9.6 所示。

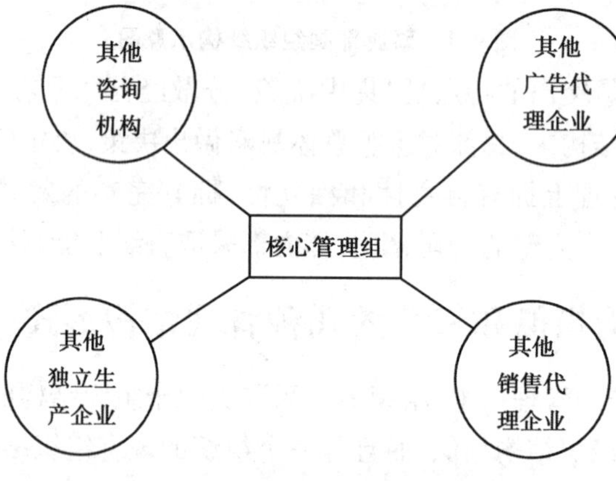

图 9.6 网络型管理结构示意图

严格地讲，网络型管理结构并不是一种真正的组织结构，而是基于合同纽带的组织资源整合格局。核心管理组和各个合作机构的员工，都只是在内部根据自身组织结构的特点产生相应的上下级关系和命令与服从关系，而核心管理组和合作机构之间并无上下级管理关系和命令与服从的关系。

3）委员会制管理结构及其权力运行规则

委员会制管理结构是由来自不同部门，具有不同经验、知识和背景的人员组成，跨越专业和职能界限执行某方面管理职能的一种管理结构。设置委员会制的目的是完善个人管理的不足，并预防过分集权化，使各方的利益得到协调和均衡。委员会的委员一般都是相关方面的优秀代表，由专家、技术人员、管理人员、基层代表等承担，因而组建委员会是吸收下级参与决策的好方式,它可以大大增加决策的民主性、代表性和权威性。

委员会制也不是一种严格意义上的组织结构,或者说它并不是一个组织的完整结构,而是一个组织的某一个机构采用委员会制。例如,我国的人大常务委员会、国务院学位委员会、公司中的董事会和监事会、高等学校的学术委员会等。

在委员会制中,委员在委员会中的权力是平等的。根据委员会的章程,各个委员有权提出有关方案,有权就相关问题平等地发表意见,并具有投票权,有关决议的形成与通过以少数服从多数的投票方式来进行。因而,委员会具有权力义务平等、民主、集体决策的特点。

4)团队结构及其权力运行规则

当组织将团队作为协调组织活动的主要方式时,这便形成了组织的团队结构,因此,团队结构是一种为了实现某一个目标而由相互协作的个体组成的正式群体。团队组织结构不受部门限制,可以快速地组合、重组、解散,形成相对独立的、高效的、自我管理的、可以完整地完成某种产品的制造或服务的团队。一般而言,小型组织可以将团队结构作为整个组织的形式,而大型组织可以将团队作为原有职能结构的补充。

在团队结构中,团队有明确的目标、明确的角色与任务分派,团队成员具有平等的责任和权力。每一个成员都应虚心倾听、公平竞争、公开沟通。

◎实训

小组讨论如何区分不同的组织结构形式。

◎案例

2003年上半年,翔飞病了,而且病得不轻。翔飞公司位于温州,老板姓刘,创办于1992年,全部股份都属刘老板一人,一个典型的民营企业。公司主要生产重型机械专用高压电瓶器产品,98%出口国外,市场主要集中在美国、英国、德国、日本和澳大利亚。员工有500多人,2002年销售额为人民币4 000万元。从表面上看,翔飞公司生意红火,订单不断,多年来在市场上颇具口碑。但是,公司管理上却十分混乱。大量订单接收之后无法按时生产出来,面对大批订单的出货推迟或取消交货,客户纷纷要求公司赔偿损失,公司2002年支付的赔偿金相当于全年销售收入的八分之一——500万元。这样一来,利润就很微薄了。刘老板很想聘请一位新总经理来公司,能在管理上打开局面,使企业实现“二次创业”。

王海洋应翔飞公司刘老板之约,到温州考察了解情况。军人出身的王海洋有多年外企工作的经历,澳门科技大学MBA毕业,长期担任企业的高层管理职务,具有良好的个人素养和较高的管理水平。在王海洋看来,52岁的刘老板是典型的浙商,十分精明干练,言谈举止间透露出浓浓的温州商人气质。晚宴之后,刘老板和王海洋促膝长谈,介绍公司的现状,详述未来的理想,十分投机,几乎是当晚双方就达成了共识。一个星期后,王海洋空降翔飞公司。然而,刘老板却没有给王海洋介绍公司由于长期管理混乱、亏损严重,已经找好了买主,差一点就要转卖了等情况。当然,这是后话。

2003年6月11日,王海洋空降翔飞公司的第二天,刘老板召集公司全体干部开会,任命王海洋为公司的常务副总经理,主持全公司内部日常工作。公司总经理陈凯新主持企业对外联络工作。按照职责划分来看,王海洋成了不是总经理的总经理。

一个月后,王海洋对翔飞的真实情况有了基本了解。

(一)严重的家族化色彩

第一层是血缘关系:公司生产厂长朱西成是刘老板姨父的儿子,外销部经理刘丹是他的女儿,董事长助理刘东明是他的儿子,财务部经理是他的侄女……有意思的是,连门卫老韩都是他的舅舅。家族成员在公司里有一种高人一等的气势和一种默认的特权,有事情直接找老板汇报,从来不把直属主管放在眼里。第二层是裙带关系:总工程师邓守国是刘老板原国营单位的老厂长,行政部经理罗道志是刘老板原国营单位的老同事。此外,在普通职员和员工中也存在着广泛的血缘关系和裙带关系。

(二)混乱的组织结构

王海洋发现,公司的组织结构混乱而且荒唐。说起来真有些让人无法相信,一个500名员工、年销售额4 000万元的企业,居然没有一个正式的生产计划中心,也没有一个专门的采购部门。而公司各车间需要招聘员工的时候,不是由行政部组织招聘,而是由各车间主任自己主导对外招聘工作。于是,就经常出现这种情况:一个员工已经在公司工作了一个月,居然还没有在行政部登记注册。由于没有科学合理的组织结构,没有明确的部门职责划分,没有清楚明确的动作流程和整体管理机制,整个公司的日常工作要靠刘老板一人来裁决。于是,刘老板的办公室每天都是人头攒动,上至副总经理、厂长、总工程师,下至车间主任、仓管员、门卫保安员、品质部检验员,都要直接向刘老板请示工作。

(三)低劣的人员素质

王海洋查阅了行政部的《员工花名册》:一个500多人的企业,小学、初中学历员工占90%,高中、中专学历员工占9.6%,大专学历员工占0.4%,全公司只有两名大专毕业生。公司中高层干部中大部分是初中毕业,只有4名高中毕业生。而车间主任、部门经理大都是从普通员工中直接提拔上来,缺乏管理能力,全公司无一人接受过正规企业的规范式管理干部培训。随之而生的是内耗和厕所休闲文化。内耗毋庸多言,有趣的是厕所休闲文化。所谓厕所休闲文化就是上班时间很多员工利用上厕所的机会抽烟聊天,上一趟厕所少则需15分钟,多则半个小时,厕所里面永远是烟雾缭绕、欢声笑语不断。上厕所时间太长,生产线某些工位长时间无人在岗,上道工序产品流下来,下道工序无人管,导致整个生产线停止。

(四)虚弱的研发系统

有一天,王海洋找到邓总工程师,想索取一份公司所有产品的《BOM材料清单》(产品零配件组成清单)看一下,邓告知:"我们公司从来没有你说的这种《BOM材料清单》。"王海洋大吃一惊,连忙问道:"没有《BOM材料清单》,那么采购部给供应商下达物料采购订单的依据是什么?生产线领取物料的依据是什么?"

邓回答:"我不知道,你去问马厂长。"

王海洋找到马厂长。马厂长说:“我在公司工作了10年,所有材料的零配件及规格型号全部在我脑子里,我记得清清楚楚,根本不需要你说的那个什么清单,我就是那个清单,所有事情找我就可以了。”

慢慢地,王海洋认识到这么一个事实:在过去10多年中,无论是刘老板还是公司其他高层主管,没有一个人真正意识到企业必须形成最基础的技术根基。于是,整个公司的发展受到了致命的制约,“基础技术工作欠缺”这双黑手死死卡住了企业成长的脖子。如此多的问题如此密集地集中在一家企业身上,王海洋终于意识到,翔飞实际上是一家内部问题严重、濒临破产的企业。

2003年7月中旬的一个晚上,王海洋产生了想要离开的念头,在这样一个企业做事实在是太难了!

思考题:

1.请你画出这个公司的组织结构图。

2.请你画出这个公司的权力关系图。

任务2 了解组织管理者的角色和素质能力条件

9.2.1 领导者的角色及其素质要求

1)领导者的角色

领,是指带领、引领。导,是指主管或指导。所以,我们可以把领导的概念定义为:在团队中起引领和指导作用的人。

领导具有一定的权力,包括法定权力、奖赏权力、强制权力、专长权力和感召权力等。其中,法定权力、强制权力和奖赏权力属于职位权,而专长权力和感召权力则是由个人的才干、素养等决定的,属于个人权力。要想成为一个有效的领导者,仅有职位权力是不够的,还必须具有个人权力,如表9.1所示。

表9.1 5种权力的来源

项　目	法定权力	奖赏权力	强制权力	专长权力	感召权力
领导者方面	职位	职位	职位	个人专长	个人魅力
下属方面	习惯观念	欲望	恐惧	尊敬	信任

通常人们把管理和领导当作同义语来使用,似乎管理者就是领导者,领导过程就是管理过程。实际上领导者和管理者是两个不同的概念,二者既有联系,又有区别。领导者和管理者都是在组织内部影响他人、协调他人的角色,而且都是组织结构的组成部分。这是两者的

共性。但是,二者也有区别。首先,管理活动是建立在合法的、有报酬的和强制性的权力基础上的对下属命令的行为。领导活动则既可能建立在合法的、有报酬的和强制性的权力基础上,也可能建立在个人影响力和专长权以及感召作用的基础上,且两者所担负的工作内容不同。其次,领导并不具体存在于组织架构之中,而是通过管理者岗位体现出来。有的管理者是领导,或者说有的管理者具有领导的水平,而有的管理者则不是领导或不具有领导水平。领导活动与管理活动的区别如表9.2所示。

表9.2 领导活动与管理活动的区别

项目	管理活动	领导活动
确定目标进程	编制计划与预算;为达成目标,制订出步骤和计划进度,进行资源分配	指明方向、给出战略;展现未来的远景与目标;指出达到远景与目标的战略
开发实现目标所需的人力和网络结构	组织和配备人员;组建所需组织结构及配备人员;规定权责关系;制定具体政策和规程指导行为	同协作者沟通,指明方向、路线;让人们更好地理解目标、战略及实现目标后的效益;指引人们根据需要组建工作组、建立合作伙伴关系
执行	控制和解决问题;通过具体详细的计划监督进程和结果	鼓动和激励;动员克服改革中的障碍;鼓动在初具条件的情况下,努力克服人力与资源的不足,实现改革
结果	具有一定程度的预见并建立良好的秩序;得出各利益所有者,如用户、股东期望的关键效果	通过引领活动,促进企业实现大的变革,取得一般人难以实现的进展

2)领导者应该具备的素质

领导者必须具备一定的素质。领导者的素质是指一名领导者应具备的各种基础条件和内在要素的总和,是适应领导岗位、履行领导职责、获得领导效能的资格和条件。领导者的素质对于承担起领导角色是十分重要的。领导者素质与管理者素质有相同的也有不同的地方,总体上素质要求的类型差不多。领导者素质要求宏观些,层次要更高些,偏重于精神和概念层面。管理者的素质要求微观些,层次更低些,偏重于操作和执行层面。

领导者素质总体分为核心素质、基础素质、职能素质3部分。

领导者的核心素质包括领导观念(比如服务观念、战略与目标的观念、知识与人才的观念、改革与创新的观念、开放与双赢的观念等)、见识和品格。领导者的核心素质对领导者整体素质起着决定作用,它规定着领导者素质的性质和发展方向。

领导者的基础素质包括思想(品德)素质、科学文化素质、专业知识素质和身体素质等。

领导者的职能素质是领导者履行领导职责必须具备的特定能力,是领导者开展工作的必备条件,是决定领导绩效的因素,也是领导素质体系的主要内容。其包括战略思考能力、果断决策能力、选人用人能力、组织指挥能力、人际交往能力、开拓创新能力、解决复杂问题的能力。

9.2.2 管理者的角色及其技能要求

1)管理者的角色

(1)高层管理者

高层管理者是指一个组织中最高领导层的组成人员。在一些大公司中通常包括董事长、副董事长、总裁、首席执行官和副总裁等。在政府部门,厅级以上的官员也属于高层管理者。企业的董事长、总经理、厂长,学校的党委书记、校长等领导人员通常也被理解为组织的高层管理者。高层管理者对组织的总体目标负责,他们侧重组织的长远发展计划、战略目标和重大政策的制定,拥有人事、资金等资源的控制权,以决策为主要职能,也称为决策层。

(2)中层管理者

中层管理者是指一个组织中,中层机构的负责人员。他们可以是部门经理、分部负责人、地区经理或学校的教务处、学工处、系部等机构的负责人等,他们是高层管理者决策的执行者,负责制定具体的计划、政策,行使高层授权下的指挥权,并向高层报告工作,也称为执行层。

(3)基层管理者

基层管理者指在生产经营第一线的管理人员。他们负责将组织的决策在基层落实,制订作业计划,负责现场指挥与现场监督。

(4)管理员

管理员是通过管理自己的工作来完成组织任务的员工。这类管理者的工作内容主要是自我管理、管理事务和工作物件等。

在不同的组织中,不同层级的管理者具有不同的称谓和职责特点,如表9.3所示。

表9.3 管理者的分类及其特点

项目	分类	职责特点	职位体现形式
个体活动管理者	各种人	管理自身的活动	无
营利性组织(群体)	高层管理者	主要管理相对方	董事长、董事、总经理、副总经理、财务总监、人事总监、行政总监、营销总监等
	中层管理者	主要管理相对方和被管理者	办公室主任、车间主任、财务经理(处长)、人事部部长、策划部部长等
	基层管理者	主要管理相对方和被管理者	班组长、科长、财务科长等
	管理员	主要管理自己的行为、相对方和被管理者	员工
非营利性组织 政府组织	高层管理者	制定国家大政方针、管理国家	总书记、常委、总统、总理、首相、国家主席、议长、委员长等
	中层管理者	执行国家大政方针、管理区域事务和相对方	省委书记、省长、市委书记、市长、州长等

续表

项目		分类	职责特点	职位体现形式
非营利性组织	政府组织	基层管理者	执行区域行政管理政策,管理区域事务和相对方	县、乡镇书记,县、乡镇长等
		管理员	执行区域政策,管理自己的日常工作等	各级机关的科员等
	医院、学校以及其他非营利性组织	高层管理者	执行区域政策以及行业政策,制定组织战略,管理相对方	院长、校长、董事长(理事长)等
		中层管理者	执行组织的规定,进行部门管理,管理相对方	处长、二级学院院长、院系主任、经理等
		基层管理者	执行组织的规定,管理相对方	科长、经理等
		管理员	执行组织的规定,进行自我管理	各级办公室科员等

2)管理者的基本技能

从事管理活动的管理者应该掌握一些基本的管理技能,这些技能主要有概念技能、人际技能和技术技能。

(1)概念技能

概念技能,又称构想技能。概念技能是指管理者进行抽象思维的能力以及把组织看成一个整体的能力,包括从管理活动中抽象出精神层面的理念和管理模式,识别一个组织中彼此互相依赖的各种职能,能考虑到部分的改变如何影响组织的其他各部分,并进而设想个别企业和整个产业、社团间以及与宏观环境间的总体关系。管理人员应能胸怀全局、认清相关的各种因素、评价各种机会并决定如何采取行动。

(2)人际技能

人际技能是指管理者处理人际关系的技能。人际技能包括观察人、理解人、关心人的能力,掌握人的心理规律的能力,与人沟通顺畅、人际关系融洽的能力,了解并满足下属需要并展开有效激励的能力,善于团结他人,增强向心力、凝聚力的能力等。在以人为本的管理时代,人际能力对管理者而言是一种极其重要的基本功。没有人际技能的管理者是不可能做好管理工作的。

(3)技术技能

技术技能是指管理者掌握与运用某一专业领域内的知识、技术和方法的能力。技术技能包括专业知识、经验、技术、技巧、程序、方法、操作和工具运用等。这些是管理者对相应专业领域进行有效管理所必备的技能。管理者虽不能完全做到内行、专家,但必须懂行,必须具备一定的技术技能,特别是一线的管理者更是如此。

一般地说,管理者应具备上述3种技能,但对不同层次的管理者,其技能要求有所不同,如图9.7所示。

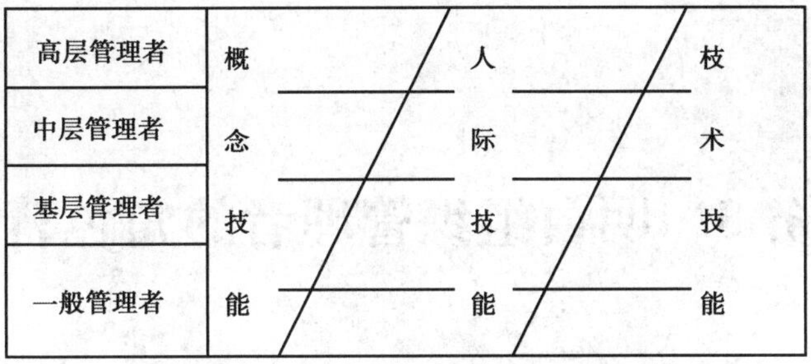

图9.7　不同层次的管理者对管理技能需要情况的比例

◎实训

小组讨论领导活动与管理活动有什么区别。

◎案例

领导者的烦恼

在美国参议院的一次会议上，议员劳森说：“当今政府部门遇到的麻烦是，我们有许多领取高薪的行政管理者，但领导者太少了。领导者是天生的，不是任何管理开发培训项目能够造就出来的。我们应该做的事就是为政府挑选该素质的领导人才，这些人具有良好的个人特性，如智慧、活力、魄力、创造力、热情、忠诚、自信心、与人共处的能力、鼓舞下属信心的能力等。”

另一位议员肯特接着发言：“个人素质和特性对于政治领导人是至关重要的。然而，在政府部门中，我们需要的领导者是：既关心工作任务，又关心人。许多研究领导行为的学者已经把这些说清楚了。”

劳森申辩说：“我不管学者说什么，他们对领导者有什么了解？我们政府各部门长期苦于缺乏各级领导。我要求政府做一些事情，以保证各行政岗位上都有领导者。”

思考题：

1. 你在何种程度上赞同劳森的观点？
2. 对于肯特的发言，你有什么看法？
3. 优秀的领导者是怎样的？
4. 什么是成功的管理？

任务3 明白组织管理者的角色行为

9.3.1 组织结构对组织中权力运行模式的影响

1)组织结构设计对管理者产生的影响

组织结构虽然是根据组织任务和目标来设计的,但是由于组织结构确定了组织内部所有人员的位置、职责及其相互关系,每一个组织成员都得按照组织结构规定的运行机制来开展工作。因此,组织结构对组织内部的正式指挥系统、沟通系统具有直接的决定作用,对组织中的管理者行为等也有影响。正是因为这种影响的存在,才确保了组织中每个成员和每个机构能够围绕组织目标形成合力,组织的组建才有意义。

2)组织中的层级关系

组织结构的存在,把组织内部的管理者、管理相对方划分为4个基本的层级,即高层管理者、中层管理者、基层管理者和管理员。一般而言,最高领导及其领导团队(企业的董事长、副董事长或者总经理、副总经理等级别的人)构成了高层管理者;基层员工是管理员;直接管理基层员工的是基层管理者;基层管理者与高层管理者之间的管理者是中层管理者。

在组织结构中,最基本的原则是上级启动,下级服从,平级协商。整个组织最终都听高层统一安排,由上到下传达指令和要求,只要上级的安排不违背法律和道德的规范,按照合规、合理的程序进行安排,下级就必须认真执行,不能无故拒绝上级的安排。这样,整个组织的各种工作就有了明确的方向,形成合力。平级协商是指级别相同的管理者之间没有命令或服从的关系,而是协商合作的关系。

(1)上下级关系

上级启动的原则,要求管理者要承担起组织管理任务,并不意味着上级可以随意启动组织管理。在日常工作中,组织的成员一般都按照组织结构的框架及其对岗位职责的规定自觉开展工作,管理者和上级并不会事事安排、事事插手。管理者、上级要组织大家开展相关工作,一般都会通过规范和正式的程序来进行。这种正式和规范的程序主要体现为:除了紧急情况和特殊情况,一般组织活动都有例行的安排规定;涉及多个部门和岗位的工作,一般会提前征求各部门和各岗位的意见,就组织活动的时间、研究或者推进的工作内容协调后再统一通知;召集者对被召集者说话或者传递信息的时候是认真的、意思表达是准确的,没有歧义。

下级绝对服从,要求下级不能因为自己的观点与上级不一致就拒不执行上级的安排和命令。当然,如果上级或者管理者不了解相关情况,组织安排的工作可能无法执行,或者下级有特殊情况无法执行,下级可以向上级提出自己的建议和意见,但是必须一边执行,一边提出异议。而且一旦上级再次确认,下级必须服从安排。

上级启动的原则还要求下级除了自己职责范围内的事情之外,未经上级同意和批准,下级不能擅自发号施令、自作主张。管理者之间的上下级关系如图9.8所示。

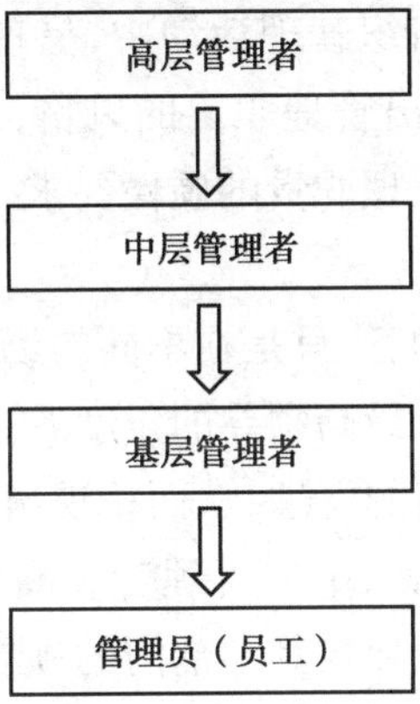

图9.8 管理者之间的上下级关系

(2)平级关系

在组织架构中,管理者之间存在平级的关系,这就是同一部门或者不同部门之间的级别相同的管理者之间的关系,如图9.9所示。

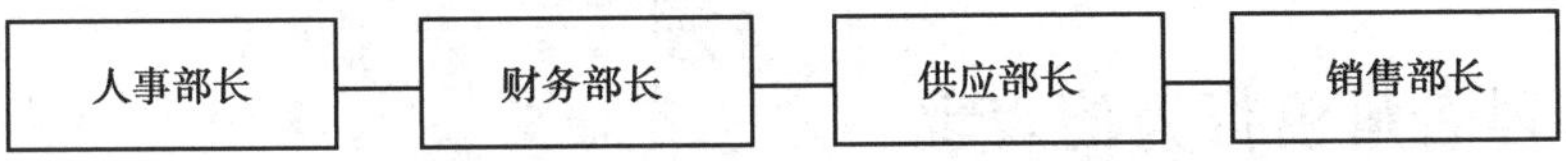

图9.9 管理者之间的平级关系图

平级之间的关系遵循求助和沟通的原则,即平级之间不能相互发号施令,而必须求助于共同的上级或者通过自己的上级向对方的上级进行协商,再由对方的上级进行安排。

如果两个部门之间的关系非常融洽,在不违背组织利益和工作原则的情况下,平级的部门之间也可以通过沟通协调工作,请求对方给予支持。但是如果涉及整个组织管理的原则问题,或者协商的内容超出了两个部门的权限,必须通过上级部门进行协调。

平级之间的求助和沟通要求在不违背原则的情况下,同级的部门之间、同事之间要相互沟通、相互协作、相互支持,不能各自为政,影响组织发展的大局。

9.3.2 管理者角色行为的概念及其特点

1)管理者角色行为的概念

管理者的角色行为,是指管理者在执行管理职责时所呈现出来的行为表现。在社会分工中,不同的人采用不同的行为模式去面对自己的工作和环境,这就使不同的人有不同的行为举止和表现。这种不同的表现,除个性方面的原因之外,基于职业特点表现出来的行为模式,就是角色行为。管理者的角色行为,是在组织内部交往中,每个人应该采取的符合自己身份的行为模式。管理者角色行为的存在,为组织管理中的人际交往确定了基本的秩序和规则。

2)管理者角色行为与管理职责的区别

管理者在管理过程中,要履行自己的职责,这些职责包括在自己的权限范围内制定相关的制度，配置相关的人员，召集相关的会议，进行相关的工作安排等。管理者的职责，在每个组织的组织结构和制度中都会明确，是硬性的规定。

管理者的角色，则是管理者在组织管理活动中，呈现出来的身份性标志，它虽然与管理职责相关，受管理职责的影响，体现出管理职责的风格，是体现管理者与其他管理相对方之间的交往模式的重要表现，但不是管理职责的硬性要求，与管理职责有明显的区别。

3）**管理者角色的划分**

在组织中，所有的员工都是管理者，只是在不同的场合，面对不同的员工，这些人的职务身份和角色不一样。这就意味着，从最高领导的角度看，组织所有的员工，包括中层管理者、基层管理者和管理员，都在接受上级的管理，从而呈现出管理相对方的角色行为。从管理员的角度看，所有员工，包括基层管理者、中层管理者和高层管理者，都是自己的上级，只不过有直接上级与间接上级之分、垂直领导与其他部门的领导之分。

通过对管理者的角色划分，我们可以进一步发现，同样一个人，面对不同的员工，其角色行为是不一样的，当一个中层管理者面对基层管理者的时候，其行为表现出一个管理者的身份，而当他面对一个高层管理者的时候，其行为则应当表现出管理相对方的身份。

为了表述简洁和方便，我们笼统地从管理者和管理相对方两个角度进行管理者的角色行为分析。

9.3.3 管理者角色行为的表现

1）**严肃和治人**

严肃，是指管理者在工作中要严肃认真，跟部下开展工作交往的时候要谨言慎行，不能随意而为，也不能与部下建立过分亲密的关系。严肃并不是说不苟言笑，而是在进行工作交往的时候，要确保规范和严谨，不能给部下传达一种似是而非、可行可不行的信息，也不能让部下认为对管理者的安排和工作交代可以随意应付。

治人是指管理者批评人、指责人，帮助人克服错误行为。治人是管理者最基本的角色行为之一。组织通过搭建组织架构明确组织分工，制定组织制度，明确员工职责，制定组织战略和目标，明确组织行为和员工行为要求。但是仅有这些是不够的，这是因为组织面对复杂的内外环境，不可能预见组织发展过程中将面临的所有问题，员工也形形色色，每个人对组织的要求理解不一样，职业素养和利益追求也不一样。这就离不开管理者的适时指导和纠正。

管理者批评人、指责人，是为了通过无形的压力促使员工按照组织的总体目标和要求行事，规范自己的行为、约束自己的行为，或者改变自己的行为。从大局看，这是有利于组织发展的管理工作；从细部看，管理者的批评、指责有利于员工的完善和发展。如果一个管理者对员工没有较高的要求，对员工的行为不理不睬，是不称职的。管理者治人，要把握好度，针对具体情况，针对不同员工的特点，采用不同的方式对员工进行指导、批评和教育，而不能千篇一律，用一种方式去面对员工。

2）**授权和信任**

授权，就是领导者将自己职权范围内的一定权力给予自己的直接下属，并加以协调、控制、激励、检查、督促、评价，使被授权的组织或个人在已明确的职权范围内，充分发挥各自的积极性、主动性和创造性。作为管理者角色行为的授权，与管理者职责中的授权不一样，它是指管理者在具体工作中，赋予管理相对方一定的权限和职责，而不是制度性的权力划分。

作为一种管理者角色行为的授权，具有机动性、灵活性和临时性。在授权的过程中，要明确职权范围，在纵向系统上逐级授权。要因事择人、责权同授，要避免因为授权范围过广、权力过大而对管理秩序产生扰乱。授权是信任部下的最重要的表现形式，授权可以让部下感受到上级对自己的信任，也可以锻炼部下。

3）谈话和交流

谈话，从本质上说既是一种信息交流，又是一种人际的接触。因而，它必然带有人所特有的情感色彩。这种情感色彩同信息内容交互作用，使谈话变得微妙而富有艺术性。

作为管理者角色行为的谈话，是体现管理者对管理相对方的关注、关心或者引起管理相对方注意。管理制度并未要求管理者必须要跟员工谈话或者谈多少次话，但是作为管理者，为了更好地推动工作，会根据实际情况安排与员工进行谈话。

管理者通知管理相对方谈话，会引起管理相对方的高度重视和紧张。管理者在与下属谈话时，要善于激发部下讲话的愿望，启发部下讲真情实话。在谈话中，要善于抓住主要问题，表达对谈话的兴趣和热情，并掌握对对方观点进行评论的分寸。在谈话中，管理者要善于克制自己，避免冲动，要善于利用谈话中的停顿进行认真思考，避免言语失误。

谈话是管理者与管理相对方交流的重要方式，但是交流的方式并不局限于谈话。由于管理者身份具有对部下的影响力，也代表着组织的形象，因此，与部下的交流要就事论事，不要捕风捉影、道听途说，传播不实之词，也不要传播他人的是非和贬低他人。

4）激励和调动他人的积极性

管理者的身份和地位决定了管理相对方非常重视管理者的言行，管理者应该利用一切机会，利用自己的角色对管理相对方进行激励，调动下属开展工作的积极性。

管理者激励和调动下属，要了解下属的要求，清楚下属的需求，并在日常的工作中，注意分析下属的性格，观察下属心理特征变化，有针对性地开展激励活动。管理者调动同级的积极性，要有大局思维、宏观思维和战略思维，不能目光短浅，斤斤计较。要真诚相待，热情支持，在面临冲突的时候，要妥善处理冲突，在冲突之后，要尽快消除个人恩怨，致力于构建友好协作的关系。

9.3.4 管理相对方的角色行为

1）主动性

主动性，是指下属能够主动地根据组织发展的需求去开展工作，而不需要任何事情都由上级来安排。任何组织制度都不可能对组织的所有工作做出周密的规定，任何管理者都不可能预测所有的管理问题并进行细致入微的安排，这就需要下属主动去面对工作中的挑战，积极思考解决问题的办法。

主动性要求员工全天候地接受工作安排，时刻准备投入时间和精力完成组织和上级安排的工作。这并不意味着组织和上级可以在任意时间安排员工做事，而是说部下要有这样的工作态度和积极性。

主动性要求部下要定期向上级反馈工作执行情况和日常工作情况。遇到突发事件和重大事件,要及时向上级汇报。在执行重要工作任务的过程中,要边执行边汇报,确保工作完成的质量和效率。向上级反馈信息的形式多种多样,电报反馈、电话反馈、短信反馈、邮件反馈、QQ 反馈、口头反馈、书面反馈、电子信息反馈、请示、报告、汇报等都是反馈的形式,至于采用什么形式反馈,则要根据具体情况进行分析。反馈信息要注意真实性和准确性、全面性和全过程性、及时性和价值性。

主动性还要求下级主动向上级提出合理化建议或者建设性意见。上级所处的地位和角度跟下级是不一样的,下级了解的信息与上级了解的信息也是有差异的。部下主动向上级提建议,有利于组织更好地推进工作。下级在提建议的时候,要注意方式和方法,而且要有充分的被拒绝的思想准备,不要计较自己的意见和建议是否能够得到上级的重视和采纳。

2)服从性强

组织就是一个团队机器,为了实现凝聚众力办成大事的目标,要求组织成员必须具有组织纪律意识,遵守团队的制度和规定,具有高度的服从性,只有这样,才能够凝聚起大家的力量,形成合力。

服从是一种美德,也是个体发展的阶梯,更是保护自己的手段。一些人对服从有偏见,以为服从有损其尊严和个性,不能显示自己的才干,这是一种狭隘和自私的观念。服从是为了凝聚团队力量去完成单个人无法完成的工作和任务。同时,服从又是个体不断学习、进步和发展的阶梯。一个有服从意识的人,一定是一个有素养与品德的人,也一定是一个有更多学习和发展机会的人。

服从是管理相对方的角色行为,管理者代表组织进行工作安排,没有特殊情况,部下必须服从。部下在绝对服从工作安排的过程中,既扩展了知识,又提高了自己的工作能力,同时建立了自己良好的品牌形象,无论对组织还是对个人都是有价值的。

3)执行力强

执行是部下的天职,执行力是执行组织意图,完成组织使命,落实各项工作的能力。管理相对方除了要具备较强的服从性外,还应该具有较强的执行力。

(1)夯实基础管理

所谓基础管理,是指对团队管理和个人工作管理中的一些基础条件进行准备和管理。基础管理包括部门的规章制度的制定、职责划分、行为准则确立、员工培训和团队素质的提高、部门文化的形成、部门良好的对外交往关系等。从个人工作的角度看,包括知识的储备、能力的提升、办公文档的归类整理、信息的储存和分析、人际关系的积累等。这些工作难以展现出工作的“亮点”,可是却直接或间接地影响团队的运行、执行效果和效率。一个优秀的员工,一定要做好基础管理,才能具有较强的执行力。

(2)做好计划管理

计划是获得工作主动权的法宝。计划是根据环境和工作目标、任务的要求,提前设计和安排相应的工作,确保各项工作能够有条不紊地展开。计划是执行力取得高效率的基础,如果团队或者个人做事缺乏计划，行动就会没有方向，也不能很好地整合工作资源，执行力难以得到保障。

(3)实行分类管理

分类管理是指在管理中，按照不同的标准，将各种工作任务进行分类和处理，以确保工作具有清晰的思路，对不同的工作采取不同的方法，实现有的放矢，提高效率。我们常说分清轻重缓急，就是指从时间和重要性两个维度思考开展工作。重要的事情集中精力做好，紧急的事情抓紧做好，避免眉毛胡子一把抓，把不重要的工作做好了，却丢掉了重点工作。

(4)列表细化管理

列表细化管理，是指将要完成的工作逐条细列在案，明确完成工作的时间、内容、标准、要求和责任人，做到职责清楚、工作清晰、标准明确、内容明白，逐条处理，避免出现工作遗漏。

(5)提前进行工作准备

提前进行工作准备，是指对一些有时间规定的团队活动或者工作提前做准备，使工作有条不紊地展开，确保在时间节点到来的时候能够顺利推进工作。尤其是针对一些涉及很多人、头绪很多的工作，更是需要提前进行周密的安排，防止事先准备不足而导致临时忙乱。

(6)分清轻重缓急，减少空转和等待的时间

组织成员要将工作列出清单，急事急办，重要的事情抓紧办理，不急的事情和不重要的事情缓办，既确保重要的工作和紧急的工作先完成，同时又确保工作的全面完成。分清轻重缓急，减少空转和等待的时间。可以随时携带不重要的文件资料，利用空闲无聊的时间处理事务。

4)调动上级的积极性

调动上级的积极性，是指员工通过自己的工作态度和绩效，赢得上司的信任和支持，从而为开展工作创造良好的条件。

调动上级的积极性，首先要尊重上级，上级是我们工作的领路人，做部下的在工作中要主动为上级提供服务，使上级不操心具体事务，能够抽出精力来思考组织发展的大事情。尊重上级和服务上级，要克服传统的心理障碍。有些人会认为尊重上级、主动为上级服务是溜须拍马，是与上级套近乎。这是狭隘的观念。上级与我们同处一个组织家庭，大家为了共同的目标，围绕不同的分工开展工作，需要优势互补，相互关心，构建良好的团队氛围。

调动上级的积极性，要制定与上级战略意图一致的工作方案。作为下级，应准确测出上级在宏观整体上的指导思想和战略意图与自己局部上的指导思想和战略意图存在多大的差距，在此基础上，拿出趋于一致的方案，进而获得上级对你工作的支持。作为下属，应准确知道上级的长处和短处以及上级的工作方式、生活方式，在不违反原则的情况下，尽量适其所长，避其所短，使上级愿意而且能够支持你的工作。对上级精通的业务，汇报应简要；对上级不懂的业务，汇报要详尽透彻，阐明利弊。

调动上级的积极性，还要注意不要把自己的长处和上级的短处相比较。不同级别的管

理者需要不同的能力，不能做简单的对比。作为下属，保持谦虚、尊重、感恩的心态非常重要。

调动上级的积极性，忌讳按照个人喜好和评价标准来要求和评价上级。无论与上级有多么融洽的关系，甚至是亲戚关系，都必须遵循上下级的角色定位。

◎**实训**

管理者角色行为有哪些？请选择两个具体的岗位，讨论其职责和角色关系。

◎**案例**

谁拥有权力

王华明近来感到十分沮丧。一年半前，他获得某名牌大学工商管理硕士学位后，在毕业生人才交流会上，凭着满腹经纶和出众的口才，力挫群芳，荣幸地成为某大公司的高级管理职员。由于其卓越的管理才华，一年后，他又被公司委以重任，出任该公司下属的一家面临困境的企业的厂长。公司总经理及董事会希望王华明能重新整顿企业，使其扭亏为盈，并保证王华明拥有完成这些工作所需的权力。考虑到王华明年轻，且肩负重任，公司还为他配了一名高级顾问严高工(原厂主管生产的副厂长)为其出谋划策。

然而，在担任厂长半年后，王华明开始怀疑自己能否控制住局势。他向办公室高主任抱怨道："在我执行改革方案时，我要各部门制定明确的工作职责、目标和工作程序，而严高工却认为，管理固然重要，但眼下第一位的还是抓生产、开拓市场。更糟糕的是他原来手下的主管人员居然也持有类似的想法，结果这些经集体讨论的管理措施执行受阻，倒是那些生产方面的事情推行起来十分顺利。有时我感到在厂里发布的一些命令，就像石头扔进了水里，我只看见了波纹，随后，过不了多久，所有的事情又回到了发布命令以前的状态，什么都没改变。"

思考题：

1. 王华明和严高工的权力各来源于何处？

2. 严高工在实际工作中行使的是什么权力？你认为，严高工作为顾问应该行使什么样的职权？

3. 这家下属企业在管理中存在什么问题？如果你是公司总经理助理，请就案例中该企业存在的问题向总经理提出你的建议以改善现状。

任务4 认识组织结构的调整及其对管理者角色的影响

9.4.1 组织结构的调整和变革

1)组织结构调整和变革的概念、目的和原因

(1)组织结构调整和变革的概念和目的

组织结构的调整和变革,是指组织基于内外环境和组织经营模式的需要,对组织的结构进行调整和变革的过程。小规模的、不涉及组织结构基本格局根本性变化的称为调整,而大规模的,甚至根本性的结构变化称为变革。但是这种区分往往只具有相对意义。

组织结构调整和变革最根本的目的是实现组织的使命、战略目的。具体到各个层面上,组织结构调整有不同的目的和诉求。比如,通过调整组织结构以便提高组织效率、增强信息沟通速度、精简冗员、消减多余的岗位、改变员工工作态度、提高员工能力和积极性等。

(2)组织结构调整和变革的原因

对组织结构进行调整和变革,主要原因在于组织结构已经不适应组织发展的需要,组织运行受困,不得不调整组织结构以确保组织结构能够很好地驱动员工行为,实现组织目标。促使组织变革的动因可分为外部原因和内部原因两个方面。

①组织变革的外部原因。任何组织都是一个开放系统,它通过与其所在的环境不断地进行物质、能量、信息的交换而生存与发展。当组织外部环境的发展变化使组织基于过去的环境建立的组织结构失灵的时候,组织结构就必须进行调整和变革。比如经营性组织的产品或者服务在市场上面临供需结构的逆转,消费者的消费喜好产生根本性变化,供应商由弱势变为强势等,都会促使组织调整组织结构,以适应环境的变化。

②组织变革的内部原因。现有组织结构导致组织运行僵化、紊乱或者效率低下,组织经营目标和任务变化导致现有组织结构不能适应新的需求,组织内部员工思想、观念、态度、行为无法适应组织运行的需要等情况。当出现以下情况时,往往就是需要调整和变革组织结构的时候:组织的决策过于缓慢或经常失误,以致常常坐失良机,组织职责含糊,职权委任不合适,命令链混乱或者过长等;人事安排、生产组织、财务管理、销售等方面的原因使组织的业绩不佳;组织命令链或信息链混乱,或者沟通的手段不当,不能形成组织内各群体行为之间或长远行为之间的协调和配合,以致降低组织效率和有效性;组织对内部和外部环境的变化缺乏敏感性,工作墨守成规,缺乏创新和超前性等。

2)组织结构调整和变革的内容和方式

(1)组织结构调整和变革的内容

组织结构调整和变革的内容是理顺各岗位之间的逻辑关系,使组织的整个结构适应市场环境和内部经营需求的机理。其主要涉及增减或者合并岗位、变革岗位上下级之间的关系两个方面。

一般情况下,增减或者合并岗位的调整主要是微调,如果增减或者合并岗位涉及的岗位数量太多,就有可能导致结构性的变革。增减或者合并岗位,一般情况下是针对组织的人浮于事、员工工作效率低下、管理松弛或者组织结构不适应市场环境的需求等情况。而变革岗位上下级之间的关系,则往往是针对组织管理效率低、信息传输失真、权责不明、管理干部配置不合理等情况。

(2)组织结构调整和变革的方式

组织变革可以通过3个主要方式进行,即以机构设置为中心进行变革、以任务和职能为中心进行变革、以人员为中心进行变革。在具体的管理实践中,应视其具体情况来选择变革方式,常常是上面3种方式交替与混合的过程。这3种方式,前两种变革方式主要是参照社会现有的组织结构形式或者管理结构形式(如本项目任务1所述)的优缺点,根据组织自身追求的目标进行选择或者综合运用。第三种方式则主要是围绕组织内部的人员情况,通过增减或者合并岗位进行结构性的调整,以促进组织运行的变化。在具体的管理实践中,对于一个具体组织而言,应视其具体情况来选择调整和变革方式,其组织结构调整变革常常是上面3种方式交替与混合运用的过程。

(3)组织结构调整和变革的后果

组织结构调整和变革一方面会给组织运行机制带来变化,另一方面会给组织内部的权力运行关系带来变化。上下级岗位之间、平行的岗位之间关系发生变化,意味着岗位中的人的职权发生变化、岗位中的人与人之间的工作关系发生变化,甚至意味着一些人失去岗位、一些人得到岗位、一些人岗位级别下降、一些人岗位级别上升、一些人权限增大、一些人失去权力等。

9.4.2 组织结构调整和变革对各级管理者的影响及其应对措施

1)组织结构调整和变革对管理者的影响

组织结构调整和变革往往会涉及公司所有管理者的利益,只不过有的管理者可能通过调整得到好处,而有的管理者却会因为调整而失去一些利益。有的利益是暂时的,有的利益是长远的。因此,组织结构的调整和变革会给管理者带来不同的影响。一般而言,处于底层的管理者(尤其是管理员)往往更容易受到利益冲击。而中高层管理者由于自身处于较高的技能水平和职位水平,受到的冲击往往会小得多。

组织结构的调整和变革对管理者的冲击主要体现在职权利益、社会地位、经济收益、心理冲击、人际关系冲击等方面。

(1)职权影响力和经济收益的影响

组织结构的调整和变革一般会体现为一些岗位的裁减、一些岗位的增加,也涉及一些岗位权力的增加、一些岗位权力的减少或者权力隶属关系的变化,还涉及管理者级别和待遇的变化。这就导致了管理者职权的影响力受到影响,相应的,经济收益也会受到影响。不管这种调整是否有利于组织的长远发展，都会让那些失去或者减少职权、经济收益下降的人感受到切肤之痛。

(2)社会地位和人际关系的影响

职权受到影响，会导致一个人的社会地位也会产生相应的变化。以前在炙手可热的岗位上，处处受到别人的尊重和礼遇，可是调整到闲职之后，社会地位自然就会下降，当事者必然会感到不适应。同样的，职位不同，人际关系也会发生变化，处理人际关系的方式也会发生变化，以前对别人发号施令，现在可能只能对别人客客气气。

(3)心理影响

组织结构的调整和变革也会给人的心理产生巨大的影响，比如让人觉得不安全、不稳定，或者产生挫败感。

①不安全感。在变革之前，组织成员对其工作和工作环境是熟悉和稳定的，组织结构的调整和变革导致岗位、权力和工作环境的变化，原先心理上的那种稳定的认同感受到了威胁，会让人产生不安全感。

②挫败感。从组织的角度看，组织结构的调整是基于实现组织目标、对事不对人的。但是从管理者的角度看，涉及自身利害关系的变化如果是给自身带来不利的影响，就会产生挫败感，认为自己原先的工作没有做好，或者觉得自己的工作没有得到组织的认可和肯定，感觉很失败。

2)组织应对结构调整和变革的方法

由于组织结构调整和变革往往会给组织内外的人员带来不同程度的影响，因此，组织结构调整和变革往往会导致一些人的阻挠和反对。因此，为了确保组织整体目标的实现，必须要从组织高层领导和管理者两个角度应对这种阻挠和反抗。从组织的角度看，要做好以下工作以化解阻挠和反抗。

(1)做好动员和宣传教育工作

组织要在结构调整和变革实施之前，进行充分的动员和宣传，尤其是让第三方人员协助开展动员和宣传，让组织成员对调整和变革的目的、内容、过程、方式等方面有所了解，能够站在组织生存和发展的角度思考问题，就可以在很大程度上减少组织成员对变革的抵制。

(2)吸纳不同层面的管理者参与

组织在实施调整和变革之前，可以根据情况让与变革有关的人员、利益会受到损坏的人参加变革的计划和设计过程，使他们对变革的必要性加深了解，降低风险感和不安全感，在一定程度上减少他们对变革所产生的工作和生活变化的担心。

(3)循序渐进推进调整和变革

为了充分调动一切有利因素推进组织结构的调整和变革，在条件允许的情况下，组织高层应该审时度势，根据组织面临的实际情况，循序渐进地推进调整和变革，使调整和变革带来的“阵痛”能够在较长的时间内释放，避免不必要的整体推进集聚民怨，造成大面积的抵触和反抗。

(4)做出必要的妥协

通过与受变革影响的人进行协商,可以减少他们的抵触情绪。特别是预计到组织中一些重要人员、部门有可能会对变革进行强烈的抵制时,不妨与他们进行正式谈判,甚至以一定的妥协换取他们对变革的认可和支持,以缩小反抗面,赢得大多数组织成员的支持。

(5)采取压制措施

这是一种需要谨慎采用的方法。当变革势在必行,而上述方法又不奏效时,组织就不得不施加各种压力,强迫实施变革,例如采取改换工作、开除、改变薪金、不给予提升等措施强迫成员接受变革方式。但是,压制方法会使变革的实施和稳定工作带来困难,要慎重使用。

3)管理者应对组织结构调整和变革的方法

组织结构的调整和变革会给各个层面的管理者带来不同的影响,这些管理者如何应对组织结构的调整和变革?其主要包括以下方法。

(1)未雨绸缪,做好充分的准备

一般情况下,有3种人容易在组织结构调整中遭受利益的损害:一种是工作技能差或者工作态度不好的人;一种是工作关系处理不好的人;一种是埋头干活,与上级缺乏沟通的人。因此,如果一个人有很好的工作态度和很强的工作能力,同时又能够在组织中与他人保持良好的人际关系,那么因为组织结构的调整和变革而受到利益伤害的可能性就比较小。此外,还有一种情况是组织结构变化客观上会导致一些岗位利益受到损坏,因此,组织成员首先要以认真的态度对待工作,在平时努力提高自己的工作技能,避免因为岗位调整而不能适应新的岗位或者成为对组织无用的人。不要待组织结构调整的时候才发现自己已经是组织可要可不要的人。要注重人际关系和工作关系的和谐,不要只考虑工作不考虑他人的感受,导致人际关系冷淡和冲突,以免在组织结构调整的时候不能为人所接纳。要及时向上级汇报自己的工作,让上级了解自己的情况。

(2)及时沟通、理性反映

在组织结构调整和变革之前,一定会有风声和消息传播出来,一些管理规范的组织还会提前动员,下发原则性文件。在这个时候,对自己的岗位没有决定权力或者没有把握的组织成员,一定要及时与上级领导沟通自己的想法,理性反映自己的情况,了解组织结构调整和变革可能给自己带来的影响和变化,寻求组织对自己工作的理解和了解,避免领导对自己的想法和工作状况不了解而被调整,也可以借此了解领导意图,请领导协助自己应对调整,避免自己信息不对称,在被调整之后无所适从。

(3)放宽心态、坦然面对

组织结构的调整往往是要考虑各方面的利害关系,虽然如此,组织纪律的刚性和原则性,也会导致某些岗位的利益受到损害。面对这种情况,一定要放宽心态,不要过于计较得失,要从组织发展的大局出发思考问题,坦然面对对自己不利的变化,调整自己的情绪,理性地寻找发展之路。

◎实训

通过网络寻找一个企业,分析其组织结构和权力运行关系。

◎案例

美的集团的分权体系

美的最早是何享健带领农村的一班子人在广东顺德地区创建的一家乡镇企业。在经营过程中,美的业务从生产汽车零部件、电风扇转变为制造空调,并成了中国第一家上市的乡镇企业。此时美的采用的是集权管理模式,由何享健决定企业的重大决策事项。在上市之后的几年高速发展期,随着企业规模的扩大与主营产品品类的拓展,这种集权管理模式越来越不适应企业发展,最初创业团队的素质也显露出了不足。因此,美的在1996—1997年的两年时间里遭遇了巨大的困难,销售收入下降、应收账款回款慢、拖欠员工工资,成为家常便饭。何享健在几乎所有重大决策上都亲自过问,造成了处理不完的工作和极大的管理压力,但企业的管理效率依旧得不到提升。他发现,现在美的的主要管理障碍在于高度集权的管理模式,权力分配和权力结构急需做出转变。

1996年下半年,美的集团总部开始研究和筹划权力分配和权力结构改革的问题,决定实施事业部制度的改革。1997年,美的成立了空调事业部、风扇事业部、电饭煲事业部、小家电事业部以及房产事业部等几大事业部,完成了事业部制度的改革。建立之后的事业部拥有自己的经营管理团队,负责各自事业部的研发、采购、生产、销售等经营活动。然而,经营权和管理权下放后,新的管理问题出现了。如何保证各事业部遵循集团总部的战略规划呢?如何在对事业部进行有效管控的同时,为其营造良好的经营环境呢?

在事业部制度下,对于如何分配集团总部与各子单位之间的权责关系,美的集团制定了第一版《美的集团主要业务分权规范手册》(以下简称《分权手册》)。经过半年多的试运行,在收集各方面的建议后,集团总部对《分权手册》进行了详细的修订,并于1998年以正式文件的形式下发执行,从此奠定了美的集团权力结构与权力分配的基石。随着美的集团的迅速发展,2005年又建立了包括制冷集团、日电集团、机电集团及房产集团在内的二级产业集团,分权体系又相应地进行了修订、扩展和细化,从而形成了更为完善的权力分配体系。到了2012年,随着集团与二级集团并存产生了诸多管理问题,美的集团在整体上市前取消了二级集团的设置,使集权与分权体系下的职权定位更加清所,管理更加高效。

何享健曾说过:“管理企业的最大难题就是放权。如果不放权,企业将面临规模限制;如果放权后收不住,企业将会面临失控。所以必须依靠企业制度和管理流程去控制,拿捏好权力集中和分配的度。”美的集团的经营管理机制内容包括很多方面,例如企业战略制定机制、治理机制、创新机制、激励机制、变革机制等,这些机制都为美的的权力结构和权力分配模式提供了保障。

如今的美的,在战略规划、财务管理、人力资源管理以及审计监察等较为关键的职权领域集团依然拥有绝对的权力,但事业部和子公司在生产制造、品质管理、营销管理以及技术开发等领域拥有高度的自主权。

思考题:

1. 试分析随着美的集团规模的不断扩大,集权模式对企业发展有何不利。

2 你认为哪些因素会影响组织分权的实施。

课后练习

一、单选题

1. 直线型组织结构的优点是(　　)。

A. 联系简捷　B. 部门间协调较好　C. 专业分工较细　D. 不会发生较多失误

2. 矩阵制组织结构的优点是(　　)。

A. 组织关系简单明了　B. 稳定性强

C. 整体协调性强　D. 有利于各种人才的培养

3. 以下管理结构中,结构最为扁平的是(　　)。

A. 矩阵型管理结构　B. 网络型管理结构

C. 委员会制管理结构　D. 团队结构

4. 领导者的专长权力带给下属(　　)。

A. 尊敬　B. 信任　C. 恐惧　D. 欲望

5. 思想素质属于领导者的(　　)。

A. 核心素质　B. 职能素质　C. 基础素质　D. 本能素质

6. (　　)要求的概念技能最大。

A. 高层管理者　B. 中层管理者　C. 基层管理者　D. 一般管理者

7. (　　)要求的技术技能最大。

A. 高层管理者　B. 中层管理者　C. 基层管理者　D. 一般管理者

8. 管理者角色行为的表现是(　　)。

A. 主动性　B. 服从性强　C. 执行力强　D. 谈话和交流

9. 部门划分是组织结构设计的内容之一,它主要是解决组织的(　　)。

A. 横向协调问题　B. 纵向结构问题　C. 横向结构问题　D. 职权划分问题

10. 管理层次是组织中建立的授权级别的数量,是企业纵向管理的等级层次,又称为(　　)。

A. 组织结构　B. 管理跨度　C. 控制幅度　D. 组织层

11. 把按职能划分的部门同按产品划分的小组结合成的纵横交错的组织形式是(　　)。

A. 职能型结构　B. 参谋型结构　C. 矩阵型结构　D. 直线型结构

12. 按照组织机构的分类,集权制的组织结构形式是(　　)。

A. 直线型结构　B. 职能型结构　C. 事业部型结构　D. 矩阵型结构

13. 某项职位或某部门所拥有的包括做出决策、发布命令的权利属于(　　)。

A 直线职权　　B. 参谋职权　　C. 职能职权　　D. 辅助职权

14. 管理者应该杜绝本位主义,树立全局意识,在一个团体里应(　　)。

A. 互相沟通　　B. 协商解决　　C. 大力合作　　D. 通力合作

15. 中层管理者平时要做个好教练,必须由(　　)。

A. 上司培养出"部队"来　　B. 代理公司培养出"部队"来

C. 自己培养出"部队"来　　D. 基层锻炼出"部队"来

16. 如果上司确实提出了错误要求或存在错误想法,中层管理者应该(　　)。

A. 合理地坚持,圆满地沟通　　B. 当面指出

C. 按正确的去执行　　D. 说明情况,按自己的思路去执行

17. 上层主管人员的重要任务是(　　)。

A. 监督执行　　B. 协调执行　　C. 监督控制　　D. 决策控制

18. 一般意义上的组织泛指(　　)。

A. 按照一定目的和程序组成的一种权责结构

B. 各种各样的社团、企事业单位

C. 具有共同目标的团体

D. 具有不同分工协作的单位

19. 被称为组织理论之父的管理学家是(　　)。

A. 泰罗　　B. 法约尔　　C. 韦伯　　D. 巴纳德

20. 木桶原理是下列哪一原理的形象说法?(　　)

A. 限定因素原理　　B. 许诺原理　　C. 灵活性原理　　D. 改变航道原理

二、多选题

1. 组织结构是由组织的(　　)的情况决定的。

A. 目标　　B. 任务　　C. 文化　　D. 环境

2. 常见的组织形式有(　　)。

A. 直线制组织结构　　B. 职能制组织结构

C. 直线职能制组织结构　　D. 事业部制组织结构

3. 属于领导者职位权的是(　　)。

A. 专长权力　　B. 法定权利　　C. 强制权力　　D. 奖赏权力

4. 领导者的核心素质包括(　　)。

A. 领导观念　　B. 见识　　C. 学历　　D. 品格

5. 管理者的角色包括(　　)。

A. 高层管理者　　B. 中层管理者　　C. 基层管理者　　D. 管理员

6. 管理者的基本技能包括(　　)。

A. 概念技能　　B. 人际技能　　C. 技术技能　　D. 个人技能

7. 管理者角色行为的表现主要有(　　)。

A. 严肃和治人　　B. 授权和信任　　C. 主动性　　D. 执行力强

8. 组织结构变革的方式有(　　)。

A. 以机构设置为中心进行变革　　B. 以人员为中心进行变革

C. 以任务和职能为中心进行变革　　D. 以区域为中心进行变革

9. 组织结构调整和变革对管理者心理影响主要有(　　)。

A. 自卑感　　B. 不安全感　　C. 不稳定感　　C. 挫败感

10. 组织结构调整和变革对管理者的影响主要有(　　)。

A. 职权利益　　B. 社会地位　　C. 经济收益　　D. 心理冲击

三、填空题

1. 组织设计的基本目的是________、________、________。

2. 事业部制组织结构最突出的特点是________。

3. 矩阵制组织结构又称________结构。

4. 直线职能型组织结构的特点是设置了两套系统，一套是按________组织的指挥系统，另一套是按________组织的管理职能系统。

5. ________组织结构是最早、最简单的一种组织结构形式。

6. 事业部组织结构多适用于________等组织。

7. 一般来说，集权或分权的程度常常根据各管理层次拥有的________情况来衡量。

8. 领导者素质总体分为________、________、________。

9. 在组织结构中，最基本的原则是________、________、________。

10. 平级之间的关系遵循________和________的原则。

四、简答题

1. 简述不同层次的管理者对管理技能的需要。

2. 简述组织应对结构调整和变革的方法。

五、案例分析题

新官上任

即将出任S公司的总经理李明，上任伊始，通过与公司所有上层管理人员的深入接触，亲临一线体察民情，以及一系列规范化的调查分析，基本理清了公司的管理状况以及存在的问题，并准备着手制订行之有效的管理解决方案。

(一)S公司的组织结构

S公司成立于2015年，是一家主要生产经营日用清洁用品的公司，其产品已由原来单一的洗发水扩展到现在的护发素、沐浴露、乳液、防晒霜、护手霜、洗手液、洗衣液等诸多日化用品上，随着公司的发展壮大，产品也开始销往美国、法国、德国、英国、意大利、俄罗斯、日本等世界许多国家。公司的组织结构是根据职能来设计的，财务、营销、生产、人事、采购、研究与开发等构成了公司的主要职能部门。然而产品的多样性和国际化对公司的组织结构提出了新的要求，李总发现现有的组织结构严重阻碍了公司的发展，已经不能适应S公司内外环境变化的需要。

（二）高层管理者的领导方式

在李总接任S公司总裁职位后，他发现主管生产的严副经理独断专行，这种领导方式直接影响到他分管部门的绩效。

严副经理一天到晚绷着脸，下属人员从未见他和他们谈过任何工作以外的事情，更不用说和下属人员开玩笑了。他到哪个部门谈工作，一进门大家的神情都变得严肃起来，犹如“一鸟入林，百鸟压音”，大家都不愿和他接近。严副经理把全公司的生产任务始终放在首位，在他看来，作为一个好的领导者，无暇去握紧每一个员工的手，告诉他们正在从事一项伟大的工作。所以他总是强调对生产过程、产量控制的重要性，坚持下级必须很好地理解生产任务目标，并且保质保量地完成。他经常直接找下属布置工作，中层管理人员常常抱怨其越级指挥，使他们无所适从。严副经理手下的几员“大将”被“架空”已成家常便饭。员工们有困难想找公司帮助时，严副经理一般不予过问，员工们说他“缺少人情味”。李总发现严副经理分管的部门在管理中最大的问题就是下级不愿意承担责任，他们对工作并非很努力地去做，其工作也只是推推动动，维持现有局面而已。

思考题：

1. 根据S公司的现状，你认为李总最需要加强哪些职能？请说明理由。

2. 案例中严副经理的领导方式属于何种类型？如果你是李总，你将如何帮助严副经理提高他分管部门的绩效？

项目 10　认识组织制度

【知识目标】

了解制度的特点，掌握制度对组织管理的作用；了解制度的分类和制定；了解组织制度的框架体系和特征，掌握组织制度的基本内容。

【能力目标】

通过本项目的学习，了解制度在企业运营中的重要性，学会区分不同的组织制度，学会利用制度进行组织管理和自我管理。

【案例导入】

“自由选择”上班时间

北京有一家生产体育用品的公司，考勤制度是这样的：员工每天早上 8:30 必须上班，下午 5:30 下班。但是这个企业有自己的特点，好多员工距离单位比较远，或者好多员工从事研发性的工作，习惯于早上多睡一会儿，晚上熬一熬夜。在这样的考勤制度下，又实行了弹性工作制，即 9:30—16:30 作为核心工作时间，具体上班时间和下班时间，员工自由选择，只要保证核心时间在，保证上班到下班达到 8 个小时就可以了。这叫作弹性工作时间制。

小思考：

1. 什么是规章制度？企业制定规章制度的目的是什么？
2. 本案例的规章制度反映了什么样的企业文化？
3. 是否所有的企业都适合采用这种制度？为什么？

任务1 认识制度

10.1.1 制度的概念

制度,也称规章制度,是各种行政法规、章程、制度、公约的总称。制度是组织管理中的重要构成因素,是对组织理念、经营哲学的确立,对组织成员分工和站位的具体规定和详细要求,对组织责权利和员工责权利的规定,以及对员工行为方式的要求。运用制度进行管理是组织最基本的管理方式之一。笼统地定义制度,可以描述为:制度是国家机关、社会团体、企事业单位为了维护正常的工作、劳动、学习、生活秩序,保证国家各项政策顺利执行和各项工作的正常开展而制定的具有法规性、指导性与约束力的应用文。广义的制度是指某一领域的制度体系,如我们通常所说的政治制度、经济制度、法律制度和文化制度等,包括各种法律法规等。狭义的制度则是指组织管理的规章和规定体系。本书主要从狭义的角度展开关于组织制度的阐述。

★小资料★

中国最早关于制度的记载是《左传·襄公·襄公二十八年》:"且夫富,如布帛之有幅焉,为之制度,使无迁也。"

10.1.2 制度的特点

1)规范性、约束性和指导性

制度要确定人们做什么、不能做什么、怎么做,违反制度会受到什么处罚等。制度对组织成员的行为具有规范性和约束性,同时也是对组织成员的行为进行指导的文件。

2)鞭策、激励性

制度对组织成员应该做什么,不应该做什么,可以选择做什么都做了明确的规定,这会给组织成员带来鞭策和激励,潜移默化地引导员工采取有利于组织发展的行为。

3)程序性

制度的程序性包括两方面的含义:一方面是指制度的产生要按照一定的程序才具有约束力;另一方面是指制度对组织成员完成相关工作和任务,往往有程序要求。制度的程序性,是确保制度的规范性和约束性的重要因素。

10.1.3 制度在组织管理中的作用

制度是明确一定范围内人员游戏规则的规范,其使用范围极其广泛,大至国家机关、社会团体、各行业、各系统,小至单位、部门、班组,都会涉及制度问题。制度是国家法律、法令、政策的具体化，是人们在各种环境下的行动准则和依据，因此，制度对社会经济、科学技术、文化教育事业的发展，对社会公共秩序的维护，有着十分重要的作用。

1）制度是管理者管理组织的基本手段之一

制度是确定组织做什么事情、员工做什么事情、怎么做事情等一系列问题的规范。管理者进行组织管理，首先要确定组织的顶层设计，即确立组织的追求、宗旨、价值观、使命、目标等；其次要确定组织的管理结构，搭建组织管理的基本骨架，然后招聘适合的人员开展日常管理；最后是制定相关的制度，以便组织成员按照制度进行管理。对一个稳定运行的组织，从顶层设计到具体操作都需要制度进行规范。离开了制度，组织就无法进行管理。

2）制度是对组织进行常规、例行管理的手段

制度是对组织的常规的、例行的、可预测的工作进行管理的手段。组织在运行过程中，会面临一些长年累月都不会变化的环境和因素，也面临一些随时都在变化的因素。对经年不变的因素，组织可以制定制度进行管理。组织制度的制定，使组织成员可以根据制度进行相关的管理，不必事事请示上级，这就大大降低了高层管理者的管理工作量，提高了工作效率。但是对于根据组织制度无法做出决定的情况，则需要请示上级进行指示和裁决。这就是经典管理学家泰勒说的，管理者主要是做"例外管理"，能够通过制度确定下来的东西，就制定制度由制度去管，没有制度规定的，才由管理者去管。

3）制度是对组织结构的补充

如前所述，管理者要管理组织，需要建立组织结构。但是组织结构建立之后，只是对部门或者成员的职责进行了大框架的划分，而且是通过框架图的方式来显示组织内部的权责关系，难以对组织成员的具体职责和工作要求进行规范和界定，这就需要制定组织制度，对岗位责权和边界进行详细的规定。因此，从管理的角度看，组织制度是对组织结构的必要补充。

4）制度是组织管理的机体

制度在组织管理中究竟承担了什么角色，如果按照生物机体来类比的话，组织的宗旨是灵魂，组织结构是支撑骨架，组织文化是血脉神经，组织制度是机体。灵魂统率一切，结构则搭建组织的支撑骨架，组织文化是使支撑骨架能够有效运行的血脉和神经（虽然无形，却潜移默化地影响组织），而整个组织机体的形象则通过制度表现出来。由此可见，如果没有组织制度，组织就会难以存在和显现出来。所以，建章立制是组织管理最基本的管理手段之一。

5）制度是培养员工、激励员工工作的重要手段

制度不仅仅是规范和约束组织成员的准绳，而且也是培养员工、提高员工素质和能力的手段，也是激励员工提升工作绩效的重要手段。这是因为制度不仅要求员工要做什么、怎么做，而且会要求员工不能做什么，并对遵守制度的组织成员予以鼓励和奖赏，对违反制度的成员进行处理和惩罚。严格的制度管理可以提高员工的自觉性，使之养成良好的行为习惯，从而提升其素质和能力，同时也可以激励员工努力创造更好的工作绩效。

◎**实训**

小组讨论：所在班级制定的制度有哪些；一个完整的班级管理制度应该包括哪些内容。

◎**案例**

某公司新制定了一项考勤管理制度："一个月内累计迟到或早退一次的员工，罚款50元；累计达到两次的，罚款200元；达到三次或三次以上的，罚款500元。在当月内没有迟到、早退和请假的员工，奖励400元。"这项制度出台后，原来那些家离公司比较远、经常迟到的员工，如今很少迟到。

公司一个月后统计考勤，发现能够拿全勤奖的人数占了全体员工比例的95%，到第二个月，只有一个员工因为感冒请假没有拿到全勤奖。该公司老板一开始还很高兴，但后来觉得再这么下去，每月发放给员工的全勤奖金就是一笔不少的数目，于是以"既然绝大部分员工都能做到全勤，全勤奖就没有任何意义了"为由，不顾员工的反对，废止了这项制度。

思考题：

1. 本案例中，废止这项制度，会导致什么后果？
2. 制度在执行过程中，应该注意的方面有哪些？

任务2　了解制度的分类、制定、执行和修改

10.2.1　组织制度的类型

根据不同的标准，可以对制度进行不同的划分。组织制度按照制定制度的机构不同，可以分为国家制度、企业制度、学校制度、社会团体制度等；按照制度的刚性强度，可以分为法规性制度和非法规性制度；按照制度在管理中所起的作用，可以分为实体性制度和程序性制度；按照制度的稳定性，可以分为长期性制度和临时规定；按照制度涉及的领域，可以分为基本制度和部门制度等。

为了更加清晰地体现制度在组织管理中的作用，以及更好地体现制度管理体系，下面从管理制度的层次角度分析制度的类型。

1）基本制度

基本制度是指对组织总体要求、基本规范、文化等进行规定的制度体系，描述组织的基本准则和要求。组织的基本制度是对组织顶层设计的具体化、系统化表述。它既是落实组织顶层设计的具体规范，又是对下一级制度进行规定和约束的总纲。对于现代民主国家而

言，组织的基本制度主要通过宪法体现出来。对于其他企事业单位而言，组织的基本制度主要通过组织宗旨、组织管理大纲、员工管理制度等体现出来。

组织基本制度一般并不直接规定组织成员的具体行为，而是对组织运行的一些基本原则和理念进行确定。这些抽象的、总体的规定是制定组织的其他层级更低的制度的基本准则，所以，组织基本制度并非无用的制度，恰恰相反，它从制度的最高层面确定了组织的制度体系，其他制度不得与之冲突和矛盾。如果没有基本制度，其他制度的制定就会没有准则和标准，导致整个制度体系的紊乱无序。

2）职能制度

职能制度是指对组织某一方面的职能进行规定和界定的文件和规定。职能制度对涉及组织所有部门和所有方面的共通性的事务进行规定，以便统一行动，避免各行其是，影响组织行为的一致性。比如文件管理制度、档案管理制度、保密制度、印章使用管理制度、证照管理制度、会议制度、办公用品管理制度、车辆管理制度、考勤管理制度、出差管理制度、财务报销管理制度、工资发放管理制度、通信管理制度、接待制度、借款和报销管理规定、资产管理制度、合同管理制度等。

3）部门制度

部门制度是指组织各部门为确保组织部门运行而在组织基本制度和职能制度的指导下，根据部门工作要求制定的制度。部门制度主要是规范组织各部门及其成员的行为，确保部门与组织整体之间、部门之间、部门成员之间按照一定的规则和规范运行。比如办公室职责（办公室考勤制度、办公室值班制度等）、人力资源部职责、销售部职责、技术部职责、生产部职责、采购部职责、质量部职责、××工段职责等。

4）岗位制度

岗位制度是组织各部门根据组织的基本制度和职能制度的要求，按照组织设计的组织结构，经上级机构同意设立岗位，在此基础上制定的岗位管理的具体要求。比如××岗位职责。

岗位制度是对部门制度的进一步落实，主要是划定部门成员的责权范围和界限，规范部门成员的工作职责和具体要求，以便各岗位组成一个有机整体，共同完成部门的工作任务。

5）操作规程

操作规程是由部门对成员的工作进行规范、对成员的工作（操作）流程进行规定的系列制度。从总体上讲，操作规程不得与组织基本制度、部门制度的要求相冲突，但是实际上，在很多情况下，操作规程主要是受工作性质的影响，更多地考虑工作的质量、运行规范和工作效果。

10.2.2 制定制度的原则

制度的制定涉及整个组织的利益和团队管理的成败，在制定制度的时候，要遵循以下原则。

1)科学性原则

科学性原则是指制定制度应遵循管理的客观规律,必须服从管理学的一般原理和方法,符合生产经营管理的基本要求,不能任意而为。

2)合法性和合理性原则

合法性是指制定的制度内容不与国家、政府制定的相关法律、法令、法规、政策相冲突,否则就是无效的;合理性原则是指制定制度要合理,既要严谨、公正,具有约束力和严肃性,同时又要具有人性化,符合员工和社会的正常期待,避免不近人情、不合常理。

3)适用性原则

制定的制度要从组织的实际出发,按照客观实际需要,根据组织的哲学、组织的规模、业务特点、行业类型、技术特性及管理沟通等方面的情况考虑,具有可行性、适用性。

4)必要性和完整性原则

必要性原则和完整性原则是指制定制度要从实际需要出发,必要的制度一个不能少,不必要的制度一个也不可要,否则会扰乱组织的正常活动。同时,组织的管理制度是一个体系,制度的制定要全面、系统、配套,相互吻合,不能前后矛盾、漏洞百出、彼此脱节,尤其要避免系统性的制度缺失,导致组织管理的混乱。

5)层次性原则

层次性原则,即组织制定制度要考虑制度涉及的管理层级,根据不同层级管理要达到的目标和要完成的任务确定不同的管理制度。由于管理层级不一样,相应的管理制度从内容到形式都会有所不同。

6)试验先行原则

试验先行的原则是指组织在制定制度的时候,要尽可能地进行试验和试点。通过制度的试行,发现问题,及时进行修改,以免制定的制度不符合客观需要和实际情况,导致无法执行。

10.2.3 制度制定的流程

制度的制定和形成,一般都会有严格的程序。根据制度的规范性强弱不同,制定制度的程序也不同。总体上讲,制定和形成制度,一般有以下 4 个基本步骤。

1)提出问题或任务需求

提出问题或者任务需求,是指根据管理中出现的问题或者由于产生了一定的管理活动,需要制定相关的制度来进行管理。包括两种情况:一种情况是在组织建立之初,需要制定相关制度,这个时候会围绕组织整体的管理要求制定一些基本制度和一些迫切需要的制度,比如组织章程、组织会议制度、员工作息制度、员工薪酬制度等。另外一种情况是组织相关部门或人员在工作中发现相关的管理规定缺乏,导致管理者无法进行有效的管理或者员工无所适从,必须制定相关规定以弥补管理漏洞,于是部门人员或者部门提出制定制度的需求,经上级或者有关部门和人员同意后,安排相关人员进行充分的调查研究,提出制度草案。

2)讨论和审查

制度草案提出后,要广泛征求相关各方的看法和意见,集思广益,在充分讨论、研究的基础上,修改其中不具有可操作性的内容,弥补疏漏,厘清与其他制度的边界,修改与其他制度交叉、矛盾的地方,使制度草案进一步完善,然后报请上级有关管理部门审批。

3)试行

制度草案经上级管理部门审批后,为慎重起见,要进行试行。试行的目的是在实践中进一步检验和完善,使之更加完善、成熟,具有可操作性。一些涉及范围小、不太重要的制度,也可以不试行,哪些制度需要试行,组织会在总体的制度规定中对此做出规定。

4)正式执行

制度经过一段时间的试行,经过修改、完善后,即可稳定下来,形成正式的、具有约束力的制度文本,按照确定的范围和时间正式执行。如果是下级部门有权独立制定的制度,还要报送上级管理机关备案,向相关方面说明情况。

10.2.4 制定制度的权限

制度具有不同的层级,因此,制度的制定也会有不同的权限约束。

1)组织基本制度的制定权限

组织的基本制度是确定组织整体规范的体系,因此,其制定权一般是由最高权力机构行使,在企业中,一般是由股东大会、董事会或者总经理制定。组织的人力资源管理部门在组织基本制度制定过程中,仅仅提供参考意见和技术性建议,协助制定制度。组织在制定基本制度的时候,必须遵守国家关于组织设立的相关法律规范的要求,不得与国家的有关规定相冲突,否则就是无效的。

2)职能制度的制定权限

职能制度涉及组织全体成员的某方面的要求,因此,其制定一般由总经理层面考虑,行使决定权。制定职能制度的时候,必须遵守组织的基本制度,如果与组织的基本制度相冲突,则是无效的。职能制度从表面上看,归口于组织的各个职能部门草拟和进行管理,但是由于其涉及整个组织的管理,因此,其制定都是在高层领导的直接指导下制定的,一般也要高层领导批准才能生效,职能部门无权私自确定和修改。在职能制度的制定过程中,组织的人力资源管理部门也只是承担建议和技术咨询的职责。

3)部门制度的制定权限

部门制度的制定,是在组织人力资源管理部门的技术指导下,由部门根据实际情况决定,然后报上级部门备案。部门制度的制定不得与组织的基本制度和职能制度相冲突,否则就是无效的。

4)岗位制度的制定权限

岗位制度的制定过程是组织的各部门根据部门组织管理的要求,在整个组织设定的组织结构基础上,确定各岗位的职权和义务,进一步规范岗位工作的过程。因此,其制定权限在各个部门。岗位制度的制定总体上不能与组织的基本制度、职能制度和部门制度相冲突,但是在一些具体的规范上,可以与组织总体的规定不完全一致。这并不意味着部门可以任意制定岗位制度,当可能出现这种差异的时候,部门应该及时向上级部门请示并与人力资源管理部门进行沟通,获得认可。

5）操作规程的制定权限

操作规程主要是根据生产经营的客观需要设计的规范、标准和流程，由于其主要源于工作的技术性要求，因此，有权制定的机构是二级管理部门（如××车间等）或者组织的职能部门（比如技术部、质量部等）。一般情况下，如果操作规程技术性比较强或者要求比较高，就由组织的职能部门来行使制定权，以免因二级管理部门缺乏相应的能力不能制定。

10.2.5 制度的执行和修改

1）制度执行的要求

制度的执行情况如何，涉及组织管理的效率和水平，严格执行制度是组织管理绩效的保证。

（1）加强宣传、统一思想

制度的执行是一个系统工程，组织制度的执行，要加强宣传，统一思想。加强制度的宣传，可以通过制度制定过程中的组织成员参与来实现，也可以在颁布制度的同时，通过组织学习、开展讨论等方式来进行。加强宣传是让组织成员知晓、理解并主动执行制度的重要环节。

（2）管理者率先垂范

制度的失效，往往是从管理者违反制度开始的。"上行下效""上梁不正下梁歪，中梁不正垮下来"都是讲上级行为对下级具有暗示和约束作用。因此，制度能否得到执行，首先要看管理者是否能够切实遵守，如果管理者不能率先垂范，制度就很难得到遵守和有效的执行。

（3）加强监管、严格执行、认真落实

制度的执行，离不开监管。加强监管、严格执行、认真落实是组织制度达到预设目标的前提条件，如果不能做到这点，组织的制度就会形同虚设，不仅不能起到组织管理希望达到的效果，反而会给组织成员不好的暗示，变相鼓励组织成员不遵守组织的制度。因此，管理者要鼓励部下监督组织制度的执行。

（4）原则性与灵活性相结合

原则性与灵活性相结合，是指组织在执行组织制度的过程中，既要坚持原则、严格执行，又要根据具体情况灵活处理。这是因为一方面，组织管理面临不断变化的环境，必须根据具体情况考虑组织制度执行的难度和实际效果；另一方面，制度不一定在所有方面都能够满足组织管理的实际情况，因此要根据具体情况灵活处置。组织制度执行的灵活性，要求管理者在灵活处置之前要及时上报请示，获得批准；如果不能够及时请示，要在处理过程中或者处理之后及时上报，以便维护制度的严肃性。

2）制度的修改

管理制度一经建立，就要保持相对的稳定性，不能朝令夕改。但是由于组织制度自身的局限性和组织面临不断变化的形势，因此往往会对组织制度进行必要的修改和补充，以便满足组织管理的需要。

组织制度的修改和补充，应该由有权部门进行，无权部门、成员或者利害相关部门、成员可以向有权部门提出建议或意见,供有权部门参考。有权部门的上级领导或者部门也可以根据自己的权限要求有权部门修改和补充。但是组织制度的修改和补充,一定要按照该制度制定的程序要求进行,而不能说改就改。

组织制度面临修改的需求,可能进行修改,但是在制度没有修改的情况下,组织成员仍然必须遵守,除非得到上级部门或者领导的许可,不能拒不执行组织制度,这是执行组织制度的基本要求。

◎实训

以小组为单位,讨论针对不同类型的企业,开展企业管理需要设立哪些制度。

◎案例

彭先生是重庆旅游汽车有限公司的职工。法院介绍,2015 年 6 月 11 日,董事会任命刘先生为常务副总经理,全面主持工作,包括制定并组织实施规章制度。新官上任三把火,几个月后,刘先生就把“火”烧到考勤休假制度上。当年 11 月 9 日,刘先生组织公司负责人、职工代表、工会代表讨论员工考勤休假制度、奖惩制度,第二天又召开行政办公会进行讨论。职工代表认为这两个规章制度对职工不公平,均没有通过。

2015 年 11 月 28 日,这两项制度开始执行。职工彭先生对该制度不满,喝了不少酒后,来到刘先生办公室,摔坏了办公电话和电开水瓶。两天后,他向公司认错。一周后,该公司做出了与彭先生解除劳动关系、由彭先生赔偿 200 元的决定。理由是,新制度规定,损坏公物,公司将视情况对当事人予以解除劳动合同。

彭先生认为,新制度未经职工(代表)大会通过,不合法。他向江北区劳动争议仲裁委员会申诉,请求撤销解除劳动关系的通知书。该委员会调查后,撤销了该通知书。

公司认为,依据公司制度开除违反制度的员工天经地义。该公司向江北区法院提起诉讼,请求确认该通知书有效。

法院认为,公司这两项制度均属于内部规章,根据《重庆市职工权益保障条例》,制定这类制度,应当经职工大会,或其他与该单位相适应的民主管理形式协商同意。但该公司制定这两项制度时,未经职工大会或职工代表大会讨论通过,也未与职工大会或职工代表大会协商,虽然会议记录证明制定过程中有职工代表参加,但没有反映出会议通过了该制度,反而反映出职工代表的不同意见。

法院认为,由于该制度制定不民主,对职工不具约束力,公司据此开除彭先生,不合法。

思考题:

1. 根据本案例,企业在制定企业制度时应满足哪些原则?

2. 企业制定制度的流程主要有哪些环节?

任务 3 知晓组织制度的框架体系和特点

10.3.1 组织制度的框架体系

1) 组织制度的框架体系的概念

组织制度的框架体系,从字面上理解,就是组织各种制度所构成的框架和体系,即组织制定的各种制度之间的关系及其系统;从实质上讲,是组织运行的机理或者机制。组织的基本制度、职能制度、部门制度、岗位制度、操作规程等构成了组织的框架体系,这些制度的制定、实施和相互关系,反映了组织内部的组织管理秩序,是组织权力和责任的体现,也是组织运行的基本保障。因此,对组织制度框架体系,要从管理运行的角度进行思考,而不能仅仅局限于制度的罗列和堆砌。

2) 组织制度的基本框架

组织制度的基本框架,是指构成组织制度整体的各种制度形成的基本格局。组织的基本制度、职能制度、部门制度、岗位制度、操作规程等通过一定关系构成框架图,为我们理解组织管理提供了一条便捷的通道,如图 10.1 所示。

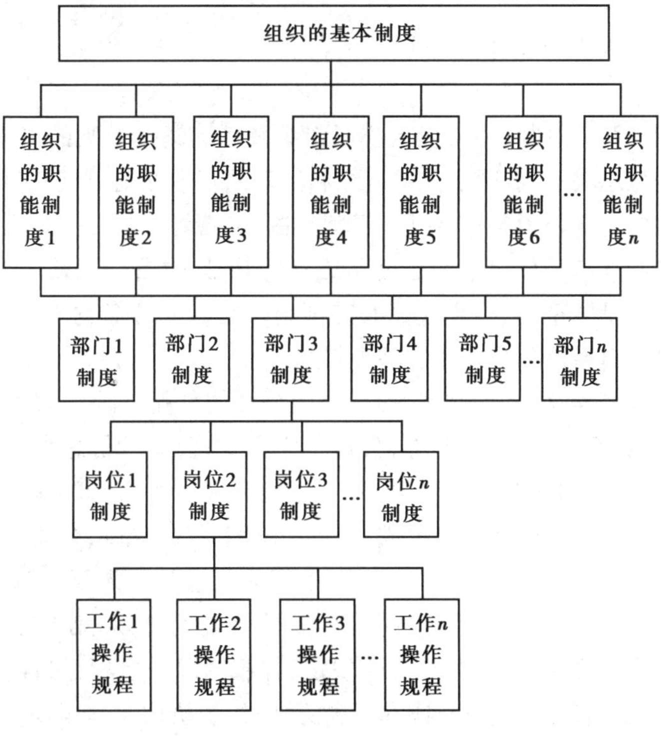

图 10.1 组织制度的基本框架图

3)组织制度框架体系的特点

组织制度框架体系是组织管理的外在表现,因此,制度体系必须要完整地体现出组织管理的脉络。

(1)系统性

由于组织是一个系统,组织的运行是一个系统在运行,而组织的制度则是系统运行的保障,因此,组织制度框架体系也是一个系统。根据系统论的原理,系统是由相互联系的子系统构成的,组织制度框架体系也是由相互联系的很多制度构成的,而且这种构成应该是一个完整的体系,而不是支离破碎的制度拼凑。

(2)有机整合性

组织的基本制度、职能制度、部门制度、岗位制度、操作规程形成了一个系统,所有的制度都围绕基本制度展开,同时这些制度又基于不同的目的和工作任务需求而设立,在各自的范围内发生作用,正是这种分工协作的有机关系,确保了整个组织运行既各司其职,又相互配合,形成了组织的有机体。

(3)层级性

组织的基本制度、职能制度、部门制度、岗位制度、操作规程处于不同的层级,体现了管理的层级特点。这些不同层级的制度,分属于不同层级的人员进行制定和管理,解决不同的问题。因此,既不能用低层级的制度去否定高层级的制度,也不能用高层级的制度去替代低层级的制度。

10.3.2 组织制度的主要内容和制度汇编

1)组织制度的主要内容和基本格式

(1)公司章程

公司章程是指公司依法制定的、规定公司组织及活动基本规则的书面文件。公司章程是股东共同一致的意思表示,载明了公司组织和活动的基本准则,是公司具有宪法性意义的文件。公司章程主要规定公司名称、住所、经营范围、经营管理制度等重大事项,以此作为公司组织与行为的基本准则。公司章程是公司成立的基础,也是公司赖以生存的灵魂。制定公司章程的法律依据是国家的《中华人民共和国公司法》(以下简称《公司法》)。公司章程具有法定性、真实性、自治性和公开性的基本特征。

依据我国《公司法》第79条的规定,股份有限公司的章程包括13项应当记载的事项,内容包括:公司名称和住所;公司经营范围;公司设立方式;公司股份总数、每股金额和注册资本;发起人的姓名或名称和认购的股份数;股东的权利和义务;董事会的组成、职权、任期和议事规则;公司法定代表人;监事会的组成、职权、任期和议事规则;公司利润分配办法;公司的解散事由与清算办法;公司的通知和公告办法;股东大会认为需要记载的其他事项。2017年开始施行的《中华人民共和国企业法人登记管理条例施行细则》第18条规定,企业法人章程的内容应当符合国家法律、法规和政策的规定,并载明以下事项:宗旨;名称和住所;经济性质;注册资金数额及其来源;经营范围和经营方式;组织机构及其职权;法定代表人产生的程序和职权范围;财务管理制度和利润分配形式;劳动用工制度;章程修改程序;终止程序;

其他事项。联营企业法人的章程还应载明:联合各方出资方式、数额和投资期限;联合各方成员的权利和义务;参加和退出的条件、程序;组织管理机构的产生、形式、职权及其决策程序;主要负责人任期。

(2)管理大纲

公司管理大纲,又称为公司管理制度大纲,是完全由公司自主决定拟订的、不与国家法律和社会道德相冲突的、公司对组织管理的价值取向和一些基本要求。公司管理大纲表明公司支持什么、反对什么、提倡什么、禁止什么以及相应的处理。与公司的其他制度相比,公司管理大纲只是一些原则性的规定,并无仔细的规定,是指导公司制定其他具体制度的基本要求。

公司管理大纲一般包括:公司的宗旨;公司的价值观、核心理念和伦理;公司的管理模式;公司对组织成员的行为要求;公司的组织纪律;公司的分配制度等。

(3)员工守则

员工守则是公司根据章程和公司管理大纲制定的,针对员工行为模式做出的规定和要求。员工守则对组织成员的行为规定是抽象的、不具体的,反映了组织对成员的一种期望和基本要求。员工守则一般用积极向上的词汇,不会提及处理规定和惩罚措施。

每个组织员工守则的内容都不一样,一般包括员工应该如何处理与公司的关系;如何维护公司的形象和声誉;如何处理与上下级和同事的关系;如何节约资源和爱护公司资产;应该具有什么样的工作态度和学习态度;应该具有什么样的精神状况等。

(4)职能制度与部门制度

公司的职能制度包括很多类型,职能制度围绕公司某一方面的工作管理展开,因此,不同的职能制度其具体内容有很大差别,要根据具体的工作性质确定其具体内容。

比如会议制度,其内容一般包括:制定制度的目的;制度的适用范围;会议的分类;批准各类会议的领导层级要求和部门要求;各部门在各类会议中的职责;对各种会议的基本要求(会议准备的要求,时间长短,地点,档次,会务资料的准备,会务服务的要求,会议场所的布置,音响设备的要求,拍照、摄像和新闻报道的要求,对会议结果的处置要求等);会风和纪律要求等。

通过以上介绍可以了解,职能制度是对某一方面工作顺利开展的相关规定,制定制度的时候,只要充分考虑工作的原因、目的、安排权限、相关人物、时间、地点、手段、过程、结果、相关资源安排等因素,按照一定的逻辑表述清楚,不让阅读者产生歧义,就能够达到要求。

部门制度是各职能部门或者生产经营部门制定的针对自己部门工作的管理制度,除了针对的对象不一样之外,部门制度与职能制度涉及的内容和格式大体一致。

(5)岗位制度和操作规程

岗位制度主要是指以岗位职责为核心的一系列管理制度。岗位职责是指一个岗位要求岗位人员完成的工作以及应当承担的责任。岗位职责包括这个岗位授予该岗位人员的职权范围和应该承担的职责两个部分的内容。

一个岗位可能由多个人轮流承担工作或者多个人同时承担同样的工作。原则上,一个岗位只有一个岗位职责,不会因人而异。但是由于人的态度和能力不同,有些人可能胜任几个岗位的工作,而有些人却连一个岗位的工作都不能胜任。管理不应该因人设岗,而应该因岗聘人。因岗设人,要求根据岗位工种确定岗位职务范围;根据工种性质确定岗位使用的设备、工具、工作质量和效率,确定各个岗位之间的相互关系;根据岗位的性质明确实现岗位目标的责任。在确立了岗位需求之后,再明确岗位环境和确定岗位任职资格,招聘合格的人选。

一份完整的岗位职责一般应该包括:制定岗位职责的部门名称;制定岗位职责的部门的直接上级(上级领导的头衔而不是姓名);下属部门;部门性质;部门的管理权限、管理职能、主要职责等。除此之外,几乎所有的岗位职责都会有一句共同的话语放在文件条款的最后,即"完成领导交办的其他工作"。之所以做这样的规定,是由于任何制度都不能确保把所有问题都界定无遗,而且组织环境的变化也会导致有些工作是制度没有规定而又必须去完成的,为了确保工作有人去完成,所以要加上这一句。但是,管理者在开展管理的时候,不能长期用这一句话去任意安排员工做职责范围以外的事情。首先,当出现这种情况时,要考虑这一工作的逻辑归位属于哪个岗位,安排相应岗位的人员去完成。其次,当这种事情经常发生的时候,就要将其列入岗位职责之中,使之有章可循,而不再是临时安排。

操作规程是规定某一项工作的完成需要遵循的规范和采取的操作模式、先后顺序等标准的文件。岗位职责只是规定了岗位的权限和应该承担的职责,而操作规程则是对如何去完成工作进行规定。

操作规程与岗位职责不同的地方是,岗位职责是以岗位作为制度规定的核心元素,而操作规程可能是针对一个岗位工作的规定,也可能是针对一项工作任务的规定,在后一种情况下,操作规程可能涉及很多个岗位。

2)组织制度的汇编

组织制度的制定是根据组织发展的需求而制定的,同时,组织发展的需求也会促进组织制度框架体系的变革,因此,制度框架体系是一个不断完善、不断变革的过程,没有永恒不变的制度框架,也没有永恒不变的制度体系。与制度体系的变革相比较,制度体系的完善是一个常见的现象。组织在运行的过程中,要不断地调整组织管理形式以适应环境的变化,每当有一件日常工作或者事务产生的时候,就要考虑这种事务或者工作是否即将成为组织的常态,一旦成为常态,就要及时研究形成一定的制度对之进行管理。如果不能及时完善制度体系,就会导致组织管理规定缺失,给管理者带来许多需要临时决策或者亲自决策的事务,既增加了管理者的工作量,也不能保证决策的一致性。

组织制度的汇编,就是将组织的制度收集整理,汇编成册。表面看起来,组织制度的汇编是一项简单的、价值不高的工作,但是,对组织管理而已,组织制度的汇编具有非常重要的意义。首先,组织汇编成册之后,将成为员工可以随时查询的管理标准,了解自己该做什么不该做什么,怎么去做。其次,制度成册,在管理工作中成为组织成员遵守的标准,管理者按照制度规定进行管理,确保了管理的标准化和一致性,做到宽严一致,避免部门之间宽严不一的状况出现。再次,制度汇编之后,按照制度进行管理,就是制度管人,奖惩分明,而不是人管人,可以避免员工误解管理者。最后,制度汇编成册也是激励员工按照制度办事,监督管理制度的落实情况,养成组织成员按章办事、不折不扣地完成工作任务的手段。

◎实训

小组讨论:组织的基本制度与职能部门之间是什么关系;组织的职能制度与部门制度之间是什么关系;组织的部门制度与岗位制度之间是什么关系;组织的岗位制度与工作流程之间是什么关系。

◎案例

2003年初,中国航天科工集团柳州长虹机器制造公司审计处在进行公司2002年审计中发现这样一个反常现象:公司2001年、2002年的产品销售收入分别为4 563万元、5 323万元,呈上升趋势;财务反映的废旧物资销售的数量分别是863吨、510吨,废旧物资销售的收入分别是78万元、45万元,呈下降趋势。正常情况下,生产过程中发生的边角料等废旧物资应该与生产规模同比例增长或下降,为什么财务数据反映的却是不合理的趋势呢?带着疑问,审计处对公司物资处的废旧物资的回收、销售、收款等情况进行了重点审计。查出异常情况的背后是一起舞弊案件。

经审计,发现物资处处长、综合室主任、仓库主任、废旧回收站站长、计划员等4人为了小团体的利益,擅自决定出售、截留废旧物资数量81.5吨,款额91 200元。截至审计时,已经将私自出售和截留的销售收入私分50 605.80元(涉及63人,每人500~2 000元),同时擅自决定降价销售废旧物资,造成损失1.4万元。其舞弊的手法如下。

(一)擅自出售废旧物资并全部截留货款

主要是与租赁公司厂房的湖南个体经营者串通,擅自将废旧物资销售给没有此项业务来往,也没有签订合同的湖南个体经营者,并要求其将销售货款不交财务而直接交物资处;私自销售的废旧物资出门时,借湖南个体经营者的名义,由湖南个体经营者以自己在锻工房加工的少许产品做掩盖,或以其加工的产品或废料需要出门为由,堂而皇之地将盗卖的废旧物资办理出门手续。

(二)私自截留出售废旧物资款

主要是通过与签有合同业务的柳州个体经营者截留收入。物资处处长要求柳州个体经营者在销售废旧物资过程中,一部分销售的废旧物资款交财务,另一部分销售的废旧物资款截留下来,交到物资处做小金库(即通俗说的开阴阳收据)。私自截留出售废旧物资出门时,以部分销售的废旧物资办理出门手续,即以少量的废旧物资申报并取得出门单,然后以超过出门单标明的废旧物资实际数量的舞弊手法出门。

(三)收买门卫

为了能将违规销售的废旧物资顺利办理出门,物资处处长指使综合室主任,给门卫送钱物等好处,致使门卫在违规废旧物资办理出门时放弃职守,大开方便之门。

(四)擅自降价

物资处处长明知废旧物资销售及其销售价格变动要经过有关部门审核并履行合同手

续,但其却擅自决定将废旧物资销售价格降价,造成损失1.4万元。

由于舞弊性质恶劣,这起案件的主要责任人物资处处长被给予党内严重警告处分和行政免去物资处处长职务的处理,其他人员也受到相应的处罚。

思考题:

1. 舞弊事件中,暴露了该企业哪些方面的问题?

2. 企业应该制定什么样的制度来防止此类事件的发生?

课后练习

一、单选题

1. 制度的(　　),是确保制度的规范性和约束性的重要因素。

A. 激励性　　B. 程序性　　C. 规范性　　D. 约束性

2. (　　)对涉及组织所有部门和所有方面的共通性的事务进行规定,以便统一行动,避免各行其是,影响组织行为的一致性。

A. 基本制度　　B. 部门制度　　C. 操作规程　　D. 职能制度

3. (　　)是指制定制度要合理,既要严谨、公正,具有约束力和严肃性,同时又要具有人性化,符合员工和社会的正常期待,避免不近人情、不合常理。

A. 科学性原则　　B. 合法性原则　　C. 合理性原则　　D. 适用性原则

4. (　　)是指制定制度应遵循管理的客观规律,必须服从管理学的一般原理和方法,符合生产经营管理的基本要求,不能任意而为。

A. 科学性原则　　B. 合法性原则　　C. 合理性原则　　D. 适用性原则

5. 职能制度是涉及组织全体成员的某方面的要求,其制定一般由(　　)考虑,行使决定权。

A. 股东大会　　B. 董事会　　C. 总经理　　D. 人力资源部门

6. 公司章程具有法定性、真实性、自治性和(　　)的基本特征。

A. 私密性　　B. 局限性　　C. 片面性　　D. 公开性

7. (　　)是公司根据章程和公司管理大纲制定的,针对员工行为模式做出的规定和要求。

A. 员工守则　　B. 管理大纲　　C. 公司章程　　D. 部门制度

8. 原则上,一个岗位只有(　　)岗位职责。

A. 一个　　B. 两个　　C. 两个及以上　　D. 因人而异

9. 岗位职责是以(　　)作为制度规定的核心元素。

A. 工作　　B. 岗位　　C. 职能　　D. 人员

10. (　　)主要是指以岗位职责为核心的一系列管理制度。

A. 员工守则　　B. 管理大纲　　C. 公司章程　　D. 岗位制度

二、多选题

1. 制度的特点包括(　　)。

A. 时效性　　B. 规范性　　C. 激励性　　D. 程序性

2. 按照制度的刚性强度,可以将制度分为(　　)。

A. 国家制度　　B. 实体性制度　　C. 法规性制度　　D. 非法规性制度

3. 按照制度在管理中所起的作用,可以将制度分为(　　)。

A. 实体性制度　　B. 法规性制度　　C. 程序性制度　　D. 国家制度

4. 从管理制度的层次角度,制度可分为(　　)。

A. 基本制度　　B. 职能制度　　C. 部门制度　　D. 岗位制度

E. 操作规程

5. (　　)和(　　)是指制定制度要从实际需要出发,必要的制度一个不能少,不必要的制度一个也不可要,否则会扰乱组织的正常活动。

A. 科学性原则　　B. 必要性原则　　C. 完整性原则　　D. 层次性原则

6. 制定制度的原则包括(　　)。

A. 科学性原则　　B. 经济性原则　　C. 包容性原则　　D. 试验先行原则

7. 制定和形成制度,一般包括(　　)基本步骤。

A. 提出问题　　B. 讨论和审查　　C. 试行　　D. 正式执行

8. 组织的基本制度一般是由最高权力机构行使,在企业中,一般是由(　　)制定。

A. 人力资源管理部门　　B. 股东大会

C. 董事会　　D. 总经理

9. 制度执行的要求包括(　　)。

A. 加强宣传、统一思想　　B. 管理者率先垂范

C. 加强监管、严格执行、认真落实　　D. 原则性与灵活性相结合

10. 组织制度框架体系的特点有(　　)。

A. 科学性　　B. 系统性　　C. 有机整体性　　D. 层级性

三、填空题

1. 制度是对组织的________、________、________工作进行管理的手段。

2. 管理学家泰勒说的,管理者主要是做________,能够通过制度确定下来的东西,就制定制度,由制度去管,没有制度规定的,才由管理者去管。

3. 离开了________,组织就无法进行管理。

4. 组织的基本制度是对组织________的具体化、系统化表述。

5. 对现代民主国家而言,组织的基本制度主要通过________体现出来。

6. ________是指组织在制定制度的时候,要尽可能地进行试验和试点。

7. 部门制度的制定不得与组织的________和________相冲突,否则就是无效的。

8. "上行下效""上梁不正下梁歪,中梁不正垮下来"都是讲上级行为对下级具有________和________作用。

9. ________是指公司依法制定的、规定公司组织及活动基本规则的书面文件。

10. ________一般用积极向上的词汇,不会提及处理规定和惩罚措施。

四、简答题

1. 简述制定制度的流程。

2. 简述组织制度包括的内容和基本格式。

五、案例分析题

规范管理，制度先行

制度管理是企业管理的基础。中国通信服务上海公司所属上海共联通信信息发展有限公司，在加强制度建设、重视规范管理方面开展了一系列工作，并在实践中不断改进、完善和提高，用制度确保企业有效和高效运行。

内控制度是现代企业管理的重要组成部分。公司以防范和控制风险为重点，编制"代办业务流程""代维业务流程"等5个内控流程，并不断完善风险管理体系构架，确保各项业务流程和管理过程按规范要求运作，谨防企业运行风险。

扎实的基础管理、完善的制度建设，使公司各项经营管理工作始终有序和富有成效，为公司赢得了口碑，连续5年在中国通信服务上海公司的年终绩效考核中荣获行政、党务"双第一"。

思考题：

通过这个案例，谈谈"规范管理，制度先行"对企业有哪些好处？

项目 11　了解人才的选拔与使用管理

【知识目标】

了解人才的定义、工作设计的内容、工作分析的概念及内容；了解员工招聘的渠道，人才任用的原则，掌握人才配备的内容；了解劳动关系的概念，掌握劳动关系与劳务关系的联系与区别；了解绩效管理的流程，掌握薪酬管理的内容及原则。

【能力目标】

通过本项目的学习，了解企业用人的一些基本知识，运用这些知识分析自己适合的职业岗位。

【案例导入】

“养人”还是不“养人”

B 公司是日化产品生产企业。几年来，公司业务发展很好，销售量逐年上升，每到销售旺季，公司就会招聘销售人员，到了淡季，公司又会大量裁减销售人员。就这件事，销售经理陈鸿飞曾给总经理蒋明浩提过几次意见，而蒋明浩却说：人才市场中有的是人，只要我们工资待遇高，还怕找不到人吗？一年四季把他们“养”起来，费用太大了。B 公司的销售人员流动很大，包括一些销售骨干也纷纷跳槽，蒋明浩对销售骨干还是极力挽留，但没有效果，他也不以为然，仍照着惯例，派人到人才市场去招人来填补空缺。

终于出事了，有一年在 B 公司销售旺季，跟随蒋明浩多年的陈鸿飞和公司大部分销售人员集体辞职，致使 B 公司销售工作一时近乎瘫痪。这时，蒋明浩才意识到问题的严重性，因为人才市场上可以招到一般的销售人员，但不一定能招到优秀的销售人才和管理人才。在这种情势下，他亲自到陈鸿飞家中，开出极具诱惑力的年薪，希望他和一些销售骨干能重回 B 公司。然而，这不菲的年薪，依然没能召回这批曾经与他浴血奋战多年的老部下。

直到此时，蒋明浩才有些后悔，为什么以前没有下功夫去留住这些人才呢？同时，他也陷入了困惑，如此高的薪金，他们为什么也会拒绝？到底靠什么留住人才呢？

小思考：

1. 通过这个故事，你想到些什么？
2. 蒋明浩为什么留不住人才？如何进行人才管理？

任务1　认识人才评判与人力资源的规划

11.1.1　人才评判的基点和逻辑

1)人才评判的基点

什么是人才？自古以来,对人才有不同的界定,人才有时候是指人的能力,有时候是指人的相貌。现代社会,人才的概念日益集中到人的素质和能力上,一般将人才视为具有一定能力和本事的人,但是这仅仅是非专业的界定。

★小资料★

秦昭王五跪得范雎

引才纳贤是国家强盛的根本,而人才,尤其是高才,并不容易获得。秦昭王雄心勃勃,欲一统天下,在引才纳贤方面显示了非凡的气度。范雎原为一隐士,熟知兵法,颇有远略。秦昭王驱车前往拜访范雎,见到他便屏退左右,跪而请教:“请先生教我。”但范雎支支吾吾,欲言又止。于是,秦昭王“第二次跪地请教”,且态度更加恭敬,可范雎仍不语。秦昭王又跪,说:“先生卒不幸教寡人邪?”这第三跪打动了范雎,道出自己不愿进言的重重顾虑。秦昭王听后,第四次下跪,说道:“先生不要有什么顾虑,更不要对我怀有疑虑,我是真心向您请教。”范雎还是不放心,就试探道:“大王的用计也有失败的时候。”秦昭王对此责并没有发怒,并领悟到范雎可能要进言了,于是,第五次跪下,说:“我愿意听先生说其详。”言辞更加恳切,态度更加恭敬。这一次范雎也觉得时机成熟,便答应辅佐秦昭王,帮他统一六国。后来,范雎鞠躬尽瘁地辅佐秦昭王成就霸业,而秦昭王五跪得范雎的典故,千百年来被人们所称誉,成为引才纳贤的楷模。

随着社会的不断发展,分工的高度细化和合作的全球化,个体日益被约束于一个个的组织之中,成为组织的一分子。这使人才的界定日益倾向于一个基点,就是组织需求。简单地讲,如果一个人不为社会所需要,或者不能融入社会,成为其中的一分子,就很难被看作人才。中共中央、国务院在2010年印发的《国家中长期人才发展规划纲要(2010—2020年)》指出,人才是指具有一定的专业知识或专门技能,进行创造性劳动并对社会做出贡献的人,是人力资源中能力和素质较高的劳动者。这一定义就从整个社会需求的角度来思考人才概念。

更进一步细化地思考,能够为一定组织所用,为组织发展做出贡献的人,就被看作人才。因此,在现代社会,对于绝大多数人而言,都被从组织需求的角度来评判是否是人才,这就是人才评判的基点。

2)人才评判的逻辑

立足于人才评判的基点去评判人才,源于组织管理的逻辑。这体现为以下逻辑。

(1)根据组织目标与任务实行工作分类

一定的组织根据一定的组织目标与任务设立之后,为了实现组织目标与任务,势必开展相应的行为进行推动。至于如何去开展这些行为呢?首先就要对这些行为进行分类,以便据此组织相关资源去完成。

(2)根据工作分类进行岗位设置

在对整个组织的工作进行了分类之后,只是解决了组织的整体工作框架问题。每一类工作都有很多具体的事务,从管理的角度看,这些事务具有不同的性质,在管理中需要进行不同模式的管理,这就要进行岗位设置,确保每一件工作都能得到顺利的完成。

(3)开展岗位分析和人才需求分析

岗位的设立和界定,内含一个命题,即不同的岗位要完成不同的工作。完成这些工作需要具有不同知识、素质和能力的人来承担,这就需要开展岗位分析并在此基础上进行人才需求分析。

(4)岗位对人才的界定

根据人才评判的逻辑,可以得出组织管理对人才的定义:人才是指具有一定的专业知识或专门技能,能够胜任一定岗位提出的知识、素质和能力要求,进行创造性劳动并对组织发展做出贡献的人。

11.1.2　工作分析与工作设计

1)工作分析

(1)工作分析的概念

工作分析又称为职位分析、职务分析或岗位分析,是通过系统全面的情报收集,提供相关工作的全面信息,以便组织提高管理效率。工作分析是对工作进行整体分析,以便确定每一项工作的相关要素,包括由谁做(Who)、为谁做(Whom)、做什么(What)、何时做(When)、在哪里做(Where)、如何做(How)、为什么做(Why)等。工作分析是人力资源管理工作的基础,为人力资源开发与管理活动提供依据,对人力资源管理具有重要的影响。

工作分析可以从岗位工作任务调查入手,也可以从人员工作行为调查入手,还可以从产品或服务的各个环节调查入手。

(2)工作分析的方法

开展工作分析,可以采用不同的方法,常见的方法有访谈法、问卷调查法、观察法、工作日志法、关键事件法等,即通过访谈组织各个层面的员工、对相关人员进行问卷调查、观察员工行为、对工作日志进行分析、分析关键事件等方式对组织不同岗位的工作进行分析。

(3)工作分析的结果

专业人员在进行工作分析之后,会拟订不同岗位的工作描述和工作说明书,从而为人力资源管理奠定基础。

所谓工作描述，是具体说明某一工作职位的物质特点和环境特点，主要包括职位名称、工作活动和工作程序、工作条件和物理环境、社会环境、聘用条件等方面。

工作说明书又称为职位要求，是说明从事某项工作职位的人员必须具备的要求。主要包括以下几个方面：一般要求（包括年龄、性别、学历、工作经验等）、生理要求（包括健康状况、力量和体力、运动的灵活性、感觉器官的灵敏度等）、心理要求（包括心理潜能、心理特点、心理品质、心理行为等）、能力要求（包括观察能力、理解能力、学习能力、解决问题的能力、计算能力、决策能力、领导能力等）。

2）工作设计

（1）工作设计的概念

工作设计是指为了有效地达到组织目标与满足个人需要而进行的工作内容、工作职责和工作关系的设计。工作设计是一个根据组织及员工个人需要，规定某个岗位的任务、责任、权力以及在组织中工作关系的过程。工作设计包括开展需求分析、进行可行性分析、评估工作特征、制订工作设计方案、评价与推广等环节。

（2）工作设计的内容

工作设计的内容包括工作内容、工作职责和工作关系的设计 3 个方面。

工作内容的设计是工作设计的重点，一般包括工作的广度、深度、自主性、完整性以及工作的反馈。工作的广度，即工作的多样性，尽量使工作多样化，保持员工的工作兴趣；工作的深度，即设计工作从易到难的层次，激发员工的创造力和克服困难的能力；工作的完整性，即考虑到工作的全过程，使员工能够享受自己的工作成果；工作的自主性，是赋予员工一定的自主权力，促进其工作热情的提高；工作的反馈是指工作设计要使员工能够得到关于自己工作状况的信息反馈，从而更好地引导和激励员工的发展。

工作职责的设计包括工作责任、权力、方法以及工作中的相互沟通和协作等方面的设计。通过工作职责的设计，员工能够更好地开展工作。

工作关系的设计，是指工作中的协作关系、监督关系等。通过工作关系的设计，员工的工作能够彼此衔接，构成严密的管理体系，促进工作取得更优良的绩效。

11.1.3 人力资源规划

（1）人力资源规划的概念

人力资源规划是指企业根据发展规划和战略，通过对企业未来的人力资源需求和供给状况的分析和估计，对人力资源的获取、配置、使用、保护等各个环节进行职能性策划，确保组织在需要的时间和需要的岗位上获得各种人力资源的活动。

（2）人力资源规划的步骤

人力资源规划是一个科学的、专业的过程，包括进行环境分析、开展人力资源现状分析、进行人力资源需求预测和组织内外供给人力资源能力的预测、确定人力资源规划目标、确定实现人力资源规划目标的措施与途径、拟定相关策略（如招聘、培训、激励）等过程。

（3）人力资源规划的实施

人力资源规划的实施，是人力资源规划的实际操作过程，要有专人负责既定方案的实施，赋予负责人职责和权力以保证人力资源规划方案的实现，负责人要对实施进展状况进行定期报告，确保规划的实施与环境、组织的目标相一致。

(4)人力资源规划的评估、反馈和修正

在实施人力资源规划的同时，要进行定期与不定期的评估，将实施的结果与人力资源规划进行比较，及时反馈评估情况，进而对原规划内容进行适时的修正和调整。

◎实训

小组讨论：如何判定人才；人才的判定与环境是否有关；如果有关，是什么关系。

◎案例

星期六的早上，一位牧师正在为明天的布道词伤脑筋。太太出去买东西了，小儿子约翰哭着嚷着要去迪斯尼乐园。为了转移儿子的注意力，牧师将一幅色彩缤纷的世界地图撕成许多碎片，撒落在客厅地板上，对儿子说："约翰，你如果能把这张世界地图拼起来，我就带你去迪斯尼乐园。"牧师以为这件事会使约翰花费大半个上午的时间。但不到 10 分钟，小约翰便拼好了。每一片碎纸片都各就各位地排列在一起，整张世界地图又恢复了原状。牧师很吃惊，问道："孩子，你怎么拼得这么快？""噢，"小约翰回答，"很简单呀！地图的另一面是一个人的照片，我先把这个人的照片拼到一块，然后把它翻过来。我想，如果这个人拼对了，那么，这张世界地图也该是对的。您说呢？"牧师忍不住笑了起来，决定马上带儿子去迪斯尼乐园，因为儿子给了他明天布道的题目：人对了，世界就对了。

思考题：

1. 如何理解"人对了，世界就对了"？

2. 应该如何确保自己成为企业需要的人才？

任务 2　知晓员工的招聘、选拔、录用与人才任用管理

11.2.1　员工的招聘、甄选与录用

1)员工的招聘

员工招聘是组织根据人力资源管理规划和工作分析的要求，从组织内部和外部吸收人力资源的过程，包括员工的招募、甄选和聘用等内容。员工招聘要坚持因事择人、公开、公平、公正、竞争择优和效率优先的原则。同时，组织在员工招聘中必须符合国家有关法律、政策和社会伦理的要求。

组织招聘员工要制订招聘计划和策略，对招聘目标、信息发布的时间与渠道、招聘员工的类型及数量、甄选方案及时间安排等进行规定。

员工的招聘包括内部招聘、岗位轮换、返聘和外部招聘。外部招聘的渠道主要有：通过人才交流中心招聘、开展招聘洽谈会、利用媒体广告进行招聘、校园招聘、通过猎头公司搜寻和员工推荐等。

内部招聘和外部招聘各有优缺点。内部招聘对应聘者了解全面，录用的人能够很快进入角色，有利于调动员工的积极性。但是，内部招聘备选对象范围狭窄，容易造成"近亲繁殖"，在组织内部形成错综复杂的关系网，不利于创新。外部招聘备选对象来源广泛，选择空间大，可以避免"近亲繁殖"，给组织带来新鲜空气和活力，有利于组织创新和管理革新。但是，外部招聘难以准确判断备选对象的实际工作能力，容易对内部员工的思想带来冲击，而且费用高。

在招聘工作结束之后，一般要对招聘工作的效率和录用人员的状况进行评估，以便提高后续招聘工作的效率。

2）员工的甄选

员工的甄选是指组织根据人力资源规划和职务分析的要求，对所有应聘者的情况进行初步的审查、知识与心理素质测试、面试，寻找那些既有能力又有兴趣到本企业任职的人员，并从中挑选出适宜人员予以录用的过程。常见的人才甄选方法有简历筛选、推荐信核查、笔试（能力测验、人格测验）、面试、评价中心技术等。在所有选拔方式中，准确率最高的是评价中心技术。评价中心技术的主要工具包括文件筐测验、无领导小组讨论、案例分析等。

★小资料★

一双筷子放弃了周亚夫

周亚夫是汉景帝的重臣，在平定七国之乱时，立下了赫赫战功，官至丞相，为汉景帝献言献策，忠心耿耿。一天，汉景帝宴请周亚夫，给他准备了一大块肉，但是没有切开，也没有准备筷子。周亚夫很不高兴，就向内侍官员要了一双筷子。汉景帝笑着说："丞相，我赏你这么大块肉吃，你还不满足吗？还向内侍要筷子，很讲究啊！"周亚夫闻言，急忙跪下谢罪。汉景帝说："既然丞相不习惯不用筷子吃肉，也就算了，宴席到此结束。"于是，周亚夫只能告退，但心里很郁闷。这一切汉景帝都看在眼里，叹息道："周亚夫连我对他的不礼貌都不能忍受，如何能忍受少主的年轻气盛呢？"汉景帝通过吃肉这件小事，试探出周亚夫不适合做太子的辅政大臣。汉景帝认为，周亚夫应把赏他的肉用手拿着吃下去，才是一个臣子安守本分的品德，周亚夫要筷子是非分的做法。汉景帝以此推断，周亚夫如果辅佐太子，肯定会提出一些非分的要求，便趁早放弃了让他做太子辅政大臣的打算。

3）员工的录用

员工的录用，是指在经过人才甄选之后，组织对符合要求的人员进行有期限的考查培训，直到录用为正式员工的过程。应聘人员只有顺利经过这个阶段，才可以与组织签订正式合同，如果不能顺利经过这个阶段的考核，则有可能不被录用。人员录用过程一般可分为试用合同的签订、新员工的安置、岗前培训、试用、正式录用等阶段。正式录用是指试用期满后，组织对表现良好、符合组织要求的应聘者进行录用，使其成为组织的正式成员。正式录用一般由用人部门根据应聘者在试用期间的具体表现对其进行考核，做出鉴定，并提交人力资源管理部门。人力资源管理部门对考核合格的员工正式录用，并代表组织与员工签订正式录用合同，正式明确双方的责任、义务与权利。

组织招聘人才，要使用正确的录取策略，目前一般采用的录取策略有多重淘汰式、总分式录取和多岗位录取策略。

11.2.2 人才的任用

人才的任用，简单地讲，就是组织将员工安排到一定的岗位上去承担工作。人才的任用涉及新员工录用之后的任用，也涉及岗位调配中的任用。人才的任用是对人才科学、合理的配置。任用和管理人才必须坚持以下原则。

1）因事择人、量才使用的原则

组织要以组织的需要、职位的空缺为出发点，根据职位对人员资格的要求来选用人才。根据人才能力的大小，给予适当的职位。只有从实际职位和职责的需要出发去选用合适的人员，才能实现人与事的科学结合。

2）扬长避短、发挥优势的原则

“尺有所短，寸有所长。金无足赤，人无完人”。因此管理者用人：一要用其所长，尽可能将人才放在最能发挥其优势的岗位上。二是容人之短，对员工的短处，只要不涉及原则问题，应该尽可能给予宽容，不要因求全责备而埋没人才。三要“短中见长”，要知人短中之长，对其短处具体分析，并给予必要的帮助，发挥出他们的特长。

3）用人不疑、疑人不用的原则

组织在用人的时候，要做出明确的选择，对信不过的人，要慎用或者不用，要任用的人，就要相信，为其创造良好的工作环境，使其能够放开手脚大胆开展工作。

4）民主用人、慎重决策的原则

管理者用人，不管是在私人企业还是在国有单位，都属于组织行为，应该实行集体领导，慎重决策。要改变狭隘地将民主用人理解为国有单位才必须遵守的准则，民主用人是确保组织用人科学、规范，调动员工积极性的重要手段，也是组织管理的基本追求。

★小资料★

纪浪子训鸡喻育才

一般情况下，人才到位须进行培训，并且育才是企业永久的工程。据传，周宣王爱好斗鸡，纪浪子是一位有名的斗鸡专家，负责饲养斗鸡。10 天后，周宣王催问道：“训练成了吗？”纪浪子说：“还不行，它看见别的鸡，或听到别的鸡叫，就跃跃欲试。”又过了 10 天，周宣王问训练好了没有，纪浪子说：“还不行，心神还相当活跃，火气还没有消退。”再过了 10 天，周宣王又说道：“怎么样？难道还没训练好吗？”纪浪子说：“现在差不多了，娇气没有了，心神也安定了，别的鸡叫，它也好像没有听到似的，毫无反应，不论遇见什么突然的情况它都不动、不惊，看起来真像木鸡一样。这样的斗鸡，才算训练到家了，别的斗鸡一看见它,准会转身就逃,斗也不敢斗。"周宣王于是去看鸡的情况,果然呆若木鸡,不为外面亮光、声音所动,可是它的精神凝聚在内,别的鸡都不敢和它应战,看见它就走开了。

11.2.3 人才配置

人才配置,是指组织根据发展的需求,按照组织架构,将人才投入相应的工作岗位,使之与组织资源结合,构成组织运行的基础。人才配置是人力资源管理的基本工作,也是组织管理的重要内容。进行人才配置,要注意以下问题。

1)确保人才结构在总体上具有互补性

组织管理要追求团队的协作精神与聚合效应,人才结构的互补性能够使组织内部的各类人才联系起来,彼此不可分割地整合成一个有机体。要使组织人才结构总体上互补,配置的人才结构合理,优势互补,其整体效能才能大于各部分之和。

2)确保人才结构具有层次性

从管理层级的角度看,组织需要的人才可以大致分为经营层(战略决策层)、管理层、技术层3个基本层次。经营层是组织的战略决策层,经营层人才应具有融通社会资本的能力,善于以存量吸引增量,从而不断扩张资本;管理层的人才应具备使既定投入产生最大效益的能力,使现有资产保值增值;技术层人才要满足组织新产品开发、技术创新、工艺改进、技术培训、技术服务等方面的需要。此外,人才的结构还体现在年龄、知识、技能、观念等方面,在这些方面都要有所考虑。

3)确保人才结构具有同一层次内的适度关联性

适度关联性,是指在组织人才体系的同一结构层次内,各职能部门和同一部门的各种人才之间,他们的知识、智能、学养等既不要毫不相关,也不能完全一致。如果毫不相关,人才之间便会产生隔膜,甚至出现排他性,不利于人才间的沟通与合作;如果趋向一致,人才之间就缺少了互补性,也不利于相互之间的团结和谐。

11.2.4 人才的调配和流出管理

1)人才调配

人才调配是指经员工的上级部门或者领导决定而改变员工的工作部门或隶属关系、工作岗位或职务的人事变动。人才调配是为了促进人与事的配合及人与人的协调,充分开发人力资源,实现组织目标。合理的人才调配是实现组织目标的保证,也是实现人尽其才的手段。

(1)内部调动及其管理

内部调动是指员工在组织内部不同部门或者岗位之间的横向流动,在不改变薪酬和职位等级的情况下变换工作。内部调动可以由组织提出,也可以由员工提出。由组织提出的调动主要有3方面的原因:一是满足调整组织结构和经营的需要;二是为了使组织中更多的员工获得奖励;三是为了使企业员工的晋升渠道保持畅通。

(2)职务轮换及其管理

职务轮换又称轮岗,指根据工作要求安排新员工或具有潜力的管理人员在不同的工作部门或者岗位工作一段时间,时间通常为 1 ~2 年。职务轮换能丰富培训对象的工作经历,也能较好地识别培训对象的长处和短处,还能增强培训对象对各部门管理工作的了解并增进各部门之间的合作。但是,如果员工在每一工作岗位上停留的时间都短,就容易缺乏岗位意识和责任感。

(3)职位晋升及其管理

晋升是指员工由于工作业绩突出或者组织工作的需要,被组织安排由较低职位等级上升到较高的职位等级。合理的晋升管理可以对员工起到良好的激励作用,有利于员工队伍的稳定,避免人才外流。同时,也有利于激励员工致力于提高自身能力和素质,改进工作绩效,从而促进组织效益的提高。

(4)降职及其管理

降职是一个员工在企业中由原有职位向更低职位的移动,这是与晋升相反的一种人才调配方式。降职可能对员工产生很大的心理伤害,一定要提前做好思想工作,并考虑对降职处置进行一定的艺术处理,避免带来管理冲突。

2)人才流出的管理

(1)人才流出的管理的概念

人才流出的管理是指组织运用管理手段,促进或者减少员工流出组织的过程。人才流出对组织管理是必要的。合理的员工流出有利于提高员工的能力,也有利于提高员工满意度和提高员工的工作积极性。

(2)员工非自愿流出及其管理

非自愿流出是指出于各种原因,由组织一方采取措施让员工离开组织。非自愿流出包括解聘、人员精简和提前退休几种情况。解聘是组织与员工解除聘约;人员精简是企业为降低成本而采取的一系列行为,包括人事裁减、招聘冻结等;提前退休是指员工在没有达到国家或组织规定的年龄或服务期限时就被组织安排退休的情况。非自愿流出可能会引起被解聘员工的控告和起诉,员工承受巨大的压力,可能会对组织的管理人员或相关人员进行人身攻击。因此,组织在处理非自愿流出时应慎重,确保公平原则,建立必要的制度,规范解聘员工的工作和行为,提供一些再就业的咨询和帮助,并做好心理疏导工作。

(3)员工自愿流出及其管理

对组织而言,员工的自愿流出往往是一种损失,因此它又被称为员工流失。员工流失分为两种情况:一种流失是员工与组织彻底脱离工资关系或者员工与组织脱离任何法律承认的契约关系的过程,如辞职、自动离职等;另一种流失是指员工虽然未与组织解除契约关系,但客观上已经构成离开组织的事实,如主动型在职失业。

员工流失使组织管理成本增加、人心不稳,挫伤其他员工的工作积极性。核心员工的流失往往给组织带来无法估量和难以挽回的损失。对员工流失进行有效的管理和控制,要充分发挥待遇留人、感情留人、环境留人、事业留人等手段,留住人才。

◎实训

分组进行网络调查,分析哪些企业大多在网上招聘,企业在网上主要招聘哪些岗位。

◎案例

某公司在与员工签订劳动合同时遇到一个棘手问题,员工甲2018年1月1日进厂,但公司一直遗忘与员工甲签订劳动合同,员工甲知道公司如果不与其签订书面劳动合同,依法需要向其支付双倍的工资,因此一直不动声色。直至2018年5月1日,公司对劳动合同进行了一次普查,才发现与员工甲漏签了劳动合同。公司表示要与员工甲补签劳动合同,员工甲同意补签,但是公司要先支付其2018年1月至4月的另一倍工资,否则员工甲只愿意将补签劳动合同日期定在2018年5月1日。

思考题:

公司应当如何处理上述事件较为妥当?

任务3 了解劳动关系管理

11.3.1 劳动关系的概念和分类

1)劳动关系概念

劳动关系又称为劳资关系,在《中华人民共和国劳动法》(以下简称《劳动法》)中,对劳动关系做了明确的界定,是指劳动者与所在单位之间在劳动过程中发生的关系。《劳动法》从法律的角度确立和规范劳动关系,是调整劳动关系以及与劳动关系有密切联系的其他关系的法律规范。劳动关系包括丰富的内容,主要有:劳动者与用人单位之间在工作事件、休息时间、劳动报酬、劳动安全、劳动卫生、劳动纪律及奖惩、劳动保护、职业培训等方面形成的关系;劳动行政部门与用人单位、劳动者在劳动就业、劳动争议以及社会保险等方面的关系;工会与用人单位、职工之间因履行工会的职责和职权,代表和维持职工合法权益而发生的关系等。

劳动关系的主体包括员工、工会、雇主和政府。

(1)员工

员工也称为雇员、雇工、受雇人、劳工,是指在组织中,本身不具有基本经营决策权力并从属于这种权力的工作者。员工不包括自由职业者、自雇佣者。

(2)雇主

雇主也称雇佣者,是指在一个组织中,使用雇员进行有组织、有目的的活动,并向雇员支付工资报酬的法人或自然人。在中国,雇主是一个新的概念,在现行的劳动立法中没有使用这一概念,而是称为"用人单位"。

(3)工会

工会是由劳动者组成的旨在维护和改善劳动者的就业条件、工作条件、工资福利待遇以及社会地位等权益的组织。工会主要通过集体谈判方式来代表劳动者在就业组织和整个社会中的权益。

(4)政府

政府作为劳动关系的主体一方,在劳动关系的运作过程中扮演着重要的角色。具体体现为:作为雇主的政府,作为调解者、立法者的政府和三方机制中的政府。

2)劳动关系与劳务关系的联系与区别

劳务关系是指提供劳务的一方为需要的一方以劳动形式提供劳动活动,而需要方支付约定报酬的社会关系。建立和存在劳务关系的当事人之间是否签订书面劳务合同,由当事人双方协商确定。

当劳务关系的平等主体是两个,而且一方是用人单位,另一方是自然人时,它的情形与劳动关系很相近,从现象上看都是一方提供劳动力,另一方支付劳动报酬,因此两者很容易混淆。还有一种派遣劳务人员或借用人员的情形,致使两个单位之间的劳务关系与派出或借出单位与劳动者之间的劳动关系紧密地交叉在一起。这是它们相联系的一面。但是,劳动关系与劳务关系还是有以下区别。

(1)合同的法定形式不同

劳动关系用劳动合同来确立,其法定形式是书面的。而劳务关系需用的法定形式除书面的以外,还可以是口头和其他形式。

(2)主体不同

劳动关系主体是指劳动关系的参与者。从狭义上讲,劳动关系的主体包括两方:一方是员工或劳动者以及工会组织,另一方是雇主方或管理者。从广义上讲,政府是广义的劳动关系的主体。劳动关系中的一方应是符合法定条件的用人单位,另一方只能是自然人,而且必须是符合劳动年龄条件,且具有与履行劳动合同义务相适应的能力的自然人。劳务关系的主体类型则较多,可以是两个用人单位,也可以是两个自然人。法律法规对劳务关系主体的要求,不如对劳动关系主体要求得那么严格。

(3)主体间的关系不同

劳动关系两个主体之间不仅存在财产关系即经济关系,还存在人身关系,即组织隶属关系。劳动者除提供劳动之外,还要接受用人单位的管理,服从其安排,遵守其规章制度等。劳动关系双方当事人,虽然法律地位是平等的,但实际生活中的地位是不平等的。这就是我们常说的用人单位是强者,劳动者是弱者。而劳务关系两个主体之间只存在经济关系,彼此之间不存在行政隶属关系,是一种主体地位平等的关系。

(4)适用的法律不同

劳动关系适用《劳动法》,而劳务关系则适用《合同法》。

(5)主体的待遇不同

劳动关系中的劳动者除获得工资报酬外,还有保险、福利待遇等;而劳务关系中的自然人,一般只获得劳动报酬。

3)劳动关系的分类

按照不同的方式,可以对劳动关系进行不同的分类。按实现劳动过程的方式来划分,劳动关系分为直接实现劳动过程的劳动关系和间接实现劳动过程的劳动关系;按劳动关系的具体形态来划分,可分为正常情况下的劳动关系、停薪留职形式的劳动关系、放长假形式的劳动关系、待岗和下岗形式的劳动关系、提前退养形式的劳动关系和应征入伍形式的劳动关系等;按用人单位性质分类,可分为国有企业劳动关系、集体企业劳动关系、三资企业劳动关系和私营企业劳动关系等;按劳动关系规范程度划分,可分为规范的劳动关系、事实劳动关系和非法劳动关系等。

11.3.2 劳动合同管理

1)劳动合同的概念

劳动合同是劳动者与用工单位之间确立劳动关系,明确双方权利和义务的协议。

劳动合同的内容是劳动者与用人单位经过平等协商后达成的关于责任、权利和义务的条款。劳动合同一般包括当事人名称(或姓名)、地址、合同期限、试用期限、职务、工作时间、劳动报酬、劳动纪律、政治待遇、教育与培训、劳动合同的变更、劳动合同的解除、违约责任、其他事项、纠纷处理等。这些内容又可以分为两个部分:一部分是双方当事人自己定的条件,它包括必要劳动条件和补充条件,只要不与国家法律相抵触,完全可以由双方协商决定;另一部分是按照法律法规执行的条件,具有普遍的适用性和强制性。

2)劳动合同的特征

与其他合同不一样,劳动合同具有自己的特质,主要表现在以下4个方面。

①劳动合同必须是劳动者本人和用人单位依法定程序订立。订立劳动合同的法定程序主要是签订劳动合同书和鉴证劳动合同书。合同双方按照平等自愿、协商一致、不违反法律和行政法的规定3条原则来订立合同,签订合同的双方均不能毁约。如有一方毁约,要受到劳动仲裁机构的处理。

②劳动合同双方当事人法律地位平等,但从组织管理上看,又具有隶属关系。

③劳动合同有约定的试用期,一般为3~6个月。

④劳动合同在一定条件下,往往还涉及第三人的利益。

3)劳动合同制与劳动合同管理

劳动合同制是指专门用来规范劳动合同的制度,是通过订立劳动合同这一法律形式来规范和调节所有者、经营者和劳动者三方之间的劳动关系的一种法律制度。劳动合同是一种法律形式,劳动合同制度是法律制度。劳动合同制度既是一个经济概念,又是一个法律概念。作为经济概念,劳动合同制度是一种用人制度,是一种劳动力与生产资料相结合的方式;作为法律概念,劳动合同制度是一种合同制度,实行上述用人制度时,必须通过订立劳动合同来具体规定双方的权利和义务。

劳动合同管理是指根据国家法律、法规和政策的要求,对劳动用工合同的订立、履行、变更、解除和终止等全过程的行为所进行的一系列管理工作的总称。我国劳动合同管理体制的基本框架由行政管理、社会管理和用人单位内部管理构成。从组织管理的角度讲,劳动合同管理是用人单位设立专门的部门或指定专人管理劳动合同,制定劳动合同管理的具体办法和与劳动合同运行相配套的各项制度,比如考勤制度、奖惩制度、分配制度等。

◆课堂讨论◆

某企业于2015年3月与王小姐订立了为期4年的劳动合同。2018年2月王小姐出于家庭和身体原因,请求调整工作岗位,企业当月即将其调到A岗位工作,但其仍不能胜任。

1. 在这种情况下企业可以单方解除与王小姐订立的劳动合同吗?

2. 如果企业单方解除劳动合同,需要履行什么手续?

4)劳动合同管理的具体内容

(1)建立、完善相关配套制度

组织要依照国家法律法规,建立健全组织的配套规章制度,确保劳动合同制度在企业正常运行。规章制度包括薪酬制度、休息休假制度、劳动保护制度、保险福利制度等。

(2)落实劳动合同管理工作责任制

组织要指定专职或兼职人员负责本单位劳动合同的日常管理工作并促进其熟悉和掌握有关法律、法规和政策,做到依法管理,提升其进行劳动合同管理的专业水平。

(3)完善劳动合同内容

组织应当经常检查已签订的劳动合同,对不符合国家法律和有关规定的条款进行修改,对必备条款不全的部分进行补充;对条款过于原则的部分,与职工协商一致签订补充协议,也可将有关具体内容直接补充到劳动合同中,确保劳动合同比较全面细致地规定双方的权利和义务,易于履行。

(4)细化人事管理

组织应当将劳动合同制度交由职工代表大会或职工大会讨论通过,作为劳动合同运行的依据。人力资源部门要对劳动者履行劳动合同情况进行详细记录,在员工的劳动合同期满前,组织相关部门应向组织进行请示,并提前一个月向职工提出终止或续订劳动合同的书面意向,及时办理相关手续。

5)劳动合同管理的监督

组织应该鼓励员工根据国家法律和政策的规定维护自己的合法权益,并且鼓励员工正确使用法律,监督劳动合同管理;组织的工会和职代会要认真参与本单位劳动合同制度的建立和管理工作,监督本单位劳动合同的履行情况,维护员工的合法权益,要对劳动合同履行过程中存在的问题和不足提出意见和建议;劳动争议调解委员会也要做好本单位劳动争议调解工作,减少劳动争议的发生,保证劳动合同的正常履行。

劳动者合法权益受到侵害时,有权要求有关部门依法处理,或者依法申请仲裁、提起诉讼。任何组织或者个人,对违反国家有关劳动合同管理法律和政策的行为都有权举报,县级以上人民政府劳动行政部门应当及时核实、处理,并对举报有功人员给予奖励。

劳动合同管理是人力资源管理中重要的一个环节,也是组织内部管理的重要组成部分。管理者要更新观念,正确理解和执行劳动合同管理工作。加强劳动合同管理,提高劳动合同的执行力度,对于提高组织成员的绩效,激发组织成员的积极性,促进企业的健康发展具有十分重要的意义。

◎**实训**

员工在实际工作中应该如何运用劳动合同保护自己。

◎**案例**

2016年2月1日,张军到百汇电脑公司求职,双方经协商签订了为期两年的劳动合同,期限从2016年2月1日至2018年1月31日,其中试用期两个月,在劳动合同中双方就违约行为所应承担的违约责任做出了约定。2016年5月16日,张军突然离开百汇电脑公司不知去向。2016年6月15日,百汇公司发现张军已在金山电脑公司工作,百汇公司当即要求张军按照劳动合同的约定支付单位违约金并赔偿单位损失。

思考题:

请对该案例中涉及的三方的责任做出分析。

任务4 了解绩效管理与薪酬管理

11.4.1 绩效管理

1)绩效管理的概念

绩效是指员工完成其工作职责过程中可评价的行为表现和所达到的结果。做事总会有一定的结果,换句话说,绩效就是对员工工作结果的组织认定。

绩效管理是组织通过与员工达成对绩效实现的共识,激励和帮助员工取得优异绩效,从而实现组织目标的管理方法。绩效管理的目的在于通过激发员工的工作热情,提高员工的能力、素质,改善组织绩效,而不是逼迫或者强制员工去完成一定的任务。

绩效管理要求在绩效管理的各个环节中都需要管理者和员工的共同参与,体现以人为本的思想,强调组织目标和个人目标的一致性,强调组织和个人同步成长,形成多赢局面。同时,绩效管理是一个管理者和员工保持双向沟通的过程,管理者和员工通过认真平等的沟通,对未来一段时间(通常是1年)的工作目标和任务达成一致,确立员工未来的工作目标。

绩效管理的过程通常被看作一个循环,这个循环分为4个环节,即绩效计划、绩效辅导、绩效考核与绩效反馈。

2)绩效管理的流程

绩效管理是一个组织与员工共同为提高绩效而努力的过程。绩效管理流程包括以下4个环节。

(1)制订考核计划并展开讨论

组织制订考核计划,包括明确考核的目标、获得员工认可和支持两个方面。

绩效目标包括行为目标和结果目标。行为目标是怎样去实现目标,也就是要求员工在行为上要做到什么。结果目标是什么,即要求员工通过一定的行为达到一定的结果。

制定绩效目标要遵守SMART原则,即:

S:目标是具体的(Specific)——反映阶段的比较详细的目标。

M:目标是可衡量的(Measurable)——量化的。

A:目标是可达到的(Attainable)——可以实现的。

R:具有相关性(Relevant)——与组织目标具有一致性。

T:以时间为基础的(Time-based)——阶段时间内。

目标制定之后,最重要的就是要员工认可并执行,因此,要组织员工进行讨论。对目标计划的讨论是指在确定目标计划后,组织召集员工进行讨论,阐明每个员工应达到什么目标、如何达到目标,推动员工对目标的认同,从而更好地去完成目标。

(2)进行技术准备

绩效管理的技术准备是指为确保绩效管理的标准和规范而进行的一些准备工作,主要包括确定考核标准、选择或设计考核方法以及培训考核人员等。

在确定了阶段性的目标并讨论通过了各自的目标之后,管理者的工作重点就是在员工实现各自目标的过程中通过正式或者非正式的渠道对员工进行辅导。对员工实现各自目标和业绩的辅导应成为管理者的日常工作,在辅导过程中既要认可员工的成绩,又要对员工实现目标的活动进行帮助和支持,同时根据现实情况及时修正目标,朝着可实现的目标发展。这也是了解和监控员工工作的过程。

对员工进行辅导,要求员工能够描述自己所要达到的目标或实现的业绩,对自己实现的目标进行评估。

(3)选拔考核人员展开评价

绩效考核是一项规范性极强的工作,考核人员必须要具有绩效考核的专业技术水平。因此,要对考核人员进行挑选和培训,使考核人员掌握考核原则,熟悉考核标准,掌握考核方法,克服考核的偏差。

对业绩进行评价,是通过实际实现的业绩与目标业绩的比较,明确描述并总结业绩的发展趋势。

(4)收集资料信息

在对阶段性业绩评价之前,要进行信息收集,尤其是对目标实现过程的信息收集,在沟通和综合员工与管理者双方所掌握的资料后,通过会议的形式进行阶段性业绩的评价,包括对实际业绩与预期业绩的比较、管理者的反馈、支持与激励、业绩改进建议、本阶段总结、确定下阶段的计划等。

3)影响绩效的因素

影响绩效的主要因素有外部环境、内部条件、员工技能以及激励效应等。外部环境是指组织和个人面临的不为组织所左右的客观因素;内部条件是指组织和个人开展工作所需的各种资源状况,内部条件虽然也有客观因素,但是在一定程度上我们能改变内部条件的制约;员工技能是指员工具备的核心能力,是内在的因素,经过培训和开发是可以提高的;激励效应是指组织和个人为达成目标而工作的主动性、积极性。激励是主观因素,是可以通过组织和员工个人的激励来实现的。

在影响绩效的因素中,激励效应是最具有主动性、能动性的因素。人的主动性、积极性提高了,会尽力争取内部资源的支持,同时不断提高技能水平。绩效管理不是要控制员工使其增长绩效,而是要通过建立适当的激励机制激发人的主动性、积极性,激发组织和员工争取内部条件的改善,提升技能水平,进而提升个人和组织绩效。

4)绩效管理的误区

推进绩效管理是一项系统而周密的工作,一些组织在推进绩效管理时带着错误的观念,导致绩效管理运行的失败,主要表现在以下6个方面。

(1)绩效管理是人力资源部门的事情,与业务部门无关

人力资源部门只是绩效管理的组织协调部门,各级管理人员才是绩效管理的主角。各级管理人员既是绩效管理的对象(被考核者),又是其下属绩效管理的责任人(考核者)。

(2)绩效管理就是绩效考核,绩效考核就是挑员工毛病

一些组织成员认为,绩效管理就是绩效考核,把绩效考核作为约束控制员工的手段,通过绩效考核给员工增加压力,甚至将绩效考核不合格作为辞退员工的理由。事实上,绩效考核只是绩效管理的一个环节。绩效管理是一个完整的循环,由绩效计划制订、绩效辅导沟通、绩效考核评价以及绩效结果应用等环节构成。绩效管理的目的是持续提升组织和个人的绩效,保证企业发展目标的实现。

(3)忽视绩效计划制订环节的工作

绩效计划是领导和下属就考核期内应该完成哪些工作以及达到什么样的标准进行充分讨论,形成契约的过程。绩效计划包含绩效考核指标及权重、绩效目标以及评价标准等方面的内容,为员工提供努力的方向和目标,科学合理地制定绩效目标对绩效管理的成功实施具有重要的意义。

(4)轻视和忽略绩效辅导沟通的作用

绩效管理强调管理者和员工的互动,强调管理者和员工形成利益共同体,因此管理者和员工会为绩效计划的实现而共同努力。绩效辅导是指绩效计划执行者的直接上级及其他相关人员为帮助执行者完成绩效计划,通过沟通、交流或提供机会,给执行者以指示、指导、培训、支持、监督、纠偏、鼓励等帮助的行为。

(5)过于追求量化指标,忽视主观因素在绩效考核中的积极作用

定量指标在绩效考核指标体系中占有重要的地位,在保证绩效考核结果公正客观方面

具有重要作用。但定量考核指标并不意味着考核结果必然是公正公平的,考核结果公正公平不一定全部需要定量指标。要求将考核指标全部量化是不科学的。

(6)对推行绩效管理效果抱有不切实际的幻想,不能持之以恒

绩效管理是一个逐步完善的过程,绩效管理取得成效与组织基础管理水平有很大关系,而基础管理水平不是短期就能快速提高的,绩效管理对组织会产生深远的影响,但这种影响是缓慢的。因此,组织推行绩效管理不可能解决所有问题,只要正确对待绩效管理的作用,从组织实际情况出发,扎扎实实推进绩效管理工作,组织和个人的绩效就会逐步提升,组织竞争力最终会得到提高。

11.4.2 薪酬管理

1)薪酬与薪酬管理

薪酬是指员工向其所在组织提供特定的劳动和服务而获得的各种形式的回报,是组织支付给组织成员的劳动报酬。

薪酬管理是指组织确定员工薪酬支付的原则和策略、薪酬水平、薪酬结构、薪酬调整以及对员工薪酬发放进行管理的各种活动。薪酬发放体现了组织支付员工的劳动报酬,是一项客观的、程序化的工作,而薪酬管理则体现了管理的模式和艺术,薪酬管理水平的高低,反映出一个组织管理水平的高低。

薪酬管理要为实现薪酬管理目标服务,薪酬管理目标是基于人力资源战略设立的,而人力资源战略服从于企业发展战略。具体地讲,薪酬管理应达到以下3个目标:效率、公平、合法。达到效率和公平目标,就能促使薪酬激励作用的实现,而合法性是薪酬基本要求,因为合法是公司存在和发展的基础。

2)薪酬管理的内容和原则

(1)薪酬管理的内容

薪酬管理包括薪酬体系设计和薪酬日常管理两个方面。

薪酬体系设计主要是薪酬水平设计、薪酬结构设计和薪酬构成设计。薪酬设计是薪酬管理最基础的工作,如果薪酬水平、薪酬结构、薪酬构成等方面有问题,企业的薪酬管理就不可能取得预定目标。

薪酬日常管理是由薪酬预算、薪酬支付、薪酬调整组成的循环,这个循环可以称之为薪酬成本管理循环。薪酬预算、薪酬支付、薪酬调整工作是薪酬管理的重点工作,应切实加强薪酬日常管理工作,以便实现薪酬管理的目标。

薪酬体系建立起来后,应密切关注薪酬日常管理中存在的问题,及时调整公司薪酬策略,调整薪酬水平、薪酬结构以及薪酬构成,以实现效率、公平、合法的薪酬目标,从而保证公司发展战略的实现。

(2)薪酬设计和管理的原则

采取什么样的薪酬形式,在一定程度上体现了组织的管理模式和管理追求。薪酬的表现形式多种多样,根据不同的标准可以进行不同的划分。一般地讲,薪酬包括用货币来体现的经济性薪酬和不用货币体现的非经济性薪酬两大类。经济性薪酬又可以分为按照一定的

标准以货币形式向员工支付的直接经济性薪酬和不直接以货币形式发放给员工，但通常可以给员工带来生活上的便利、减少员工额外开支的间接经济性薪酬。薪酬设计和管理要遵循以下 4 个原则。

①业绩导向和充分差距原则。即员工收入水平要跟业绩全面挂钩，收入高低要凭业绩说话，严格执行“按贡献分配”；员工收入水平要拉开差距，对重要性不同的岗位和业绩表现不同的员工，在收入上要严格区分。

②竞争性和激励性原则。即员工的整体收入水平要位居市场行情的中上游水平，具有较强的外部竞争力；同时，要依据岗位性质合理调整薪酬结构，加大变动收入比例，提高薪酬制度的激励效应。

③公平性原则。要制定严密的薪资区分标准，并形成规范制度，避免人为因素主导薪资区分；同时，组织整体薪酬结构以及薪酬水平要跟宏观经济变化、企业经营效益、市场薪资行情等因素有关联，适应组织发展和人力资源开发的需要。

④人性化原则。组织的奖金、福利等元素要充分考虑员工多元化的需要，体现“以人为本”的特点，尽量避免一刀切。

3）薪酬结构

薪酬结构分为显性薪酬和隐性薪酬。总体上讲，显性薪酬主要包括基本工资、加班费、奖金、津贴和补贴、股权、福利等，隐性薪酬则主要包括工作环境、学习成长机会等。

①基本工资。基本工资是员工劳动收入的主体部分，也是确定其劳动报酬和福利待遇的基础，具有常规性、固定性、基准性、综合性等特点。基本工资又分为基础工资、工龄工资、职位工资、技能工资等。我国劳动法规定，在每个地区都要确定基本工资的最低标准。

②加班费。加班费是指员工超出正常工作时间之外所付出劳动的报酬。用人单位安排劳动者加班或者延长工作时间，应当支付劳动者加班或者延长工作时间的工资报酬。按照国家规定，工作日安排劳动者延长工作时间的，要支付不低于劳动者本人日或者小时正常工作时间工资的 150% 的工资报酬；休息日安排劳动者工作又不能安排补休的，支付不低于劳动者本人日或者小时正常工作时间工资的 200% 的工资报酬；法定休假日安排劳动者工作的，支付不低于劳动者本人日或者小时正常工作时间工资的 300% 的工资报酬。

③奖金。奖金是组织对员工超额劳动部分或劳动绩效突出部分所支付的奖励性薪酬，是为了鼓励员工提高工作效率和工作质量而付给员工的货币奖励。与基本工资相比，奖金具有非常规性、浮动性和非普遍性等特点。在企业中，常见的奖金有全勤奖、超产奖、节约奖、年终奖、效益奖等。

④津贴和补贴。津贴和补贴是指组织为了补偿员工特殊或额外的劳动消耗和从事特种作业而付给员工的报酬，以及为了保证员工工资水平不受物价影响而支付给员工的物价补贴。常见的津贴、补贴有夜班津贴、车船补贴、降温费、特种作业补贴、出差补助、住房补贴、伙食补贴等。

⑤福利。福利是以非现金形式支付给员工的报酬，从构成上来说可分成法定福利和公司福利。法定福利是国家或地方政府为保障员工利益而强制各类组织执行的报酬部分，如社会保险；公司福利是建立在企业自愿基础之上的。员工福利的内容包括补充养老、医疗、

住房、寿险、意外险、财产险、带薪休假、免费午餐、班车、员工文娱活动、休闲旅游等。

⑥办公环境。办公环境是指员工的工作氛围,良好的工作环境有利于员工以更好的状态投入工作中。改善办公环境是组织重视人的需求、激励员工的表现。

⑦学习成长机会。学习成长机会是指组织结合自身目标,有计划有目的地对员工进行专业知识、业务技能或管理技能的培训,创造环境让员工学习以提高专业知识技能或管理技能。

4)工资制度

工资制度是指与工资决定和工资分配相关的一系列原则、标准和方法。它包括工资原则、工资水平、工资形式、工资等级、工资标准、工资发放等内容。根据其特点不同可以分为岗位工资制度、职务工资制度、技能工资制度、能力工资制度、绩效工资制度和组合工资制度等。

(1)岗位工资制度

岗位工资制度是依据任职者在组织中的岗位确定工资等级和工资标准的一种工资制度。岗位工资制度基于这样的假设:岗位任职要求刚好与任职者能力素质相匹配,如果员工能力超过岗位要求,意味着人才的浪费;如果员工能力不能完全满足岗位要求,则意味着任职者不能胜任岗位工作,无法及时、保质保量地完成岗位工作。岗位工资制度的理念是:不同的岗位将创造不同的价值,因此不同的岗位将给予不同的工资报酬;同时,企业应该将合适的人放在合适的岗位上,使人的能力素质与岗位要求相匹配,对于超过岗位任职要求的能力不给予额外报酬。岗位工资制度鼓励员工通过岗位晋升来获得更多的报酬。

(2)职务工资制度

职务工资制度是简化了的岗位工资制度,职务仅仅表达出来层级,比如主管、经理,以及科长、处长等。职务工资制度在国有企业、事业单位以及政府机构得到广泛的应用。职务工资制度只区分等级,和岗位工资制度具有本质的不同:岗位工资制度体现不同岗位的差别,是市场导向的工资制度,而职务工资制度仅仅体现层级,是典型的等级制工资制度。

(3)技能工资制度

技能工资制度是根据员工所具备的技能而向员工支付工资,技能等级不同,薪酬支付标准不同。

(4)能力工资制度

能力工资制度是根据员工所具备的能力向员工支付工资,员工能力不同,薪酬支付标准不同。

技能工资制度和能力工资制度是基于员工的能力,而不是根据岗位价值的大小来确定员工的报酬。

(5)绩效工资制度

绩效工资制度是以个人业绩为付酬依据的薪酬制度,绩效工资制度的核心在于建立公平合理的绩效评估系统。绩效工资制度可以应用在任何领域,适用范围很广,在销售、生产等领域更是得到大家认可。计件工资制度、提成工资制度都属于绩效工资制度。

(6)组合工资制度

组合工资制度是指在企业薪酬管理实践中,除了以岗位工资、技能工资、绩效工资中的一个为主要元素外,很多情况下是以两个元素为主,以充分发挥各种工资制度的优点。常见的组合工资制度有岗位技能工资制度和岗位绩效工资制度。

◎**实训**

“绩效管理在施行的整个过程中,都离不开上下沟通”,这句话是否正确？为什么？

◎**案例**

武陵公司员工的绩效管理

武陵公司成立于20世纪50年代初,目前公司有员工1 000人左右。总公司本身没有业务部门,只设一些职能部门。总公司下有若干子公司,分别从事不同的业务。

绩效考评工作是公司重点投入的一项工作,公司的高层领导非常重视。人事部具体负责绩效考评制度的制定和实施。人事部在原有的考评制度基础上制定了《中层干部考评办法》。在每年年底正式进行考评之前,人事部又出台当年的具体考评方案,以使考评达到可操作化程度。

公司的高层领导与相关的职能部门人员组成考评小组。考评的方式和程序通常包括被考评者填写述职报告、在自己单位内召开全体员工大会进行述职、民意测评(范围涵盖全体员工)、向科级干部甚至全体员工征求意见(访谈)、考评小组进行汇总写出评价意见并征求主管副总经理的意见后报公司总经理。

考评的内容主要包含3个方面:被考评单位的经营管理情况,包括该单位的财务情况、经营情况、管理目标的实现等方面;被考评者的德、能、勤、绩及管理工作情况;下一步工作打算,重点努力的方向。具体的考评细则侧重于经营指标的完成、政治思想品德,对于能力的定义则比较抽象。各业务部门(子公司)都在年初与总公司对自己部门的任务指标进行讨价还价。

对中层干部的考评完成后,公司领导在年终总结会上进行说明,并将具体情况反馈给个人。尽管考评的方案明确提出考评与人事的升迁、工资的升降等方面挂钩,但最后的结果总是不了了之,没有任何下文。

对一般员工的考评则由各部门的领导掌握。子公司的领导对下属业务人员的考评通常是从经营指标的完成情况来进行的;对非业务人员的考评,无论是总公司还是子公司均由各部门的领导自由进行。对被考评人来说,很难从主管处获得对自己业绩优劣评估的反馈,只是到了年度奖金分配时,部门领导才会对自己的下属做一次简单的排序。

思考题:

1. 绩效管理在人力资源管理中有何作用？

2. 武陵公司的绩效管理存在哪些问题？如何才能克服这些问题？

课后练习

一、单选题

1.(　　)是人力资源管理工作的基础,为人力资源开发与管理活动提供依据,对人力资源管理具有重要的影响。

A.人才评判　　B.工作分析　　C.工作设计　　D.人才选拔

2.工作设计包括工作内容、工作职责和(　　)。

A.工作关系　　B.工作目标　　C.工作安排　　D.工作态度

3.(　　)是指工作设计要使员工能够得到关于自己工作状况的信息反馈,从而更好地引导和激励员工的发展。

A.工作的广度　　B.工作的深度　　C.工作的完整度　　D.工作的反馈

4.内部招聘对企业的优点是(　　)。

A.利于组织创新　　B.调动员工积极性　　C.提高组织活力　　D.选择对象狭窄

5.员工甄选方式中,准确率最高的是(　　)。

A.评价中心技术　　B.简历筛选　　C.笔试　　D.面试

6.在人才配置中,要确保人才结构具有同一层次内的(　　)。

A.互补性　　B.适度关联性　　C.层次性　　D.排斥性

7.劳动合同必须是劳动者(　　)和用人单位依法定程序订立。

A.父母　　B.配偶　　C.本人　　D.扶养人

8.人力资源部门要在员工的劳动合同期满前,组织相关部门向组织进行请示,并提前(　　)向职工提出终止或续订劳动合同的书面意向,及时办理相关手续。

A.一个月　　B.两个月　　C.三个月　　D.15日

9.制定绩效目标要遵守SMART原则,其中M是指(　　)。

A.目标是具体的　　B.目标是可衡量的　　C.目标是可达到的　　D.目标具有相关性

10.在影响绩效的因素中,(　　)是最具有主动性、能动性的因素。

A.员工技能　　B.内部环境　　C.激励效应　　D.外部环境

二、多选题

1.人才是指具有一定的专业知识或专门技能,能够胜任一定岗位提出的(　　)要求,进行创造性劳动并对组织发展做出贡献的人。

A.知识　　B.职务　　C.素质　　D.能力

2.人才评判的逻辑主要体现在(　　)。

A.根据组织目标与任务进行工作分类　　B.根据工作分类进行岗位设置

C.开展岗位分析和人才需求分析　　D.岗位对人才的界定

3.专业人员在进行工作分析之后,会拟订不同岗位的(　　),从而为人力资源管理奠定基础。

A. 人员需求　B. 工作描述　C. 岗位结构　D. 工作说明书

4. 工作设计包括的环节有(　　)。

A. 开展需求分析　B. 进行可行性分析　C. 评估工作特征　D. 制订工作设计方案

E. 评价与推广

5. 员工的招聘包括(　　)。

A. 内部招聘　B. 岗位轮换　C. 返聘　D. 外部招聘

6. 劳动关系的主体包括(　　)。

A. 员工　B. 工会　C. 雇主　D. 政府

7. 绩效管理的过程通常被看作一个循环,这个循环包括(　　)。

A. 绩效计划　B. 绩效辅导　C. 绩效考核　D. 绩效反馈

8. 薪酬管理应达到的目标包括(　　)。

A. 合理　B. 效率　C. 公平　D. 合法

9. 薪酬体系设计主要是(　　)。

A. 薪酬水平设计　B. 薪酬日常管理设计

C. 薪酬结构设计　D. 薪酬构成设计

10. 薪酬设计与管理遵循的原则包括(　　)。

A. 业绩导向和充分差距原则　B. 竞争性和理性原则

C. 公平性原则　D. 人性化原则

三、填空题

1. 随着社会的不断发展,分工的高度细化和合作的全球化,个体日益被约束于一个个的组织之中,成为组织的一分子。这使人才的界定日益倾向于一个基点,这就是________。

2. 工作分析是对工作进行整体分析,以便确定每一项工作的相关要素,包括________、________、________、________、________、________、________等。

3. 工作分析的方法是通过访谈组织各个层面的员工,对相关人员进行________、________员工行为、对________进行分析、分析________等方式来对组织不同岗位的工作进行分析。

4. 工作设计是指为了有效地达到组织目标与满足个人需要而进行的________、________和________的设计。

5. 目前一般采用的录取策略有________、________和________策略。

6. 从管理层级的角度看,组织需要的人才可以大致分为________、________、________ 3个基本层次。

7. 从适用的法律来讲,劳动关系适用________,而劳务关系则适用________。

8. 按劳动关系规范程度划分,劳动关系可分为________、________和________等。

9. 合同双方按照________、________、________的规定3条原则来订立合同,签订合同的双方均不能毁约。如有一方毁约,要受到劳动仲裁机构的处理。

10. 影响绩效的主要因素有________、________、________、________等。

四、简答题

1. 简述人才任用的原则。

2. 简述劳动关系与劳务关系的联系与区别。

3. 简述制定绩效目标的 SMART 原则。

五、案例分析题

销售部经理人选

S 实业公司是一家电子计算机芯片的销售公司。它是美国一家知名公司在中国的总代理,也是欧洲其他两家著名公司在中国的分销商。该公司的总部设在广州市,其销售网点遍及北京、上海、武汉等地,用户达八千余家,每年的销售业务以 50% 以上的速度递增。S 公司设有产品、销售、服务、人事等部门,其中销售部在武汉、南京、西安等地设有分部,负责当地的销售业务。

S 公司总经理邵刚现在面临一个难题:公司的销售部需要改组。上星期,销售部经理杨帆向公司提交了辞呈,理由是另一家公司给他的薪水更加优厚。公司几次挽留杨帆,但仍没有改变他的决定。现在急需任命一位销售部经理来代替杨帆。同时,邵刚从这件事中得出教训:从公司长远利益着想,必须从现在起着手培养后备力量,这样才能形成人才梯队,使公司不至于出现一个人走,整个部门都得进行大变动的局面。因此,邵刚决定再确定一两个作为销售经理未来接班人的人选。可是,问题并没有想象的那么简单。邵刚和公司其他部门几位负责人在一起讨论了几天,也没有形成明确的意见。怎不让人着急!

邵刚首先考虑销售部经理人选。他私下认为现任副经理于多不错,可以接杨帆的班。但邵刚的这个想法遭到其他几个人的反对,他记得前天开会的情景。当时他把想法向公司其他部门负责人宣布,这些人表情怪异。邵刚不解地望着他们:“你们该不会反对他吧?你们都是有目共睹的,他的表现堪称一流。”人事部经理周林发言道:“于多这个人能力的确不错。他才思敏捷、犀利过人、分析透彻,对于外在变化永不畏缩,也能立刻适应情况,但我认为他担任销售部经理恐怕不合适。他实在太咄咄逼人,他不喜欢听别人的意见,目中无人。如果提拔他当经理,我担心他日后和下属的关系搞不好而导致下属辞职而去。如今我们公司销售部有很多大学毕业生,他们会不会对让这样一个没有什么学历的人来担任经理表示不服气呢?另外,现在单位任命主管干部都考虑知识化,一般主管干部都要求有较高学历。我们这样做,会不会自毁公司的形象呢?”

产品部负责人插言:“我认为于多是个很称职的销售员。但我总觉得他的过分热心和乐观的态度令人感到有点不安。他可能无法进行正确而实际的市场调查和研究工作。而这一点对我们公司销售部门及其他部门的发展是非常重要的。我也认为他不宜出任公司销售主管。”其他几个人也同意这种看法。

邵刚几乎不敢相信自己的耳朵,他没想到他一向欣赏的于多受到如此评价。虽然可以坚持己见任命于多,但这样必然使于多处处树敌,公司的管理阶层会面目全非,往后利益斗争更是没完没了。更何况邵刚一向看重公司和谐,尊重下属的意见。为了公司长远发展着想,他或许应该换一个人选;可是于多会不会因此愤而辞职离开公司呢?如果真是这样,对公司是一个损失呀！想到这些，邵刚就变得心绪难平。

邵刚又想到销售部另一位副经理胡波。胡波与于多属于完全不同类型的人。胡波外表很不显眼，但他生性平和，擅于团结下属，能让手下一群人很好地结合在一起。办起事来毅力十足，百折不挠，名利也看得很淡，做事不喜欢张扬。比如上次，胡波受命代表S公司与欧洲一家公司谈判分销事宜，事后，邵刚从这家公司代表口中听到他们对胡波的赞扬："我们开始并不想与贵公司合作，因为我们认为贵公司在这一方面经验不足，但你们代表胡波先生把我们说服了。而结果证明，合作对大家都有利。"如果让胡波出任销售部经理，似乎顺应民心。可邵刚还是犹豫不决。胡波有时做事不够果断，缺乏领导魄力。他有时心太软，在他手下，有几位表现欠佳的销售员，按理说应该把这几个人辞掉，可胡波不忍心这样做，他让这些人留在销售部，干些不重要的事情。关于这件事，财务主管已向邵刚反映过，公司不能容纳吃闲饭的人，但胡波据理力争，这件事只好搁下。究竟胡波适不适合担任销售部主管呢？邵刚没有想好，既然如此，再考虑其他人选吧。

邵刚下一个想到的是现任西安分部负责人张庆。张庆计算机专业毕业，懂技术、头脑聪明，从事销售工作以后进步神速，积累了不少管理经验，被公司任命为西安分部负责人。他上任以来，西安分部的业绩突飞猛进，大大改变了以前那种奄奄一息的局面。但是就在公司决定对销售部进行改组的这几天，邵刚收到了几封检举信。这几封信与张庆有关。信的主要内容是检举张庆利用公款大吃大喝，在吃喝中拉拢用户，他的业绩都是用吃喝堆出来的。邵刚拿着信，觉得棘手。虽说不排除有人想趁此机会给张庆"使绊子"，但张庆也的确让人家抓到了"小辫子"，现在居然闹得满城风雨。我们的公司毕竟同西方国家的公司有所不同，在提拔干部时不能不顾及社会影响。此外，虽然公司每月都要给销售人员一定的费用，用于必要的业务开支，但张庆这种做法是不是太明目张胆，不太妥当呢？难道就没有比吃喝更好的方式吗？

正当邵刚沉思时，周林走了进来。他兴冲冲地对邵刚说："经理，既然我们对现有公司人选拿不定主意，为什么不把目光投到别的公司呢？M公司销售部经理王颖的能力我们都十分清楚。我听说最近她与公司老板闹翻了，想辞职。我们何不趁此机会把她挖过来？让她来接手销售部可以解决我们选人的矛盾。同时，我们也可以把握时机，击败M公司呀！"邵刚听后，觉得这也不失为一个解决问题的方法。但他认真考虑后，又觉得不太妥当。若真如周林所说的那样，王颖的确是一位难得的人才，公司应不应该把她挖过来？把她挖过来后，公司又如何解决她的职务问题？如果任命她为销售部经理，是否能理顺各种关系，很快熟悉本公司的业务，有效地开展工作呢？这方面失败的例子比比皆是。外来的和尚不一定就会念经。再说，这样做很可能挫伤本公司销售人员的积极性。于多、胡波等人并非平庸之辈，如何向他们解释？有可能出现这种局面：挖来一个人，走了一批人，公司得不偿失，此事必须三思而后行……

思考题：如果你是邵刚，该如何处理眼前的问题？请给出有说服力的解决方案。

项目 12 认识组织计划与组织目标

【知识目标】

了解计划的概念和编制的程序，掌握计划编制的方法；了解组织目标的作用，掌握目标管理的特点。

【能力目标】

通过本项目的学习，掌握制订组织计划和组织目标的方法，学会运用组织计划和目标实施组织管理。

【案例导入】

站在"十字路口"的张总

15 年前，A 公司的总经理张诚志靠贩运水泥起家，凭苦干、借机遇，发展到今天已是一个拥有几千万资产的民营大企业。总公司现拥有贸易分公司、建筑装饰分公司和房地产分公司，员工 300 多人。

自公司成立以来，公司的管理全靠张总个人的经验，从来没有通盘的目标与计划。近年来，公司的日子越发不好过了。由于成本上升，市场竞争加剧，建筑分公司的创利逐年减少，处于略有盈余的维持状态。贸易分公司也只是靠以前的家底维持公司的日常活动，大笔生意几乎没有了。房地产分公司更是一年不如一年，公司手里积压的几十套房产成为公司巨大的负担。但公司也有一些发展的机会，如做小型柴油机的代理商、开拓市中心商业街工程，虽投入较大，但利润可观。

总之，摆在张总面前的困难很多，但机会也不少。新的一年到底该干什么？以后的 5 年、10 年又该怎样发展？该怎样制订公司的目标与计划？张总现在正苦苦思考着这些问题。

小思考：

1. A 公司是否应制订公司中长期的发展计划？为什么？
2. 如果你是张总，你该如何制订公司的发展计划？

任务1　了解计划

12.1.1　计划的概念和作用

1)计划的概念

计划一词有两方面的含义:一方面,计划可理解为计划工作,是指管理者根据组织内外部的情况,通过科学的预测,确定在未来一定时期内组织所要达到的目标和实现目标的行动方案的过程。另一方面,计划是指用文字、图表和指标等形式所表述的,组织以及组织内不同部门和不同成员在未来一定时期内关于实现相应目标的行动方向、内容和方式安排的管理文件或者方案。一份完整的计划文件一般最核心的包括6个方面的内容,简称5W1H。

①What——做什么,明确计划工作的具体目标与要求,明确每一时期的中心任务和工作重点。

②Why——为什么做,明确计划工作的理由和目的,解决组织中全体员工对组织的宗旨和目标的认识问题。实践证明,组织成员对组织的宗旨和目标了解得越清楚,认识得越深刻,越能增强他们的使命感,就越有助于他们在工作中发挥主动性和创造性。正如通常所说的"要我做"和"我要做"的结果是大不一样的,其道理就在于此。

③When——何时做,规定计划中各项工作的开始和结束时间,以便对工作进度进行有效的控制和对各种资源进行综合平衡。

④Where——何地做,规定计划的实施地点或场所,了解计划实施的环境条件和限制因素,以便合理地安排计划实施的空间组织和布局。

⑤Why——谁做,计划工作不仅要明确规定目标、任务、进度和地点,而且还要规定由哪些部门或哪些人员负责。

⑥How——怎么做,制订实现计划的措施以及相应的政策和规则,并对现有资源进行合理分配以达到预期目标。

2)计划的类型

计划的类型很多,可以按不同的标准进行分类。

(1)按计划的表现形式分类

按计划的表现形式不同,可以将计划分为宗旨、目标、战略、政策、程序、规则、规划和预算等类型。

(2)按计划的期限分类

按计划的期限不同,可以将计划划分为长期计划、中期计划和短期计划。长期计划一般是指5年以上的计划,它主要确定组织的长远目标和发展方向。如企业发展纲要。中期计划一般是指 1 年以上、5 年以下的计划，它主要确定组织具体的目标和战略。中期计划介于长期计划和短期计划之间，对二者起协调作用。短期计划一般是指 1 年及 1 年以内的计划。它主要说明组织在短期内要达到的目标、措施以及具体的工作要求。如企业年度利润计划。对计划期限的划分，也受企业的规模和实力的影响。一般说来，规模越大、实力越强的企业，由于其自主能力比较强，其计划期限也会相应更长，而规模很小、实力不强的企业，由于受市场和环境的影响较大，因此，其计划期限也相对较短。

(3)按计划的层次分类

按计划的层次不同，可以将计划划分为战略计划、战术计划和作业计划。

战略计划又称策略计划，一般是由高层管理者制订的，关系到组织发展方向和全局的计划。其内容主要包括组织的长远目标、政策和策略等。战术计划又称施政计划，是由中层管理者制订的，通常是按年度拟订的具体目标和达到各种目标的确切安排，它是战略计划的具体化，其内容包括中层各部门的目标、政策和策略等。作业计划又称业务计划，是由基层管理者制订的，是规定如何实现总体目标系统下具体目标，甚至具体过程和行为的计划。作业计划是战术计划的具体化，其内容主要包括基层工作人员的具体任务和作业程序等。

(4)按管理职能分类

每个企业的组织结构和运行机制都不一样，因此，按管理职能对计划进行分类，因各个组织的结构体系不同而不同。一般可以将企业的经营计划划分为销售计划、生产计划、供应计划、财务计划和人事计划等。销售计划规定计划年度销售产品(或服务)的品种、数量、价格、销售收入和交货期限等。销售计划保证预期利润的实现，是编制生产计划的依据。生产计划规定计划年度生产产品(或服务)的品种、数量、质量、产值、生产进度、生产能力等指标。生产计划是编制供应计划和人事计划等的主要依据。供应计划规定计划年度内企业对原材料、辅料、能源、设备、工具等各种物资的需要量、储备量、供应量、供应的来源、渠道和期限等。供应计划是编制财务计划的依据。财务计划规定计划年度内企业的流动资产、固定资产、长期负债、短期负债、所有者权益、固定资产折旧、利润、制造成本、费用及财务收支的多少等。财务计划以货币形式反映企业全部生产经营活动的动态和结果，既是其他各项计划的综合反映，又是编制其他各项计划的依据。人事计划规定计划年度各类人员的数量、职工工资总额和平均工资水平，人员招聘、劳动力流动以及职工培训等人事计划是编制财务计划的依据之一。

3)计划的作用

计划工作给组织提供了通往未来目标的明确道路，它存在于组织各个层次的管理活动中。一个组织要想有效地推进各项工作，就离不开计划工作。计划是一项重要的管理工作，计划做得好，对组织的工作将起到事半功倍的作用。计划的作用体现在以下 4 个方面。

(1)提供方向

计划本身是面向未来的，而未来又是不确定的。通过清楚地确定目标和设计如何实现目标，计划可为组织未来的行动提供一幅路线图，从而减少未来行动中的不确定性，使组织和组织成员所有的行动保持同一方向，促使组织目标得以实现。

(2)有效配置资源

实现组织目标可能有多条路径,计划可以帮助组织尽可能地采用有效而成本低廉的方法,合理、有效地分配资源,以最低的费用取得预期的成果,减少不必要的损失。

(3)发现机会和威胁

任何组织都不可能完全消除未来的不确定性,但组织可以通过计划工作,科学预测将来可能发生的各种情况,及时发现机会或预见威胁,以便早做准备。

(4)为控制提供标准

通过事先明确做什么,要求做到何种程度等,计划为控制提供了标准,使控制有据可循,有助于提高控制的效率。

4)计划的特征

计划工作是一个指导性、科学性和预见性都很强的管理活动,也是复杂而又困难的工作,计划具有目的性、效率性、前瞻性、首位性、普遍性和创造性等特点。

(1)目的性和效率性

计划工作的一个主要方面就是确立目标,明确组织未来一段时间的工作目的。俗话说,不打无准备之仗。没有目的,就没有准备,就注定会失败;此外,对于经营性组织而言,提高效率也是计划的目的之一。计划的功能之一就是未雨绸缪,提前对组织发展和未来的工作做好安排,尽可能地减少不必要的支出,提高工作效率。

(2)前瞻性和首位性

计划是对未来工作进行的擘画,因此,预测、设想、筹划是计划的核心内容和工作,如果计划没有前瞻性,就失去了计划的意义。此外,计划在管理职能中处于首位,一方面,在某些场合,计划工作是付诸实施的唯一管理职能。比如通过计划工作得出某些事项可以不做的结论,即没有必要采取进一步的行动,这个时候,计划囊括了所有的管理职能。另一方面,管理的其他职能都是围绕计划而展开的,因此,计划工作应在组织工作、领导工作和控制工作等之前进行。

(3)普遍性和创造性

计划工作存在于一切组织活动之中。在一个组织中,虽然计划的内容和范围随各级主管人员职权范围和高低的不同而有所不同,但它是各级主管人员的一个共同职能,同时,几乎所有的组织成员都要在不同层面展开计划工作。此外,计划工作是针对需要解决的新问题和可能发生的新变化、新机会而做出决定的,因而它是一个创造性的管理过程,离开了创造性,计划的含金量就会大大降低。

12.1.2 计划编制的机制和程序

1)计划编制的机制

所谓机制,是协调事物或者团体各个部分之间的关系的一种具体运行方式。对组织而言,机制涉及两个方面的问题:一方面,是哪些部门和岗位形成一个体系;另一方面,在这个体系中,相互的关系和运行方式是怎样的。

计划编制的机制,是指组织内部和外部,为编制一定的计划而形成的各个相关机构之间围绕计划编制而展开运行的方式。计划编制的机制涉及由谁发起计划的编制、何时发起编制、由哪些机构参加、这些机构的职责和权限是什么、编制的程序是怎样的、编制的结果由谁评判、由谁最终审定编制结果等。

以计划的层次为例,围绕战略计划、战术计划和作业计划 3 个层次的计划,有不同的机制对计划编制进行规范和约束。

战略计划一般是由公司高层领导发起,以 3 年以上的期限为一个周期,主要涉及组织的战略规划部门(战略研究室、董事会办公室、企划部或策划部等)、各高层副职领导、各职能部门负责人、各生产单位或者各事业部负责人等,这些部门分别承担不同的职责,一般由组织的最高领导人牵头,战略规划部门制订方案和编制具体的实施计划,其他机构参与和配合,高层领导评判和审定编制结果。战略计划有时候需要聘请外援,委托组织外专业机构制订方案和具体实施编制。

战术计划则主要由各专业职能部门的领导经高层领导批准发起,根据自己部门的职权制订方案和进行编制,其他职能部门、生产单位和事业部配合,编制结果由公司高层领导评判和审定。

作业计划一般是由各部门领导发起或者基层管理者经部门领导批准发起,召集部门专业人士研究展开编制。作业计划一般不涉及其他机构,但是在作业相关事项涉及其他部门资源和环境的时候,要充分考虑和征求其他部门的意见。作业计划的评判和审定一般由部门负责人承担。

2)计划编制的一般程序

为确保计划编制工作的科学、合理,计划编制应遵循一定的工作步骤,主要包括 7 个步骤,依次是:估量机会、确定目标、确定前提条件、拟订可供选择的方案、评价各种备选方案并做出选择、拟订派生计划以及编制行动方案和预算。

(1)估量机会

估量机会是根据市场环境、竞争态势和顾客需求的变化,组织的优势和劣势,对未来可能出现的机会进行初步分析,了解利用这些机会的能力,弄清组织面临的不确定因素并分析其发生的可能性和影响程度,展望组织可能取得的成果等。

(2)确定目标

确定目标是在估量机会的基础上为组织及其下属各部门确定计划目标。组织目标是提出总体性的目的和要求,明确重点工作,提出阶段性的规划原则。

(3)确定前提条件

任何目标的实现都依赖于一定的前提和条件,组织经营活动所处的前提和条件往往是变动的,因此,制订计划时要确定实现该计划的前提条件是什么,如果前提条件发生了变化,计划应该如何变化。

(4)拟订可供选择的方案

由于前提条件对组织计划会产生影响,因此,围绕组织计划的制订自然会形成多种方案,计划工作要根据分析预测最有可能产生的几种情形,围绕组织目标,探讨和制订可供选择的几个方案。

(5)评价各种备选方案并做出选择

在拟订了各种可供选择的方案后,组织计划编制机构要权衡各种因素,比较各种方案的利弊,进行方案评价。从方案的客观性、合理性、有效性、经济性和可操作性等方面来衡量各种计划方案,然后依据方案评价的结果从若干可供选择的方案中选择一个最佳方案。

(6)拟订派生计划

派生计划是总计划下的分计划,如投资计划、生产计划等。总计划要靠派生计划来保证,派生计划是总计划的基础。所以在确定了总体方案之后,要拟订派生计划,以便使计划能够对组织整体的行为构成指导和约束。

(7)编制行动方案和预算

计划制订之后,就需要编制行动方案,以此指导和规范组织成员的行为,在此基础上,把计划转化为预算,通过数字来反映整个计划。预算实质上是资源的分配计划,预算可以成为汇总和综合平衡各类计划的一种工具,也可以成为衡量计划完成进度的重要标准。

12.1.3 计划编制的方法

计划编制的效率高低和质量好坏,在很大程度上取决于所采用的计划方法。计划编制的方法很多,常见的有滚动计划法、运筹学方法和投入产出法。

1)滚动计划法

滚动计划法是将短期计划、中期计划和长期计划有机地结合起来,根据近期计划的执行情况和环境变化情况,修订未来计划并逐期向前滚动延伸的方法。由于在计划工作中很难准确地预测未来发展中的各种影响因素的变化,而且计划期越长,不确定性就越大,因此,要根据近期实施计划的情况适时调整未来的计划。滚动计划的具体做法是:首先将计划期分为若干执行期,按照近细远粗的原则,近期计划的内容制订得详细、具体,远期计划的内容则较粗略。其次,在计划期的上一期结束时,根据计划执行的实际情况和内部环境变化情况对原计划内容进行修订、调整,并向前滚动一个新的计划期。以后根据相同的原则逐期滚动。

滚动计划法适用于任何类型的计划,其优点是使计划更加切合不断变化的实际,使长期计划、中期计划和短期计划相互衔接,保证能根据环境的变化及时地进行调整,并使各期计划基本保持一致,大大增强了计划的弹性,从而提高了组织的应变能力。其缺点是计划编制的工作量较大,要同时编制若干期计划。

2)运筹学方法

运筹学是用定量化方法了解和解释运行系统,为管理决策提供科学依据的学科。运筹学把有关的运行系统首先归结成数学模型,然后用数学方法进行定量分析和比较,求得合理运用人力、物力和财力的系统运行最优方案。运用运筹学开展计划,是通过运筹学的方法统筹兼顾整个活动所有各个环节之间的关系,为选择一个最好的方案提供数量上的依据,以便最经济、最有效地使用人、财、物,做出综合性的合理安排,取得最好的效果。

3)投入产出法

投入产出法是利用数学的方法对物质生产部门之间或产品之间的数量依存关系进行科学分析,并对再生产进行综合平衡的一种方法。投入产出法以最终产品为经济活动的目标,从整个经济系统出发确定达到平衡的条件。目前有一百多个国家采用投入产出法进行经济研究。我国从 1973 年以后正式引用投入产出法编制各种计划。

投入产出法的基本原理是:将任何系统的经济活动都概括为投入和产出两大部分。投入是指在生产活动中的消耗,消耗自己的产品,也消耗其他部门的产品。产出是指生产活动的结果,包括最终产品和为其他部门生产而提供的中间产品。在生产活动中,投入和产出之间具有一定的数量关系,投入产出法就是利用这种数量关系建立投入产出表,根据投入产出表对投入与产出的关系进行科学分析,再用分析的结果编制计划并进行综合平衡。

投入产出法可以通过投入产出分析确定整个国民经济或部门、企业经济发展中的各种比例关系,并为制订合理的价格服务,也可以预算某项政策实施后所产生的效果,且易于搞好综合平衡。

◎实训

以小组为单位,研究并拟订一个提升班级评比排名的年度班级发展计划。注意计划的可行性和计划的格式。

◎案例

美国东部经营电力的最大企业之一——东方电力公司的总裁玛格丽特·奎茵一直确信:有效的计划工作对企业成功是至关重要的。多年来,她一直试图寻求一种公司能够采用的计划工作方案,但成效不大。这段时间她连续指定三位副总裁负责计划工作,尽管看来每位都对此项工作十分努力,但她注意到个别部门领导仍然自行其是。他们在问题出现时才制定决策,并且强调他们做的是有效的“消防灭火”工作。

公司看起来有些松垮,个别部门的负责人在决策上时常互不一致。负责规章事务的总经理总想迫使州委员会提高电费,但没有取得多大效果,因为委员会认为尽管成本增加,但却不合情理。公共关系部负责人则不断请求公众理解电力事业所面临的困境,而各种团体电力用户则认为公司已赚了足够多的钱,可以不必通过提高电价来解决自己的问题。副总裁在许多团体关于增设供电线路的强烈要求下,将所有电缆都铺在地下,以消除那些不美观的架空电线,并给予客户更好的服务。这位副总裁认为与顾客摒弃他比起来,成本是其次的。

一位顾问在奎茵女士的邀请下调查这些情况以后,发现该公司的计划工作并不真正完善,那位负责计划工作的副总裁与他的下属一起努力进行了研究与预测,并将它们呈交给总裁,仅此而已。所有部门的经理都认为这些是纸上谈兵,无益于他们的日常经营。

思考题:

1. 如果你是那位顾问将建议该公司采取哪些措施使计划有效?
2. 你将建议该公司制订未来多长时间的计划?
3. 你将如何建议总裁使你推荐的方法生效?

任务2　认识组织目标

12.2.1　组织目标的概念、类型和功能

1)组织目标的概念和类型

(1)组织目标的概念

从静态的观点看,目标是目的和宗旨的具体化,每一个组织都有一系列围绕着组织宗旨而展开的具体目标。组织目标是完成使命和组织宗旨的载体,是一个组织在未来一段时间里要达到的预期结果。具体地讲,目标是根据组织宗旨而提出的组织在一定时期内要达到的预期效果。组织目标是一个体系,它是由各种类型的目标组成的一个目标体系。

从动态的观点看,目标是一种管理职能,即通过制定目标,确定方向和标准,引领组织成员围绕组织核心任务展开相关工作,落实具体目标,从而调动全体成员的工作主动性和积极性。从这个意义上讲,目标还包括目标管理的意思。

(2)组织目标的类型

①根据组织目标跨越的周期和涉及的范围,可以将其分为战略目标(长期目标)、中期目标和短期目标。战略目标(长期目标)、中期目标和短期目标,在完成时间上的区别,是一个比一个短,但是时间上的划分并不是绝对的。比如对一个国家来说,5 年计划就可以算作中期目标,但是对一个工厂来说,5 年计划就成为长期目标,而年度计划就可能是它的中期目标。

②依据组织层次,可区分为总目标、单位(部门)目标、个人目标。总目标是指整个公司的经营目标、大方向。公司总目标由企业高层主管(董事长或总经理)制定,经过董事会认可之后得以正式设立;单位(部门)目标是公司目标经过分解形成各单位(部门)目标;业务单元目标是部门目标经过分解落实到业务单元而形成的目标;个人目标是业务单元目标经过分解落实到岗位任职人员的身上,形成员工的个人目标。

③根据目标的多元内容分为业务目标、培养下属的目标和自我发展目标。业务目标是指业务方面的常规目标。培养下属的目标是指对下属的培训开发、辅导培养等方面的目标。自我发展目标是个人的自我发展目标。

④按照目标实现的顺序分为成果目标、手段目标。成果目标是指销售量、生产量、利润等方面的目标。手段目标是指为实现成果目标所需的重要措施及手段。

⑤按照目标的性质又可以分为量化目标、进度目标、改善目标、改革目标、协同目标、条件目标等。

⑥根据组织目标指向的内容不同,可以将其分为生存目标、经济目标、环境目标、员工目标等。生存目标是由组织宗旨决定的组织基本目标,是组织生存和发展的前提,是各类组织

的基本目标之一。经济目标主要是指资金费用及其衡量指标。对一般经营性组织,投资回报率、生产及销售量、成本、劳动生产率、利润等是最常见的经济目标;而对非营利性组织,经济目标主要是费用的控制及资金的有效运用。环境目标主要确定组织与外部环境的关系,它包括社会责任、组织形象、竞争地位等。环境目标的内容很广,但难以完全量化。组织员工目标主要是指组织人事管理问题,包括人员的招聘、培训与激励、奖罚,人际关系及组织文化的建设等。

2)组织目标的功能

组织目标具有多种功能,人生要有目标,组织也需要有目标,目标是"领头羊",是指路的灯塔。开展管理工作要擅长运用目标进行管理。

(1)目标体现管理的职能

从某种意义上来说,管理是一个为了达到同一目标而协调组织各部门和成员行为的过程,如果没有共同的目标,就无须管理。目标的功能首先表现为指明管理方向,通过制定总体目标,为具体目标提供指导和规范,通过具体目标的实现确保总体目标的实现。运用目标进行管理体现了目标的管理职能。

(2)考核组织成员工作绩效

目标体系的建立,为组织各部门和各成员开展具体工作提供了一个纲领体系。根据这一体系,组织各部门、各环节和每位员工都会面临不同的规范约束、工作要求和指标要求,如何遵守这些规范、开展这些工作、完成这些指标,完成这些任务的程度如何,都将成为考核组织各部门和员工的标准,也是衡量部门绩效和员工绩效的标准。

(3)激励组织各部门和成员开展工作

目标是一种现实的理想和务实的追求,这种理想如果合理、恰当,就能够激励组织成员尽力去完成。如果组织的目标得到组织成员的一致认可,组织各部门就会积极开展组织活动,力争实现组织目标。从组织成员个人的角度来看,一旦组织的目标得到其认可,组织成员就会倾力而为,创造出最佳业绩。同时,一旦目标得到实现,组织成员就会产生成就感和满意感。

(4)凝聚员工意志

组织是一个社会协作系统,它是靠目标使组织成员联系起来的。一个组织凝聚力的大小受到多种因素影响,其中一个主要因素是组织目标。当组织目标能够充分体现组织成员的共同利益,并能够与组织成员的个人目标取得最大程度的吻合时,就能够极大地激发组织成员的工作热情、奉献精神和创造力。因此,组织目标的制订一定要充分征求组织成员的意见,吸纳组织成员的参与,使之变成组织成员内心认可的目标。

12.2.2 组织目标制定的机制和要求

1)组织目标制定的机制

如同组织计划一样,组织目标的制定也依赖于一定的机制,不同形式的目标有不同的制定机制。以总目标、单位(部门)目标和个人目标为例,总目标一般是由组织的高层领导研究确定的;而单位(部门)目标则是由单位(部门)负责人牵头,在单位内部讨论,由负责人确定的；个人目标则是由组织成员自己确定的。3 个层次的目标，总目标是根本和原则，是单位（部门）目标和个人目标制定的准则和指针，单位（部门）目标和个人目标不能与总目标有冲突和违背。

组织目标制定的机制，反映了组织内部权力运行的秩序和彼此的关系，也体现了组织民主管理的水平和效率。一般大型企业对组织目标的制定都有严格的制度规范和机制约束，往往通过集体研究决定；而中小微企业则往往由个人决定。

2）制定组织目标的要求

制定组织目标并不是简单地写一个文案，也不是为了形式上的需要而走过场，而是为了以目标引领组织成员的行为，因此，必须认真分析，深入思考，避免草率行事。

（1）从实际出发

组织目标是组织在未来一段时间内要达到的目的，不同的组织有不同的目标，因此，组织目标的制定一定要从所在组织的实际情况出发，具体问题具体分析。首先，组织目标是组织宗旨的具体化，不同类型的组织，由于其宗旨不同，其目标也大不相同。例如，企业型组织，其目标往往较多地表现为各种具体的营利性指标，而事业型组织的目标则不以营利为主要目标。因此，不同性质的组织往往有不同的组织目标体系。其次，同一类型的组织，尽管其组织宗旨基本相同，但由于受其所处环境、所拥有的组织资源及价值观念等的制约和影响，即使其组织目标指标体系可能相同，其目标的具体数值也表现出很大的差异性，因此，组织目标的制定一定要从实际出发，实事求是。

既然各个组织的组织目标都是不同的，那么作为一个组织的管理者，要明确本组织的目标，就必须掌握确定组织目标的基本技能和方法。

（2）要充分考虑组织的多元性

不同的组织有不同的组织目标，在同一个组织中，也会有不同性质的多个目标，这就是组织目标的多元性。每一个组织都面对众多的公众，而每一类公众都会对组织提出不同的要求。组织目标的多元性，是组织为了适应内外部环境的要求而导致的必然结果。组织为了能够在社会中获得生存与发展，就必须考虑各类公众的要求，并尽可能地加以满足。因此，制定组织目标要考虑多元目标的整合，形成适应顾客需求的目标体系。

（3）要关注组织目标的层次性

为了使组织目标成为组织中每一个成员的行动指南，组织目标往往需要进行进一步的分解和细化，形成一定的层次性，使组织中不同层次和岗位的员工都了解他们各自应当做些什么。比如，组织的目标可按具体性的程度不同划分为总目标、战略目标、行动目标 3 个层次。总目标和战略目标是公开的，它也是该组织希望达到的社会目标；而行动目标则是保密的，它是组织的真正目标，也许只有少数高层管理人员和相关人员知道。组织目标也可按组织等级分为总体目标、部门目标、岗位目标。通过分等分层，抽象的组织目标将成为具体的目标，从而指导组织中每一个成员的行为。正由于组织目标是分等分层的，因此，管理者在制定目标的过程中要进行目标的分解细化，而且要通过对这些多层次、多部门目标的综合协调，形成一个相互支持、相互衔接的目标体系，更好地实现组织的整体目标。

(4)制定目标要明确和具体,可以考核和执行

目标必须是可考核的。目标按性质可以分为定性目标和定量目标,不管是定性目标还是定量目标,都要具有可考核性。一般情况下,使目标具有可考核性的最方便的方法就是使之定量化。但是,在组织的经营活动中,很多目标是难以精确量化的,定性目标是不可缺少的,管理者在组织中的地位越高,其定性目标就可能越多。有时候,提出一个定性目标可能比规定一个定量指标使管理者处于更有利、更主动的地位。所以,要使目标具有可考核性,首先是要具体、量化。其次,对定性目标,也要尽可能可权衡、可比较、可考核。尽管确定可考核目标是十分困难的,仍然要实事求是地做好目标的明确化、具体化的工作。

12.2.3 目标管理

1)目标管理的含义和特点

(1)目标管理的含义

制定目标的意义是要明确方向,凝聚共识和行为,引领员工开展各项工作。因此,目标本身是一种管理职能和手段,这就是目标管理。所谓目标管理,是指让组织的主管人员和员工一起参加目标的制定,使组织成员在工作中实行自我控制并努力完成目标的一种管理方法。

目标管理是1954年由美国著名管理专家彼得·德鲁克提出的。他在《管理实践》一书中首先提出了"目标管理"的概念,其后他又提出"目标管理和自我控制"的主张。他在分析目标的作用时指出,如果没有一定的目标指导每个人的工作,则组织越大,人员越多,发生冲突和浪费的可能性也就越大。目标管理提出以后,便在美国迅速流传。时值第二次世界大战后西方经济由恢复转向迅速发展的时期,组织急需采用新的方法调动员工的积极性以提高竞争能力,目标管理的出现可谓应运而生,很快为日本、西欧国家的组织所仿效,在管理界大行其道,我国在20世纪80年代初开始在组织中推广。

回顾目标管理这段发展历史可以看出,目标管理更加充分地诠释了目标的管理职能,使目标不再是组织高高在上的虚无幻想,而是能够驱动管理围绕组织宗旨展开相关活动的手段。

(2)目标管理的特点

目标管理的具体形式各种各样,但其基本内容是一样的。目标管理是一种程序或过程,它使组织中的上级和下级一起协商,根据组织的使命确定一定时期内组织的总目标,由此决定上、下级的责任和分目标,并把这些目标作为组织经营、评估和奖励每个单位和个人贡献的标准。由此看来,目标管理指导思想是以"Y理论"为基础的,即认为在目标明确的条件下,人们能够对自己和自己的行为负责。具体地讲,目标管理具有以下3个特点。

①力求建立相互联系的目标体系。目标管理通过专门设计的过程,将组织的整体目标逐级分解,转换为各单位(部门)、各员工的分目标,从组织目标到经营单位目标,再到部门目标,最后到个人目标。在目标制定的过程中,完成目标的主动性已经融入相关部门和成员的脑海中,在目标分解过程中,权、责、利三者已经明确,而且相互对称。这些目标方向一致,环环相扣,相互配合,形成协调统一的目标体系。如果每个人都完成了自己的分目标,整个组

织的总目标就能够得到很好的完成。

②重视调动人的积极性。目标管理是一种强调组织成员参与的、民主的、自我控制的管理制度,也是一种把个人需求与组织目标结合起来的管理制度。虽然目标管理并非是组织各部门和成员自身意愿的随机组合,但是在这一制度下,上级与下级的关系在形式上是平等的,制定目标的过程中,彼此尊重、相互依赖,实现目标的过程中互相支持,这应该是现代民主管理的一个方向,也是组织管理的一种创新。

③强调最终的成果。目标管理以制定目标为起点,以对目标完成情况的考核为终结。工作成果是评定目标完成程度的标准,也是人事考核和奖评的依据,因此,目标考核成为评价管理工作绩效的唯一标志。至于完成目标的具体过程、途径和方法,上级并不过多干预。所以,在目标管理制度下,监督的成分很少,而控制目标实现的能力却很强。

2)推行目标管理的原则

目标管理的最大特征就是方向明确,非常有利于把整个团队的思想、行动统一到同一个目标、同一个理想上来,是组织提高工作效率、实现快速发展的有效手段之一。搞好目标管理要遵循以下4个原则。

(1)目标的制定必须科学、合理

目标管理能不能产生理想的效果、取得预期的成效,首先取决于目标的制定。科学合理的目标是目标管理的前提和基础,如果目标定得过高,组织各部门和成员无法实现,不仅不会调动组织成员的积极性,反而会导致组织成员消极怠工,影响组织绩效。如果组织目标定得过低,也难以促进员工努力创造更多的绩效,即使实现了目标也难以让员工获得成就感。因此,组织目标既要高于员工现有能力能够达到的水平,又不能与员工的能力所及达到的结果相差太远。

(2)要将目标的引领和监督作用贯穿于实现目标的始终

目标管理,关键在管理。在目标管理的过程中,必须随时跟踪每一个目标的进展,发现问题及时协商、及时处理、及时采取正确的补救措施,确保目标运行方向正确、进展顺利。如果目标制定了,在实施过程中却将目标束之高阁,就难以发挥目标的作用,难以有效地实现目标管理。

(3)目标管理必须严格控制成本

目标管理是以目标的达成为最终目的的管理,考核评估也是重结果轻过程。这很容易让目标责任人重视目标的实现,轻视成本的核算和过程的高效,特别是当目标运行遇到困难可能影响目标的适时实现时,责任人往往会采取一些应急的手段或方法,这必然导致实现目标的成本上升。组织的管理者在督促检查的过程中,必须对运行成本进行严格控制,既要保证目标的顺利实现,又要把成本控制在合理的范围内。

(4)对目标的考核评估必须执行到位

任何一个目标的达成、项目的完成,都必须有一个严格的考核评估。考核、评估、验收工作必须选择执行力很强的人员进行,必须严格按照目标管理方案或项目管理目标,逐项进行考核并做出结论,对目标完成度高、成效显著、成绩突出的团队或个人按章奖励,对失误多、成本高、影响整体工作的团队或个人按章处罚,真正达到表彰先进、鞭策落后的目的。

3)推进目标管理的注意事项

目标管理自产生以来,在全世界产生了很大影响,但是任何管理模式在使用的过程中都要结合实际,包括结合组织管理者的理念、管理能力和水平,只有充分发挥其优势,回避其劣势,才能扬长避短,收到实效。

(1)要注意目标的刚性和柔性相结合

在管理工作中,某些目标难以制定,有些目标难以定量化、具体化,尤其是技术不可分的团队工作难以清晰地实施目标管理,组织环境的可变因素越来越多,变化越来越快,组织的内部活动日益复杂,使组织活动的不确定性越来越大,这些都使组织在管理过程中,要全盘制定量化的目标是很困难的。因此,要注意刚性和柔性相结合,对能够量化的目标就定量,对不能量化的目标就定性,并且对定性的目标确定层次标准,确保在贯彻目标管理原则的前提下,能够切合实际地推行组织管理。此外,由于组织面临不断变化的内外环境,因此目标管理必须面对不断变化的环境,进行目标调整,这又可能导致目标管理的明确性和肯定性受到质疑。因此,推行目标管理要注意目标既带有刚性,又具有一定的柔性,预留组织成员认可的管理操作空间。

(2)要注意充分考虑组织文化和民族文化的影响

目标管理依据“Y 理论”的假设,对人类的动机做了比较乐观的假设。但是人是有“机会主义本性”的,此外,民族文化的差异,社会环境的差异,乃至国家政治、经济体制的差异都会导致人们急功近利、唯利是图的本性强化。推行目标管理有时候反而会导致增加管理成本,刺激组织部门和成员的本位主义、利己倾向。同时,如果目标管理所要求的承诺、自觉、自治气氛难以形成,就会导致目标管理的失败。

(3)要加强思想动员和中高层管理人员的培训

目标管理强调目标的实现主要依靠下级人员的自我控制,管理人员的职责是及时进行检查,提供帮助和指导,协助下属完成预定的目标,而不是直接指挥下属的工作。但是组织中高层管理者长期以来形成的发号施令习惯会导致管理人员在具体行动过程中插手下属的工作,指挥下属应该怎么做,使下属左右为难。因此,要加强对中高层管理者的思想动员和培训,使其管理行为符合目标管理的要求。

(4)要确保奖惩与组织部门和员工的绩效相匹配

目标管理对组织内易于度量和分解的目标会带来良好的绩效。对于那些在技术上具有可分性的工作,由于责任、任务明确,目标管理常常会起到立竿见影的效果,通过目标管理,可使各项工作都有明确的目标和方向,从而避免工作的盲目性和随意性。同时,可使管理者摆脱被动的局面,有利于实现有效控制。此外,目标管理确定的一套明确的可考核的目标体系为管理人员进行控制提供了有效指导。但是,如果一个目标管理周期结束之后,由于某些文化因素而不能够根据目标计划和员工绩效情况进行相应的奖惩,则会降低优秀员工的积极性。

(5)要善于通过目标管理发现组织结构的缺陷,促进员工自我促进和增强责任感

目标管理有利于暴露组织结构中的缺陷。组织力图将目标的成果和责任划归到每个具体的单位、部门和员工,从而确保每个单位、部门和员工都科学合理地摆布到组织的各区域,

发挥其作用。因此,目标管理比较容易发现授权不足与职责不清等缺陷,同时,目标管理可以使管理人员把组织结构搞清楚,从而尽可能地把主要目标所要取得的成果落实到对实现目标负有责任的岗位上,有助于改进组织结构的职责分工。因此,推行目标管理会促进进一步明确职责,启发组织成员的自觉自发意识,调动员工的积极性、创造性和增强责任感。通过目标的系统分解,促使权力下放,让全体员工参与管理,这样可以使员工积极主动地承担完成任务的责任。

此外,在实际推行目标管理时,除了掌握具体的方法以外,还要特别注意把握工作的性质,分析其分解和量化的可能,提高员工的职业道德水平,培养合作精神,建立健全各项规章制度,注意改进领导作风和工作方法,使目标管理的推行建立在一定的思想基础和科学管理的基础上,要逐步推行,长期坚持,不断完善,促进组织成员之间的意见交流和相互了解,进一步改善组织内部的人际关系,从而使目标管理发挥预期的作用。

◎实训

小组讨论:企业的目标制定受到哪些因素的影响;在企业运营中,如何达到目标。

◎案例

王勇曾经在一家有名的外商独资企业中担任销售部经理,成绩卓著。几年前,他离开了这家企业,自己开了一家建材贸易公司,由于有以前的底子,因此生意很不错。年初,他准备进一步扩大业务,在若干个城市设立经销处,同时,扩大经营范围,增加花色品种。

面对众多要处理的问题,王勇决定将部分权力授予下属的各部门经理。他逐一与经理们谈话,一一落实要达到的目标。其中他给采购部经理定下的目标是:保证每一个经销处所需货物的及时供应;所采购到的货物的合格率需保持在98%以上;采购成本保持在采购额的5%以内。采购部经理当即提出异议,认为有的指标不合理。王勇回答说:"可能吧,你尽力而为就是了。"

到年终考核时发现,采购部达到了王勇给他们规定的前两个目标,但采购成本大大超出,约占当年采购额的8%。王勇问采购部经理怎么会这样,采购部经理解释说:"有的事情也只能如此,就目前而言,我认为,保证及时供应和货物质量比我们在采购时花掉多少钱更重要。"

思考题:

你认为王勇在实施目标管理中有问题吗?他应如何改进?

课后练习

一、单选题

1.(　　)以货币形式反映企业全部生产经营活动的动态和结果,既是其他各项计划的综合反映,又是编制其他各项计划的依据。

A.销售计划　　B.财务计划　　C.人事计划　　D.生产计划

2.战略计划一般是由公司高层领导发起,以(　　)以上的期限为一个周期。

A.一年　　B.两年　　C.三年　　D.五年

3.(　　)由各专业职能部门的领导经高层领导批准发起,根据自己部门的职权制订方案和进行编制,其他职能部门、生产单位和事业部配合,编制结果由公司高层领导评判和审定。

A.战术计划　　B.战略计划　　C.短期计划　　D.作业计划

4.总计划的基础是(　　)。

A.可供选择方案　　B.预算　　C.预算方案　　D.派生计划

5.(　　)是由组织宗旨决定的组织基本目标,是组织生存和发展的前提,是各类组织的基本目标之一。

A.总目标　　B.战略目标　　C.生存目标　　D.员工目标

6.无论是定性目标还是定量目标,目标必须具有(　　)。

A.可量化性　　B.可考核性　　C.可比较性　　D.可权衡性

7.在管理的基本职能中,属于首位的是(　　)。

A.计划　　B.组织　　C.领导　　D.控制

8.计划职能的主要作用是(　　)。

A.确定目标　　B.管理

C.确定实现目标的手段　　D.A和C

9.管理的计划职能的主要任务是要确定(　　)。

A.组织结构的蓝图　　B.组织的领导方式

C.组织目标以及实现目标的途径　　D.组织中的工作设计

10.企业计划从上到下可分成多个层次,通常越低层次的目标就越具有(　　)的特点。

A.定性和定量结合　　B.趋向与定性　　C.模糊而不可控　　D.具体而可控

11.我国习惯上称之为"专家预测法"的是(　　)。

A.因果法　　B.外推法　　C.德尔菲法　　D.头脑风暴法

12.下述关于计划工作的认识中,哪种观点是不正确的?(　　)

A.计划是预测与构想,即预先进行的行动安排

B.计划的实质是对要达到的目标及途径进行预先规定

C.计划职能是参谋部门的特有使命

D.计划职能是各级、各部门管理人员的一个共同职能

13.战略性计划与战术性计划的划分标准是(　　)。

A.时间长短　　B.明确性　　C.程序化程度　　D.综合性程度

14.使计划数字化的工作被称为(　　)。

A.规划　　B.决策　　C.预测　　D.预算

15.计划是一个动态过程,其步骤包括(　　)。

A. 预测、决策、制订方案

B. 确定目标、预测、拟订可行方案、决策、制订计划、预算

C. 预测、决策、制订方案、预算

D. 确定目标、拟订可行方案、决策、执行可行方案

16. 根据计划的明确性,可以把计划分为(　　)。

A. 长期计划和短期计划　　B. 战略性计划和战术性计划

C. 具体性计划和指导性计划　　D. 程序性计划和非程序计划

17. 目标管理的理论基础是(　　)。

A. 人本主义　　B. 效率主义

C. 人本主义和自由的结合　　D. 人本主义和效率主义的结合

18. 下列不属于目标展开的内容的是(　　)。

A. 目标分解　　B. 目标对策　　C. 目标审核　　D. 目标责任

19. 实施目标管理的主要难点是(　　)。

A. 不利于有效地实施管理　　B. 不利于调动积极性

C. 难以有效地控制　　D. 设置目标及量化存在困难

20. 乐观决策原则的理论基础是(　　)。

A. 假定未来状态中的最有利情况必然发生

B. 假定未来状态中的最不利情况必然发生

C. 假定未来状态中的最有利情况肯定不发生

D. 假定未来状态中的各种情况以同等可能发生

二、多选题

1. 按计划的层次分类,计划可分为(　　)。

A. 战略计划　　B. 中期计划　　C. 战术计划　　D. 作业计划

2. 计划的作用包括(　　)。

A. 提供方向　　B. 有效配置资源　　C. 发现机会和威胁　　D. 为控制提供标准

3. 计划工作是(　　)的管理活动。

A. 执行性　　B. 指导性　　C. 科学性　　D. 预见性

4. 常见的计划编制方法包括(　　)。

A. 滚动计划法　　B. 运筹学方法　　C. 投入产出法　　D. 专家评估法

5. 按照目标实现的顺序分类,目标可分为(　　)。

A. 总目标　　B. 成果目标　　C. 业务目标　　D. 手段目标

6. 组织目标的功能包括(　　)。

A. 目标体现管理的职能　　B. 考核组织成员工作绩效

C. 激励组织各部门和成员开展工作　　D. 凝聚员工意志

7. 目标管理的特点有(　　)。

A. 强调组织凝聚力　　B. 建立相互联系的目标体系

C. 重视调动人的积极性　　D. 强调最终的成果

8. (　　)的计划是有效率的。

A. 能得到最大的剩余　　B. 能以合理的代价实现目标

C. 成本等于收益　　D. 详细

9. 财务计划和人事计划与业务计划的关系是(　　)。

A. 财务计划和人事计划是为业务计划服务的

B. 财务计划和人事计划是围绕着业务计划展开的

C. 财务计划研究如何从资本的提供和利用上促进业务活动的有效进行

D. 人事计划分析如何为业务规模的维持或扩大提供人力资源的保证

10. 拟订和选择行动计划包括(　　)。

A. 拟订可行动计划　　B. 评估计划

C. 修改计划　　D. 选定计划

三、填空题

1. 一份完整的计划文件最核心的内容包括________、________、________、________、________、________。

2. 计划具有__________、__________、__________等特点。

3. __________是总计划下的分计划,如投资计划、生产计划等。

4. 从静态的观点看,目标是目的和宗旨的__________,每一个组织都有一系列围绕着组织宗旨而展开的具体目标。

5. 根据组织目标跨越的周期和涉及的范围,可以将其分为________、________和________。

6. 组织是一个社会协作系统,它是靠__________使组织成员联系起来的。

7. 企业型组织的目标较多地表现为各种具体的__________。

8. 组织的目标可按具体性的程度不同划分为__________、__________、__________3个层次。

9. 目标管理指导思想是以__________为基础的,即认为在目标明确的条件下,人们能够对自己和自己的行为负责。

10. __________成为评价管理工作绩效的唯一标志。

四、简答题

1. 计划编制的程序包括哪些内容?

2. 简述投入产出法的基本原理。

五、案例分析题

金帝公司的目标管理问题到底出在哪里?

为最大限度地节约成本,增加利润,金帝酒业公司决定在整个公司内实施目标管理,根据目标实施和完成情况,一年进行一次绩效评估。

事实上,他们在此之前为销售部门制定奖金系统时已经用了这种方法。公司通过对比实际销售额与目标销售额,支付给销售人员相应的奖金。这样销售人员的实际薪资就包括基本工资和一定比例的个人销售奖金两部分。

销售大幅度提上去了,但是却苦了生产部门,他们很难及时完成交货计划。因此,销售部总是抱怨生产部不能按时交货。于是,公司高层管理者决定为所有部门和员工建立一个目标设定流程。生产部的目标包括按时交货和库存成本两个部分。

为了实施这个新的方法,他们需要用到绩效评估系统。他们请了一家咨询公司指导管理人员设计新的绩效评估系统,并就现有的薪资结构提出改变的建议。他们付给咨询顾问高昂的费用修改基本薪资结构,包括岗位分析和工作描述;还请咨询顾问参与制定奖金系统,该系统与年度目标的实现程度密切相连;他们指导经理们如何组织目标设定的讨论和绩效回顾流程。总经理期待着很快能够提高业绩。

然而不幸的是,业绩不但没有上升,反而下滑了。部门间的矛盾加剧,尤其是销售部和生产部。生产部埋怨销售部销售预测准确性太差,而销售部埋怨生产部不能按时交货。每个部门都指责其他部门存在的问题。客户满意度下降,利润也在急剧下滑。

思考题:

本案例的问题可能出在哪里?为什么设定目标(并与工资挂钩)反而导致了矛盾加剧和利润下降?

项目 13　了解组织决策

【知识目标】

了解决策的概念和特点,掌握决策的分类;了解决策体制的特点,掌握现代决策体制的构成;了解决策的过程,掌握决策的方法。

【能力目标】

通过本项目的学习,掌握决策的基本概念以及进行决策的基本方法,学会运用现代决策体制分析和制定决策。

【案例导入】

艾森豪威尔的英明决策

1944 年 6 月 4 日,盟军集中 45 个师,1 万多架飞机,各型舰船几千艘,即将开始规模宏大的诺曼底登陆作战。就在这关键时刻,在大西洋上的气象船和气象飞机却发来令人困扰的消息:今后三天,英吉利海峡将在低压槽控制之下,舰船出航十分危险。盟军最高统帅艾森豪威尔面对恶劣的英吉利海峡一筹莫展。盟军司令部的司令官们都知道,登陆战役发起的"D"日,对气象、天文、潮汐这 3 种自然条件也有要求。就在大家几乎束手无策时,盟军联合气象组的负责人、气象学家斯塔戈提出一份预报,有一股冷风正向英吉利海峡移动,在冷风过后和低压槽到来之前,可能会出现一段转好的天气。当时,联合气象组对 6 日的天气又做了一次较为详细的预报:上午晴,夜间转阴。这种天气虽不理想,但能满足登岸的起码条件。艾森豪威尔沉思片刻,果断做出最后决定:"好,我们行动吧!"后来虽因天气不好,盟军空降兵损失了 60% 的装备,汹涌的海浪使一些登陆战船沉没,轰炸投弹效果差,但诺曼底登陆作战一举成功,却是不可否认的事实。

小思考:如何评价艾森豪威尔的决策?

任务1 认识决策

13.1.1 决策的概念和特点

1)决策的概念

决策包含双重含义。首先,决策是指组织或者个人为了实现一定目标,在分析客观环境和自身状况的基础上,制订多个方案,从中选择一个满意的方案实施的过程。其次,决策是指组织或者个人做出决定的结果,在这个意义上讲,决策是一个方案或者一个以文字、图表、语言等形式体现出来的决定。

作为一种重要的管理活动,决策是人类社会的一项重要活动,也是管理者从事管理工作的基本内容。决策活动包含以下4个方面的内容。

①明确的目标。目标既是决策的出发点,也是决策的归宿点。决策必须有一个明确的目标,才能符合逻辑地展开一系列决策活动。

②决策是一个过程。决策是一个由比较分析、谋划、判断选择、布置、组织实施等环节组成的全过程。

③决策不是基于唯一的方案。决策要有两个以上可行的备选方案,尤其是重大决策,更是必须有多个备选方案,供决策者权衡利弊做出裁决,在多个方案中进行选择是决策的核心和关键。

④决策结果是选择一个较为满意的方案。在很多情况下,没有一个决策方案是完美无缺的,因此,决策者只能选择一个相对满意的方案。

2)决策的特点

决策是一项重要的管理职能,决策在组织管理中,一般是指比较重要的决定,因此,其制定过程和结果的科学性、合理性非常重要。根据决策的理论和实践,一项成功的组织决策一般具有以下4个特点。

(1)目标性

任何一项决策都是围绕组织目标进行的,针对某一方面工作制定的重要决定。决策目标不得与组织目标相冲突,同时决策又有自己的目标,决策必须依据目标进行。决策目标的确定必不可少,如果没有确定的决策目标,那么决策活动的其他阶段将失去依据和准则。决策目标可以是单一的,也可以是多个的,这取决于决策的具体情况,如果是多目标决策,那就需要确定各个目标的重要性程度和先后次序。

(2)选择性

从宏观上看,决策的实质就是选择。如果只有一个可以达到目标的决策方案,就无从谈该方案的优劣与好坏,也没有选择的余地。没有选择就没有决策。因此,要能有所选择,就必须拟订两个以上可行的备选方案。从理论上讲,方案越多,可供选择的范围就越大,选出来的方案就越优。只不过实际上我们没有足够的精力和时间在诸多方案中进行筛选,只能在最有可能的方案中进行选择。但是,拟订达到目标的多个方案在决策中不仅是必需的,而且一般也是可行的。因为一般情况下,为了实现相同的目标,组织总是可以通过从事多种不同的活动来实现。这些活动在资源配备、可能结果和风险程度等各个方面有所不同,因此构成了同一目标下的多种可能方案。

(3)可行性

如果决策不可实行,决策就是失败的。决策是对组织未来活动的设计、安排、选择和决定,必须保证所做决定在未来具有可实施性。组织的任何活动都需要利用一定的资源。如果不能保证在未来实施方案时配备齐所需的人力、物力、财力、技术和信息等资源,再优秀的方案也是一纸空文,不会自动实现决策目标。因此,在决策的过程中,拟订方案、选择方案时必须考虑实施实践的可行性,包括对环境变动情况的预测及组织自身发展的估计都要比较准确,以确保其可行。

(4)动态性

决策是一个不断循环的动态过程,不仅包括决策各个阶段的交叉与循环,而且也包括整个决策过程的循环。从这个意义上讲,决策没有起点,也没有终点,决策是一个动态的过程。这是因为决策的主要目标之一就是使组织活动的内容适应外部环境的要求,而外部环境总是不断发生变化,决策者必须关注并研究这些变化,寻找机会,避开危险,并调整组织活动,达到组织与外界环境的动态平衡。这就要求组织的决策活动具有动态性,以适应组织活动的动态性。

★**小资料**★

一天,动物园管理员发现袋鼠从笼子里跑出来了,于是开会讨论,一致认为是笼子的高度过低。所以他们决定将笼子的高度由原来的10米加高到20米。结果第二天他们发现袋鼠还是跑到外面来,所以他们又决定再将高度加高到30米。

没想到隔天居然又看到袋鼠全跑到外面,于是管理员们大为紧张,决定一不做二不休,将笼子的高度加高到100米。

一天长颈鹿和几只袋鼠们在闲聊:"你们看,这些人会不会再继续加高你们的笼子?"长颈鹿问。"很难说。"袋鼠说,"如果他们再继续忘记关门的话!"

13.1.2 决策的分类

在管理的每一个环节都存在决策,决策的内容是十分广泛的,并非所有的管理决策都是千篇一律的。根据决策的重要性、时间、主体、对象的内容、问题所处的条件、问题出现的重复程度等,可将决策分为各种类型。

(1)战略决策、战术决策和业务决策

根据决策的重要程度可将决策分为战略决策、战术决策和业务决策。战略决策是关系组织生存和发展的全局性、长期性的决策,主要调整组织或某一系统的活动方向和内容。因此,战略决策非常重要,这种决策旨在提高组织的经营效能,使组织的经营活动与外部环境的变化相适应,如经营方针的决策、投资决策、新产品开发决策等。战术决策也称管理决策,主要调整在既定方向和内容下的活动方式,是一种执行性的关于过程和手段的局部决策,它解决组织的某个或某具体部门在未来短时期内的行动方案。这种决策的目的是提高组织的管理效能,以实现组织内各环节的高度协调与资源的管理利用。业务决策是指组织日常活动的决策,其目的是提高生产效率和工作效率。

(2)群体决策和个体决策

根据决策的主体类型可将决策分为群体决策和个体决策。群体决策是由群体共同讨论协商做出的决策,其最终决策权由群体决定。在群体决策中,每个群体成员决策的权利是平等的。个体决策的最终决定由个人独断做出,其决策权属于个人。

(3)程序化决策和非程序化决策

根据决策问题出现的重复程度可将决策分为程序化决策和非程序化决策。程序化决策也称为常规性决策,是指决策者在日常工作中经常需要解决的一般性或例行性的决策问题。这类问题以相同或基本相同的形式重复出现,其产生的背景、特点及内部与外部的有关因素已全部或基本上被决策者所掌握,决策者仅仅依靠长期处理此类问题的经验,即可较好地完成此类决策。这类决策通常有章可循,有法可依,决策者依法照章办事即可。非程序化决策是指所要解决的问题是过去没有碰到过的新问题或结构不良问题,管理者无法遵循事先准备好的解决方法,因而要靠决策者的判断和信念进行决策。程序化决策与非程序化决策是两个相对的概念,二者之间没有非常明显的界限,在实际中管理者应具体问题具体分析。

(4)确定型决策、风险型决策和不确定型决策

根据决策所处的条件不同可将决策分为确定型决策、风险型决策和不确定型决策。确定型决策是指各种可行方案只有一种自然状态方案,这种决策由于各方案的条件、结果已知,因此只要将各备选方案进行比较即可选择满意方案。风险型决策是指各种可行方案的自然状态是随机的,不能预先肯定,但出现的概率是可以客观估计的。不确定型决策是指各备选方案的自然状态是不能预先肯定的,其发生也不能根据统计资料得到一个客观概率,只能靠决策者的经验来确定一个主观概率的决策。

此外,决策还可以按决策主体地位的高低分为高层决策、中层决策、基层决策;按决策的计量方法分为计量决策和非计量决策;按决策的目标多少分为多目标决策和单目标决策等。

◎实训

以小组为单位,研讨决策在生活中的表现。

◎案例

王厂长的会议

王厂长是佳迪饮料厂的厂长,回顾8年的创业历程,全厂上下齐心合力、同心同德、献计

献策,为饮料厂的发展立下了不可磨灭的汗马功劳。但最令全厂上下佩服的还数4年前王厂长决定购买二手设备(国外淘汰生产设备)的举措。饮料厂也因此挤入国内同行业强手之林,令同类企业刮目相看。今天王厂长又通知各部门主管及负责人晚上8点在厂部会议室开会。部门领导们都清楚地记得4年前在同一时间、同一地点召开会议,王厂长做出了购买进口二手设备这一关键性的决定。在他们看来,又有一项新举措即将出台。

晚上8点会议准时召开,王厂长庄重地讲道:“我有一个新的想法,我将大家召集到这里是想听听大家的意见或看法。我们厂比起4年前已经发展了很多,可是,比起国外同类行业的生产技术、生产设备来,还差得很远。我想,我们不能满足于现状,我们应该力争世界一流水平。当然,我们的技术、我们的人员等诸多条件还差得很远,但是我想为了达到这一目标,我们必须从硬件条件入手,即引进世界一流的先进设备。这样一来,就会带动我们的人员、技术等一起前进。我想这也并非不可能,4年前我们不就是这样做的吗?现在厂的规模扩大了,厂内外事务也相应地增多了,大家都是各部门的领导及主要负责人,我想听听大家的意见,然后再做决定。”

会场一片肃静,大家都清楚地记得,4年前王厂长宣布他引进二手设备的决定时,有近70%成员反对,即使后来王厂长谈了他近3个月对市场、政策、全厂技术人员、工厂资金等厂内外环境的一系列调查研究结果后,仍有半数以上人持反对意见,10%的人持保留态度。因为当时很多厂家引进设备后,由于不配套和技术难以达到等,均使高价引进的设备成了一堆闲置的废铁。但是王厂长在这种情况下仍决定引进二手设备。事实表明这一举措使佳迪饮料厂摆脱了企业当时设备落后、资金短缺所陷入的困境。二手设备那时价格已经很低了,但在我国尚未被淘汰。因此,佳迪饮料厂也由此走上了发展的道路。王厂长见大家心有余悸的样子,便说道:“大家不必顾虑,今天这一项决议完全由大家决定,我想这也是民主决策的体现,如果大部分人同意,我们就宣布实施这一决议;如果大部分人反对的话,我们就取消这一决议。现在大家举手表决吧。”

于是会场上有近70%人投了赞成票。

思考题:

1. 王厂长的两次决策过程合理吗?为什么?
2. 影响决策的主要因素是什么?

任务2　了解决策的影响因素和体制

13.2.1　决策的影响因素

决策贯穿于管理的整个过程,在管理中是一项非常重要的工作,其正确与否直接关系到组织目标的实现,甚至决定组织的生死存亡。在实际决策过程中,影响决策的因素很多,但主要的因素可归纳为 4 个方面。

1)决策的重要程度

一项决策所需投入的人力、物力、财力和时间越多,对组织的影响范围就越广,决策的重要性就越大,决策时所花费的时间、人力、费用也就越多。相反,一项决策如果相对不重要,一般所花费的时间、人力、费用也就越少。所以,决策的重要程度影响决策的过程。

2)过去的决策

在实际管理工作中,新决策的诞生往往不是彻底否定过去的决策,而是以过去的决策为基础,选用过去决策的优点加以创新。新决策和过去的决策之间是有联系的,无法割裂的,所以,过去制定的各种决策将不同程度地影响着管理者制定新决策。

3)决策者

在决策过程中,起决定作用的是决策者。所以,决策者的相关素质决定决策的成败。决策者的知识、经验、战略眼光、民主作风、偏好与价值观、对待风险的态度、个性习惯、责任和权力等都会直接影响决策的过程和结果。

(1)决策者对问题的感知方式

所谓感知是指通过感觉而形成的知觉,它是对事物的各种不同属性、各个不同部分相互关系的综合反映,即对事物整体的反映。感知在确定决策问题、加工决策信息、拟订决策的可行性方案等方面起着重要的作用。如在营销案例中,有这样一个典型案例。两个营销员到太平洋某海岛上进行皮鞋市场调查,发现岛上居民都光着脚,其中一个营销员回来报告说:"岛上居民都不穿鞋,没有市场。"而另一个营销员却说:"岛上居民都没穿鞋,市场巨大。"这说明不同的人由于知识与经验不同,自然会从不同的角度去观察和分析问题,形成不同的认识。

(2)个人价值观

个人价值观对决策有着影响,特别是在认识问题、收集信息、评价备选方案和选择方案等方面。个人价值观对决策的影响因决策者而异,有积极的作用,也有消极的作用。如果一个集体中个人价值观念比较一致,就容易产生一致的看法,也容易协调;如果个人价值观差异较大,就可能引起决策冲突。

(3)管理者对待风险的态度

在决策过程中,由于对未来的认识能力是有限的,将来的风险情况难以预测,而且即使进行了预测,预测的结果可能与未来实际状况并不相符。因此,任何决策方案都是存在风险的,管理者对风险的态度将影响决策方案的选择。通常,不怕风险、敢于冒险的决策者倾向于选择主动应对环境变化的方案,具有进攻性;不求大利唯求无险的决策者对未来持怀疑态度,在方案的选择上比较保守;不愿冒大风险、也不愿循规蹈矩的决策者对风险的态度介于前面两者之间,在方案的选择上只求稳妥。

(4)处理信息的能力

处理信息的能力主要体现在决策者对收集到的各种原始资料,进行加工、处理并应用于决策的能力。这种能力对于企业的经营管理至关重要。每个人的自身条件不同,对于信息处理的方式也不同,所带来的结果也就不同。某些人由于经验缺乏或知识能力不足,当面临不熟悉的信息时，往往无从下手，甚至规避这些信息，这就会导致在拟订方案和评价方案的过程中出现偏差。某些人经验越丰富、知识能力越强、思想越解放，当面临不熟悉的信息时，能够主动面对并尽力解决，这种人处理信息的能力就非常强。

4)决策过程的组织情况

在组织制定决策的过程中，往往都是群体决策。妥善的组织安排、组织者对决策重要性的强调、对决策制定的参与人资质的选择，这些因素都会影响最终决策的质量。当组织者强调决策的重要性时，参与人会给予高度重视和配合，决策的制定就越合理。

除以上这些因素对决策有影响之外，还有很多因素会影响决策质量，如时间、环境、组织文化等对决策也有着一定程度的影响。

13.2.2 决策的体制

决策的体制是指承担决策的机构和人员所形成的组织体系和相应的制度。自从有组织开始，就有组织决策，决策作为文明发展的产物，是不断发展的。总体上讲，决策经历了一个从简单向复杂转变的过程。决策的体制也随着时代的发展而不断发展和进步。

现代决策体制是以决策系统为中枢的，由执行系统、咨询系统、信息系统、监督系统组成的配套、协调有序和相互作用的体制。

1)现代决策体制的特点

(1)决策的专业化分工

在现代决策体制中，资讯系统充当着“多谋”的作用，以利于决策系统在“多谋”的基础上进行“善断”。越来越多的事实证明，“多谋”与“善断”的横向分工是实现科学决策的重要保证。

(2)借助科学技术的支持

现代决策面临的内外部环境越来越复杂，这就决定了它必须拥有一定的现代技术设备和高技能、高素质的人员，必须掌握先进的科学技术和手段，必须按照科学、有效的决策程序进行决策。这些都体现了现代决策体制科学性的特点。

(3)强调决策的整体性

现代决策体制既是一个高度分工又是一个高度综合的有机整体。从纵向看，决策体制内自上而下的高层、中层、基层决策系统层层相连、层层相通。从横向看，决策系统、信息系统、咨询系统、执行系统和监督系统相对独立，各司其职、各负其责，但又相互制约、相互配合，形成了一个层次分明、结构合理、功能齐全的完整的决策体系。

2)现代决策体制的作用

(1)现代决策体制是决策科学化的前提

在现代社会中，决策所要解决的问题具有对象的广泛性、问题的复杂性和影响的深远性等特点，这就决定了仅凭决策者的经验和水平，难以揭示决策对象的客观规律和把握其发展变化趋势，因此，无法做出科学的决策。实践证明，现代决策水平的高低，取决于决策者是否善于发挥信息和咨询的作用，在咨询系统提供各种可行性方案后，经过综合评价，选择出满意方案，并在将决策方案交由执行系统后，不断地掌握监督系统反馈的信息，以利于修正与完善决策。

(2)现代决策体制有利于决策高效化的实现

现代决策体制有利于充分利用现代科学的技术方法和手段,为实现决策高效化创造积极的条件。事实表明,现代决策体制是运用现代科学技术方法和手段进行决策的良好形式。以"软技术"和"硬技术"为主要内容的现代科学技术方法和手段在现代决策体制中广泛运用的结果,有助于决策效率和效益的提高。

(3)现代决策体制是决策民主化的条件

现代决策体制是一种发扬民主、广开言路、集思广益和善于综合社会群体智慧参与决策的制度。现代决策体制对决策民主化的实现,起着十分重要的保证和支持作用。现代决策体制强调决策主体是一个由不同的知识结构组成的,可以互相补充、启迪和丰富知识的综合体。它有利于充分发挥集体智慧,用众人的智慧来弥补决策者个人智慧、经验和精力的不足,使决策奠定在民主的基础之上。

3)现代决策体制的构成

现代决策体制主要由信息系统、咨询系统、决策系统、执行系统和监督系统等构成。

(1)信息系统

信息系统是现代决策体制的神经系统,它主要由信息收集、处理、存储、传递等机构和人员组成。信息系统的基本任务是为决策系统、咨询系统提供全面可靠的信息资料,为决策的制定和实施提供全面准确的信息服务。

(2)咨询系统

咨询系统也称智囊系统,是现代决策体制的"智囊团"、智库。咨询系统由各类专职或兼职的决策研究机构及其人员组成。咨询系统为决策系统提供各种咨询方案和决策方案,通过集中自然科学、社会科学等各个领域专家的智慧,运用各种现代化的科学技术方法和手段为决策系统提供科学预测,拟订各种可行性方案,进行方案的论证、评估,提出取舍意见和建议等,作为决策者的"外脑",辅助决策系统决策。

(3)决策系统

决策系统是现代决策体制的核心。决策系统由拥有决策权的机构和人员组成,确定决策的主要内容,为咨询系统提供设计备选方案的目标,选出或综合出满意方案,下达实施决策的指令,并提供价值标准,为监督系统规定监督反馈的目的,并根据监督系统提供的各种反馈信息,及时修正和完善决策。

(4)执行系统

执行系统由负责指挥实施决策方案的各职能机构组成,其主要职责是忠实地执行贯彻决策方案,并在充分理解决策方案的基础上,依据部门(单位)的实际情况,创造性地执行决策方案。执行系统是通过计划、组织、指挥和协调等方式,使决策方法付诸实施并达到预期的结果。

(5)监督系统

监督系统也称控制系统,由对决策制定和实施进行全面监督的组织机构及其人员组成。其职责是了解和确定决策系统做出的决策是否符合管理的客观规律,了解和检查执行系统是否具备了执行决策的条件、手段和能力，衡量执行决策的结果与决策的目标是否偏离或违背，以及偏离或违背决策的原因是什么等。监督系统在决策体系中起着保证决策目标实现的作用。它通过对决策的制定和实施实行全面的监督，及时发现各种偏差和失误，以便及时地采取措施加以控制和纠正，以防事态的扩大。

现代决策体制中的5个系统是合理分割、各司其职、相互独立、相互联系、相互制约的整体，它们共同构成一个功能齐全、完整统一的决策体制，在决策中发挥着越来越重要的整体效应。

◎实训

小组讨论，在一个组织中，不同的因素是如何对决策产生影响的。

◎案例

诺基亚成立于1865年，诞生之初主要从事造纸生意，伴随企业不断扩大，业务类型不断增多，最终才定位在了移动服务。从1996年开始，在长达14年的时间里诺基亚始终占据着世界手机份额第一的位置，在其辉煌巅峰的2000年，市值达2 500亿美元。遗憾的是，从2011年起诺基亚手机销量全球第一的地位被苹果和三星超越，自此诺基亚的手机销售额开始滑坡，短短两年后，2013年9月诺基亚被微软收购，当年占据全球市场近一半份额的手机巨头，退出了历史舞台。

诺基亚公司主要有以下决策失误：

1. 对新技术丧失敏感，缺乏创新。它错过了利用安卓操作系统崛起的机会。智能手机改变移动互联网生态系统的速度远远超过这位“智能手机”先河开拓者的想象，智能手机的争夺不在手机质量比拼，而在操作平台和应用上。

2. 对用户需求变化缺少反应。诺基亚一直固守从通信功能出发的思路，丧失了当今客户对娱乐需求要求高的把握。

3. 对新的市场业态投入精力不足。产品的品牌有一大部分是靠产品质量与外观决定的。事实上，诺基亚在手机外观设计上连续十几年都采用其固化的经典直板机，不得不承认，诺基亚是靠着强大的品牌美誉度延长着用户审美疲劳来临的时间。

4. 战略上选错操作系统。在苹果iOS系统和安卓系统迅猛发展的时候，诺基亚公司选择收购塞班公司，采用塞班操作系统。在塞班系统劣势越来越明显时，本可与已经相当成熟的安卓操作系统合作，努力挽回颓势，诺基亚公司却出人意料地选择与微软合作。

接连的决策失误，注定了诺基亚的失败。

思考题：

根据以上案例，分析组织在进行决策时，应该考虑哪些因素？

任务3　了解决策的原则、过程和方法

13.3.1　决策的原则

为了使决策合理化、科学化，在决策过程中必须遵循一系列原则。

1）系统原则

从系统论的观点来看，客观世界的任何事物都存在于互相联系、互相制约的系统之中。我们可以把决策对象视为一个系统，有明确的目标，由许多相互联系、相互制约的子系统所组成。所以，在决策时，不仅要看到本系统的特性、要求和内在联系，同时还要看到与其相关联的各个系统的特性、要求和彼此的联系。只有以整个系统的总目标为核心进行系统的综合平衡，才能做出最优的决策。为了系统总体目标的利益，有时做出暂时对局部目标不利的决策也是必要的。

组织在经营管理时，必然涉及各方面的利益，要从系统性原则出发自觉地把组织的利益与国家、社会和消费者的利益协调起来。严格执行国家的有关方针、政策、法律、法规，遵守有关的制度和规定，尊重社会的道德规范、风俗习惯和社会各阶层的经济利益，注意保护广大消费者的利益。同时，在决策时，既要考虑组织的今天，也要考虑组织的明天，要善于把组织的近期目标与长远目标协调起来。

2）满意原则

影响组织决策的因素很多，组织内外的各种情况又在不断地变化，有些因素甚至无法确定，在这种复杂的情况下，要寻求最优方案十分困难。在现实条件下，决策者都受到能力、时间、资源和信息等条件的限制，往往不可能做出最优方案。即使能做出最优方案，在绝大多数情况下，可能是不经济的，因而也是不必要的。现实的做法是致力于研究企业经营的实际情况，制订出一个切实可行而又比较满意的方案。任何现实的决策方案一般都有这样那样的缺陷和副作用，不可能十全十美。但在一定条件下，决策者应当意识到这种不足的必然性。满意与否的标准并不取决于决策者的主观感觉，而应根据决策方案所产生的客观经济效益和社会效益来衡量。

3）可行原则

正确的决策必须是切实可行的。组织中的决策是否能取得成功，取决于组织的经营环境、市场供需关系、本企业人财物和产购销条件等因素。企业经营决策的目标和实施方案必须与上述诸因素相互协调，决策才具有可行性。

具有可行性的决策方案并不等于没有风险。决策都是对于未来事件的决定，未来事件都带有不确定性。因此，任何决策都不可避免地带有风险。具有开拓精神的决策者并不满足于追求风险最小的决策，而是着重思考实施决策后所得到的报酬与所冒的风险相比是否值得。组织决策者要有一点冒险精神,当然这种冒险不是盲目的冒险,而应建立在周密的可行性研究基础之上。

4)民主原则

正确的决策需要组织领导人的智慧和决断,但是决断并不等于独断。要在错综复杂的环境中进行有效的决策,任何个人的智慧和经验都是不够的,必须重视集体智慧的作用。智慧并不是权威与天才的结合,而是由那些具有专长、知识渊博、才思敏捷,具有客观地系统分析问题的能力和直言不讳品质的人所组成的。事实上,每个组织都可以从组织内外部找到这样的人。决策者在做出经营决策之前,可以请他们提供专题的研究报告,提供各种可供选择的决策方案。

从社会因素方面看,组织的经营决策往往影响到组织的兴衰成败,甚至影响到国家、社会和企业全体成员的利益。组织在经营决策的过程中,要善于发挥党组织、工会、职代会、群众团体的作用。通过各种方式听取组织成员的意见,使其能在不同程度上参与组织的经营决策,这样做,不仅可使经营决策更加符合实际,并且可以使决策得到广大群众的拥护,具有更强的生命力。

5)弹性原则

正确的决策是一个不断发展的过程,而不是一劳永逸的判决。组织在经营决策中需要领导人的决断,但决断不同于判决。判决是一次性的决定,决策是一个不断认识客观世界,不断做出决断的过程。因此,决策应当是有弹性的。

决策的弹性,首先表现在决策的多方案选择。其次,表现在方案本身要留有适当的余地。正确的决策应当做到可进可退,不到万不得已不做背水一战、孤注一掷的决策。最后,决策的弹性还表现在做出决策后,决策者要密切地注意决策在实施中发生的新情况、新问题,根据信息反馈,灵活及时地做出调整或开展新的决策。有时为了实现组织长远的整体目标,对原有决策进行补充修改甚至完全否定都是可能和必要的。

13.3.2 决策的过程

决策过程是指从问题提出到问题的解决所经历的过程。现代管理理论认为决策不仅仅是选择合理的方案,还包括决策程序本身的合理性和科学性。合理科学的决策过程是管理者提高决策成功率的一个重要方面。合理科学的决策过程是有规律可行的,大致包括以下5个步骤。

1)提出问题

决策过程始于一个存在的问题。所谓问题,是指现实与期望之间存在的差距。有时问题很明显,这多半出现在经营活动的结果阶段,或在正常经营活动中出现突发事件时。管理者不应只是等问题出现后再去决策,而应当预先考虑到当问题发生时如何应对。一般在经营活动突然出现异常现象、计划执行结果偏离目标、他人提出建设性批评意见和评议、在竞争对手的行为和动向出现明显变化可能导致竞争加剧等情况时,组织管理者就必须关注并找出问题所在。在找出问题之后,管理者对所找出的问题要进行全面的定性和定量分析,以确定问题的性质、严重程度、产生的原因、发展趋势、解决的迫切程度和条件等。尤其是要弄清产生问题的根本原因,只有明确了问题产生的根本原因,才能从本质上说明问题,才可能有针对性地确定决策目标,制订解决问题的方案。问题找出之后要按照轻重缓急确定解决问题的先后顺序。确定先后顺序的一种方法是:将解决问题的机会成本与其效益进行比较,使管理者的时间分配能产生最大的总效益。

2)确定目标

在所需解决的问题明确以后,必须确定经过努力可以达到的目标,即确定决策目标。所谓决策目标,是指组织通过决策及决策的实施所期望达到的未来状态及衡量未来状态的指标。同样的决策问题,可能有不同的决策目标,会导致不同的决策。这取决于决策者认为哪些因素与衡量未来状态有关。在这个阶段,确认什么因素和不确认什么因素与衡量未来状态有关,是同等重要的。在现实中,一个决策问题可能有一个以上的决策目标。而有些目标之间又相互矛盾,这样会给决策带来一定的困难。所以,要处理好多目标决策问题。处理多目标决策问题有 3 条原则:一是减少目标数量;二是把目标按重要性排序;三是要注意目标之间的协调。

决策目标必须十分明确。目标过分抽象或可以做不同的理解,决策将无从遵循,决策目标的实现程序也难以衡量,为此,要求目标是单义的、可以计量的。目标是可以落实的,并且能够确定相关人员的责任。此外,还要明确规定目标的约束条件。

3)拟订方案

选择是决策的一个核心环节,在选择方案之前必须拟订几个备选方案。备选方案的拟订必须考虑以下问题:首先,方案要能够保证组织目标的实现;其次,要研究确定目标的经营环境和企业内部条件的可利用性;再次,要确保多种备选方案之间有原则的区别,是相互排斥的;最后,所制订全部备选方案应包括所有的可能性,不能漏掉一种可能性。因此,在实践中分析各种备选方案的利弊时,要做到合理化和直观化,即一方面在分析时要有逻辑性和系统性、文字简明性和说理透彻性;另一方面要尽可能采用形象直观的图表,直接表达各种备选方案的利弊与经济效益。

4)方案的评价与选择

方案的评价与选择就是对每个备选方案的效果进行充分论证、比较评价。在此阶段要解决两个问题:首先是要建立有助于指导和检验判断正确性的决策准则,一般包括技术上的先进性、经济上的合理性、实现的可能性等方面。其次要合理地选择方法。方案的评价与选择要从系统观点出发,从全局性、整体利益出发,选择恰当的方法进行评价,根据可行性、满意度和可能产生的后果比较哪一个方案更有利,决策者最后从中选择一个满意的方案。在方案选择上可综合利用经验判断法、排队法、数学分析法和试验法进行比较和选择。

5)方案的执行与反馈

有效的决策方案只有经过执行才能取得实效。执行决策,应当首先制订一定的执行方案,包括要考虑宣布决策、解释决策、分配执行决策所涉及的资源和任务等,尽量取得组织成员对决策的理解和支持,使各级人员能认真地贯彻执行决策,具体实施决策。此外,在方案的实施过程中,要保持决策目标与行为的可控性和动态性。将原决策的执行情况与变化了的客观情况反馈到决策系统以便决策系统了解情况,并对原决策方案进行补充完善或做出新的决策再付诸实施，最终达到预定的目标。

13.3.3 决策的方法

决策是一个包括多个步骤的过程，管理者在进行科学决策的过程中，通常都采用定性与定量相结合的方法进行决策，随着现代科技的不断发展，定量决策得到广泛的使用，以下是常用的定量决策方法。

1）确定型决策方法

确定型决策是指决策者对事件的各种自然状态完全肯定而明确，经过分析计算可以得到各方案的明确结果的决策方法。其常用方法有线性规划法和盈亏平衡分析法。

（1）线性规划法

线性规划法是指在满足一组已知的约束条件下，使决策目标最优，即求目标函数的最大值（或最小值）。它是一种为寻求单位资源最佳效用的数学方法，常用于组织内部有限资源的调配问题。线性规划可用图解法、代数法、单纯形法等方法求解，变量较多时可借助于计算机求解。

（2）盈亏平衡分析法

盈亏平衡分析法，是在生产总成本划分为固定成本和可变成本的基础上，分析产量、成本、利润三者关系的计量方法。盈亏平衡分析法的关键是找出盈亏平衡点。在竞争的市场上，产品的价格不能由一个企业来决定，企业只能根据市场价格来销售产品，由此产生一个问题，即当企业产量很低时，该企业单位产品的成本就很高，因为单位产品分担的固定成本高，过高的单位产品成本就可能高于市场售价，从而使企业亏损。只有当产量达到一定的水平，才能收支平衡。超过这个水平，企业才能赢利。这个产量水平就是盈亏平衡点的产量。

2）风险型决策方法

风险型决策是一种随机决策，常用的方法是决策树法。决策树法是用树状图形表示出各备选方案的影响因素及不同自然状态下的损益值，综合比较损益值而做出决策的方法。

3）不确定型决策方法

不确定型决策是组织决策者对未来的情况虽有一定的了解，但又无法确定各种情况可能发生的概率，对这种问题的决策，称为不确定型决策。这种决策方法在决策中很大程度上取决于决策者的风险价值观，一般地，根据决策者对待风险的态度和看法，可分为小中选大法（悲观法）、大中选大法（乐观法）、大中选小法（最小后悔值）3 种类型。

◎实训

小组讨论民主决策的含义是什么。

◎案例

1962 年，英法航空公司开始合作研制“协和”式超音速民航客机，其特点是快速、豪华、舒适。经过10多年的研制,耗资上亿英镑,终于在1975年研制成功。十几年时间的流逝,情况发生了很大变化。能源危机、生态危机威胁着西方世界,乘客和许多航空公司都因此而改变了对民航客机的要求。乘客的要求是票价不要太贵,航空公司的要求是节省能源,多载乘客,噪音小。但"协和"式飞机却不能满足消费者的这些要求。首先是噪音大,飞行时会产生极大的声响,有时甚至会震碎周边建筑物上的玻璃;其次是由于燃料价格增长快,运行费用也相应大大提高。这些情况表明,消费者对这种飞机需求量不会很大,因此,不应大批量投入生产。但是,由于公司没有决策运行控制机制,也没有重新进行评审,而且飞机是由两国合作研制的,雇用了大量人员参加这项工作,如果中途下马,就要大量解雇人员。上述情况使得飞机的研制生产决策不易中断,后来两国对是否要继续协作研制生产这种飞机发生了争论,但由于缺乏决策运行控制机制,只能勉强将决策继续实施下去。结果,飞机生产出来后卖不出去,原来的宠儿变成了弃儿。

思考题:

1. 英法航空公司研制"协和"式飞机失败的原因是什么?

2. 在决策制定以后,在组织运行过程中,如何进行及时准确的控制?

课后练习

一、单选题

1. 从宏观上看,决策的实质就是(　　)。

A. 目标　　B. 选择　　C. 可行　　D. 动态

2. 在决策过程中,起决定作用的是(　　)。

A. 决策的重要程度　　B. 过去的决策

C. 决策过程的组织情况　　D. 决策者

3. 在组织制定决策的过程中,往往都是(　　)。

A. 群体决策　　B. 领导决策　　C. 经理决策　　D. 业务决策

4. (　　)是现代决策体制的神经系统,它主要由信息收集、处理、存储、传递等机构和人员组成。

A. 信息系统　　B. 咨询系统　　C. 决策系统　　D. 执行系统

5. (　　)是现代决策体制的核心。

A. 信息系统　　B. 咨询系统　　C. 决策系统　　D. 执行系统

6. (　　)在决策体系中起着保证决策目标实现的作用。

A. 信息系统　　B. 咨询系统　　C. 决策系统　　D. 监督系统

7. 受决策者个性影响最大的决策类型是(　　)。

A. 确定型决策　　B. 不确定型决策　　C. 多目标决策　　D. 程序性决策

8. 决策所涉及的问题一般与(　　)。

A. 将来有关　　B. 过去有关

C. 现在有关　　　　　　　　　　D. 过去、现在、将来都有关

9. 进行正确决策的前提是(　　)。

A. 了解组织的内部环境　　　　　B. 组织制度的健全程度

C. 有良好的组织结构　　　　　　D. 上述三方面都不是

10. 以提高经济效益和管理效率的决策是(　　)。

A. 战略决策　　B. 业务决策　　C. 管理决策　　D. 管理全过程

11. 在决策中起决定作用的应该是(　　)。

A. 决策技术　　B. 外部环境的影响　C. 信息的准确及时　D. 决策者

12. 战略决策主要是谋求(　　)。

A. 组织目标的实际

B. 从两个以上的可行方案中选择一个最佳方案

C. 组织内部条件、外部环境和目标3方面的动态均衡

D. 组织工作的正确指导

13. 决策方案的后果有多种,每种都有客观概率,这属于(　　)。

A. 不确定型决策　　B. 非程序化决策　　C. 战术决策　　D. 风险型决策

14. 决策的定量方法是(　　)。

A. 依靠人们的知识、经验和判断能力来进行决策的方法

B. 运用数学方法,建立数学模型来进行决策的方法

C. 确定型、不确定型和风险型决策的方法

D. 一系列科学的处理过程

15. 某种自然状态概率为“1”的决策是(　　)。

A. 风险型　　B. 确定型　　C. 程序化　　D. 非程序化

16. 不确定型决策和风险型决策的主要区别在于(　　)。

A. 风险的大小　　　　　　　　B. 可控程序

C. 能否确定客观概率　　　　　D. 环境的稳定性

17. 管理决策主要应由(　　)做出。

A. 高层管理者　　B. 基层管理者　　C. 中、高层管理者　D. 中层管理者

18. 不过分依赖复杂的数学模式及技术,而在于找出关键问题的决策是(　　)。

A. 战略决策　　B. 管理决策　　C. 业务决策　　D. 以上3种都不是

19. 主要是根据决策人员的直觉、经验和判断能力来进行的决策是(　　)。

A. 确定型决策　　B. 不确定型决策　　C. 程序化决策　　D. 非程序化决策

20. 某投资公司准备对一家儿童卡丁车游乐公司投资,为此要对项目进行可行性论证。在以下各因素中,你认为哪一种因素对该项目的未来发展前景最无关联影响?(　　)。

A. 家长对培养儿童勇敢精神的重视程度

B. 政府对儿童游乐项目的管理政策

C. 初步选定的供应商生产的卡丁车的质量水平

D. 其他游乐项目对儿童的吸引力

二、多选题

1. 决策活动包括以下哪些内容？(　　)

A. 明确的目标　　B. 决策是一个过程

C. 决策不是基于唯一的方案　　D. 决策结果是选择一个较为满意的方案

2. 决策的特点包括(　　)。

A. 目标性　　B. 预见性　　C. 可行性　　D. 动态性

3. 根据决策的主体类型可将决策分为(　　)。

A. 群体决策　　B. 程序化决策　　C. 战略决策　　D. 个体决策

4. 根据决策问题出现的重复程度可将决策分为(　　)。

A. 确定性决策　　B. 程序化决策　　C. 非程序化决策　　D. 业务决策

5. 决策者的素质主要表现有(　　)。

A. 决策者对问题的感知方式　　B. 个人价值观

C. 管理者对待风险的态度　　D. 处理信息的能力

6. 现代决策体制的特点包括(　　)。

A. 以定性分析为主导　　B. 决策的专业化分工

C. 借助科学技术的支持　　D. 强调决策的整体性

7. 决策的弹性主要表现在(　　)。

A. 决策的多方案选择　　B. 方案本身要留有适当的余地

C. 执行过程中及时地做出调整　　D. 执行过程中替换方案

8. 处理多目标决策问题的原则包括(　　)。

A. 减少目标数量　　B. 延长决策时间

C. 目标按重要性排序　　D. 注意目标之间的协调

9. 确定性决策常用方法有(　　)。

A. 小中选大法　　B. 大中选大法　　C. 线性规划法　　D. 盈亏平衡分析法

10. 越是组织的上层主管人员，所做出的决策越倾向于(　　)。

A. 战略的　　B. 非常规的　　C. 风险的　　D. 肯定的

三、填空题

1. 决策必须有一个明确的________，才能符合逻辑地展开一系列决策活动。

2. 方案越多，可供选择的范围就越大，选出来的方案就________。

3. 根据决策的重要程度可将决策分为________、________和________。

4. 决策者只能选择一个________的方案。

5. 决策是对组织未来活动的________、________、________和________，必须保证所做决定在未来具有可实施性。

6. 现代决策体制是以决策系统为中枢的，由________、________、________、________组成的配套、协调有序和相互作用的体制。

7. ________是决策科学化的前提。

8. ________是指组织通过决策及决策的实施所期望达到的未来状态及衡量未来状态的指标。

9. 在方案选择上可综合利用________、________、________和________进行比较和选择。

10. 风险决策是一种随机决策,常用的方法是________。

四、简答题

1. 定性决策应考虑什么问题?

2. 决策分析有哪几种类型? 试简述构成各种决策类型的条件。

五、案例分析

安娜该如何决策

安娜从一所不太著名的大学计算机学院毕业后,10 年来一直在某大城市里的一家中等规模的电脑公司当程序设计员。现在她的年薪为 50 000 美元。她工作的这家公司,每年要增加 4 ~6 个部门。这样扩大下去,公司的前景还是很好的,也增加了很多新的管理职位。其中有些职位,包括优厚的年终分红在内,年薪达 90 000 美元。有时,还提升程序员为分公司的经理。虽然,过去没有让妇女担任过这样的管理职位,但安娜相信,凭她的工作资历和这一行业女性的不断增加,在不久的将来她会得到这样的机会。

安娜的父亲雷森先生自己开了一家电脑维修公司,主要是维修计算机硬件,并为一些大的电脑公司做售后服务,同时也销售一些计算机配件。最近出于健康和年龄的原因,雷森先生不得不退休。他雇了一位刚从大学毕业的大学生来临时经营电脑维修公司,店里的其他部门继续由安娜的母亲经营。雷森想让女儿安娜回来经营她最终要继承的电脑维修公司。而且,由于近年来购买电脑的个人不断增加,电脑行业维修的前景十分看好。雷森先生在前几年的经营过程中,建立了良好的信誉,不断有大的电脑公司委托其做该城市的售后维修中心。因此,维修公司发展和扩大的可能性是很大的。

安娜和双亲讨论时,得知维修公司现在一年的营业额大约为 400 000 美元,而毛利润差不多是 170 000 美元。由于雷森先生的退休,他和他的太太要提支工资 80 000 美元,加上每年 60 000 美元的经营费用,交税前的净利润为每年 30 000 美元。自雷森先生退休以来,从维修公司得到的利润基本上和从前相同。目前,他付给新雇用的大学毕业生薪金为每年 35 000 美元,雷森先生自己不再从维修公司支取薪金了。

如果安娜决定担任维修公司的管理工作,雷森先生打算也按他退休前的工资 50 000 美元支付给安娜。他还打算,开始时,把维修公司经营所得利润的 25% 作为安娜的分红;两年后增加到 50%。因为雷森夫人将不在该公司任职,就必须再雇一个非全日制的办事员帮助安娜经营维修公司,他估计这笔费用大约需要 16 000 美元。

雷森先生已知有人试图出 600 000 美元买他的维修公司。这笔款项的大部分,安娜在不久的将来是要继承的。对雷森夫妇来说,他们的经济状况并不需要过多地使用这笔资金来养老送终。

思考题:

1. 对安娜来说,有哪些方案可供选择?
2. 你建议采取哪种方案?并说出理由。
3. 安娜的个人价值观对她做出决策有何关联?

项目 14　掌握沟通与协调

【知识目标】

了解沟通的定义和作用，熟悉沟通的方式，掌握沟通的技巧；了解协调的作用，掌握协调的方法。

【能力目标】

通过本项目的学习，增强沟通意识，掌握沟通和协调的一般方法和技巧，提高在学习和工作中的沟通能力和协调能力。

【案例导入】

挽回的银行贷款

客户郎某2008年在A银行办理个人住房按揭贷款3笔，贷款金额分别为:23万元、25万元、27万元，2014年初由于郎某所办企业经营出现问题，资金紧缺，无力正常支付住房月供，A银行客户经理在电话催收无效后，多次上门催收。郎某开始态度较差，经过客户经理耐心分析利弊，郎某的态度有所改善，开始筹措资金配合还款，但由于资金缺口大，还款来源最终没有落实。鉴于郎某所购3套住房一套用于自住，一套用于办公，另一套用于出租的情况，客户经理建议郎某转售出租的房屋，这样郎某既能避免被银行起诉造成损失，还可保证其他两套住房的按揭月供，剩余资金还可用于生意上的周转，银行又能及时收回贷款。郎某同意银行建议，但苦于找不到合适的买家。客户经理又采取多种渠道联系买家，先后3次协助郎某谈判，终于帮助郎某出售了房屋，摆脱了困境，银行顺利收回不良贷款。在此过程中，客户经理还及时向买家宣传A银行业务，成功营销两张信用卡。

小思考：

1. A银行客户经理是如何与郎某进行沟通的？解决问题的核心因素是什么？

2. A银行客户经理为了挽回银行贷款，如此深入地介入客户经营，是否合适？

任务1　学会沟通

14.1.1　沟通的含义与作用

沟通是人与人之间最常见的活动之一，无论是政府、企业、事业单位、团队，还是个人之间彼此的信息交流都是沟通。在管理活动中，也大量存在沟通行为，因此，管理者必须对沟通有正确的认识，对沟通活动给予高度重视。

1）沟通的含义

“沟通”一词在《美国传统双解词典》中的解释为“交流、交换思想、消息或信息”。在《大英百科全书》中，沟通是指“用任何方法，彼此交换信息”。《新编汉语词典》关于沟通之意的解释为“使两方能连通”。

我们认为，沟通是人与人之间、人与群体之间思想与感情的传递和反馈的过程，以求思想达成一致和感情的通畅。简单地说就是信息的交流，这种信息的交流可以有多种格局，也可以有多种形式。但这里的信息沟通更关注人与人之间的信息沟通，这种信息沟通的对象是人而不是物。人与人的沟通不同于其他的沟通，有自己的特殊性。

①沟通的过程主要是通过语言或文字来进行的，交流的内容不仅是信息，还包括情感、思想、态度和观点。这是因为人具有与其他动物不同的特点，能够运用语言和文字表达共同能够理解的含义。

②在沟通的过程中，由于彼此的差异，有可能会出现特殊的沟通障碍，如心理障碍、能力障碍、语言障碍等。

③沟通的过程会受知识、经历、职业、政治观点、沟通各方地位差别、心理因素等的影响。

在管理中，也存在沟通的问题，即在管理过程中，管理者之间通过各种形式的媒介传播信息或者获取信息，以便能够顺利开展各项工作。

2）沟通的作用

沟通是一种自然的、必需的、无所不在的活动，不仅是一个人获得他人相关信息的一种途径，而且是一种有效的影响他人、改变他人的工具。在管理工作中，沟通的重要性不言而喻，管理者所做的每一件事情几乎都离不开沟通。通常来讲，沟通的主要作用有以下两个。

（1）传递和获得信息

信息的传递、获得都离不开沟通的过程。通过沟通，交换有价值、有意义的信息，从而使成员行为协调一致，使管理工作更加有序。好的沟通者可一直保持注意力，随时抓住内容重点，找出所需的重要信息。通过对信息的相关了解，从而使工作效率提高、管理工作更加有效。所以，在管理过程中，要通过有效沟通传递和获得信息。

(2)改善人际关系

人际关系是否融洽,主要由沟通的水平、态度和方式等来决定,而沟通与人际关系的建立和发展相互促进、相互影响。有效的沟通可以赢得和谐的人际关系,而和谐的人际关系又使沟通更加顺畅。相反,人际关系不良会使沟通难以开展,而不恰当的沟通又会使人际关系变得更坏。所以,有效的沟通可以改善人际关系。

14.1.2 沟通的过程

沟通是在管理工作中,人与人之间通过语言、文字、形态、眼神、手势等手段进行的信息交流。简单地讲,沟通的过程是信息交流的全过程。在这个过程中,通过发送者和接受者相互联系,从而实现信息在两者之间的传递,如图 14.1 所示。

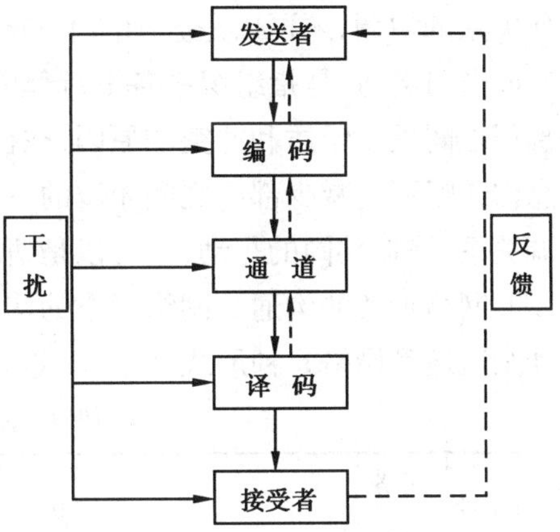

图 14.1 沟通过程示意图

①发送者需要向接受者传送信息或者需要向接受者提供信息。这里的信息内容很广,如观点、主意、想法等信息。

②发送者将需发送的信息编码成接受者能够理解的一系列符号。为了能有效地沟通,这些系列符号应适应相关媒介的需要。如果媒介是视频,符号的形式应选择声音、动画、图片或文字;如果媒介是纸张,应选择文字、图画等。

③将发送的符号传递给接受者。由于选择的符号种类不同,传递的方式也不同。传递的方式可以是书面的,如信、备忘录等;也可以是口头的,如交谈、演讲、电话等;甚至还可以通过身体动作来表述,如通过手势、面部表情、姿态等来表达。

④接受者接受传递的符号。接受这些符号传递的方式,要选择相对应的方式。例如,这些符号是口头传递的,接受者就必须仔细地听;这些符号是书面传递的,接受者就必须仔细地看。

⑤接受者将符号译成具有特定含义的信息。发送者编码和传递能力的差异,以及接受者和译码者水平的不同,信息的内容和含义可能被曲解,从而导致沟通无效。

⑥接受者理解信息的内容。接受者对信息内容的理解也会受接受者自身的文化背景、经历、阅历、情绪等因素的影响。

⑦发送者通过反馈来了解他传递的信息是否被接受方准确无误地接受。一般来讲,沟通过程中存在许多干扰因素,导致沟通的效果大大降低。因此,发送者有必要去了解信息被理解的程度。

14.1.3 沟通的方式和工具

1)沟通的方式

按照沟通途径的不同,沟通的方式可分为正式沟通和非正式沟通两种。

(1)正式沟通

①正式沟通的概念。一般来讲,正式沟通是组织系统内部依据组织规定的原则所进行

的信息传递与交流。如组织之间的公函来往、组织内部的文件传达、召开会议、上下级之间的信息交换等。

②正式沟通的类型。正式沟通的类型分为向上沟通、向下沟通、横向沟通、网络形态的沟通等。

a. 向上沟通，是指下级将意见或信息反映给上级，联络的方式是自下而上。主动向上级汇报和沟通是下属的职责。作为一个组织，向上沟通的渠道必须畅通，否则管理者难以掌握组织较全面的信息，从而导致决策的失误。同时，作为一个下属，也要有向上沟通的意识，向上沟通一般是请示、报告、汇报等。

b. 向下沟通，是指上级将相关信息传递给下级，联络的方式是自上而下，这种方式传递的信息通常是下达指令、发布指示、表达愿望等。向下沟通既可以是工作的安排，也可以是工作关系的协调，还可以是激励部下、鼓舞下属更好地完成组织安排的任务。

c. 横向沟通，是指组织中各平行部门或平级的成员之间的信息交流和传播。在组织中，各部门之间发生矛盾和冲突的原因，往往是部门之间缺乏沟通。所以，保证平行部门之间的信息沟通畅通是减少部门之间矛盾的一种有效措施。横向沟通既可以是通报信息以便保持协调关系，采取共同的行动，也可以是请求工作协助。

d. 网络形态的沟通。网络形态的沟通有链型网络、“Y”字型网络、轮型网络、圆圈型网络和全通道型网络 5 种形式，5 种形式各有特点，如表 14.1 所示。

表 14.1　正式沟通网络形态的类型

序号	网络形态	形　状	含　义
1	链型网络	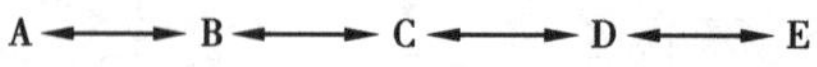	是一个串状网络，代表一个 5 级层次，逐级传递，信息可自上而下或自下而上进行传递。在这种模式下，信息沟通速度最快，解决简单问题效率高。但对提高组织成员的积极性有不利的影响
2	“Y”字型网络	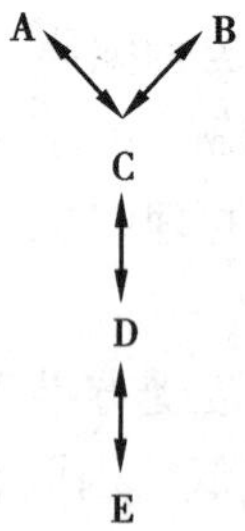	又称秘书中心控制型网络。这种沟通网络相当于企业主管、秘书与下级人员之间的关系。秘书是信息收集和传递中心，对上接受主管的领导。在这种模式下，解决问题速度快，但成员满意度低，容易影响工作效率
3	轮型网络	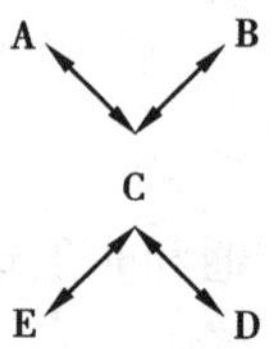	属于控制型网络，其中只有一名成员是各种信息的汇集点与传递中心。相当于一个主管直接领导管理几个部门的权威控制系统。在这种模式下，信息传递速度快，正确性高，组织集中度高，但对成员的积极性和工作变化的弹性会产生不良后果

续表

序号	网络形态	形状	含义
4	圆圈型网络	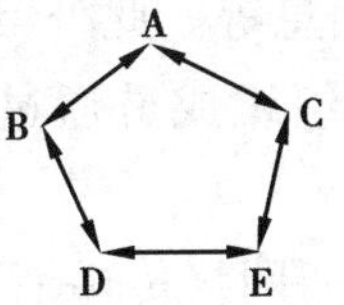	又称工作小组型网络。此形态可以看成是链型的一个封闭式控制结构，表示5个人之间依次联络和沟通。在这种模式下，能提高成员的积极性，解决复杂问题，但信息传递速度慢，准确性低
5	全通道型网络	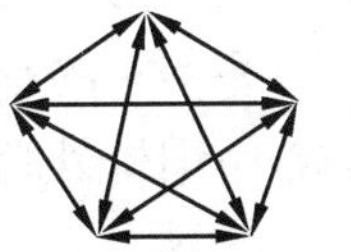	是一个完全开放式的沟通网络，沟通渠道多，成员之间地位平等，所有成员都可以相互联系。在这种模式下，成员士气旺盛，民主气氛很浓，人际关系融洽，但组织的集中化程度低，适合于委员会之类的组织结构的沟通和复杂问题的讨论和解决

以上5种沟通形式各有长处和短处，各种沟通网络的影响效果如表14.2所示。

表14.2 各种沟通网络对组织活动的影响

沟通网络类型	沟通的效率	准确性	组织效果	领导者的作用	成员满意度	其他影响
链型网络	快	高	较易产生组织化，组织很稳定	显著	适中	任何环节都不能有误或打折扣
"Y"字型网络	快	较高	较易产生组织化和组织稳定	显著	低	秘书在信息传递中的态度、能力至关重要
轮型网络	快	较高	迅速产生组织化并稳定下来	非常显著	较低	成员之间缺乏了解，工作难以配合、支持
圆圈型网络	慢	低	不易产生组织化，不稳定	很低	高	邻近的成员之间联系，远一点则无法沟通；具有临时性
全通道型网络	慢	适中	不易产生组织化	很低	很高	成员之间真正相互了解，适合解决复杂问题

(2)非正式沟通

①非正式沟通的概念。在组织管理中，非正式沟通是指通过正式组织途径以外的渠道进行的信息传递与交流。非正式沟通网络不是由组织设置的，而是组织成员之间自发形成的。例如，同事之间的任意交谈、道听途说，甚至通过家人之间的交往产生的传闻等，都算是非正式沟通。

②非正式沟通产生的原因。非正式沟通之所以产生，是由于人们有各种各样的社会需

要。除了吃、穿、住等基本的生存需要外，人还有安全的需要、寻求关心的需要、建立友谊的需要、归属的需要、被认可和尊重的需要、成长和发展的需要等。非正式沟通常常可以满足人们某方面的需要，例如，朋友之间的信息沟通与交流，常常意味着相互关心和友谊的增进；有些人乐于探听有关报酬变动、职位升迁的消息等。此外，组织中非正式关系（如同学关系、朋友关系）和非正式群体的存在，也促进了组织成员通过这种方式来弥补正式沟通的不足。

③非正式沟通对管理的影响。由于非正式沟通网络传递消息都是口头传播，它具有传播速度极快、易于迅速消散、没有永久性的结构和成员等特点。非正式沟通能够发挥作用的基础是组织中良好的人际关系，这种良好的关系在一定程度上也有利于组织管理。其缺点表现在：非正式沟通难以控制，传递的信息不确切，一些不实的小道消息经过散布，会造成很坏的影响，即所谓的"谣言惑众"。同时，它可能形成小团体、小圈子，影响组织的凝聚力和人心稳定。

④非正式沟通网络。非正式沟通网络不是由组织设置的，而是在组织成员进行非正式沟通中自然形成的。美国心理学家戴维斯教授将非正式沟通网络归纳为以下 4 种形态，如表 14.3 所示。

表 14.3　非正式沟通网络形态的类型

序号	网络形态	形　状	含　义
1	单线型		以"一人传一人"为特征。一人将消息传给下一人，下一人又传给下一人，以此类推
2	辐射型	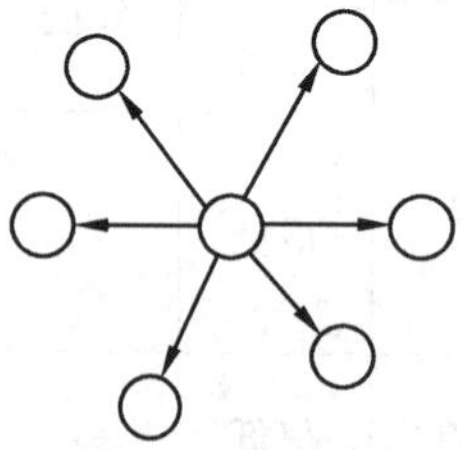	以"一人传多人"为特征。中间人将消息传给周围其他人
3	随机型	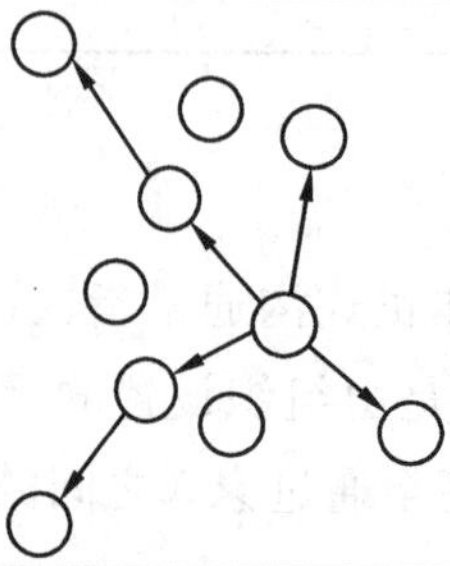	以"一人偶然传"为特征。一人将消息随机地传给一部分人，这些人又再随机地传给其他人。实际传给哪些人，带有相当的偶然性

续表

序号	网络形态	形 状	含 义
4	集束型	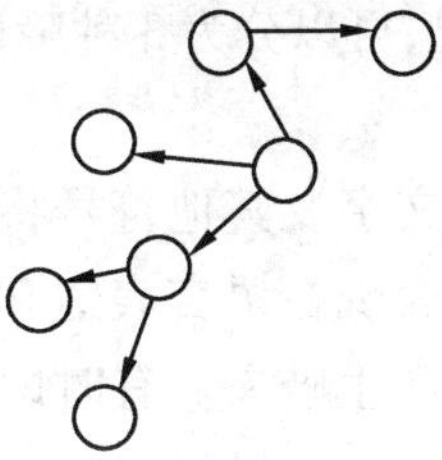	以“一人成串传”为特征。一人将消息传给特定的一群人(如熟人),这些人又再传给各自熟悉的其他人。这是非正式沟通中典型的沟通网络,所谓“一传十,十传百”

2)**沟通的工具**

沟通工具大体上包括口头沟通、书面沟通、非语言沟通、电子媒介沟通 4 类。

(1)口头沟通

口头沟通是日常生活中最常用的沟通工具,是指借助于口头语言来实现信息的交流,可以采用的形式有口头汇报、讨论、会谈、演讲、电话等。其优点主要有 3 个方面:一是传递速度快;二是反馈信息快;三是传递信息量大。但与此同时,口头沟通在传递中经过层次越多,其信息失真越严重,核实越困难。

(2)书面沟通

书面沟通是以文字为媒体的信息传递,其形式主要包括文件、报告、信件、书面合同等。其优点有 3 个方面:一是信息持久;二是信息有形;三是可以进行核实。不足之处是传递效率低、缺乏反馈。

(3)非语言沟通

非语言沟通包括两种形式:一种是通过非语言的声、光信号、体态、语气语调、空间距离变化等方式进行沟通;另一种是保持沉默,即对对方传递的信息不做任何反应。这是一种非常有用的形式,尤其是在一些信息接受者难以回复、不回复无关大碍的情况,或者难以得体地回复的情况,或者是回复不如不回复的情况,保持沉默往往是最好的方式。语言沟通的优点是信息意义十分明确,内涵丰富,含义隐含灵活;不足是传递距离有限,界限模糊,只能意会不能言传。

(4)电子媒介沟通

电子媒介沟通是指借用传真、闭路电视、计算机网络、电子邮件(E-mail)等媒介沟通。其优点是快速传递、信息容量大、一份信息可同时传递给多人、廉价;不足在于往往是单向传递,难以看见别人的表情。

14.1.4 沟通障碍与技巧

沟通在组织活动过程中起着非常重要的作用。在组织内部,管理者可以在沟通中将自己的意见、想法、经验、知识传递给下属人员,影响下属人员的思想、行为,并取得他们对领导的支持,得到应有的信息反馈,了解下属人员的意见和需要。但是沟通并非一帆风顺的,往往会遇到障碍。

1)沟通障碍

沟通障碍,是指信息在传递过程中的失真或中断,而失真又表现为添加、省略和曲变3种形式。一般来讲,按出现障碍的原因来概况,可以分为3种障碍。

(1)语言文化障碍

语言是沟通的工具之一,人们通过语言、文字及其他符号将信息经过沟通渠道来沟通。但是语言使用不当就会造成沟通障碍。主要表现在语言表达和文化背景的差异上,由于语言表达不清,使用不当,造成理解上的困难或产生歧义。有时即使是同样的字眼,对不同人而言,也有不同含义。

(2)心理障碍

心理障碍是指个性特征和个性倾向所造成的沟通困难。人的行为是受动机、心理状态影响的,现实的沟通活动经常受人的态度、个性、情绪等心理因素所影响,有时这些心理因素会成为沟通中的障碍。如个人与个人之间、组织与组织之间、个人与组织之间,由于需要和动机的不同、兴趣与爱好的差异,都会造成人们对同一信息的不同理解。

(3)组织障碍

组织自身内的一些因素也会束缚组织内成员之间的有效沟通,主要有地位障碍和结构障碍两方面的因素。由于组织机构复杂庞大,环节太多,造成信息损耗和失真。组织内部设立有各种机构和岗位,由于过分强调管理者与管理相对方之间的地位差别,管理者过分在意自己的地位、行事专断等,这都会使下级明显感到压力,从而加深了沟通中的鸿沟。此外,机构重叠、沟通渠道单一等,都能影响组织内部的有效沟通。

2)沟通技巧

在组织的管理过程中,所有的管理者都能体会到实施沟通的实际困难。所以仅仅了解沟通的方式、方法是不够的,还需要研究如何提高沟通效率,使管理者能更健康有效地进行沟通。可以从以下7个方面进行提高。

(1)了解沟通的多样性

由于对象不同,每个对象的特点不一样,这就要求沟通的方式也要多样化,因此,要利用多元的沟通方式和工具去面对不同的沟通对象。只有这样,才能做到“一对一”,顺利实现沟通的目的。

(2)明确沟通的重要性,正确对待沟通

很多组织管理者往往重视计划、组织、领导和控制等职能,认为任务信息的传达有组织系统就可以了,对沟通常常会忽视,对非正式沟通中的相关信息采取压制的态度,从而导致沟通的失败。所以,组织管理者应意识到沟通的重要性,正确地对待沟通。

(3)培养听的艺术

对组织管理者而言,要培养听的艺术,要做到控制情绪,保持冷静;不妄加评论和争论;少讲多听,不要打断对方讲话;交谈轻松、舒适,消除拘谨不安情绪;表现出交谈兴趣,不要表现出冷淡或不耐烦;尽可能地排除外界干扰;站在对方立场上考虑问题,表现出对对方的同情;要有耐性,不要经常插话,打断别人的谈话;提出问题,以显示自己充分聆听和求得了解的心境。

(4)沟通语言要通俗易懂

在沟通时，尽量语意确切，通俗化、具体化和数量化，使接受者较容易理解，从而使沟通的效率提高。

(5)改善组织结构

沟通的传递受通道的影响。为使传递效果更好，组织应尽量减少结构层次，消除不必要的管理层，同时避免机构的重叠，增加沟通渠道，以保障沟通的速度，确保信息的准确和充分。

(6)增加沟通双方的信任度

在沟通中，应创造良好的沟通气氛，保持良好的沟通意向和认知感受性，使沟通双方在沟通中始终保持亲密、信任的人际距离，从而使沟通不仅可以维持，而且还朝着正确的方向进行。

(7)及时反馈与跟踪

在沟通中，管理者还应注意及时反馈与跟踪，要及时了解对方对信息是否理解和愿意执行，特别是组织中的高层管理者，更应善于听取下级报告，安排时间与下级人员联系，尽量消除上下级之间的地位隔阂及所造成的心理障碍，引导、鼓励组织基层人员及时、准确地向上级领导反馈情况。

◎实训

小组讨论：在你的生活、学习中，是否遇到过与他人(比如家人、老师、同学、朋友、陌生人等)存在沟通障碍问题；你是如何解决的。

◎案例

东华公司员工说老板庄先生性子急，要求严，喜欢发脾气，所以一些员工与他沟通时很紧张，甚至尽量躲着他。庄先生说员工不明白他的意思，做出来的东西和他想要的不一样，有些没必要犯的错误经常重复地犯，做错了还不能说重话，个别员工会和自己发生争执，也有的女员工会哭起来。

某天快下班了，庄先生发现一位员工的工艺不对，便对他进行纠正。该员工试图解释，但庄先生认为该员工不应该犯这样基础的错误，不听该员工解释。而该员工也急着说明自己的做法，两人都没有停下来听对方说，声调都开始提高，语速加快。庄先生习惯性地伸出手指，该员工感觉被指着鼻子当众挨训，认为受到侮辱，便大声嚷道："你觉得我不好，那开除我好了！"然后背起包往外走。庄先生非常生气。事后庄先生伤感地说："我创立这个品牌就是为了让人们生活得更好，我们的品牌就是因为注重工艺品质和客户体验才得以发展壮大，我给没有经验的员工机会，教他们怎么做事情，他们不但不听，不感谢，还不尊重我。"该员工也很委屈地说："这个产品和以前的有些不一样，所以我想尝试不同的做法。当时本来下班了，我是打算做好了再走的。但什么都不问就骂我，还指我的鼻子，我长这么大都没人指着我的鼻子。我也不是不感谢,也不是不尊重,但尊重是互相的。”

思考题:

根据以上案例,庄先生为什么会被员工误解?沟通在日常企业经营中有哪些重要的意义?

任务2　了解协调

毛泽东说过,矛盾存在于一切事物的发展过程中。在管理活动中,管理者与管理相对方存在矛盾关系,平级的管理者之间也存在矛盾关系。解决这些矛盾的主要手段就是协调,协调是管理过程中的一个重要职能。

14.2.1　协调的概念、作用和原则

1)协调的概念

协调是指为了有效地完成组织计划所规定的任务,以便顺利实现目标,对管理诸要素加以调节的活动。在管理过程中,组织与组织之间、组织内部的部门之间、组织与个人之间,以及个人与个人之间,总有这样那样的分歧、矛盾和纠纷。同时,在推进工作过程中,存在各方面资源和进展的不平衡、计划与实际需求的不一致等。这就需要通过协调活动来保证组织的整体平衡,建立各部门及各个环节和要素间良好的配合关系,以利于发挥整体效能,保证目标的顺利实现。

2)协调的作用

协调的实质是正确处理人与人之间的关系,实现人与人之间的良好配合,即使是处理组织与组织之间的关系、各种资源配置的关系,最终也要体现在与人之间的关系上,所以协调实际上是人际关系的协调。

(1)协调是合理使用管理资源的保障

在管理过程中,要按计划完成好事先确定的任务,就需要使用各种资源。管理资源使用的合理,就能人尽其力、物尽其用,以至投入少产出多;管理资源使用不合理就会投入多产出少。要使用好这些资源,在管理过程中就必须进行协调,使人力、物力、财力、时间等资源能够得到充分的、合理的利用,提高资源使用的效率。

(2)协调可以改善组织环境

任何社会组织都存在于一定的环境中,组织要发展,必须适应环境的要求,获得环境的支持。组织同环境中各方面既可能有共同利益,又有不同利益,有时能相互配合和支持,有时则会出现矛盾。这就需要经常协调同环境各方面的关系,寻求了解、信任和支持,以利于组织的发展。

(3)协调活动确保管理活动的进行

组织的内部常常分设若干单位、部门及岗位，在管理活动中，常常需要彼此之间紧密协作，围绕统一目标、按照规定步调去运转，才能保证组织宗旨和目标的实现。尽管计划、组织和控制等工作都已经考虑了这方面的需要，但是仍然有大量的矛盾和冲突需要协调，因此，协调工作是管理活动的重要职能。

(4)协调是调动员工积极性的重要手段

组织内部的人际关系对员工积极性有着很大的影响，每个员工都希望有个好的工作环境，人们互相关心、互相爱护、互相帮助。在组织中，员工之间常常会产生各种矛盾和冲突，这就需要妥善处理、正确协调，创造一个既有统一意志，又有个人心情舒适的环境，从而充分调动员工的积极性。

3)协调的原则

(1)统筹兼顾，力求平衡

统筹兼顾是协调总体与局部、重点与非重点、眼前利益与长远利益等关系的一个基本准则。协调必须从整体利益出发，全面考虑、统筹安排，局部利益要服从国家、民族和公共利益。在实现整体利益的同时，顾及局部和个体利益;协调要处理好管理工作重点与非重点的关系，在解决重点问题的同时，带动并解决非重点问题。同时，要协调好眼前利益与长远发展的关系，使眼前利益、当前工作为长远战略目标服务，克服急功近利的做法。

(2)客观、公正、实事求是

协调的客观、公正，就是在进行协调工作时，管理者要按照事物的本来面目秉公办事，不徇私舞弊、徇情枉法。无论组织内外，无论对单位和个人，都要客观、公正，只有这样才能维持和发展正常的人际关系，达到协调关系的目的。

(3)原则性和灵活性相结合

协调各方面的关系应当有原则性。原则性是指协调工作要符合国家的法规和政策法令，组织的宗旨、目标和规章制度，符合社会主义精神文明和社会伦理道德规范，符合组织生产经营利益的需求等。协调要遵循这些原则，应当坚持按原则和要求来鉴别是非曲直，做出正确决策，协调各类关系。但是原则性必须和灵活性相结合。在一些不重要的问题上，要相互妥协、让步，进行调和。在协调中，有时需要“抹稀泥”“抓大放小”，着眼大局处理各种工作关系。

(4)互相关心、互相尊重

协调的实质是处理人际关系，处理人际关系的首要准则是尊重人、关心人，做到互相关心、互相尊重。组织之间也需要互相关心、互相尊重。无论组织内外、组织之间还是个人之间、上下级之间或平级之间，都要以互相关心和互相尊重的思想为指导。在管理活动中，不管出现什么问题，都要通过调查研究，民主协商，摆事实，讲道理，寻求能为有关各方所接受的解决方法。

(5)正确对待冲突

冲突是矛盾的表现形式，人和事物的发展过程都自始至终存在矛盾运动，组织内外部的冲突也是一种客观存在。企图抹杀矛盾或看见矛盾绕道走，采取消极回避的态度，是不现实的。但是冲突并非都是坏事,有破坏性冲突,还有建设性冲突,这就要求正确面对。有时候,我们还可以采用搁置冲突的方式,以时间换空间,求得管理的顺利展开。

(6)求大同、存小异

管理者在管理过程中的协调,是在保证政令统一,保持政策、法律权威性和严肃性,保证管理目标一致性的前提下,支持各部门、下级单位及其人员在管理上灵活处置。求同是指共同点和共同利益,这是协调的基础和出发点,是解决问题的根本。与此同时,承认利益、行为、思想等方面的差异,管理工作因地制宜、灵活变通,是解决问题的关键。

14.2.2 协调的内容和方法

在管理过程中,产生矛盾和纠纷的原因是多方面的,矛盾纠纷的表现形式也是各种各样的,这就决定了协调内容的多样性。在管理过程中经常要针对不同的问题展开不同的协调。

1)协调的内容

(1)组织内外个人之间的关系

在管理过程中,由于每个人的社会角色不同,社会责任不同,思想觉悟和文化程度不同,以及气质性格的不同,因而对事物的认识有着巨大的差异,在工作中的表现也各不相同,这是形成各种矛盾和分歧意见的重要原因。管理者要根据不同性质的矛盾和问题的轻重,处理好人与人之间的关系。属于思想认识的,要帮助提高认识水平;属于工作纠纷的,要统筹全局,根据轻重缓急,突击中心,堵住薄弱环节;属于气质性格的,一方面要做到尊重当事人,另一方面要恰当指出其弱点。当管理者与下属人员出现发生矛盾和意见分歧时,管理者要在分清是非的情况下,严于律己,宽以待人。

无论什么样的情况,在协调人与人之间的关系时,都要以理服人,以工作任务为出发点,以是否有理由实现目标为判断是非的准绳。

(2)个人与组织之间的关系

个人目标与组织目标之间的矛盾和实现组织目标过程中方向的不一致,是组织内部的一种普遍现象。管理的任务在于实现统一的组织目标,但是由于个人价值观念不同、个人需要不同、兴趣爱好不同,因此,个人的各种各样的要求不可能在组织目标中一一反映出来。在实现组织目标的过程中,由于个人的认识水平不同、能力素养不同和客观条件的差异,也可能出现步调不一致的现象。对这些矛盾的解决,必须发挥协调职能才能达到。

(3)协调组织与环境的关系

组织与社会环境是紧密相联的,社会环境中的各种因素制约和影响着组织的各项工作。这些制约和影响因素,有的是有积极意义的,有的具有消极作用。对组织与环境中的对立和冲突,要通过发挥协调职能加以解决。协调组织与环境的关系,首要的是从沟通信息入手,然后对信息进行加工处理,以处理好顺应环境和改造环境的关系。

(4)协调领导者之间的关系

在组织的各级领导班子内部成员之间也会存在差异和冲突,也需要协调。对于组织而言,协调领导者之间的关系更加重要,因为一个团结、和谐的领导团队对于组织发展至关重要。一般而言,最高层次的领导班子是一个组织的领导核心,其协调功能是组织协调的关键因素。领导班子内部的协调,主要责任应由正职,即主要领导人承担。

2)协调的方法

组织内部上下左右之间产生矛盾的原因很多,为了做好协调工作,改善人际关系,就需要根据不同情况,采取不同的协调方法去解决。

(1)通过方针和目标协调

方针是指导组织行为的原则,也是组织各部门共同的、必须遵守的准则。制定方针有助于保证组织内部各部门、单位和人员按照相同的准则行动,防止部门利益和业务区别而导致管理出现方向性的迷失,也有助于组织内部各部门之间的协调和沟通。通过制定和调整方针,可以从较高的层面解决组织内部的矛盾和冲突。

目标协调包括目标、计划预算和战略的协调。制定目标,可以统一思想、协调步伐。目标协调一方面是通过民主协商,制定大家认可的目标,从源头上解决矛盾和冲突;另一方面是通过制定目标,协调各部门、单位的工作,使其能够围绕总体目标开展相关工作。

(2)通过思想沟通协调

通过思想沟通协调,是指在协调工作中,通过统一思想、凝聚共识来协调各种关系。思想沟通协调要求各级领导人做好带头示范作用,形成组织成员共有的价值观念和文化;同时,要培养员工的系统观念和全局观念,讲团结、讲协作,比服务、比贡献,发扬“把困难留给自己,把方便让给别人”的精神,清除各种形式的本位主义、小团体主义和自由主义思想。在出现矛盾影响工作时,要积极主动地做好工作,不因责任不明而消极等待,延误工作。

(3)通过调整结构和分工协调

调整结构协调,包括对组织结构进行调整和对组织内部成员的构成进行调整。组织结构的设置和运行要符合组织发展的需要,当不符合组织发展的需求时,就可能产生矛盾和冲突。同样地,组织内部的管理者和管理相对方只有在思想觉悟、知识、能力、气质修养和年龄等方面保持合理的结构,才能实现优势互补。组织管理要根据组织发展的情况适时对组织结构和人员结构进行调整,以便使组织发展保持协调。

协作以分工为基础,分工合理才易于组织良好的协作。所谓分工协调,就是要合理分工,明确权责和权限,用规章制度把分工协作关系确定下来并严格地贯彻执行,以此使组织各项工作协调一致。无论分工如何合理,责权如何明确,制度如何详尽,都不可能将实际运动中的一切问题包括进去,而且随着时间的推移和事件的发展,必将出现一些新的情况和新的问题,所以要利用分工协调实现良好的管理。

(4)通过利益协调

利益协调,是指通过协调各种关系和利益,解决矛盾和纷争。在组织管理的过程中,常常会伴随着各种利害关系,这些利害关系的存在是导致团队成员之间、部门之间冲突的原因。因此,要根据情况的变化适时调整利益关系,实现利益的平衡和公正,从而充分调动各部门、各成员的工作积极性。通过利益协调,要注意坚持社会主义按劳分配原则,建立健全责任制,明确规定各部门、单位、岗位的职责权限,严格考核其职责完成情况,并且把它们的经济利益同职责完成情况挂钩,消除平均主义和大锅饭的影响。

(5)通过召开会议协调

召开会议是协调工作经常采用的一种方式。协调会议一般有两种:一是用于信息沟通,通过会议交流工作情况和问题,增进相互了解,减少横向摩擦;二是用于解决问题,约请有关各方针对某个问题协商解决办法,会议做出的决定对参加者都有约束力,必须严格执行。会议协商还有一种形式,就是召开"现场会",由于身处工作现场,矛盾和冲突表现得更加清晰、明了。将协调工作安排到管理现场商量解决,有利于抓住要害和关键,解决实质问题,避免脱离实际、纸上谈兵。

(6)通过相互交往协调

交往是相互了解和理解的重要途径。组织内外的矛盾和纠纷很多源于相互的不了解和不理解。交往协调就是在组织内部上下左右之间、组织之间经常交往,增进了解,主动互通信息,互提要求,以减少矛盾的产生,产生了也容易发现和解决。在有些组织中,各部门不了解也不想去了解其他部门,互不通气,不关心整个组织,也不关心相邻部门,这就容易导致分歧和冲突。

◎实训

小组讨论:在你的学习和生活中,是否遇到过别人找你协调相关事务的情况;别人是如何协调的,效果如何;是否有过你找别人协调相关事务的情况,效果如何。

◎案例

大新糖果糕点饮料公司秘书陈小姐是刚调来公司办公室工作的。一天,办公室主任交给她一项新任务,负责全公司的黑板报宣传工作。但是陈秘书不会编排版面,美术字也不过关,主任又选派了同一办公室有美术功底的杨小姐负责版面编排工作,让陈秘书专门负责组稿、改稿等工作。杨小姐很有才干,编排版面、写美术字、画画在公司是小有名气的,她根本没把陈秘书这"黄毛丫头"放在眼里。碰到她工作忙,就把出黑板报的事儿抛到九霄云外去了,弄得主任常常催促陈秘书:"怎么黑板报又延期了?"陈秘书又不好明说,只好硬着头皮去催杨小姐,可杨小姐根本不配合,还拿冷眼对她,陈秘书只恨自己没用,不能动笔画。面对这种情况,陈秘书有几种方案可选择:

1. 凭自己的关系,在公司内部另外找一个人来帮忙,按时把黑板报办好。

2. 把杨小姐不愿合作的事直接告诉办公室主任,并向主任表明责任不在自己,看主任怎样处理。

3. 再一次去催促杨小姐,并和她摊牌,告诉她:"如果再这样下去,就当面到主任那里去解决。"

4. 过一天算一天,听之任之。

5. 抱着与人为善的态度,采取委婉的劝说方式,启发她与自己合作。

思考题:

如果你是陈小姐,你会怎么做?

课后练习

一、单选题

1.(　　)模式下,信息沟通速度最快,解决简单问题效率高。

A.链型网络　　B."Y"字型网络　　C.轮型网络　　D.圆圈型网络

2.(　　)模式下,解决问题速度快,但成员满意度低,容易影响工作效率。

A.链型网络　　B."Y"字型网络　　C.轮型网络　　D.圆圈型网络

3.(　　)模式下,信息传递速度快,正确性高,组织集中度高,但对成员的积极性和工作变化的弹性会产生不良后果。

A.链型网络　　B."Y"字型网络　　C.轮型网络　　D.圆圈型网络

4.王芳是H市第一百货大厦鞋帽部经理,陈大路是王经理最近招聘的业务人员,主要职责是联系供货商并负责进货管理。由于陈大路的工作十分重要,因此,王经理很重视对陈大路的激励。为了使陈大路的工作态度符合预期要求,王经理允诺设法为陈大路加工资,但很快发现这对陈大路没什么吸引力,于是王经理又暗示她本人准备向总经理提出建议,把陈大路的一年聘用合同延长为5年,但这似乎仍然对陈大路触动不大。根据这个情况,下列哪一项应作为王经理下一步对陈大路的激励措施?(　　)

A.允诺更高的工资增长幅度

B.建议领导为陈大路配车

C.在公司业务交流和其他全体成员参加的活动中,让陈大路作为鞋帽部固定发言人

D.减免陈大路作为公司员工所需交纳的风险抵押金

5.在发达国家,许多企业和研究院(所)都设有免费咖啡厅,这一设置的主要目的是(　　)。

A.形成非正式组织　　B.促进信息沟通

C.增强企业凝聚力　　D.给员工一个放松的场所

6.公司质管部经理老吕在质量管理的总体目标、步骤、措施等方面与公司主要领导人有不同看法。老吕认为,质量管理的重要性在公司上下并未得到充分重视;公司领导则认为,他们是十分重视产品质量问题的,只是老吕的质量控制方案成本太高且效果不好。最近一段时间,这种矛盾呈现激化现象。一天上午,老吕接到公司周副总的电话,通知他去北京参加一个为期10天的管理培训班,而老吕则认为自己主持的质改推进计划正在紧要关头,一时脱不开身,公司领导应该是知道这个情况的,他们做出这样的安排显然是不支持甚至是阻挠自己的工作。因此,老吕不仅拒绝了领导的安排,还发了一通脾气;而公司周副总也十分恼火,认为老吕太刚愎自用,双方不欢而散。你认为这里出现沟通失败的最主要原因是什么?(　　)

A. 周副总发送的信息编码有问题　　B. 信息传递中出现了噪音

C. 老吕对周副总的反馈有问题　　D. 老吕对信息的译码出了问题

7. 日常生活中最常用的沟通工具是(　　)。

A. 口头沟通　B. 书面沟通　C. 非语言沟通　D. 电子媒介沟通

8. 电子媒介沟通的优点不包括(　　)。

A. 快速传递　B. 信息容量大　C. 反馈信息快　D. 廉价

9. 书面沟通是管理中最常见的一种信息沟通形式,有许多的优点,在下面的说法中哪一种是不对的?(　　)

A. 书面沟通具有权威性

B. 书面沟通有利于信息接受者反复理解

C. 书面沟通有利于沟通双方及时交流

D. 书面沟通有利于避免沟通过程中沟通双方的当面矛盾冲突

10. 管理界有这么一种主张:"如果你想表扬别人,最好形成文字;而如果你想批评别人,最好只需要打个电话说一下就可以完事了。"按照这种主张,不同的强化方式各应采取何种沟通方式?(　　)

A. 正强化宜采取书面沟通方式,负强化宜采取口头沟通方式

B. 正强化宜采取书面沟通方式,一般性的批评宜采取口头沟通方式

C. 正强化宜采取口头沟通方式,负强化宜采取书面沟通方式

D. 正强化宜采取口头沟通方式,惩罚宜采取书面沟通方式

11. 某大学曾有一段时期,教员与行政人员之间总会出现矛盾。矛盾通常产生于每学期的课程安排。课程安排通常是在上学期临近结束时,通过教务秘书向每一个教员口头传达。教务秘书通常是年轻人,且常常就是本系或本校的毕业生,教员常常会感到自己在受学生辈的指挥和领导,因此总有一种不舒服的感觉。后来偶然的原因,课程安排改为书面通知,并且直接邮送到每一个教员家中。此后,不知不觉中大部分矛盾就都消失了。这一问题的解决可以认为是由于(　　)。

A. 职权系统的改变　B. 双方态度的改变　C. 人际关系的改变　D. 沟通渠道的改变

12. 人际沟通会受到各种"噪音干扰"的影响,这里所指的"噪音干扰"可能来自(　　)。

A. 沟通的全过程　B. 信息传递过程　C. 信息解码过程　D. 信息编码过程

13. 如果发现一个组织中小道消息很多,而正式渠道的消息较少,这是否意味着该组织(　　)。

A. 非正式沟通渠道中信息传递很通畅,运作良好

B. 正式沟通渠道中信息传递存在问题,需要调整

C. 其中有部分人特别喜欢在背后乱发议论,传递小道消息

D. 充分运用了非正式沟通渠道的作用,促进了信息的传递

14. 管理需要信息沟通,而信息沟通必须具备的 3 个关键要素是(　　)。

A. 传递者、接受者和信息渠道　　B. 发送者、传递者和信息内容

C. 发送者、接受者和信息内容　　D. 发送者、传递者和接受者

15. 有反馈的信息传递，是发送者和接受者相互之间进行信息交流的沟通，属于(　　)。

A. 正式沟通　B. 单向沟通　C. 非正式沟通　D. 双向沟通

16. 在沟通类别中，备忘录这种形式属于(　　)。

A. 口头沟通　B. 书面沟通　C. 非语言沟通　D. 电子媒介沟通

17. 沟通类别中，讨论会这种形式属于(　　)。

A. 口头沟通　B. 书面沟通　C. 非言语沟通　D. 电子媒介沟通

18. 沟通类别中，电子邮件这种形式属于(　　)。

A. 口头沟通　B. 书面沟通　C. 非言语沟通　D. 电子媒介沟通

19. 某重要会议的开会通知，提前通过电话告知了每位会议参加者，可是到开会时，仍有不少人迟到甚至缺席。试问，以下有关此项开会通知沟通效果的判断中，哪一种最有可能不正确？(　　)

A. 这里出现了沟通障碍问题，表现之一是所选择的信息沟通渠道严肃性不足

B. 这里与沟通障碍无关，只不过是特定的组织氛围使与会者养成了不良的习惯

C. 此项开会通知中存在信息接受者个体方面的沟通障碍问题

D. 通知者所发信息不准确或不完整可能是影响此开会通知沟通效果的一个障碍因素

20. 著名管理学家巴纳德说过："高层次管理人员的首要作用，就是发展并维持意见沟通系统。"在实践中，进行意见沟通需要一定技巧。通常不能采取的技巧是(　　)。

A. 该告诉职工的全部告诉　B. 让下级明了他在领导心目中的地位

C. 不要经常称赞下级　D. 要明白上行沟通效率永远不会太高

二、多选题

1. 沟通的主要作用有(　　)。

A. 传递信息　B. 获得信息　C. 改善人际关系　D. 激励员工

2. 按正式沟通的方式可分为(　　)。

A. 网络心态的沟通　B. 向上沟通　C. 向下沟通　D. 横向沟通

3. 领导者的作用显著的沟通网络类型有(　　)。

A. 圆圈型网络　B. 全通道型网络　C. 链型网络　D. "Y"字型网络

4. 沟通的工具主要包括(　　)。

A. 口头沟通　B. 书面沟通　C. 非语言沟通　D. 电子媒介沟通

5. 书面沟通的优点主要有(　　)。

A. 传播速度快　B. 信息持久　C. 可以进行核查　D. 信息容量大

6. 沟通障碍主要有(　　)。

A. 职级障碍　B. 语言文化障碍　C. 心理障碍　D. 组织障碍

7. 协调的作用包括(　　)。

A. 合理使用管理资源的保障　B. 可以改善组织环境

C. 确保管理活动的进行　D. 调动员工积极性的重要手段

8. 目标协调包括(　　)的协调。

A. 目标　　　　B. 任务　　　　C. 计划预算　　　　D. 战略

9. 一项研究结果表明，一线管理者将80%的工作时间用于沟通。而在其所有的沟通活动中，有45%的时间用于"听"，30%的时间用于"说"，16%的时间用于"读"，9%的时间用于"写"。根据这一研究结果，以下哪一种说法是正确的？（　　）

A. 在沟通活动中，一线管理者45%的时间在接收信息，30%的时间在发送信息

B. 这一研究结果表明一线管理者的主要职能是领导，比如指导和指挥

C. 一线管理者进行口头沟通的时间比书面沟通的时间多了两倍多

D. 有效的沟通是一线管理者开展管理工作的基础

10. 沟通类别中，电子媒介沟通的是（　　）。

A. 讨论会　　　　B. 电子邮件　　　　C. 闭路电视　　　　D. 口头沟通

三、填空题

1. 人际关系是否融洽，主要由沟通的________、________和________等来决定。

2. 口头沟通的优点主要有________、________、________。

3. 信息失真表现为________、________和________3种形式。

4. 协调的原则包括________、________、________、________、________、________。

5. ________是指导组织行为的原则，也是组织各部门共同的、必须遵守的准则。

四、简答题

1. 简述协调的主要方法。

2. 简述沟通的主要技巧。

五、案例分析题

张丹峰的苦恼

张丹峰刚刚从名校管理学专业硕士毕业，出任某大型企业的制造部门经理。张丹峰一上任，就对制造部门进行改造。张丹峰发现生产现场的数据很难及时反馈上来，于是决定从生产报表开始改造。借鉴跨国公司的生产报表，张丹峰设计了一份非常完美的生产报表，从报表中可以看出生产中的任何一个细节。

每天早上，所有的生产数据都会及时地放在张丹峰的桌子上，张丹峰很高兴，认为他拿到了生产的第一手数据。没过几天，出现了一次大的品质事故，但报表上根本没有反映出来，张丹峰这才知道，报表的数据都是随意填写的。

为了这件事情，张丹峰多次开会强调认真填写报表的重要性，但每次开会，在开始几天可以起到一定的效果，过不了几天又返回原来的状态。张丹峰怎么也想不通。

思考题：张丹峰苦恼的原因是什么？如何解决张丹峰的苦恼？

项目 15　认识激励与控制

【知识目标】

了解激励的类型和理论，掌握激励的基本手段；了解控制的原则，掌握控制的类型和具体方法。

【能力目标】

通过本项目的学习，掌握运用激励手段进行员工管理的方法和控制的基本方法。

【案例导入】

李强的困惑

李强是一名中专毕业生，已经在智宏软件开发公司工作了几年。他工作勤恳负责，多次受到公司领导的表扬，领导很赏识他，并赋予他更多的工作和责任，几年中他从普通的程序员晋升到系统分析员。虽然他的工资不是很高，住房也不宽敞，但他对自己所在的公司还是比较满意的，并经常被工作中的创造性所激励。公司经理经常在外来的客人面前赞扬他："李强是我们公司的技术骨干，是一个具有创新能力的人才……"

去年7月份，公司提拔一名技术组长，李强在有条件竞争者之列，但位子却给了一个学历比他低、工作业绩平平的老同志。他想问一下领导，谁知领导却先来找他："李强，你年轻，机会有的是。"

最近李强在和同事们的聊天中了解到他所在的部门新聘用了一位刚从大学毕业的程序分析员，但工资仅比他少50元。尽管李强平时是个不太计较的人，但对此还是感到迷惑不解，甚至很生气，他觉得这里可能有什么问题。

在这之后的一天下午，李强找到了人力资源部宫主任，问他此事是不是真的？宫主任说："李强，我们现在非常需要增加一名程序分析员，而程序分析员在人才市场上很紧俏，为使公司能吸引合格人才，我们不得不提供较高的起薪。为了公司的整体利益，请你理解。"李强问能否相应提高他的工资。宫主任回答："你的工作表现很好，领导很赏识你，我相信到时会给你提薪的。"李强向宫主任说了声"知道了！"便离开了他的办公室，开始为自己在公司的前途感到忧虑。

小思考：

1. 李强的忧虑、困惑是什么？他应该如何面对？
2. 谈一谈企业应如何做才能更好地、有效地激励员工。

任务1 认识激励

15.1.1 激励概述

1)激励的定义

激励,是指人类的一种心理状态,具有加强、激发和推动的作用,并引导行为指向目标。美国管理学家贝雷尔森(Berelson)和斯坦尼尔(Steiner)给激励下了如下定义:"一切内心要争取的条件、希望、愿望、动力都构成了对人的激励。它是人类活动的一种内心状态。"激励作为一种内在的心理活动过程和状态,不具有我们可以观察的外部状态。但是,由于激励对人的行为具有驱动和导向作用,因此,可以通过人的行为表现及效果来对激励的程度加以推断和测定。激励这个概念用于管理,是指激发员工的工作动机,也就是说用各种有效的方法去调动员工的积极性和创造性,使员工努力去完成组织的任务,实现组织的目标。

2)激励的过程

心理学的研究表明,人的行为具有目的性,而目的源于一定的动机,动机又产生于需要。由需要引发动机,动机支配行为并指向预定目标,然后再进行反馈,这是人类行为的一般模式,也是激励得以发挥作用的过程。人类行为模式如图15.1所示。

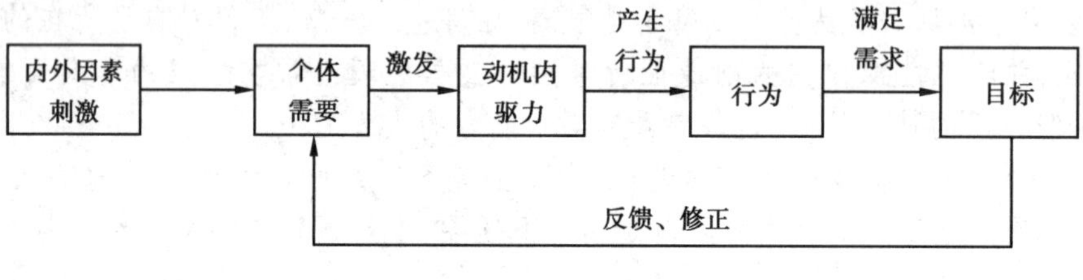

图15.1 人类行为模式图

(1)需要

需要指人类或有机体缺乏某种东西时的状态,管理中的需要特指人对某事物的渴求和欲望。它是一切行为的最初原动力。

(2)动机

动机是推动人们从事某种活动并指引这些活动去满足一定需要的心理准备状态。动机在激励行为的过程中具有3种功能。首先是驱动功能。它指动机唤起和驱动人们采取某种行动。其次是导向和选择功能。它指动机总是指向一定目标,具有选择行动方向和行为方式的作用。最后是维持与强化功能。长久稳定的动机可以维持某种行为,并使之持续进行。

3)激励的类型

不同的激励类型对行为过程会产生程度不同的影响,所以激励类型的选择是做好激励工作的一项先决条件。

(1)物质激励与精神激励

虽然二者的目标是一致的，但是它们的作用对象却是不同的。前者作用于人的生理方面，是对人物质需要的满足，后者作用于人的心理方面，是对人精神需要的满足。随着人们物质生活水平的不断提高，人们对精神与情感的需求越来越迫切。比如期望得到爱、得到尊重、得到认可、得到赞美、得到理解等。

(2)正激励与负激励

正激励是指当一个人的行为符合组织的需要时，通过奖赏的方式来鼓励这种行为，以达到持续和发扬这种行为的目的。负激励是指当一个人的行为不符合组织的需要时，通过制裁的方式来抑制这种行为，以达到减少或消除这种行为的目的。

正激励与负激励作为激励的两种不同类型，目的都是要对人的行为进行强化，不同之处在于二者的取向相反。正激励起正强化的作用，是对行为的肯定；负激励起负强化的作用，是对行为的否定。

(3)内激励与外激励

内激励是指由内酬引发的、源自工作人员内心的激励；外激励是指由外酬引发的、与工作任务本身无直接关系的激励。

内酬是指工作任务本身的刺激，即在工作进行过程中所获得的满足感，它与工作任务是同步的。追求成长、锻炼自己、获得认可、自我实现、乐在其中等内酬所引发的内激励，会产生持久的作用。

外酬是指工作任务完成之后或在工作场所以外所获得的满足感，它与工作任务不是同步的。如果一项又脏又累、谁都不愿干的工作有一个人干了，那可能是因为完成这项任务，将会得到一定的外酬——奖金及其他额外补贴，一旦外酬消失，他的积极性可能就不存在了。所以，由外酬引发的外激励是难以持久的。

4)激励的原则

为了取得良好的激励效果，激励必须遵循以下4个原则。

(1)物质利益与精神利益兼顾的原则

马克思主义认为，人具有自然属性，是自然界的产物，又主宰自然界，人的需求是以物质需求为基础的。激励应给予激励对象合理的物质报酬，离开起码的物质条件，组织成员就无法维持良好的工作状态，物质待遇与员工贡献脱节，员工就会不满意。但是，组织也不能仅仅用物质激励来鼓励员工，要充分利用精神激励的手段，使之与物质激励相结合，引领员工形成积极的精神追求和良好的风貌，避免组织成员沦为“小商人”和金钱的奴隶。

(2)明确、公开、直观与时效原则

激励的明确原则是指激励要明确、公开、直观。明确是指要明确激励的目的是需要做什么和必须怎么做；公开是指激励要让大家知道，特别是对奖金激励等员工关注的问题，一定要公开(并不一定要公开奖金的具体金额)；直观是指实施物质奖励和精神奖励时都要直观地表达它们的指标，一目了然地说明奖励和惩罚的方式。直观性与激励影响的心理效应成正比。激励除了要明确之外，还要把握恰当的时机，“雪中送炭”和“雨后送伞”的效果是不一样的。激励越及时,越有利于将人们的激情推向高潮,工作效率越高,创造的价值也就越大。

(3)正激励与负激励相结合的原则

正激励和负激励具有不同的功能,正激励能够激发组织当事成员的斗志,引起其他组织成员的关注,促进其他组织成员提高工作积极性;负激励则会给组织的当事成员以不愉快的刺激,避免其行为进一步恶化,同时也给其他组织成员以警醒。正确运用正负激励,对每个企业是必要而有效的,不仅作用于当事人,而且会间接地影响周围其他人。

(4)公平与差异化原则

公平原则要求组织在实施激励时,首先应做到组织内部公平,即个人的所得与付出相匹配,与组织内其他成员相协调;同时,组织还应尽可能从更广泛的领域和范围,追求激励中的社会公平。激励中的公平性并非要求对所有的激励对象都采取同样的激励,而是针对具体的人和事,按贡献大小、重要性强弱和其他因素的综合标准,共同决定实施何种激励方案,体现出因人、因事而异的多样性和灵活性。

15.1.2 激励理论

国外的管理学家、心理学家和行为科学家们从不同角度提出了各种激励理论。大多数激励理论的基本思路,是针对人的需要采取相应的管理措施,以激发动机、鼓励行为、形成动力。人的工作绩效不仅取决于能力,还取决于受激励的程度。因此,行为科学中的激励理论和人的需要理论是紧密结合在一起的。这些激励理论基本上分为三大类:内容型激励理论、过程型激励理论和综合型激励理论。

1)内容型激励理论

需要和动机是推动人们行为的原因。内容型激励理论主要集中分析个体的多种需求,着重研究激发动机的因素,即研究如何从满足人们生理和心理上的需要来激励员工,主要有需要层次理论、双因素理论等。

(1)需要层次理论

美国心理学家马斯洛认为,人的需要按照重要程度可以划分为5个层次:生理需要、安全需要、社交需要、尊重需要、自我实现需要。这些需要从低级到高级排成一个序列,只有在较低层的需要得到基本满足后,人们才能进一步升到另一个较高层次的需要。从激励的角度看,没有一种需要会得到完全满足,但只要其得到部分的满足,个体就会转向追求其他方面的需要了。需要层次理论示意图如图15.2所示。

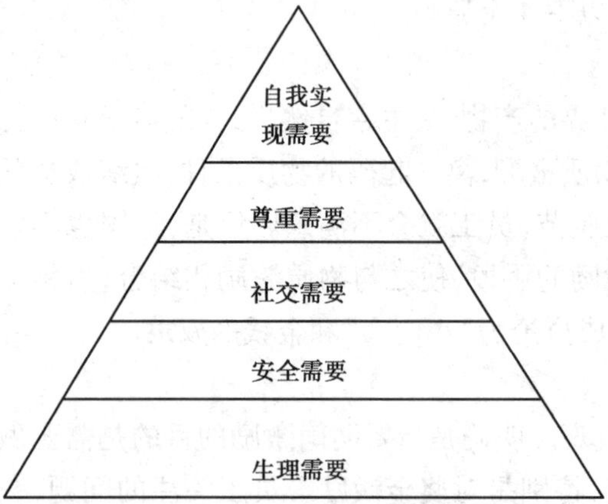

图15.2 需要层次理论示意图

①生理需要。人们为了能够继续生存，首先必须满足人类最基本的需要，如衣、食、住、行。这些需要如果得不到满足就不能生存，当然也就谈不上还有其他的需要。

②安全需要。这种需要又可以分为两小类：一是对现在的安全的需要；二是对未来的安全的需要。对现在的安全的需要就是要求自己现在的社会活动的各个方面均能有安全保障，对未来的安全的需要就是希望未来的生活能有保障，如退休保障、医疗保障等。

③社交需要。人们总是希望在社会生活中受到他人的注意、接纳、关心和同情，在感情上有所归属，而不希望在社会中成为孤立的一分子。这种需要多半是在非正式组织中得到满足。社交需要比生理需要和安全需要来得更细，需要的程度也因人的性格和受教育程度而不同。

④尊重需要。这里的尊重，既包括自尊，也包括受人尊重。自尊是自己在取得成功时有一种自豪感，受别人尊重是当自己做出贡献时，能得到他人的承认。

⑤自我实现需要。这是更高层次的需要，这种需要就是希望在工作上有所成就，在事业上有所建树，实现自己的理想和抱负。自我实现需要常表现在两个方面：一是胜任感方面，有这种需要的人试图控制事物或环境，不是等事情被动地发生，而是希望在自己的控制下进行；二是成就感方面，对一些人而言，工作的乐趣在于成果或成功，有成就感的人往往知道自己想要什么样的结果，成功后的喜悦要远比其他任何报酬都重要。

(2)双因素理论

美国心理学家赫兹伯格在 20 世纪 50 年代后期提出双因素理论，他首次把影响人的积极性因素分为“激励因素”和“保健因素”两大类，并引入激励理论中。根据赫茨伯格的研究，经理人应该认识到保健因素是必需的，不过它一旦使不满意达到满意以后，就不能产生更积极的效果。只有“激励因素”才能使人们有更好的工作成绩，如图 15.3 所示。

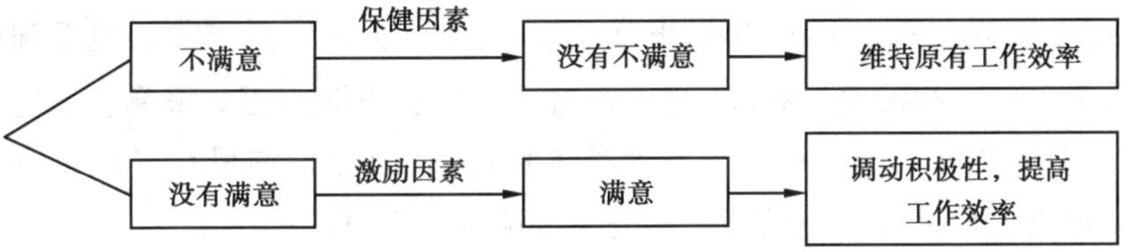

图 15.3　双因素理论示意图

①保健因素。保健因素包括公司政策、管理措施、监督、人际关系、物质工作条件、工资、福利等。赫兹伯格认为，保健因素能消除职工的不满情绪，使职工维持原有的工作热情、积极性和工作效率，但不能激发和提高职工的积极性、工作效率。

②激励因素。激励因素包括成就、赏识、挑战性的工作、增加的工作责任，以及成长和发展的机会等。赫茨伯格认为改善了激励因素，就可以调动人的积极性和工作热情，提高工作效率。这些因素包括个人工作成绩得到社会承认、工作富有成就感、工作本身负有重大责任、职业上能得到发展和成长等。

该理论认为，只有首先满足员工的保健因素，即满足员工物资、工资、福利等方面的需要，在此基础上，再通过强有力的激励因素，使员工富有工作上的成就感，这样才能真正调动员工的积极性，提高员工工作的效率。

2)过程型激励理论

过程型激励理论研究的重点是人从动机产生然后到行动执行的心理过程,即动机是如何导致行动的产生的,这个过程是如何发展的,怎样做才能使这种行为长久地保持下去,以及如何结束行为的发展过程。过程型激励理论主要包括期望理论和公平理论。

(1)期望理论

美国心理学家弗鲁姆于1964年提出了期望理论。该理论认为,激发的力量来自效价与期望值的乘积,即:激励的效用=期望值×效价。其中,效价是指企业的目标达成后,对个人有什么好处和价值及其价值的主观估计;期望值是达到企业目标的可能性大小,以及企业目标达到后兑现个人要求可能性大小的主观估计。所以期望理论也称为期望效价论。该理论的基础是,推动员工去实现目标的力量是两个变量的乘积,只要其中一个变量为零,那么激励的效用就为零。在实际运用中,这两个变量在不断地调整中,管理学上称为“感情调整”。期望理论示意图如图15.4所示。

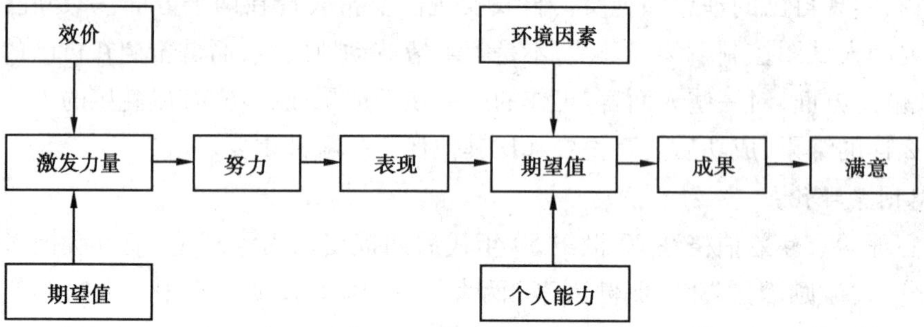

图15.4 期望理论示意图

(2)公平理论

美国心理学家亚当斯于1967年提出公平理论,他认为员工的工作动机受到两方面的影响,一方面是员工所获得的绝对报酬,另一方面是员工所获得的相对报酬。每位员工都会将自己所付出的劳动和所获得的报酬与其他员工相比较,以此来衡量自己所获得的报酬是否公平,所以该理论也称为社会比较理论。公平理论的公平方程式如下:

$$\frac{\text{自己的工作报酬}}{\text{自己的贡献}}=\frac{\text{别人的工作报酬}}{\text{别人的贡献}}$$

在公平方程式中,有两种情况:第一种情况,如果自己的工作报酬与贡献的比率大于或等于别人的工作报酬与贡献的比率,他就会认为公平合理,从而心情舒畅,努力工作。第二种情况,如果自己的工作报酬与贡献的比率小于别人的工作报酬与贡献的比率,他就会认为不公平,从而影响工作效率。由于人们进行比较的对象是自己选定的,因此,公平与否的感觉实际上只是一种主观判断。

(3)强化理论

美国哈佛大学心理学家斯金纳提出的强化理论认为,人的行为是其所获刺激的函数,通过对取得成绩的人加以赞扬,对成绩差的人加以惩罚,使人们受到激励,因此该理论也称为行为修正理论。他同时提出以下几种行为修正方法。

①正强化。正强化是对有利于组织目标的行为加以奖励,以使这种行为能不断地重复出现。正强化的方法有物质奖励和精神奖励两种。科学的正强化的方法是保持强化的间断性,强化的时间和数量也不固定,也即管理者根据组织的需要和职工的行为,不定期、不定量地实施强化。实践证明,连续的固定的正强化效果不一定好,因为久而久之,员工会感到组织的强化是理所当然的,甚至会产生越来越高的期望。

②负强化。负强化是对不利于组织目标的行为加以惩罚,以使这些行为削弱,直至消失。负强化的方法也包括物质惩罚和精神处分两种。与正强化相反,负强化要维持其连续性,即对每一次不符合组织目标的行为都应及时予以处罚,从而消除人们的侥幸心理,减少直到完全消除这种行为重复出现的可能性。强化理论认为,管理者应把重点放在积极强化而不是简单的惩罚上,惩罚产生的作用可能很快,但效果可能是暂时的,也可能产生不愉快的消极作用。

③自然消退。自然消退是对某种行为不采取任何措施,既不奖励也不惩罚。这是一种消除不良行为的策略,实质上是一种负强化手段,这样既可以消除某些不合理的行为,又能避免上下级之间的不愉快甚至矛盾冲突。因为人都有自知之明,如果老是找领导唠叨某件事,而领导只听不表态,那么几次以后,他就知道其实领导是不赞成他的说法的,过一段时间他就会自动地不再去找领导抱怨了。

④惩罚。惩罚是对不良行为给予批评或处分,但惩罚可能会引起怨恨乃至敌意,一般在员工的行为对组织的危害程度较大时才选择使用。

15.1.3　激励的基本手段

在管理实践中常用的激励形式有以下 4 种。

1)理想、目标激励

理想激励是比较高层次的激励手段,它是通过对组织成员进行教育和影响,使每位成员在工作中树立远大理想,并自觉为实现该理想进行不断努力。采用这种激励手段,管理者首先需要为组织树立理想和制定发展战略,然后再为每个部门和员工制定部门战略和员工发展规划,从而激励员工不断努力,追求理想。

理想的实现是通过多阶段目标的实现来达到的。大多数人都有成就理想的需要,只有不断获得成功,才能不断激励员工继续奋斗。因此,组织要根据战略确定阶段目标。同时,根据组织的阶段目标,为激励对象确定一个合适的目标,并为其实现目标提供全面的支持,协助其实现目标,往往能达到很好的激励效果。目标激励除了个人目标具有很大的激励作用外,组织目标也会激励员工的斗志和工作热情。

2)组织激励和榜样激励

组织激励是指运用组织责任和权利对员工进行激励。组织激励是高层次的激励活动之一。组织激励包括吸收员工参加管理和决策、提拔员工、赋予责任等。行为科学研究发现,大多数人都愿意承担责任,希望有自我控制的权利。因此,在实际工作中,可以创造条件开展民主管理,尽可能吸收员工参与决策,以此体现对员工的重视,激励员工更加关注和支持组织的发展。组织的规章制度,一般都与一定的物质利益相联系,对员工的消极行为具有约束作用。但另一方面,规章制度为员工提供了行为规范和社会评价标准,与员工的自我肯定、社会舆论的认可相联系,具有综合的激励作用。因此,吸纳员工参与管理、决策和制定相关制度,能够促进员工自觉遵守组织的相关规定和制度,并带领身边的人遵守组织的规定。

提拔员工、赋予员工新的或者更高的职责也是激励员工的重要手段,由于新的职位或者职责对员工的行为有新的要求,一般情况下,员工会尽力适应这种变化,因此,有时候这种任命甚至会改变一个员工的行为模式。

3)绩效薪金激励

绩效薪金激励是一种最基本的激励方法,其要点就是将绩效与报酬相结合,完全根据个人绩效、部门绩效和组织绩效来决定各种工资、奖金、利润分成和利润分红等的发放。实行绩效薪金制能够减少管理者的工作量,使员工自发地努力工作,不需要管理者的监督。现在许多企业对上至总经理下至普通员工的薪金报酬,都采用了底薪(月薪或年薪)加提成的方式,其结果既增加了营业额,也增加了个人收入,充分体现了绩效薪金制的优越性。在实施绩效薪金制时,必须明确组织、部门和个人在一定期限内应达到的绩效水平,建立完善的绩效监督、评价系统,以正确评价组织和成员的实际绩效。同时,要严格按绩效来兑现报酬,所给报酬必须尽可能满足员工的需求。

4)培训、信息和改善环境

培训的激励作用是多方面,它可以满足员工求知的需求,进而可能胜任更具有挑战性的工作、承担更多的职责,增强员工的职业竞争力,又可以在一定程度上满足其社会需要和自尊的需要。

这里的信息指的是绩效信息,它也是激励的一种方式。在组织活动过程中,及时告知员工已取得的个人组织绩效,可以使员工明确自己已获得的成就和尚存在的差距,这既是对员工的信赖,又可以激发其拼搏精神,为实现个人和组织目标而付出更大的努力。

环境既包括客观的现实环境,也包括工作环境。改善环境作为一种激励手段,是指除一般的待遇之外,额外给激励对象创造更好的现实环境和工作环境,以便激励对象更好地开展工作。改善环境包括将员工调到更加适合照顾家庭的地方工作,关心员工的生活和家庭,对员工的生活给予力所能及的帮助等。

◎实训

以小组为单位,讨论组织激励的方式有哪些;采用这些方式,企业分别要付出什么成本。

◎案例

2018年伊始,腾讯携手永辉超市对家乐福中国进行潜在投资,这让永辉超市一下就吸引了人们的目光。根据《财富》杂志公布的2017年中国500强企业名单,成立于1998年来自福建的民营股份制企业永辉超市股份有限公司排在了140位,年营业收入达到了492.31亿元。作为超市行业来讲,如何解决一线员工高流动性的难题,一直让企业比较头痛。永辉超市通过一系列行之有效的员工激励制度,较好地解决了员工高流动性的问题,具体做法如下。

1)永辉超市创新型“合伙人”制度

永辉超市董事长张轩松曾经总结过,这么多年沉浮于商海之中,自己最大的创业经验就是8个字:勤劳、创新、沟通和总结。说到“创新”,从永辉超市创建伊始,就决定以生鲜作为突破口,做大这一块,结果也证明永辉超市成功地将一般商超的痛点转化为优势,形成了具有特色的生鲜经营模式。随着管理模式的不断探索,张轩松发现,一线员工每个月只有2 000多元的收入,仅仅满足生存需求,每天上班只是“当一天和尚撞一天钟”,员工的满意度和积极性都不高。然而,由于永辉超市生鲜经营的灵活性、岗位设置的细致度以及营运环节的精细化管理,永辉超市对一线员工工作的质量非常依赖,这也是为什么永辉超市要稳定与一线员工的雇佣关系,进一步激发基层员工的积极性和满意度,提高员工的行为绩效。张轩松也明白直接提高员工工资是不现实的:永辉超市在全国有6万多名员工,每人每月仅仅增加100元的收入,一年就要多支出7 000多万元的人工成本,何况100元对员工的激励是微小且短暂的。要想激励一线员工,形成员工激励机制,必须将企业业绩跟个人收入建立起一种“直接关系”,于是永辉超市顺势引入了新式“合伙人”制度。

(1)一线员工利润分享

永辉超市的“合伙人”制度指的是:总部和门店合伙人代表,根据历史数据和销售预测制定一个业绩标准,一旦实际经营业绩超过了设立标准,增量部分的利润按照既定比例在总部和合伙人之间进行分配。经过试行,该制度在调动员工工作积极性、提高员工工作满意度、增加员工收入、促进门店业绩提升等方面取得了显著成效。

首先,这是一种分红制度。永辉一线员工合伙人有别于其他公司的合伙人制度,这些合伙人并不享有公司股权、股票,而只有分红权,相当于总部和小团体增量利润的再分配。一般情况下,合伙人是以门店为单位与总部进行商谈,永辉超市总部代表、门店店长、经理以及科长,大家一起开会探讨一个预期的毛利额作为业绩标准。在将来的门店经营过程中,超过这一业绩标准的增量部分利润就会被拿出来按照合伙人的相关制度进行分红。店长拿到这笔分红之后就会根据其门店岗位的贡献度进行二次分配,最终使得分红机制照顾到每一位一线员工。

其次,这又是一种激励机制。永辉超市“合伙制”有别于常规的绩效考核制度,借助阿米巴经营思维“人人都是经营者”,名为分红,重在激励,充分调动员工的积极性。在超市里,瓜果生鲜通常都摆放在进门的位置,主要是通过其颜色、品相等来吸引消费者进店,引发消费者的“非计划购买欲”,进而提升消费者的客单价。这种营销手段的基础假设是,店内的生鲜水果必须新鲜,卖相足够吸引消费者。如果一线员工的工作态度不够积极,在他们码放水果的时候就会出现不经意丢、砸等现象,抱着反正卖多少、损失多少都与他没有关系的心态。受到撞击的果蔬通常卖相不好,无法吸引消费者购买,从而对超市营业额造成影响。对一线员工实行“合伙人”制度,将部分经营业绩直接和员工联系在一起,增加了员工的薪酬,调整了员工的工作态度,带来的是果蔬损耗成本的节约以及消费者更多的购买。

(2)专业买手股权激励

在企业的基层员工中还有一些专业买手,对永辉超市的特色生鲜经营来说,尤为重要,因此永辉超市又对这些专业买手们进行了更大的利益分享股权激励。买手就是永辉超市在供应链底端的代理人,由于他们熟悉村镇的情况,又十分了解各种生鲜特征,这使他们能够很好地胜任采购这项工作,但同时,这也易于导致买手们被其他企业所觊觎,以更高的薪水挖走。因此,永辉超市必须保证买手团队的稳定性,这里,永辉超市使"合伙人"制度跨上了一个新台阶,也可以看作是一种更高级的"合伙制"——向买手们发放股权激励,这样既使他们留在组织内,又让他们干劲十足。除了和这些企业的内部员工建立稳定的雇佣关系外,永辉超市更和当地的农户建立了一种类似"合伙制"制度的合作,在多年的合作后,永辉超市得到了一批忠实的合作伙伴,这也成为永辉超市在果蔬方面的核心竞争力。

(3)永辉超市员工公平的职业发展之路

对各层级(店长、经理级干部、课长级干部、技工)的人才进行梯队建设和人才引进,是永辉超市近几年人力工作的重点之一,标准化的岗位设置,多层次的岗位体系,符合标准并通过培训、考核,即可晋升。永辉超市员工的职业发展和成长路径还是非常人性化的。在永辉超市,走专业技术路径的员工,最快用两年时间就可以成长到技师二级,收入达到入职时的2.1倍;走管理路径的员工,最快用两年时间可以成长到三级课长,收入达到入职时的2.1倍。

2)永辉超市提供的物质激励

永辉超市的"合伙制"从2013年发起,2014年试推行,近年来持续优化,大部分一线员工都在"合伙制"制度中受益。从最直接的来看,这项制度实施的第一年人均工资增长幅度达到了14%左右(约314元),远高于前几年的增长幅度。对于这种改变,很多永辉超市员工纷纷表示"我们超市实行的这种制度真好,以前总是每个月拿着那点工资,总是想着换到工资稍高一点的地方打工。现在不想换了,我们可以凭借自己的努力超额完成公司下达的经营目标,获得分红,真的是干劲十足啊"。"我现在还清楚地记得合伙制刚实行的那个月,我多领了大概500元的工资,第一次不是逢年过节的时候全家出去聚餐,家人高兴我也开心,爸妈还特地嘱咐我要在公司好好干"。研究表明,物质激励对满足员工的诉求占很重的分量,尤其对一线员工来说。组织的经营业绩是靠每个员工充分调动积极性创造出来的,所以当员工意识到营业利润里有自己一份时,就会为了自己的利益格外努力。运用社会交换理论和心理契约理论来说,当员工感知到组织高质量地履行其责任或义务,满意的程度加大,他们就会以互惠行为回报组织,并且产生更高的工作绩效和留职意愿。

3)永辉超市提供的精神激励

永辉超市一线员工大多都是"80后",经济实力相对较弱,很多来自农村,他们特别渴望在城市扎根,融入城市生活,也更加关注身份等同和社会其他群体的尊重与认同。得到组织认同和社会认同是员工的重要诉求,这也是一种精神激励。因此,永辉超市"合伙制"制度时刻在向员工传达他们的核心价值观:融合共享,成于至善。他们宣扬永辉超市是共同创业和共同发展的平台,来永辉超市工作是创业,不仅是就业。这些无疑会让一线员工意识到自己就是合伙人,从事一线工作并非低人一等,从而从内心认同自己,也树立"人人都是经营者"

的意识,更加乐意留在组织工作。福州永辉现代农业发展有限公司总经理林忠波也曾提到,“和农户签署合作协议是法律基础,但是法律永远都是底线,经过十几年的探索和沉淀,我们发现和农户间最重要的是‘信任’二字”,人被信任时,就有了责任感,公平感会对员工的心理状态和行为产生极其重要的影响。永辉超市实行的“合伙制”制度,一直践行着绝对“公平公正”的基本原则,总部对门店奖金和合伙人奖金的分配方式和比例进行了明确具体的规定,员工可以根据自己的业绩非常清晰地预见将来的分红,也有效杜绝了门店负责人截流分红的隐患。永辉超市会对业绩良好的员工公开授牌,召开员工大会进行表扬,通过内刊进行宣传报道,一切都公开透明。“我虽然从农村出来,学历也不高,但我有一双勤劳致富的手,在永辉超市我没觉得比别人差,我可以努力服务大家,也提升自己。只要永辉需要我,我会在永辉好好干的。”永辉超市一线员工的心声表明,能够公平地实现自我,对于长期受到身份歧视的一线员工显得多么难能可贵,所以他们也会倍加珍惜,感恩和回报组织。

永辉超市洞察了员工深层诉求,不按资历和学历,只按能力的晋升制度也是永辉超市选拔人才的核心。海底捞的董事长张勇也曾经说过:“一个没有服务经历的管理者,再换位思考也是近台看戏,可是看戏,哪怕是资深票友,也不会真正理解以唱戏为生的压力与追求。”永辉超市这样的晋升制度绝对可以保证管理层知道一线员工的压力和真正诉求。

思考题:

永辉超市利用哪些激励理论激励员工努力工作?

任务2　了解控制

15.2.1　控制概述

1)控制的含义与实质

控制是与组织管理过程不可分割的一部分,是组织管理人员的一项重要工作内容。管理学中的控制含义与人们日常生活中所使用的控制含义唯一的区别在于控制行为的对象不同。在管理学中,控制是指为了确保组织目标、计划以及工作的顺利实施,管理者根据既定标准,对下级工作进行衡量、测量、评价并进行纠偏的过程;控制一般指对组织运行状况的控制,而日常生活中,控制一般指比较具体的事物。

管理中控制职能的发挥应当将计划和实际结果进行比较,然后采取纠正措施以取得更接近人们所希望的结果。控制与其他管理过程(组织、计划、领导等)存在着既相互依赖又相互促进的关系。没有有效的控制,实际工作就可能偏离原定计划,从而导致组织目标无法达成。没有组织就无法确定计划的执行者和职责的承担者。没有领导,组织的运行就会出现混乱,控制就无从谈起。所以,在整个实现过程中必须把管理的各种职能协调起来。

2)控制的作用

控制作为一种管理的重要职能,其主要作用可概括为以下3点。

(1)有效的控制可以保证计划与组织各部门的利益相协调

一个组织的总体目标是由各部门的分目标组成的,为了避免本位主义,管理者在进行目标分解的时候,必须对各部门及其活动进行大量的协调工作。一个有效的管理控制体系,能够有效地避免各自为政的局面,也能够合理地避免各部门的发展脱离总体目标和计划,使有效的人力、物力、财力资源得到充分的利用。

(2)有效的控制可以保证组织计划与外部环境相适应

任何组织的目标和计划都是提前制订的,但是,组织在运行过程中,内外部环境的变化确实是难以预料的。所以,为了使组织的计划和目标顺利完成,必须随时关注管理环境变化的情况,通过控制职能随时将执行结果和计划预期相比较,如果存在异常,马上采取纠正措施,使计划和外部环境相一致,从而更好地完成组织目标。

(3)有效的控制可以保证组织计划与各级人员的素质、能力和责任相匹配

即使制订了正确的目标和计划,如果组织成员没有相应的能力和素质,组织仍然不能顺利地完成目标。通过控制工作,管理者可以很快找出计划执行中的责任人,然后,通过分析原因,找出问题,使每位组织成员的能力能够与对应的工作相匹配,从而各司其职,顺利完成组织目标。

3)控制的基本原则

控制是管理的一项基本职能。管理的成效取决于有效的控制,要使控制工作有效发挥作用,取得预期成效,需注意以下4个基本原则。

(1)关键点原则

对精力和时间都有限的组织管理者来说,实施面面俱到的控制是不可能的,所以在组织具体实施控制的过程中,组织管理者首先应找出控制的关键点,然后将主要的精力和时间集中在这些关键点上,从而掌握组织运行状态。这就是管理学上的关键点原则。关键点原则的运用是一门重要的管理艺术,它体现了抓主要矛盾的思想,这样的做法往往会起到牵一发而动全身的效果。

(2)及时性原则

组织的运行千变万化,在实际控制过程中,不仅要准确,更需要及时,一旦错过了最佳控制机会,即使再准确的信息也无济于事。一个高效率的控制系统,应该在发现问题的时候迅速采取纠偏措施。

控制的及时性原则要求在事态发生初期,就及时准确地获取事态的信息,避免因为时机的耽误,而使控制失去时机,难以达到效果。纠偏措施的安排应该具有一定的预见性。在进行控制之初,管理者就应该预先估计未来可能发生的变动,这样,当发生问题的时候,采取的措施能够兼顾未来环境发展的情况,避免导致抓住一点不及其余。

(3)经济性原则

控制工作必须要讲究经济效益,组织控制工作需要投入大量的人力、物力和财力,所以,管理者必须在控制工作中节约成本,将有限的资源投入必要的控制上。这一要求虽然简单,

但是因为具体问题是否需要控制、控制的费用是多少、控制到何种程度都是很难具体判断的，所以，实际操作中难度很大。

管理者在遵循控制的经济性原则时需要做到：首先，开展计划的时候就要考虑控制的成本，不要让控制成本太高；其次，管理者在实际控制中，应该努力改进控制技术和方法，将控制的各种费用降低，以最低的费用获得最佳控制效果；再次，管理者应该正确选择控制的关键点，实行有选择的控制，从而减少控制的费用。

(4)灵活性原则

一切事物的发展都面临不可预知的变化，一个组织要做到在遇到突发事件的情况下仍然能有效地运行，就必须在设计控制系统和实施控制的时候，考虑灵活处置问题。在管理控制的过程中，既坚持原则和标准，又实事求是，根据现实情况灵活处理，这就是控制的灵活性原则。灵活的计划有利于灵活的控制，但要注意的是，这一要求仅仅应用于计划失常的情况，不适用于正确计划指导下人们工作不当的情况。此外，对灵活处置控制的情况，如果发现这种情况将成为常态，就要及时地纳入管理规范和控制规范的范畴，避免导致日后无章可循。

15.2.2 控制的类型

组织在运行过程中，因为内外部环境的变化，会产生大量的信息，这些信息通过各种渠道传递至管理者，使管理者意识到展开控制的必要性，于是根据不同的控制任务和控制对象确定不同的控制工作重点，然后采取不同的控制类型进行具体控制。按不同的标准可以将控制分为不同的种类。

1)间接控制和直接控制

根据控制的方式，可以将控制工作分为两类：第一类控制是将工作中出现的问题分析出原因，并且追究责任人责任，使责任人改进未来的工作，这种控制工作称为“间接控制”。第二类控制，组织管理者重点培养更好的主管人员，使他们掌握工作所必需的技能，并且能够以系统的观念来改善他们的管理工作，以避免因为管理技能不足而出现的管理不善，这种控制活动称为“直接控制”。

(1)间接控制

间接控制是基于这样的事实依据：即人们常常会犯错误，或常常没有察觉到那些将要出现的问题，因而未能及时采取适当的纠正或预防措施。他们往往是根据计划和标准，对比和考核实际结果，追查造成偏差的原因和责任，然后去纠正。实际上，在工作中出现问题、产生偏差的原因是很多的。不确定因素造成管理上的失误是不可避免的，出现这种情况时，间接控制技术不能起什么作用。但对主管人员缺乏知识、经验和判断力所造成的管理上的失误和工作上的偏差，运用间接控制则可帮助其纠正；同时，间接控制还可帮助主管人员总结、吸取经验教训，增加他们的经验知识和判断力，提高他们的管理水平。

(2)直接控制

控制工作所依据的事实是：计划的实施结果取决于执行计划的人。销售额、产品质量等这些计划目标的完成情况主要取决于对这些计划目标负责的管理部门的管理人员和操作人员。因此,可以通过遴选、进一步培训、完善管理工作流程等办法,改变有关主管人员未来的行为。直接控制是对管理工作质量控制的关键所在。

直接控制是相对于间接控制而言的,它是通过提高主管人员的素质进行控制工作的。其遵循的原则是:主管人员及其下属的素质越高越不需要间接控制。

2)前馈控制、事中控制和反馈控制

根据控制信息的性质可把控制分为前馈控制、事中控制和反馈控制。控制工作的实质是信息反馈,但实际上大多数管理活动中得到的信息都是不对称的,即内容不全和时间滞后的信息。经常在信息反馈和采取纠正措施之间出现时间延迟以及控制失误都是由信息不对称导致的。

(1)前馈控制

前馈控制是指通过情况的观察、规律的掌握、信息的分析、趋势的预测,预计未来可能发生,在其未发生前及时采取措施加以制止的一种控制类型,因此,也称为事前控制。

工程中广泛利用前馈控制的这一优点,将其与反馈控制结合在一起,构成复合控制系统以改善控制效果。相对反馈控制来说,它控制的是原因而不是控制行动的结果,是一种预防式的控制,这是前馈控制在现代管理中的一个重要特点。

实行前馈控制使管理者及时得到消息以便采取措施,也能使他们知道如不采取措施必然会出问题。它可以克服反馈控制时滞的不足。

(2)事中控制

事中控制(即时控制、同期控制或现场控制)是指控制作用发生在行动之中,是在某项活动或工作进行过程中进行的控制。管理者在现场对正在进行的活动给予指导和监督,以保证活动按规定的程序和方法进行,获得计划期望的结果。其特点是,在行动过程中及时发现偏差、纠正偏差,收到立竿见影的效果,将损失降低到较低的程度。其目的在于及时纠正工作中发生的偏差,改进活动的质量。这类控制工作的纠正措施是作用于正在进行的计划执行过程,它是基层主管人员采用的主要控制方法。

(3)反馈控制

反馈控制是指根据过去的情况来指导现在和将来,即从组织活动进行过程中的信息反馈里发现偏差,通过分析原因,采取相应措施,从而纠正偏差。反馈控制具有稳定系统、跟踪目标和抗干扰性的特性。反馈控制既可用来控制系统的最终成果,如产量、利润等,也可用来控制系统的中间结果,如生产计划过程等。反馈控制是一种事后控制,对及时发现、排除隐患有着非常重要的作用。在实际工作中,反馈控制虽然应用广泛,但并不能有效地解决一切控制问题。原因是即使在现代科技发展的今天,从信息反馈偏差的发现到采取措施纠正,都需要时间,很容易贻误时机。另外,反馈控制保持系统的稳定性是通过信息反馈和行动调节来实现的,因此,它要求反馈速度必须大于控制对象的变化速度。

15.2.3 控制的过程

尽管控制的对象各不相同,但控制工作的过程基本是一致的,大致包括以下4个步骤:确定控制标准、衡量实际业绩、进行差异分析、采取纠正措施。

1）**确定控制标准**

控制是要消除组织运转过程中所发生的偏差。因此，在实施控制时，组织首先必须拟订一些具体的标准，也就是说，从整个计划方案中选出对工作成效进行评价的关键指标，确定控制的范围、项目和水平。比如从实物、货币、无形资产等方面规定所要完成的标准，如将利润目标分解为产量、销售额、制造成本、销售费用等，来落实组织各个部门的具体任务。

2）**衡量实际业绩**

有了合理的标准，就要对实际工作业绩进行衡量。首先必须要明确衡量的手段和方法是什么，落实进行衡量检查的人员，然后去搜集实际工作的数据，了解和掌握实际情况，对照标准进行衡量。因此，对衡量实际业绩来说，其主要问题是如何及时地收集适用的和可靠的信息，并将其传递到对某工作负责而且有权采取纠正措施的人员手中。在这里从管理控制工作职能的角度来看，要求收集的信息除了必须具有准确性之外，还应具有及时性、可靠性和适用性。

3）**进行差异分析**

差异分析就是将实际结果与控制标准进行对照找出差距，为进一步采取管理行动做好准备。实际业绩和控制标准之间绝对无差异是不可能的，主要是看差异的大小是否在标准允许的范围内。若差异超出允许的范围，有可能表现为两种情况：一种是正偏差，所谓正偏差是指结果比标准完成的还好；另一种是负偏差，它是指实际业绩没有达到标准的要求。出现负偏差当然要加以重视，分析原因。出现正偏差时也不一定就没有问题，也必须做出必要的原因分析。

出现负偏差的原因可能是多种多样的，一般来说，主要来自几个方面的原因：首先，可能是计划和标准本身就存在问题；其次，可能是组织内部因素的变化，比如组织的松懈、员工不认真等；最后，就是组织外部环境的影响，比如宏观经济的调整、市场环境的变化等。

4）**采取纠正措施**

采取纠正措施是控制过程的最后一个环节，也是控制工作的关键，因为它能够实现控制的目的，同时通过采取管理措施纠正偏差，将控制与其他管理职能结合在一起。采取纠正措施是在深入分析产生差异的原因的基础上，管理者根据不同的偏差、不同的原因，采取不同的措施。一般而言，控制措施可以从以下 3 个方面进行。

（1）修订标准或计划

负偏差过于严重或是正偏差有疑问，有可能是原来的标准或计划存在不科学、不合理、不切实际导致的，也可能是内外部环境的变化，使原有的标准或计划与现实状况之间产生了较大偏差。在做出修订标准或计划的决定时，管理者一定要保持慎重态度，防止被用来作为工作业绩不佳的借口。一般情况下不能以计划迁就控制，任意地根据控制的需要来修改计划。

（2）改进组织和领导工作，协调好组织成员之间的关系

控制职能与组织和领导职能是相互影响的。管理者可以利用组织手段来进一步明确职责、补充授权或是对组织机构进行调整。也可以用撤换责任部门的主管或是通过增加人员的办法来纠正偏差。任何纠偏措施都会在不同程度上引起组织的结构、关系和活动的调整，

从而也会涉及某些组织成员的利益。因此,管理人员要充分考虑组织成员对纠正措施的不同态度,协调好组织成员之间的关系。

(3)改进工作方法

达不到原定的控制标准、工作方法不当也是主要原因之一。在企业中,其生产和计划的目的是生产出高质量、符合社会需要的产品。因此,计划和控制都是以生产为中心的,而生产技术则是生产过程的重要一环。在很多情况下,偏差是来自技术上的原因,为此就要采取技术措施及时处理生产中出现的技术问题。

15.2.4 控制的方法

组织在管理过程中,可以采用多种多样的方法进行管理控制,由于组织特性的不同,不同的组织所采用的主要控制方法也有所不同。控制对象、内容和条件的不同,所采用的控制方法也应该不同。常见的控制方法有以下 6 种。

1)舆论控制法

舆论控制法是通过营造有利于实现组织计划和目标的舆论环境,构建一种对组织成员心理和言行的“压力屏障”,让组织成员觉得违背组织的根本利益和长远利益,危害组织宗旨、目标和计划的行为是可耻的、危险的,控制组织成员可能采取的违背组织宗旨、计划和目标的言行,激发组织成员围绕组织总体目标自觉采取行动的积极性。针对公司一些重点工作,组织管理者可以有意识地开展动员和宣传活动,营造这种“压力屏障”,对员工进行控制。舆论控制一定要科学、合法,不能违背客观事实进行舆论封锁或者通过非科学的、违法的手段进行控制。一般情况下,舆论控制法的影响力是柔性的,控制所能达到的层面也是很高的、不具体的,而且对于不同的组织成员效果会大不一样。舆论控制不适宜用于一些需要精细管理和技术操作的控制,使用时要注意适用范围。

2)制度控制法

制度控制法是指在拟订了组织的宗旨和计划之后,为了确保计划的实施,组织可以通过制定系统的配套制度,对组织成员的行为进行规范和要求,对遵守制度的员工予以奖励,对违反制度的员工进行惩罚,从而确保管理工作顺利开展。

制度控制运用于控制职能,主要适用于比较高层面的工作,有些情况下也适用于比较低层面的工作。制度控制法往往并不直接着眼于分解目标之后的每一项具体工作,只是从总体上对组织成员具有共同性的行为进行约束,这一点与舆论控制法比较接近,旨在营造一种“控制屏障”,使组织成员明确什么是不能做的,什么是一定要做的。而管理者也依照此标准对员工进行控制。

3)行为控制法

行为控制法是指组织管理者在管理过程中,为了更好地进行管理控制,针对组织特定的计划和任务,规定相关人员的行为模式和要求,确保组织相关成员的行为能够推进组织目标和任务的实现。行为控制主要分为两方面:一方面是明确行为要求,确定必须执行的行为、可以做的行为、不能做的行为,确保相关成员按照组织期待去行事;另一方面是明确奖惩标准,使组织相关成员能够按照标准行事,获得奖励,回避惩罚。

4)流程控制法

流程控制法是指在管理控制的过程中,根据计划和目标的要求,拟订实现计划和目标的操作流程,制订操作标准和要求,以此作为控制的方法。管理者在管理活动中,通过严密监视和控制组织成员的操作流程,确保组织成员的活动能够按照既定的方案进行推进和实施,从而实现组织计划和目标。

流程控制法一般适合于生产操作和技术操作性质的工作,或者适合于多职位监督的工作,通过严格流程确保最终效果。流程控制法的使用一定要注意控制环节不能过于烦琐,避免控制烦琐导致工作成本的增加,同时又要确保必要的环节,防止出现控制漏洞。流程控制要尽可能采用信息技术的优势,降低控制成本,提高组织效率,防止流程控制变成"管卡压",挫伤组织成员的工作积极性。

5)预算控制方法

组织特别是企业的各项业务活动,几乎都是伴随着资金运动进行的。因此,预算是一种广泛的控制方法。它将计划规定的各种活动以货币为计量单位表示出来,实质上是一种数字化的计划。正是由于组织的活动离不开资金运动,通过预算,就可以使计划具体化,从而更易于控制。预算的种类很多,不同的组织预算也会各有特色。预算一般可分为业务预算、非货币预算、投资预算和财务预算 4 种类型。

业务预算是指企业日常发生的各项具有实质性活动的预算。它主要包括销售预算、生产预算、直接材料采购预算、直接人工预算、制造费用预算、单位生产成本预算、推销费用及管理费用预算等。在业务预算中最基本最关键的是销售预算。非货币预算是一种不以货币为计量单位而以实物量为计量单位的预算方法。由于以货币量来表示的收支预算会受到商品价格波动的影响,从而造成业务预算和实物量投入与生产之间的不一致,因此,一般要有实物量预算作为货币预算的补充和印证。投资预算是对企业固定资产的购置、扩建、改造、更新等,在可行性研究的基础上编制的预算。它具体体现的是一个组织在特定时间内固定资产运用的情况:在何时进行投资、投资多少、资金从何处取得、何时可取得收益、每年的现金净流量为多少、需要多少时间收回全部投资等。由于投资支出一般数额大且回收时间长,因此,投资预算应当力求和企业的战略以及长期计划工作紧密联系在一起。财务预算是指企业在计划期内反映有关预计现金收支、经营成果和财务状况的预算。它主要包括"现金预算""预计收益表"和"预计资产负债表"。必须指出的是,前述的各种业务预算、实物量预算和投资预算中的资料,都可以折算成金额反映在财务预算内。这样财务预算就成为各项经营业务和投资的整体计划,故亦称"总预算"。

6)审计控制法

审计是指审计机关根据有关法律法规对组织执行预算收支的情况和会计资料实施检查、审查、监督的专门性活动。审计的主要目的是检查该组织的现有财务往来、企业经营和有关的财务计划报告是否合法。审计分外部审计和内部审计两种。

(1)外部审计

外部审计是由不属于本组织的专门审计人员对组织的财务程序和财务经济往来所进行的有目的的综合检查审核。它实际上是对企业中可能存在的虚假、欺骗行为的一个重要而系统的检查。外部审计的特点是审计人员不需要看企业的眼色行事，只要对国家、社会和法律负责，因而可以保证审计的独立性和公正性。但是，外来的审计人员不了解企业内部的组织结构、生产流程和经营特点，在对具体业务的审计过程中可能产生困难。处于被审计地位的企业内部人员可能产生抵触情绪，不愿意积极配合，可能增加审计工作的难度。

(2)内部审计

内部审计也称经营审计、管理审计。它是企业内部的审计人员对企业的会计、财务和其他业务经营活动所做出的定期或不定期的相对独立的评价。

◎实训

小组讨论：在你的学习、生活中，是否有过交给别人做某事然后就不闻不问，最后导致该事务没有完成的情况；如果交办给朋友的事情，不断去催促和监督，会不会导致对方的反感；应该如何解决这个问题。

◎案例

美国某信用卡公司的卡片分部认识到高质量客户服务非常重要。比如，一张信用卡每早到客户手中一天，公司可获得33美分的额外销售收入，这样一年下来，公司将有140万美元的净利润。及时地将新办理的和更换的信用卡送到客户手中是客户服务质量的一个重要方面。

决定对客户服务质量进行控制来反映其重要性的想法，最初是由卡片分部的一个地区副总裁凯琳提出来的。她相信，真正衡量客户服务的标准必须基于和反映持卡人的见解。这就意味着要对公司控制程序进行彻底的检查。第一项工作就是确定用户对公司的期望。对抱怨信件的分析指出了客户服务的3个重要特点：及时性、准确性和反应灵敏性。持卡者希望准时收到账单、快速处理地址变动、采取行动解决抱怨。

了解了客户期望，公司质量保证人员开始建立控制客户服务质量的标准。所建立的180多个标准反映了诸如申请处理、信用卡发行、账单查询反应及账户服务费代理等服务项目的可接受的服务质量。这些标准都基于用户所期望的服务的及时性、准确性和反应灵敏性。同时也考虑了其他一些因素。

除了客户见解，服务质量标准还反映了公司竞争性、能力和一些经济因素。比如：一些标准因竞争而引入，一些标准受组织现行处理能力影响，一些标准反映了经济上的能力。考虑了每一个因素后，适当的标准就成型了，开始实施控制服务质量的计划。

计划实施效果很好，比如处理信用卡申请的时间由35天降到15天，更换信用卡从15天降到2天，回答用户查询时间从16天降到10天。这些改进给公司带来的潜在利润是巨大的。例如，办理新卡和更换旧卡节省的时间会给公司带来1 750万美元的额外收入。另外，如果用户能及时收到信用卡，他们就不会使用竞争者的卡片了。

该质量控制计划潜在的收入和利润对公司还有其他的益处，该计划使整个公司都注重客户期望。各部门都以自己的客户服务记录为骄傲。而且每个雇员都对改进客户服务做出了贡献,使员工士气大增。每个雇员在为客户服务时,都认为自己是公司的一部分,是公司的代表。

信用卡分部客户服务质量控制计划的成功,使公司其他部门纷纷效仿。无疑,它对该公司的贡献是非常大的。

思考题:

1. 该公司控制客户服务质量的计划是前馈控制、反馈控制还是现场控制?

2. 找出该公司对计划进行有效控制的3个因素。

课后练习

一、单选题

1.(　　)是指当一个人的行为不符合组织的需要时,通过制裁的方式来抑制这种行为,以达到减少或消除这种行为的目的。

A. 物质激励　　B. 精神激励　　C. 负激励　　D. 内激励

2.(　　)是指工作任务完成之后或在工作场所以外所获得的满足感,它与工作任务不是同步的。

A. 外酬　　B. 正激励　　C. 负激励　　D. 内酬

3. 美国心理学家马斯洛提出的激励理论是(　　)。

A. 双因素理论　　B. 需要层次理论　　C. 期望理论　　D. 公平理论

4. 需要层次理论中最底层的是(　　)。

A. 心理需要　　B. 安全需要　　C. 社交需要　　D. 尊重需要

5. 在双因素理论中,能激发和提高职工的积极性、工作效率的是(　　)。

A. 社交需要　　B. 自我实现需要　　C. 保健因素　　D. 激励因素

6. 激励的基本手段中最基本的是(　　)。

A. 理想、目标激励　　B. 绩效薪金激励　　C. 组织激励　　D. 榜样激励

7.(　　)是通过营造有利于实现组织计划和目标的舆论环境,构建一种对组织成员心理和言行的"压力屏障"。

A. 舆论控制法　　B. 制度控制法　　C. 行为控制法　　D. 流程控制法

8. 双因素理论中的双因素指的是(　　)。

A. 人和物的因素　　B. 信息与环境

C. 自然因素和社会因素　　D. 保健因素和激励因素

9. 公司为每一位员工购买一份人寿保险,这最可以满足员工的(　　)。

A. 自我实现的需要　B. 社交的需要　　C. 尊重的需要　　D. 安全的需要

10. 某化妆品公司去年招聘了一批刚毕业的大学生,其中有一位学化学的小唐,被认为很有培养前途。公司指定她负责G地区的销售工作,并设立了一种很有吸引力的佣金制度。

一年下来,小唐尽管工作十分努力,但所分管地区的销售业绩就是上不去,她也承认G地区销售潜力不小。面对这种情况,有人给销售部经理出了以下几个主意,你认为其中哪个主意最好?(　　)

A.在办公室张榜公布各地区的销售业绩,让大家都知道谁干得好,谁干得差

B.郑重告诉小唐,下季度若仍达不到分配给她的销售指标,公司就要请她另谋高就

C.让销售部经理带小唐去走访几家新客户,给她示范销售老手的做法

D.顺其自然,啥事也不用做,反正通过实践摸索与经验积累,她会成熟起来的

11.马斯洛的需要层次理论有两个基本出发点,它们是(　　)。

A.人是有需要的动物,已获得满足的需要不再起激励作用

B.人是有需要的动物,人的需要是有层次的

C.人的需要是有层次的,某一层需要得到满足后另一层需要才会出现

D.人是有需要的动物,满足最主要的需要比满足其他需要更迫切

12.对于一个以自我实现需要占据主导地位的员工来说,最有效的激励措施是(　　)。

A.提高工资　　B.改善工作环境　　C.颁发奖状　　D.委以重任

13.赫兹伯格的双因素理论认为(　　)有助于激发员工的工作热情。

A.提供良好的工作条件　　B.工作上的成就感

C.改善员工的生活条件　　D.严格的劳动纪律

14.高级工程师李华在一家研究所工作,该所拥有一流的研究条件。根据双因素理论,你认为下列哪一种措施最能对李华的工作起到激励作用?(　　)

A.调整设计工作流程使李华可以完成完整的产品设计而不是总重复做局部的设计

B.调整工资水平和福利措施

C.给李华配备性能更为先进的个人电脑

D.以上各条都起不到激励的作用

15.张莉今年26岁,是某电脑公司市场开发部经理,其思路敏锐,干劲十足,不久前刚获得某名牌大学硕士学位,目前工资待遇相当高。假如你是张莉的主管,你认为以下哪一种激励方式最能增进她的工作绩效?(　　)

A.采取以个人工作绩效为考核依据的奖励制度

B.减少对她的监督,使她有更多的决策和行动自由

C.对她的成绩给予公开表扬

D.提高她的地位(例如,更豪华的办公室、新的头衔、专用秘书等)

16.张宁大学计算机系毕业后,到一家计算机软件公司工作。3年来,他工作积极,取得了一定的成绩。最近他作为某项目小组的成员,与组内其他人一道奋战了3个月,成功地开发了一个系统,公司领导对此十分满意。这天张宁领到领导亲手交给他的红包,较丰厚的奖金令小张十分高兴,但当他随后在项目小组奖金表上签字时,目光在表上注视了一会儿后,脸便很快阴沉了下来。对于这种情况,下列哪种理论可以较恰当地给予解释?(　　)

A.双因素理论　　B.期望理论　　C.公平理论　　D.强化理论

17.企业中,常常见到员工之间会在贡献和报酬上相互参照攀比。一般来说,你认为员

工最有可能将哪一类人作为自己的攀比对象?(　　)

A. 企业的高层管理人员　　B. 员工们的顶头上司

C. 企业中其他部门的领导　　D. 与自己处于相近层次的人

18. 曹雪芹虽然食不果腹,仍然坚持《红楼梦》的创作,最有可能是出于其(　　)。

A. 自尊需要　　B. 安全需要　　C. 自我实现的需要　D. 以上都不是

19. 当一位30~40岁的科研工作者显示出卓越的技术才能时,作为该科研人员的领导者,对他最有效的激励应该是(　　)。(注意:并不排斥其他方面的适当奖励。)

A. 高额奖金　　B. 配备最好的研究条件

C. 提职　　D. 精神奖励(如评为劳模等)

20. 向下属布置紧急的事情时,不同的人会有不同的方式。下面这4种方式中你认为哪一种下属的工作自由度最小?(　　)

A."这件事情很急,请你在下班前办好。"

B."其他事情先放下,把这件事情办好。"

C."你把手头上的事情交给小王,马上处理这件事情,下班前办好。"

D."这件事情很紧急,下班前一定得办好。如果忙不过来,你可以找小王打打下手。"

二、多选题

1. 动机在激励行为的过程中,主要的功能有(　　)。

A. 驱动功能　　B. 奖罚功能　　C. 导向功能　　D. 维持与强化功能

2. 激励的原则包括(　　)。

A. 物质利益与精神利益兼顾的原则　　B. 明确、公开、直观与时效原则

C. 正激励与负激励相结合的原则　　D. 公平与差异化原则

3. 期望理论中的两个变量是(　　)。

A. 风险　　B. 期望值　　C. 效价　　D. 标准差

4. 过程型激励理论包括(　　)。

A. 期望理论　　B. 需要层次理论　　C. 双因素理论　　D. 公平理论

5. 控制的原则包括(　　)。

A. 关键点原则　　B. 及时性原则　　C. 经济性原则　　D. 灵活性原则

6. 根据控制信息的性质可以把控制分为(　　)。

A. 前馈控制　　B. 事中控制　　C. 反馈控制　　D. 直接控制

7. 需要层次理论中的自我实现的需要包括(　　)。

A. 成长与发展　　B. 发挥自身潜能　　C. 实现理想　　D. 成就感

8. 下列因素中属于保健因素的有(　　)。

A. 工资　　B. 工作条件　　C. 地位　　D. 工作上的责任感

9. 下列因素中属于激励因素的有(　　)。

A. 工作成就感　　B. 工作条件

C. 个人的发展前途　　D. 职务上的责任感

10. 激励的方法有(　　)。

A. 目标激励法　　B. 榜样激励法　　C. 内在激励法　　D. 形象与荣誉激励法

三、填空题

1. 管理中的________特指人对某事物的渴求和欲望。它是一切行为的最初原动力。

2. ________是指当一个人的行为符合组织的需要时,通过奖赏的方式来鼓励这种行为,以达到持续和发扬这种行为的目的。

3. ________是指工作任务本身的刺激,即在工作进行过程中所获得的满足感,它与工作任务是同步的。

4. 由________引发的外激励是难以持久的。

5. 激励理论基本上分为________、________和________。

6. ________和________是推动人们行为的原因。

7. ________的运用是一门重要的管理艺术,它体现了抓主要矛盾的思想,这样的做法,往往会起到牵一发而动全身的效果。

8. 反馈控制具有________、________和________的特性。

四、简答题

1. 马斯洛的需要层次理论的主要内容是什么?

2. 一家小公司为了表彰某位员工,特地把前门靠近公司总裁停车位的地方给了该员工。应该用哪些激励理论来解释该公司的激励措施? 简单介绍这些激励理论的要点。

五、案例分析题

阳贡公司员工为何对工作不满意

阳贡公司是一家中外合资的集开发、生产、销售于一体的高科技企业,其技术在国内同行业中居于领先水平,公司拥有员工100人左右,其中技术、业务人员绝大部分为近几年毕业的大学生,其余为高中学历的操作人员。目前,公司员工当中普遍存在着对公司的不满情绪,辞职率也相当高。

员工对公司的不满始于公司筹建初期。当时公司曾派遣一批技术人员出国培训,这批技术人员在培训期间合法获得了出国人员的学习补助金,但在回国后公司领导要求他们将补助金交给公司。技术人员据理不交,双方僵持不下,公司领导便找了些人逐个反复谈话,并采取一些行政制裁措施给他们施加压力,但这批人员当中没有一个人按领导的意愿行事,这导致双方矛盾日趋激化。最后,公司领导不得不承认这些人已形成一个非正式组织团体,他们由于共同的利益而在内部达成一致的意见:任何人都不得擅自单独将钱交回。他们中的每个人都严格遵守这一规定,再加上没有法律依据,公司只好作罢。这件事造成的公司内耗相当大,公司领导因为这批技术人员“不服从”上级而非常气恼,对他们有了一些成见,而这些技术人员也知道领导对他们的看法,估计将来还会受到上级的刁难,因此也不准备一心一意在公司长期干下去。于是,陆续有人开始寻找机会——“跳槽”。一次,公司领导得知一家同行业的公司来“挖人”,公司内部也有不少技术人员前去应聘,为了准确地知道公司内部有哪些人去应聘,公司领导特意安排两个心腹装作应聘人员前去打探,并得到了应聘人员的名单。谁知这个秘密不胫而走,应聘人员都知道了自己已经上了"黑名单",估计如果继续留在公司,也不会有好结果,于是相继辞职而去。

由于人员频繁离职,公司不得不从外面招聘以补足空缺。为了能吸引招聘人员,公司向求职人员许诺住房、高薪等一系列优惠条件,但被招人员进入公司后,却发现当初的许诺难以条条兑现,非常不满,不少人干了没多久就"另谋高就"了。为了留住人才,公司购买了两栋商品房分给部分骨干员工,同时规定,生产用房不出售,员工离开公司时,需将住房退还给公司。这一规定的本意是想借住房留住人才,但却使大家觉得没有安全感,有可能即使在公司干了很多年,将来有一天被公司解雇时,还是"一无所有"。因此,这一制度并没有达到预期的效果,依然不断有人提出辞职。另外,公司强调住房只分给骨干人员,剩下将近一半的房子宁肯空着也不给那些急需住房的员工住,这极大地打击了其他员工的积极性,使他们感到在公司没有希望,因此工作起来情绪低落,甚至有消极怠工的现象。在工资奖金制度方面,公司也一再进行调整,工资和奖金的结构变得越来越复杂,但大多数员工的收入水平并没有多大变化。公司本想通过调整,使员工的工作绩效与收入挂钩,从而调动员工的积极性,但频繁的工资调整使大家越来越注重工资奖金收入,而每次的调整又没有明显的改善,大家于是产生了失望情绪。此外,大家发现在几次调整过程中,真正受益的只有领导和个别职能部门的人员,如人事部门。这样一来,原本希望公平的措施却产生了更不公平的效果,员工们怨气颇多,认为公司调整工资奖金,不过是为了使一些人得到好处,完全没有起到调动员工积极性的作用。

公司的技术、业务人员虽然素质较高,但关键职能部门,如人事部门的人员却普遍素质较低,其主管欠缺人力资源管理的系统知识,却靠逢迎上级稳居这一职位。他制定的考勤制度只是针对一般员工,却给了与他同级或其上级的人员以很大的自由度,如:规定一般员工每天上下班必须打卡,迟到1分钟就要扣除全月奖金的30%。这样,就在公司内部造成一种极不公平的状况,普通员工对此十分不满。于是他们也想出了一些办法来对付这种严格的考勤制度,如不请假、找人代打卡或有意制造加班机会等方法来弥补损失。公司人员岗位的安排也存在一定的问题。这位人事主管虽然自己没有很高的学历,但却盲目推崇高学历,本可以由本、专科毕业生做的工作非由硕士、博士来做,使有些本、专科生只能做有高中学历的人就能胜任的工作。这样,员工普遍觉得自己大材小用,工作缺乏挑战性和成就感。受经济形势的影响,企业连年亏损,员工非常关心企业的下一步发展和对策,但公司领导在这方面很少与员工沟通,更没有做鼓动人心的动员工作,使员工看不到希望,结果导致员工士气低下,人心涣散。

根据以上案例,回答以下问题:

1. 阳贡公司员工不满意是因为公司不能满足他们的需要,本案例中,员工最大的不满在于(　　)。

A. 生理需要、安全需要、社交需要

B. 安全需要、社交需要、尊重需要

C. 社交需要、尊重需要、自我实现需要

D. 生理需要、安全需要、社交需要、尊重需要、自我实现需要

2. 阳贡公司内部非正式群体形成的原因是(　　)。

A. 上级领导的高压政策形成的逆反心理　B. 有人发起组织，一哄而起

C. 共同的利益与感情　D. 共同的兴趣与爱好

3. 阳贡公司最缺乏的激励方法是(　　)。

A. 目标激励和强化激励　B. 强化激励和支持性激励

C. 支持性激励和领导行为激励　D. 领导行为激励和强化激励

4. 根据管理方格图理论，阳贡公司领导属于(　　)。

A. 简单式　B. 任务式　C. 中间式　D. 俱乐部式

5. 按照领导生命周期理论，阳贡公司领导对待职工应采取(　　)。

A. 高工作，低关系　B. 高工作，高关系

C. 高关系，低工作　D. 低工作，低关系

习题参考答案

参考文献

[1] 斯蒂芬·P. 罗宾斯. 管理学[M].4 版. 黄卫伟,译. 北京:中国人民大学出版社,1997.
[2] 迈克尔·波特. 竞争优势[M]. 陈丽芳,译. 北京:中信出版社,2014.
[3] 彼得·F. 德鲁克. 有效管理者[M]. 杨万春,冷守一,译. 北京:中国财政经济出版社,1988.
[4] 周三多. 管理学[M]. 北京:高等教育出版社,2004.
[5] 孙晓红,闫涛. 管理学[M]. 大连:东北财经大学出版社,2005.
[6] 王毅捷. 管理学案例 100[M]. 上海:上海交通大学出版社,2003.
[7] 刘光明. 企业文化案例[M]. 北京:经济管理出版社,2004.
[8] 赵文明,何嘉华. 百年管理失败名案[M]. 北京:中华工商联合出版社,2003.
[9] 陈忠卫,王晶晶. 企业战略管理[M]. 北京:中国统计出版社,2001.
[10] 王敏,郭丽华. 现代企业管理手册[M]. 北京:中国人事出版社,2002.
[11] 苏珊. 企业家的素质[M]. 北京:北京工业大学出版社,2002.
[12] 林志刚. 如何与上级沟通[M]. 北京:北京大学出版社,2004.
[13] 艾理生. 赢在激励:实现有效激励的 17 个黄金法则[M]. 北京:地震出版社,2005.
[14] 连漪. 市场营销管理:理论、方法与实务[M]. 北京:国防工业出版社,2010.
[15] 杨锡怀. 企业战略管理:理论与案例[M]. 北京:高等教育出版社,1999.
[16] 周秀淦,宋亚非. 现代企业管理原理[M]. 4 版. 北京:中国财政经济出版社,2003.
[17] 王世良. 生产与运作管理教程:理论、方法、案例[M]. 杭州:浙江大学出版社,2002.
[18] 刘金胜. 薪酬管理实务手册[M]. 北京:机械工业出版社,2002.